Zur Gesellschaft der verletzten Seelen

Ernst von Kardorff · Martin Harbusch · Dominik Robin
Hrsg.

Zur Gesellschaft der verletzten Seelen

Neue soziologische Perspektiven auf Psychiatrie, Gesellschaft und Subjekt

Hrsg.
Ernst von Kardorff
Berliner Werkstatt für Sozialforschung
(BWS UG)
Berlin, Deutschland

Martin Harbusch
Seminar für Sozialwissenschaften
Universität Siegen, Philosophische Fak
Siegen, Deutschland

Dominik Robin
Gesundheit, Ecoplan
Bern, Schweiz

ISBN 978-3-658-47030-2   ISBN 978-3-658-47031-9 (eBook)
https://doi.org/10.1007/978-3-658-47031-9

Die Deutsche Nationalbibliothek verzeichnet diese Publikation in der Deutschen Nationalbibliografie; detaillierte bibliografische Daten sind im Internet über https://portal.dnb.de abrufbar.

© Der/die Herausgeber bzw. der/die Autor(en), exklusiv lizenziert an Springer Fachmedien Wiesbaden GmbH, ein Teil von Springer Nature 2025

Das Werk einschließlich aller seiner Teile ist urheberrechtlich geschützt. Jede Verwertung, die nicht ausdrücklich vom Urheberrechtsgesetz zugelassen ist, bedarf der vorherigen Zustimmung des Verlags. Das gilt insbesondere für Vervielfältigungen, Bearbeitungen, Übersetzungen, Mikroverfilmungen und die Einspeicherung und Verarbeitung in elektronischen Systemen.
Die Wiedergabe von allgemein beschreibenden Bezeichnungen, Marken, Unternehmensnamen etc. in diesem Werk bedeutet nicht, dass diese frei durch jede Person benutzt werden dürfen. Die Berechtigung zur Benutzung unterliegt, auch ohne gesonderten Hinweis hierzu, den Regeln des Markenrechts. Die Rechte des/der jeweiligen Zeicheninhaber*in sind zu beachten.
Der Verlag, die Autor*innen und die Herausgeber*innen gehen davon aus, dass die Angaben und Informationen in diesem Werk zum Zeitpunkt der Veröffentlichung vollständig und korrekt sind. Weder der Verlag noch die Autor*innen oder die Herausgeber*innen übernehmen, ausdrücklich oder implizit, Gewähr für den Inhalt des Werkes, etwaige Fehler oder Äußerungen. Der Verlag bleibt im Hinblick auf geografische Zuordnungen und Gebietsbezeichnungen in veröffentlichten Karten und Institutionsadressen neutral.

Planung/Lektorat: Cori Antonia Mackrodt
Springer VS ist ein Imprint der eingetragenen Gesellschaft Springer Fachmedien Wiesbaden GmbH und ist ein Teil von Springer Nature.
Die Anschrift der Gesellschaft ist: Abraham-Lincoln-Str. 46, 65189 Wiesbaden, Germany

Wenn Sie dieses Produkt entsorgen, geben Sie das Papier bitte zum Recycling.

Vorwort

Soziologie und Psychiatrie verbindet eine lange, wechselvolle und mehr von Konflikten als Annäherungen geprägte Geschichte, die bis in die frühen Phasen beider Disziplinen zurückreicht. Gemeinsamer Bezugspunkt waren in einer sich zusehends industrialisierenden Gesellschaft vermehrt sichtbar werdende Phänomene von Verhaltensauffälligkeiten, die traditionell als „Wahnsinn" bezeichnet wurden und im Geist der Aufklärung von den beiden neu entstandenen wissenschaftlichen Disziplinen neu vermessen wurden. Von der noch jungen Wissenschaft Psychiatrie wurden sie schließlich im letzten Drittel des 19. Jh. in einem medizinischen Modell als „Geisteskrankheiten" konzipiert, deren Ursachen in genetischen Anlagen, Dysfunktionen des Gehirns oder als Folge externer Einwirkungen auf das Gehirn lokalisiert wurden. Die Soziologie interpretierte das gehäufte Auftreten dieser irritierenden Abweichungen hingegen wesentlich als Ergebnis sozialer Desintegrationsprozesse im Zuge disruptiven gesellschaftlichen Wandels und seiner Auswirkungen auf die seelische Verfasstheit der Einzelnen. Diese unterschiedlichen Deutungen grundieren trotz vieler zwischenzeitlich erfolgter Differenzierungen und ohne striktes Entweder-Oder das Spannungsverhältnis beider Disziplinen bis heute.

Seither haben sich vor allem mit den Psychiatriereformen der 60er- und 70er-Jahre des 20. Jh. in den USA und in Europa Behandlungsformen, Angebote und Praktiken der psychiatrischen Versorgung von den verwahrenden psychiatrischen Anstalten in Richtung wohnortnaher, ambulanter sozialpsychiatrischer Angebote entwickelt – teils von engagierten Psychiatern/innen selbst angestoßen, vor allem aber auf Druck von außen seitens der Selbstvertretungen Betroffener und ihrer Angehörigen sowie der Politik und nicht zuletzt gestützt auf soziologische Analysen und Kritiken. Inzwischen stehen wirkungsvolle Psychopharmaka mit annehmbaren Nebenwirkungen zur Verfügung und psychische Krankheiten werden nicht länger als unheilbar angesehen. Behandlungspläne werden vermehrt auf die individuellen Bedürfnisse der Betroffenen zugeschnitten und – im Idealfall – gemeinsam partizipativ mit ihnen entwickelt. Überdies erkennt die Psychiatrie inzwischen auch soziale Faktoren als Mitverursacher und Verstärker psychischer Belastungen, Störungen und Erkrankungen an. Parallel dazu haben soziologische Ansätze und Methoden Eingang in die psychiatrische Epidemiologie, in die Aufdeckung schichten- und milieuspezifischer Ausprägungen psychischer Störungen und den ungleichen Zugang zu Behandlungs- und Rehabilitationsangeboten gefunden. Auch haben soziologische Studien psychiatrischer Versorgungsstrukturen, Organisationsformen und professioneller Praktiken zu Reformen der psychiatrischen Versorgung beigetragen. Soziologische Studien zu den Folgen psychiatrischer Diagnosen, zu Stigmatisierung, systematischer Diskriminierung und sozialen Abstiegskarrieren haben ferner zu einem verbesserten Verständnis der gesellschaftlichen Situation der Betroffenen und zu einer größeren öffentlichen Aufmerksamkeit und Sensibilisierung für seelisches Leid geführt. Zu der unüberschaubaren Vielzahl dieser soziologischen Analysen „in" der Psychiatrie – deren Ergebnisse im Einzelnen durchaus immer wieder zu Reibungen mit dem psychiatrischen Establishment geführt haben – leisten wir in unserem Band keinen weiteren Beitrag. Im Verlauf dieser Entwicklungen ist die Soziologie in ihrer Funktion als Dienstleisterin für die Psychiatrie gleichsam „unsichtbar" aber auch unverzichtbar geworden.

Parallel dazu ist jedoch die soziologische Reflexion auf die gesellschaftliche Rolle der Psychiatrie mit der Eingemeindung als „Psychiatrie-Soziologie" für eine kritische Analyse der Rolle der Psychiatrie als System und Wissensordnung anders etwa als im angelsächsischen Sprachraum im deutschen Diskurs über die vergangenen Jahrzehnte von wenigen Ausnahmen abgesehen weitgehend auf der Strecke geblieben. Hier setzen die Beiträge unseres Bandes an, indem wir das Verhältnis von Psychiatrie, psychischem Leiden und Gesellschaft erneut unter einer explizit soziologischen Perspektive aufgreifen: Inwiefern und mit welchen Auswirkungen beeinflussen Konzepte der psychiatrischen Wissensordnung, die in Pädagogik, Sozialarbeit aber auch in den medialen Diskurs „ausgewandert" sind, den gesellschaftlichen Umgang mit psychischen Problemen? In welcher Weise und aus welchen offensichtlichen und latenten Motiven, mit welchen Funktionen und nach welchen Prinzipien wird irritierendes Erleben und auffälliges Verhalten von „der" Gesellschaft und vor allem von der Psychiatrie sozial konstruiert und damit normiert? In welcher Weise reagieren diese sozialen Konstruktionen auf gesellschaftlichen Wandel und zeigen sich dabei erkennbare Muster, in denen bislang als „krank" bezeichnetes Verhalten entstigmatisiert, anderes wiederum als neue Pathologie identifiziert und bestimmte Verhaltensweisen als „psychisch gesund" und wünschenswert normiert und privilegiert werden? Wie tragen psychiatrische und psychologische Dispositive zur Formierung marktgängiger und „selbstoptimierender" Subjektformierung bei? Welche Folgen hat die Übernahme psychiatrischer und klinisch-psychologischer Deutungsmuster für die Selbstwahrnehmung, -verortung und Identitätsentwicklung der Individuen?

Mit unserem Band möchten wir auch das etwa Mitte der 80er-Jahre abgebrochene Gespräch zwischen Psychiatrie und Soziologie wieder aufnehmen ohne vergangene Kontroversen etwa um Anti-Psychiatrie oder repressive soziale Kontrolle zu wiederholen. Gleichwohl bleiben neben weiterhin ungelösten Kontroversen auch neue Unvereinbarkeiten in den unterschiedlichen Perspektiven von Psychiatrie und einer gesellschaftskritischen Soziologie bestehen. Das kann auch gar nicht anders sein, wenn die Soziologie aus einer analytischen Perspektive heraus die Psychiatrie und ihre Praxis zum Gegenstand der Beobachtung macht und sich nicht darauf beschränkt, von der Psychiatrie selbst vorgegebene Fragestellungen soziologisch zu untersuchen. Eine kritische Soziologie hat dabei das Privileg, ihren Gegenstand handlungsentlastet und frei von Institutions- und Professionsinteressen zu thematisieren, während Psychiatrie und andere psychosoziale Professionen unter gesellschaftlicher Beobachtung und unter konkretem Handlungsdruck stehen. Die Psychiatrie greift dabei nicht nur die von „der Gesellschaft" an sie als (Be-)Handlungssystem delegierten Aufgaben der Bearbeitung, Diagnosestellung, Therapie, Rehabilitation und Verwaltung psychischen Leidens und der davon betroffenen Menschen auf, sondern versucht zugleich mit ihrer dadurch legitimierten Stimme die Deutungshoheit über die Definition ihres „Gegenstandes" zu behalten und zu erweitern. Dies gelingt ihr dabei nur zum Teil, weil ihre Konzepte und Begriffe in die Gesellschaft hinein diffundieren und von ihr kaum kontrollierbar von anderen Professionen und von „der" Gesellschaft selbst aufgenommen, in spezifischer Weise angeeignet und für die jeweiligen Bedürfnisse passfähig gemacht werden und dabei ein Eigenleben entfalten. Daher finden sich in unserem Band auch mehrheitlich Beiträge, die auf den ersten Blick nicht im engeren Sinne die psychiatrische Theorie und Praxis zum Gegenstand haben, sondern individualisierte und zugleich kollektive Reaktionen auf Irritationen betreffen, die in unübersichtlichen und sich rasch wandelnden Zeiten Versatzstücke aus Konzepten der psychiatrischen und klinisch-psychologischen Wissensordnung als Normalitätsmarker und Orientierungspunkte für Identität und Lebensführung nutzen. Derartige Phänomene zeigen sich etwa auf Sozialen Medien, im Internet oder in jugendlichen Subkulturen auf die Psychiatrie und Psychologie wiederum mit neuen und erweiterten Diagnosen reagieren.

Ohne Anspruch auf Vollständigkeit haben wir uns bemüht, mit einer exemplarischen Auswahl aktueller Themen im Kontext von Soziologie, Psychiatrie und gesellschaftlichen Entwicklungen die Soziologie wieder stärker an das Thema „Psychiatrie" heranzuführen und die Psychiatrie dazu zu motivieren, soziologische Kompetenz nicht allein zur Beantwortung pragmatischer Anliegen der psychiatrischen Versorgung zu nutzen, sondern ihre Befunde auch als Chance zur Reflexion ihrer gesellschaftlichen Rolle, ihrer eigenen Konzepte und Praxis zu betrachten.

Wir konnten für unseren Band einschlägige und engagierte Kolleginnen und Kollegen gewinnen, für deren Beiträge und ihre Offenheit für unsere Hinweise wir uns an dieser Stelle ganz herzlich bedanken möchten. Ihre Ausführungen zeigen nicht nur, dass sich die soziologische Psychiatriekritik aktualisiert und weiterentwickelt hat, ohne dabei grundlegende Erkenntnisse der einschlägigen älteren soziologischen Forschung aufzugeben. Sie zeigen darüber hinaus, dass eine Debatte über Prozesse der Pathologisierung heute wichtiger ist als je zuvor. Und dies nicht nur für die Soziologie, sondern auch für eine sich selbst ernstnehmende Psychiatrie, der gegenwärtig ihre eigenen Kategorien durch die Finger zu rinnen drohen.

Berlin, Deutschland	Martin Harbusch
Bern, Schweiz	Dominik Robin
Siegen, Deutschland	Ernst von Kardorff

Inhaltsverzeichnis

Teil I Zur Gesellschaft der verletzten Seelen oder die Gesellschaft der Psychiatrie, Psychosomatik und Psychotherapie

Neue soziologische Perspektiven auf Psychiatrie, seelische Gesundheit und Krankheit 3
Ernst von Kardorff, Martin Harbusch und Dominik Robin

Die Gesellschaft der verletzten Seelen und die Wissensordnung der Psychiatrie 15
Ernst von Kardorff, Martin Harbusch und Dominik Robin

Soziologie, psychische Krankheiten und Psychiatrie – eine kurze Skizze „klassischer" soziologischer Zugänge 59
Ernst von Kardorff, Martin Harbusch und Dominik Robin

Teil II Soziologische Theorien zu Rolle und Funktion der Psychiatrie und eine sozialpsychiatrische Perspektive auf die Soziologie

A Critical Manifesto for the Sociology of Mental Health: Past, Present, Future 89
Bruce Cohen

Was hat die Psychiatrie mit der Soziologie zu schaffen? Anmerkungen zu einer ambivalenten Beziehungsgeschichte 111
Hermann Elgeti

Psychiatrische Kategorien in sekundären Verwendungszusammenhängen. Traveling Concepts und die alltäglichen Wege zwischen Psychiatrie und Lebenswelt 135
Martin Harbusch

Teil III   Psychiatrische Konzepte und Praktiken im Kontext institutioneller und politischer Verwendung

Arbeitsleiden in psychosomatischen Settings. Zur (Un)Möglichkeit gesellschaftliche Strukturen zu behandeln 163
Sabine Flick

Counselling Power and Knowledge in Schools 185
Roberto McLeay

Auf einem Auge blind. Wie Forschung den Konsum bewusstseinsverändernder Substanzen medikalisiert 205
Niklaus Reichle und Florian Elliker

Teil IV   Mikrosoziologische Fallstudien zu Konstruktionen und Selbstzuschreibungen psychiatrischer Diagnosen

„Psychische Krankheit" und Subjektivierung im Wandel – ein Forschungsbericht 239
Karina Korecky

Lebensprobleme und psychiatrisch-psychosomatische Diagnosen an den Schnittstellen von Lebenswelt, Medizin und Sozialem Sicherungssystem 259
Ernst von Kardorff und Stefan Dreßke

Orthorexia Nervosa: The Emergence of a Psychiatric Illness. Lay People and Professionals' Constructions of Extreme Healthy Eating 289
Alison Fixsen, Anna Cheshire and Panagiota Tragantzopoulou

Die professionelle Konstruktion von ADHS: eine vergleichende Inhaltsanalyse der Einstellungen von pädagogischen und medizinischen Fachpersonen 311
Dominik Robin und Fabian Karsch

**Teil V Psychiatrie und Soziologie: Forschungsperspektiven,
Reflexionsangebote, Ausblick und Herausforderungen**

**Psychiatrie und Soziologie: Forschungsperspektiven,
Reflexionsangebote, Ausblick und Herausforderungen** 335
Martin Harbusch, Dominik Robin und Ernst von Kardorff

Angaben zu den Autorinnen und Autoren

Anna Cheshire Dr. phil, School of Social Sciences, University of Westminster. Working in the field of health psychology, her research focuses on subjective experiences of living with long-term physical and mental health conditions, using qualitative and mixed methods approaches.

Bruce Cohen PhD, is a sociologist of mental health at Waipapa Taumata Rau University of Auckland, Aotearoa New Zealand. His books include Mental Health User Narratives: New Perspectives on Illness and Recovery (Palgrave, 2008) and Psychiatric Hegemony: A Marxist Theory of Mental Illness (Palgrave, 2016). Bruce is also the Editor of the new Palgrave book series The Politics of Mental Health and Illness.

Stefan Dreßke PD Dr., Otto-von-Guericke Universität Magdeburg, Lehrstuhl für allgemeine Soziologie/Mikrosoziologie, Institut für Gesellschaftswissenschaften. Arbeitsschwerpunkte: Soziologie der Gesundheitsversorgung, Palliativversorgung, Körper- und Schmerzsoziologie, Qualitative Methoden.

Hermann Elgeti Dr. med. (Facharzt für Psychiatrie und Psychotherapie, Psychoanalyse, Sozialmedizin), war 1994–2011 Leiter der Sozialpsychiatrischen Poliklinik der Med. Hochschule Hannover, 2012–2019 in der Sozialplanung des Dezernats für soziale Infrastruktur der Region Hannover tätig, 2007–2018 Geschäftsführer des Landesfachbeirats Psychiatrie Niedersachsen.

Florian Elliker Dr. arbeitet als Ständiger Dozent für Soziologie am Seminar für Soziologie der Universität St. Gallen. Er leitet zusammen mit Niklaus Reichle das Forschungskollektiv Unexplored Realities. Er forscht und lehrt v. a. in den Bereichen qualitative Methoden, Soziologie der Drogen, Wissenssoziologie, wissenssoziologische Diskursethnografie sowie (ethnische) Minderheiten.

Alison Fixsen is a Senior Lecturer at the University of Westminster. Her recent work spans a range of topics related to critical mental health including eating disorders, psychoactive drug management and dependency, self care and professional well-being initiatives and social prescribing. She has published peer reviewed articles and book chapters in areas of psychology, sociology, health sciences and education, including a number of ethnography and autoethnography studies. She is presently writing a book on eating disorders and disordered eating from a social constructionist perspective.

Sabine Flick Dr. phil., Professorin für Allgemeine Soziologie an der Pädagogischen Hochschule Freiburg und Mitglied des Instituts für Sozialforschung Frankfurt/Main. Nach ihrer Promotion an der Goethe-Universität hat sie an verschiedenen Instituten in Deutschland, Israel, Österreich und in den USA gelehrt und geforscht, u. a. der UC California, Berkeley und der Tel Aviv University. Ihre Schwerpunkte in Forschung und Lehre sind Soziologie der Gesundheit und Gesundheitsberufe, insbesondere Psychotherapie, Geschlechter- und Sexualitätstheorien, Soziologie Sozialer Probleme und Kritische Theorie.

Martin Harbusch Dr. phil., lehrt und forscht am Seminar für Sozialwissenschaften der Philosophischen Fakultät an der Universität in Siegen. Neben der Soziologie der Psychiatrie liegen seine Arbeitsschwerpunkte in den Bereichen Wissenssoziologie, Sozialkonstruktivismus, Symbolischer Interaktionismus und qualitative Sozialforschung.

Ernst von Kardorff Prof.i.R., Dr.phil.habil. Dipl.-Psych., Dipl.Soz., von 1995 bis 2016 Lehrstuhl für Soziologie der Rehabilitation an der Humboldt-Universität zu Berlin, seither Projektleiter in der Berliner Werkstatt für Sozialforschung (BWS UG); Forschungsschwerpunkte: Berufliche Rehabilitation, Sozialpsychiatrie, Stigmatisierung, Qualitative Forschungsmethoden, Bewältigung chronischer Krankheiten.

Fabian Karsch Prof. Dr. phil., ist Medizinsoziologe und arbeitet als Professor für Sozial- und Gesundheitswissenschaften an der HSD (Hochschule Döpfer, University of Applied Sciences) in Regensburg. Seine Schwerpunkte in Forschung und Lehre liegen im Bereich der Medizin- und Gesundheitssoziologie sowie techniksoziologischer Fragen im Gesundheitswesen.

Karina Korecky M.A., forscht am Institut für Ethik und Geschichte der Medizin der Universitätsmedizin Göttingen. Ihre Arbeitsschwerpunkte sind Medizin- und Gesundheitssoziologie, Geschichte und Ethik der Psychiatrie, qualitative Sozialforschung, soziologische Geschlechterforschung und Subjekttheorien.

Roberto McLeay M. Couns., works in the Counselling Department at the University of Auckland. His background in teaching and guidance counselling has led him to study the topic of young people's emotions in Aotearoa New Zealand schools. In addition to the sociology of emotions, Roberto's teaching and doctoral research focus on the sociology of childhood, education, mental health, and psychiatry.

Niklaus Reichle Dr. arbeitet als Lehrbeauftragter für Soziologie am Seminar für Soziologie der Universität St.Gallen. Er leitet zusammen mit Florian Elliker das Forschungskollektiv Unexplored Realities. Er forscht und lehrt v. a. in den Bereichen Architektursoziologie, Soziologie der Drogen, Soziologiegeschichte und (ethnische) Minderheiten.

Dominik Robin lic. phil., Senior Researcher beim Forschungsbüro Ecoplan in Bern, forscht schwerpunktmässig im Bereich psychische Gesundheit an der Schnittstelle von Gesundheitssoziologie und Public Health. Zudem hat er einen Lehrauftrag zu qualitativen Methoden an der ZHAW (Zürcher Hochschule für Angewandte Wissenschaften) in Winterthur.

Panagiota Tragantzopoulou MA, MSc, is a doctoral researcher at the Department of Social Sciences at the University of Westminster. She also works as a Visiting Lecturer at the University of Westminster. Her research focuses on eating disorders, psychotherapy, and chronic illnesses.

Teil I
Zur Gesellschaft der verletzten Seelen oder die Gesellschaft der Psychiatrie, Psychosomatik und Psychotherapie

Im einleitenden Kapitel werden die Ausgangsüberlegungen, die Zielrichtung und das Programm des Bandes vorgestellt und die einzelnen Beiträge und ihre Zuordnung zu den vier zentralen Themenbereichen des Bandes kurz erläutert. Wir gehen davon aus, dass psychische Störungen immer auch „Ordnungsstörungen" sind und das nicht nur, weil sie die eingeschliffenen Erwartungen an ein „normales" Funktionieren im Alltag irritieren, sondern weil sie grundlegende gesellschaftliche Normen verletzen. In soziologischer Perspektive reflektiert sich in den Konzepten von psychischer Krankheit und seelischer Gesundheit immer auch ein komplexes gesellschaftliches Verhältnis von tolerierter und erwünschter „Normalität". Vor diesem Hintergrund richten wir den soziologischen Blick auf die Rolle und Funktionen der psychiatrischen Wissensordnung und ihrer Praxen im Zusammenspiel mit und in ihren Auswirkungen auf gesellschaftliche Veränderungen.

Im zweiten Kapitel entfalten wir unsere zentrale These der Entwicklung hin zu einer „Gesellschaft der verletzten und der verletzlichen Seelen". Erstens greifen wir die Situation als psychisch krank diagnostizierter Menschen, die Rolle der Psychiatrie und die veränderte gesellschaftliche Wahrnehmung psychischen Leidens auf und skizzieren die soziale Dynamik der Wechselwirkungen zwischen Gesellschaft, Psychiatrie und psychischem Leiden. Dabei zeigen wir zweiten die Entwicklung hin zu einer „Gesellschaft der verletzten (und verletzlichen) Seelen. Angesichts der Zunahme psychiatrischer Diagnosen und einer verstärkten Nachfrage nach psychosozialen Hilfen zeigen wir drittens wie psychiatrische Konzepte immer weiter in die Gesellschaft diffundieren und zunehmend zur Selbstbeschreibung von allgemeinen

Lebensproblemen genutzt werden. Dabei werden viertens inhaltliche Veränderungen in der psychiatrischen Wissensordnung sichtbar: mit der beobachteten Akzentverschiebung von „psychischer Krankheit" bzw. „psychischen Störungen" auf das weiterreichende Konstrukt „seelische Gesundheit" erhält die soziologische Kritik an einer Biopolitik und Subjektformierung durch die psychiatrische Wissensordnung neue Aktualität. Fünftens diskutieren wir Auswirkungen dieser Entwicklungen auf gesellschaftliche Diskurse, Mentalitäten und Gefühlskulturen.

Im abschließenden Kapitel dieses Abschnitts beginnen wir mit einem wissenschaftsgeschichtlichen Rückblick auf die Beschäftigung der Soziologie mit psychisch auffälligem Verhalten aus einer grundlagentheoretischen Perspektive. Im Anschluss daran zeigen wir, in welcher Weise soziologische Studien die Psychiatrie als Wissensordnung und Praxis in ihrem gesellschaftlichen Einfluss verortet haben. Anhand ausgewählter exemplarischer Studien werden zentrale Themen der soziologischen Beschäftigung mit der Psychiatrie auf makro-, meso- und mikrosoziologischer Ebene dargestellt, etwa zur Sozialen Kontrolle und zur Subjektformierung durch psychiatrische Diskurse, zum psychiatrischen Krankheitsbegriff, zur Stigmatisierung psychischer Auffälligkeiten, zur Einleitung von Krankheitskarrieren und zur biografischen Auseinandersetzung mit psychischen Beeinträchtigungen. Diese Beispiele stehen für den Gewinn einer soziologischen Reflexion zu einer kritischen Bewertung der gesellschaftlichen Rolle der psychiatrischen Wissensordnung und Praxis.

Neue soziologische Perspektiven auf Psychiatrie, seelische Gesundheit und Krankheit

Ernst von Kardorff, Martin Harbusch und Dominik Robin

Psychische Störungen sind immer auch „Ordnungsstörungen" (Tanner, 2007) und das nicht nur, weil sie die eingeschliffenen Erwartungen an das „normalistische" (Link, 1996) Funktionieren im Alltag irritieren, sondern auch weil sie grundsätzliche gesellschaftliche Normen verletzten. In soziologischer Perspektive reflektiert sich daher in den Konzepten von *psychischer Krankheit* und *seelischer Gesundheit*, wie sie sich in der psychiatrischen Wissensordnung herausgebildet haben, immer ein komplexes gesellschaftliches Verhältnis von tolerierter und erwünschter „Normalität" zu dem störenden und als gestört bewerteten individuellen Verhalten. Wenn seelisches Leiden alltägliche Interaktionen und berufliche Routinen (ver-)stört, wird die dadurch irritierte soziale Ordnung allerdings meist nach kurzer Zeit wieder „geheilt". Dies geschieht durch Einordnung des Verhaltens als „verrückt" und psychisch krank, durch soziale Marginalisierung der Störenden und durch Delegation an die zuständigen Professionen und Einrichtungen sowie nicht zuletzt durch eine retrospektive Deutung der unverstandenen Verhaltensweisen als

---

E. von Kardorff (✉)
Berliner Werkstatt für Sozialforschung (BWS UG), Berlin, Deutschland
E-Mail: kardorff@bws-institut.de

M. Harbusch
Universität Siegen, Siegen, Deutschland
E-Mail: martin.harbusch@uni-siegen.de

D. Robin
Gesundheit, Ecoplan, Bern, Schweiz
E-Mail: dominik.robin@ecoplan.ch

Symptome einer Krankheit, die den Status einer zugewiesenen Sonderrolle für die fraglichen Person nachträglich rechtfertigt. Diese Prozesse vollziehen sich auf der Grundlage eines latenten Wissensbestands an historisch gewachsenen und aktualisierten *Sozialen Repräsentationen* von psychischer Krankheit (Herzlich, 1969) und heute zunehmend von Populärsynthesen seelischer Gesundheit, die über Medien, Bildungsinstitutionen und psychosoziale Beratungseinrichtungen in die Gesellschaft diffundieren. Mit ihrem Einsickern in den gesellschaftlichen Alltag entfalten die Elemente der psychiatrischen Wissensordnung nicht nur ein gewisses Eigenleben, sondern weisen zugleich über den engeren Bereich psychiatrischer Interventionen und der dafür ausdifferenzierten Versorgungsstrukturen hinaus: als sozio-kulturelle Normalitätsdispositive, die durch psychiatrische Begriffe codiert sind, markieren sie nicht nur die Grenze zwischen nicht intentionaler „krankhafter" Abweichung zu anderen Formen wie krimineller oder politischer Abweichung, sondern grundieren gesellschaftliche Leitbilder „normaler" und „gesunder" Entwicklung. Diese von Psychiatrie, Gesundheitspolitik und Gesundheitswissenschaften propagierten Bilder wirken, um einen Gedanken Foucaults aufzugreifen, im Sinne einer durch die psychiatrischen Einrichtungen und ihre Professionen wirkende „Mikrophysik der Macht" (Foucault, 1976), die eine Identifikation aktuell wie potenziell Betroffener ermöglicht und den Umgang mit psychischen Störungen in „geordnete" Bahnen lenken soll. Diese Mechanismen betreffen nicht allein die als psychopathologisch diagnostizierten Menschen, die sich mit den sozialen Reaktionen auf die nach wie vor stigmatisierte Krankheitszuschreibung (von Kardorff, 2023) auseinandersetzen müssen. Vielmehr nutzen immer mehr Menschen unter den Bedingungen scheinbar unbegrenzter Wahlmöglichkeiten (Gross, 1994) in einer „vorbildlosen Moderne" (Habermas, 1985, S. 26) vielfältige Beratungsangebote (Maasen et al., 2011), die psychiatrische und psychologische Dispositive enthalten, um ihre Performanz, ihre Identitätsvorstellungen, ihre Lebensentwürfe und ihre soziale Positionierung mit den jeweils geltenden Normalitätserwartungen und deren mehr oder weniger flexiblen Abweichungskorridoren abzugleichen.

In unserem Band richten wir den soziologischen Blick auf Rolle und Funktionen psychiatrischer Konzepte und Praxen in ihrem Zusammenspiel mit gesellschaftlichen Veränderungen. Das Spektrum dieser Bezüge reicht von der Feststellung „psychiatrischen/psychologischen Behandlungsbedarfs" und den Verschiebungen innerhalb der psychiatrischen Konstrukte von „psychischer Krankheit" bis zur Erweiterung der psychiatrisch-neurologischen Deutungshoheit auf „seelische Gesundheit" oder weitergehend auf die Optimierung der Person durch Neuroenhancement, von der Ausbreitung psychiatrischer „Populärsynthesen" zur Erklärung von Verhaltensauffälligkeiten in Medien und Alltag bis zu veränderten Formen der Subjektkonstitution, die auf Versatzstücke der psychiatrischen Wissensordnung zurückgreifen. So konzentrieren wir uns aus einer wissenssoziologischen Perspektive auf veränderte Deutungsmuster und gesellschaftliche Wahrnehmungsformen für das, was gemeinhin als seelisches Leiden bezeichnet wird. Wir fragen nach den sozialen Folgen der Nutzung psychiatrischer Konzepte für den gesellschaftlichen, institutionellen und professionellen Umgang mit psychischem Leiden und den damit verbundenen normabweichenden und störenden Auffälligkeiten, die in der Soziologie als „residuale Abweichung" (Scheff, 1973) betrachtet werden. Wir interessieren uns dafür, was dies für die psychodiagnostisch so klassifizierten Menschen und ihre Angehörigen bedeutet, wie sie damit umgehen und welche „Eigentheorien" (Schütze, 1983) sie dabei entwickeln, um sich in ihrer Lebenswelt und zu sich selbst zu positionieren (z. B. Korecky i. d. Band). Wir thematisieren darüber hinaus die Auswirkungen der Diffusion psychiatrischer Konzepte in gesellschaftliche Bereiche außerhalb der Psychiatrie wie Erziehung, Schule, Sozial- und Jugendarbeit oder Lebensberatung (Harbusch i. d. Band) und wie diese auf Formen einer (Selbst-)Psychiatrisierung der Gesellschaft zurückwirken (von Kardorff, 2016). Diese Entwicklungen gehen dabei nicht allein von der Psychiatrie aus, sondern stehen für ein Dispositiv eines individualisierten, medizinischen und sozialtechnischen Umgangs der (Sozial-)Politik mit dem „gesellschaftlichen Leiden und dem Leiden an der Gesellschaft" (Dreitzel, 1972). Aus diesem Grund sind eine Reihe der theoretischen Beiträge und der empirischen Studien in diesem Band nicht direkt innerhalb der Psychiatrie angesiedelt, sondern fokussieren darauf, wie Elemente der als universell gültig hypostasierten naturwissenschaftlich-psychiatrischen Wissensordnung sich mit neoliberal inspirierten Forderungen nach Selbstoptimierung verbinden: wie werden sie zu einem durchaus ambivalenten Teil der gesellschaftlichen (Selbst-)Thematisierung der Leidenserfahrungen Einzelner und der als Risikogruppen identifizierten Personen? In einer weitergehenden Perspektive blicken wir auf die häufig von der psychiatrischen Wissensordnung ausgeblendeten Aspekte ihrer gesellschaftlichen Funktion und der von ihr als gegeben betrachteten sozialen Kontexte (z. B. Cohen und McLeay i. d. Band), auf die die Psychiatrie mit Strategien zur Verhaltensänderung bei den Patientinnen und Patienten und damit auf möglichst reibungsarme Anpassung an gesellschaftliche Anforderungen etwa in der Arbeitswelt zielt. Mit diesem Themenspektrum soll der schon immer kontrovers-produktive, aber in der deutschen Diskussion abgebrochene Gesprächsfaden (Angermeyer et al., 2015; Kilian, 2017) zwischen Psychiatrie und Soziologie erneut aufgenommen werden, ohne dass dabei die Soziologie auf die Rolle als „Dienerin" der Psychiatrie verkürzt wird.

Die in diesem Band vorgestellten Überlegungen zielen auf einer *makrosoziologischen Ebene* darauf ab, die Verschränkung neuerer Formen der Subjektkonstitution mit neuen psychischen Gefährdungen und den Versuchen ihrer psychiatrischen Einhegung aufzuklären und die mentalitätsbezogene Resonanz, die derartige Prozesse in der Gesellschaft insgesamt erfahren, zu analysieren. Konkret geht es darum,

- *erstens*, zu einer erneuten Reflexion der Psychiatrie im Spiegel soziologischer Beobachtung anzuregen;
- *zweitens*, aktuelle Entwicklungen im gesellschaftlichen Umgang mit auffälligem Verhalten, Erleben und Handeln sowie Präventionsstrategien zur Sicherung seelischer Gesundheit mit Blick auf die ihnen zugrunde liegenden Konzepte zu befragen;
- *drittens*, Mentalitätsverschiebungen in der gesellschaftlichen Wahrnehmung und Thematisierung psychischen Leidens aus einer eigenständigen soziologischen Position heraus zu analysieren. Während diese Diskussion in der angelsächsischen Soziologie (z. B. Cohen und McLeay in dem Band; Rose, 1999, 2006, 2018; Bates & House, 2003; Ilousz, 2004, 2009) und auch in Frankreich (Ehrenberg, 2015) breiter geführt wird, ist eine kritische sozialwissenschaftliche Auseinandersetzung mit der Psychiatrie in der deutschsprachigen Soziologie nach einer intensiven Phase der Auseinandersetzung in den 70er- und 80er-Jahren (z. B. Dreitzel, 1972; Keupp, 1974; Keupp & Zaumseil, 1976; Wambach et al., 1980; Forster, 1997) abgebrochen und seither ein eher randständiges Thema geblieben (Dellwing & Harbusch, 2013, 2019; von Kardorff, 2016; Keupp, 2018). So fließen gesellschaftstheoretische Überlegungen zum „hybriden Subjekt" (Reckwitz, 2020) oder zu modernen Selbsttechnologien (Bröckling, 2007) bislang kaum in soziologische Diskurse über die Psychiatrie ein.
- *viertens*, gesellschaftlich erzeugtes seelisches Leid über pathologische Zuschreibungsprozesse hinausgehend als Ergebnis gesellschaftlicher Veränderungsprozesse zu verstehen, die auf psychiatrische und psychologische Konzepte ebenso zurückwirken wie auf psychosoziale Versorgung, Professionalisierungsprozesse und die alltägliche psychiatrische Fachpraxis;
- *fünftens* wissenssoziologisch nachzuzeichnen, in welchem Umfang und auf welche Art und Weise Konzepte der psychiatrischen Wissensordnung in den gesellschaftlichen Alltag eingewandert sind und welche sozialen Bedingungen den Resonanzboden für eine Aufnahme psychiatrischer und psychologischer Deutungsangebote als Folie zur Selbstthematisierung und Bewältigung von Alltagsproblemen geschaffen haben, sowie zu analysieren welche Funktionen dies für die Individuen angesichts rasanter gesellschaftlicher Veränderungen erfüllt.

I. Zur Gesellschaft der verletzten Seelen oder die Gesellschaft der Psychiatrie, Psychosomatik und Psychotherapie – Aufbau und Beiträge des Bandes

Ernst von Kardorff, Martin Harbusch und Dominik Robin fokussieren in ihrem Beitrag *Die Gesellschaft der verletzten Seelen und die Wissensordnung der Psychiatrie* die wechselnden Bezüge zwischen Psychiatrie, Soziologie und Gesellschaft. Dabei thematisieren sie grundlegende Fragen, die sich für generelle Konzepte der soziologischen Abweichungstheorien und für die Auswirkungen neuer gesellschaftlicher Thematisierungsformen seelischen Leidens und seiner gesellschaftlichen wie professionellen Herstellung ergeben.

Die Herausgeber stellen in ihrem *Exkurs: Soziologie, psychische Krankheiten und Psychiatrie – eine kurze Skizze „klassischer" soziologischer Zugänge* einen Überblick über die zentralen Themen der soziologischen Beschäftigung mit psychischen Krankheiten als Form „residualer Abweichung" vor. Der Beitrag dient der Selbstvergewisserung einer dezidiert soziologischen Perspektive auf residuale Abweichung als einem Grundthema der Soziologie.

II. Soziologische Theorien zu Rolle und Funktion der Psychiatrie und eine sozialpsychiatrische Perspektive auf die Soziologie

Hermann Elgeti rekonstruiert in seinem Artikel *Was hat die Psychiatrie mit der Soziologie zu schaffen? Anmerkungen zu einer ambivalenten Beziehungsgeschichte* die Entwicklungsprozesse der deutschen (Sozial-)Psychiatrie und zeigt auf, wie die Psychiatrie Anregungen aus der Soziologie nach anfänglicher Rezeption in den 70er-Jahren immer stärker verdrängt und was dies nicht nur für die Entwicklung des Fachs, sondern auch für die betroffenen Menschen und ihre Unterstützungsmöglichkeiten bedeutet.

In Bruce Cohens Beitrag *Past, Present, Future: A Critical Manifesto for the Sociology of Mental Health* wird die Soziologie grundsätzlich aufgefordert Psychiatriekritik auf theoretischer Ebene zu leisten: dazu gehört zentral eine Kritik an ihrer Form der sozialen Kontrolle, die den Status der ins Visier der Psychiatrie geratenen Menschen in doppelter Hinsicht festschreibt: als Dauerklienten und Dauerklientinnen des Systems und als identitätsbildende Selbstzuschreibung als psychisch Kranke. Vor allem, so Cohen, geht sie dabei selektiv vor, indem sie sich häufig auf bereits marginalisierte Gruppen konzentriert, die für die produktivistische Arbeitsgesellschaft überflüssig erscheinen. Gefangen in der Reproduktion neoliberaler Dispositive werden diese Personen zu mehr Selbstkontrolle und Anpassung gedrängt, auch wenn ihnen dafür Ressourcen fehlen. Mit der individualisierenden Krankheitszuschreibung, die wie ein „blaming the victim" wirkt, wird Marginalisierung fortgeschrieben.

Martin Harbusch zeigt anhand empirischen Materials in seinem Beitrag *Psychiatrische Kategorien in sekundären Verwendungszusammenhängen. Traveling Concepts und die alltäglichen Wege zwischen Psychiatrie und Lebenswelt* wie psychiatrische Konzepte aus dem engeren Kreis der psychiatrischen Praxis in weitere gesellschaftliche Bereiche diffundieren und dort ein Eigenleben entfalten. Besonders eindrücklich wird dies an der Sozialarbeit und im Erziehungswesen sichtbar, indem die dort tätigen Fachkräfte psychiatrische und psychologische Konzepte strategisch für Problembearbeitungen in ihrem eigenen Handlungsfeld nutzen und dabei mit einer positiven Resonanz im sozialen Umfeld ihrer jeweiligen Praxisfelder rechnen können.

III. Psychiatrische Konzepte und Praktiken im Kontext institutioneller und politischer Verwendung

Sabine Flick setzt sich in ihrem Beitrag *Arbeitsleiden in psychosomatischen Settings. Zur (Un)Möglichkeit gesellschaftliche Strukturen zu behandeln* mit der Ausblendung eines zentralen Bereichs gesellschaftlicher Reproduktion, der Arbeitswelt, in psychiatrischen Konzepten und in der professionellen Praxis von Psychotherapeuten und Psychotherapeutinnen auseinander und zeigt, wie Arbeitsbedingungen, die zu seelischem Leid und Störungen der Arbeitsfähigkeit führen, in der psychotherapeutischen Behandlung in individuell (noch) nicht bearbeite Konflikte, Beziehungskonstellationen und Traumata so umgedeutet werden, dass die Betroffenen für deren Bewältigung selbst verantwortlich gemacht und damit Bedingungen und Anforderung der Arbeitswelt nicht in Frage gestellt und „naturalisiert" werden.

Der Beitrag von Roberto Mc Leay „*Counselling Power and Knowledge in Schools*" rekonstruiert den Einfluss der psychiatrischen Wissensordnung auf Sozialisationsprozesse wie sie in Beratungseinrichtungen erfolgen und analysiert ihre Auswirkungen auf Selbstzuschreibungsprozesse und Identitätskonstruktionen. Psychiatrische Konzepte werden zu einer Instanz moralischer Formung der Subjekte. Damit wird das gesamte Verhalten von Individuen unter der Perspektive psychiatrischer Kategorien von Anfang an bis zur heute sichtbaren Akzentverschiebung und Erweiterung vom Konzept „psychische Krankheit" zur Zuständigkeit für „psychische Gesundheit" (mental hygiene und mental health) beurteilt und behandelt. Innerhalb dieser Entwicklungen werden die Zeitpunkte von Interventionen vorverlegt und die Eingriffstiefe psychiatrischer Konzepte in den Gesellschaftskörper und die Psychen verschärft sich.

Niklaus Reichle und Fabian Elliker zeigen in ihrem Beitrag „*Auf einem Auge blind. Wie Forschung den Konsum bewusstseinsverändernder Substanzen medikalisiert*" am Beispiel der Schweiz, wie die dortige Drogenpolitik selektiv medizinisch-psychiatrische Konzepte im Kampf um die „richtige" Drogenpolitik gegenüber sozialwissenschaftlichen Ansätzen präferiert, weil sie sich damit in der Außenwirkung und Legitimation gegenüber der unterstellten Mehrheitsmeinung auf der sicheren Seite wähnt. Dabei wird deutlich, wie die Politik in Abhängigkeit von ihren gesellschaftlichen Konjunkturen die Forschung in ihrem Sinne instrumentalisiert.

IV. Mikrosoziologische Fallstudien zu Konstruktionen und Selbstzuschreibungen psychiatrischer Diagnosen

Karina Korecky zeigt in ihrem Beitrag *„Psychische Krankheit und Subjektivierung im Wandel – ein erster Forschungsbericht"* wie sich psychiatrische Patienten und Patientinnen psychiatrische Diagnosen im Behandlungsverlauf aneignen und in ihre Selbst- und Lebensentwürfe aktiv einbauen. Dazu nutzen sie die Krankheitszuschreibung als Entlastung (Selbsterkenntnis, sozialer Schutz), müssen sich aber auch mit Erfahrungen sozialer Degradierung (Verlust, Ausschluss) auseinandersetzen und sich als nun Kranke sozial positionieren, ein unabgeschlossener Aushandlungsprozess mit sich selbst und mit den Anderen.

Ernst von Kardorff und Stefan Dreßke zeigen in ihrem Beitrag *„Lebensprobleme und psychiatrisch-psychosomatische Diagnosen an den Schnittstellen von Lebenswelt, Medizin und Sozialem Sicherungssystem"* anhand zweier Studien – in einer psychosomatischen Akutklinik und an einer psychosomatischen Rehaklinik – wie Alltagsprobleme in psychiatrische Diagnosen verwandelt werden. Dies ist einerseits erforderlich, um die Behandlung gegenüber den Kostenträgern zu rechtfertigen, die Komplexität der Probleme mittels der Diagnose einzugrenzen und im Handlungsrahmen des psychosomatischen Settings bearbeitbar zu machen. Zum anderen liefert die Diagnose zwar keinen Beitrag zur Lösung der Lebensprobleme, dient den Betroffenen aber dazu, die damit verbundene Krankenrolle im beruflichen und privaten Umfeld strategisch zu nutzen. Nicht zuletzt deshalb kommt den Aushandlungsprozess zwischen Ärzten und Ärztinnen und Patienten und Patientinnen bei der Diagnosestellung eine große Bedeutung zu.

Alison Fixsen, Anna Cheshire und Panagiota Tragantzopoulou zeigen in ihrem Artikel *„Orthorexia nervosa: the emergence of a psychiatric illness. Lay people and professionals' constructions of extreme healthy eating"* wie die Übernahme von immer strenger befolgten Regeln „richtigen" Ernährungsverhaltens als Orientierung an einem gesellschaftlichen Gesundheitsideal zu einem von außen als zwanghaft charakterisierbaren und in seinen Auswirkungen selbstschädigenden Verhalten wird, welches die Psychiatrie in „bewährter" Form individualisiert und verkrankt. Eine Folge davon ist, dass das Phänomen damit der Reflexion seiner gesellschaftlichen Verortung in bestimmen sozialen Milieus entzogen wird und mögliche „Lesarten" für seine Entstehungsbedingungen, z. B. als „schräge" Antwort auf Anforderungen nach Selbstoptimierung oder als Bezugspunkt zur Identitätsbestimmung mit der Krankheitzuschreibung, ausblendet.

Dominik Robin und Fabian Karsch zeigen in ihrem Beitrag „*Die professionelle Konstruktion von ADHS: eine vergleichende Inhaltsanalyse der Einstellungen von pädagogischen und medizinischen Fachpersonen*" wie Schulen durch die Pathologisierung von Leistungsabfall, Konzentrationsschwächen, auffälligem Bewegungsdrang und impulsivem Verhalten durch die Zuschreibung von ADHS die sozialen Ungleichheiten von Schülern und Schülerinnen vertiefen. Bei der Diagnose sind medizinische Fachkräfte auf die Deutungsleistungen der pädagogischen Fachkräfte angewiesen und können das Krankheitsbild nur aus der Wahrnehmung eines abweichenden Verhaltens heraus rekonstruieren, wobei die Abweichungszuschreibung bereits im Kontext eines dominanten medizinischen Deutungsangebots vollzogen wird und neue Formen der Kontrolle ermöglicht.

V. Wie geht es weiter: Forschungsperspektiven und Reflexionsangebote

Das Schlusskapitel zieht Bilanz und skizziert offene Forschungsfragen, die sich aus unseren Diskussionen der Beiträge herauskristallisiert haben. Darüber hinaus verweisen wir auf Bereiche, die wir in unserem Band vor allem aus Umfangsgründen nicht abdecken konnten, wie etwa den Widerhall und die Aneignung von Versatzstücken der psychiatrischen Wissensordnung in den Sozialen Medien und deren Rückwirkungen auf gesellschaftliche Problemwahrnehmungen und auf die Inanspruchnahme psychosozialer und psychiatrischer Angebote. Und schließlich geht es uns aber auch darum, noch einmal die besonderen Gewinne einer kritisch-soziologischen Reflexion des Verhältnisses von Psychiatrie, psychischen Problemen und Gesellschaft herauszustellen.

Literatur

Angermeyer, M. C., Kluge, H., Riedel-Heller, S. G., & Roick, C. (2015). Sozialpsychiatrie ohne Soziologie. Ergebnisse einer Zeitschriftenanalyse. *Psychiatrische Praxis, 31*(8), 420–424.
Bates, Y., & House, R. (2003). Power and psychological techniques. In Y. Bates & R. House (Hrsg.), *Ethically challenged professions* (S. 27–46). PCCS Books.
Bröckling, U. (2007). *Gute Hirten führen sanft. Über Menschenregierungskünste*. Suhrkamp.
Dellwing, M., & Harbusch, M. (Hrsg.). (2013). *Krankheitskonstruktionen und Krankheitstreiberei. Die Renaissance der soziologischen Psychiatriekritik*. Springer VS.

Dellwing, M., & Harbusch, M. (Hrsg.). (2019) Pathologisierte Gesellschaft. *Kriminologisches Journal, 12. Beiheft,* 51.

DGPPN (Deutsche Gesellschaft für Psychiatrie und Psychotherapie, Psychosomatik und Nervenheilkunde). (2017). *Zur Identität der Psychiatrie. Positionspapier einer Task-Force der DGPPN.* DGPPN-Selbstverlag.

Dreitzel, H.-P. (1972). *Die gesellschaftlichen Leiden und das Leiden an der Gesellschaft Vorstudien zu einer Pathologie des Rollenverhaltens.* dtv.

Ehrenberg, A. (2015). *Das erschöpfte Selbst. Depression und Gesellschaft in der Gegenwart* (2. Aufl.). Campus.

Finzen, A. (2010). *Psychiatrie und Soziologie. Eine Einladung.* http://finzen.de/pdf-dateien/soziologie.pdf. Zugegriffen am 23.03.2024.

Forster, R. (1997). *Psychiatriereformen zwischen Medikalisierung und Gemeindeorientierung Eine kritische Bilanz.* Westdeutscher Verlag.

Foucault, M. (1976). *Mikrophysik der Macht. Über Strafjustiz, Psychiatrie und Medizin.* Merve.

Gross, P. (1994). *Die Multioptionsgesellschaft.* Suhrkamp.

Habermas, J. (1985). *Der philosophische Diskurs der Moderne.* Suhrkamp.

Herzlich, C. (1969). *Santé et maladie. Analyse d'une représentation sociale.* École Pratique des Hautes Études/Mouton.

von Kardorff, E. (2016). Zur Transformation der Therapeutisierung und Psychiatrisierung des gesellschaftlichen Alltags: auf dem Weg der (nicht ganz) freiwilligen Selbstoptimierung. In R. Anhorn & M. Balzereit (Hrsg.), *Handbuch Therapeutisierung und Soziale Arbeit* (S. 263–298). Springer VS.

von Kardorff, E. (2023). Diskriminierung von seelisch Beeinträchtigten. In A. Scherr, A.C. Reinhardt, & A. El-Mafaalani (Hrsg.), *Handbuch Diskriminierung.* (2. Aufl., S. 597–629). Springer

Katschnig, H. (2010). Are psychiatrists an endangered species? Observations on internal and external challenges to the profession. *World Psychiatry, 9*(1), 21–28.

Keupp, H. (Hrsg.). (1974). *Verhaltensstörungen und Sozialstruktur. Epidemiologie: Empirie, Theorie, Praxis.* Urban & Schwarzenberg.

Keupp, H. (2018). Die soziale Amnesie der Psychotherapie und von der Notwendigkeit der Gesellschaftsdiagnostik. In S. Riethmann & M. Sawatzki (Hrsg.), *Zukunft der Beratung. Von der Verhaltens- zur Verhältnisorientierung?* (S. 21–44). Springer.

Keupp, H., & Zaumseil, M. (Hrsg.). (1976). *Die gesellschaftliche Organisierung psychischen Leidens.* Suhrkamp.

Kilian, R. (2017). Zum Verhältnis von Soziologie und Psychiatrie – revisited. *Sozialpsychiatrische Informationen, 47*(2), 71–79.

Link, J. (1996). *Versuch über den Normalismus. Wie Normalität produziert wird.* Westdeutscher Verlag.

Ilousz, E. (2004). *Gefühle in Zeiten des Kapitalismus. Adorno Vorlesungen 2004.* Suhrkamp.

Ilousz, E. (2009). *Die Errettung der modernen Seele. Therapien, Gefühle und die Kultur der Selbsthilfe.* Suhrkamp.

Maasen, S., Elberfeld, J., Eitler, P., & Tändler, M. (Hrsg.). (2011). *Das beratene Selbst. Zur Genealogie der Therapeutisierung in den ‚langen' Siebzigern.* Transcript.

Priebe, S., Burns, T., & Craig, T. (2013). The future of academic psychiatry may be social. *British Journal of Psychiatry, 202*(5), 319–320.

Reckwitz, A. (2020). *Das hybride Subjekt. Eine Theorie der Subjektkulturen von der bürgerlichen Moderne zur Postmoderne*. Suhrkamp.

Rose, N. (1999). *Governing the soul. The shaping of the private self* (2. Aufl.). Free Association Books.

Rose, N. (2006). *The politics of life itself. Biomedicine, power, and subjectivity in the twenty-first century*. Princeton University Press.

Rose, N. (2018). *Our psychiatric future*. Wiley & Sons.

Scheff, T. J. (1973). *Das Etikett „Geisteskrankheit". Soziale Interaktion und psychische Störung*. S. Fischer.

Schütze, F. (1983). Biographieforschung und narratives Interview. *Neue Praxis, 13*(3), 283–293.

Tanner, J. (2007). Ordnungsstörungen: Konjunkturen und Zäsuren in der Geschichte der Psychiatrie. Schlusswort. In M. Meier, B. Bernet, R. Dubach, & U. Germann (Hrsg.), *Zwang zur Ordnung: Psychiatrie im Kanton Zürich, 1870–1970* (S. 271–306). Chronos.

Wambach, M. M., Hellerich, G., & Reichel, W. (Hrsg.). (1980). *Die Museen des Wahnsinns und die Zukunft der Psychiatrie*. Suhrkamp.

Die Gesellschaft der verletzten Seelen und die Wissensordnung der Psychiatrie

Ernst von Kardorff, Martin Harbusch und Dominik Robin

1 Auf dem Weg zu einer Gesellschaft der verletzten Seelen

Zu Beginn dieses Kapitels greifen wir die öffentlichen Debatten zur Situation als psychisch krank diagnostizierter Menschen, zur Rolle der Psychiatrie und zu veränderten Formen der gesellschaftlichen Wahrnehmung psychischen Leidens seit dem Zweiten Weltkrieg in Deutschland auf. Darin spiegeln sich *erstens* die komplexen Beziehungen und Wechselwirkungen von Gesellschaft, Psychiatrie und psychischem Leiden und den davon betroffenen Menschen, an denen kritische soziologische Analysen anknüpfen können und sich bewähren müssen. Anschließend stellen wir angesichts der deutlichen Zunahme von psychiatrischen Diagnosen und einer immensen Nachfrage nach psychosozialen Beratungsangeboten in einer sich rasch verändernden Gesellschaft *zweitens* die Hypothese einer „*Gesellschaft der verletzten (und der verletzlichen) Seelen*" auf und fragen nach makrosoziologischen

---

E. von Kardorff (✉)
Berliner Werkstatt für Sozialforschung (BWS UG), Berlin, Deutschland
E-Mail: kardorff@bws-institut.de

M. Harbusch
Universität Siegen, Siegen, Deutschland
E-Mail: martin.harbusch@uni-siegen.de

D. Robin
Gesundheit, Ecoplan, Bern, Schweiz
E-Mail: dominik.robin@ecoplan.ch

© Der/die Autor(en), exklusiv lizenziert an Springer Fachmedien Wiesbaden GmbH, ein Teil von Springer Nature 2025
E. von Kardorff et al. (Hrsg.), *Zur Gesellschaft der verletzten Seelen*,
https://doi.org/10.1007/978-3-658-47031-9_2

Gründen und mikrosoziologischen Dynamiken. *Drittens* konstatieren wir, dass zunehmend psychiatrische und klinisch-psychologische Konzepte – oft ohne direktes Dazutun seitens der Psychiatrie – in die Gesellschaft diffundieren und zunehmend zur Selbstbeschreibung bei Anpassungsproblemen und bei der Identitätsfindung genutzt werden. Man könnte hier von einer Tendenz zur „Selbst-Pathologierung" der Gesellschaft sprechen; dazu tragen nicht zuletzt verschiedene Berufsgruppen, vor allem in pädagogischen Handlungsfeldern und der Sozialarbeit bei, die sich bei der Charakterisierung vielfach sozialstrukturell erzeugter Problemlagen, Störungen und Leidenserfahrungen individualisierender psychiatrischer Begrifflichkeiten bedienen. Wir diskutieren diese Entwicklungen *viertens* vor dem Hintergrund der Kontinuitäten und Veränderungen der psychiatrischen Wissensordnung, wie sie sich seit dem 19. Jh. bis zur Gegenwart entwickelt hat; exemplarisch skizzieren wir dies anhand der Veränderungen der psychiatrischen Klassifikationssysteme. In den konzeptionell von innerpsychiatrischen Erfahrungen und Erwägungen, den Lobbyinteressen der Psychopharmakaindustrie und durch gesellschaftlichen Wandel getriebenen Revisionen des Diagnostic and Statistical Manual of Mental Disorders (DSM) zeigen sich auch Wechselwirkungen zwischen Psychiatrie und Gesellschaft, die darauf verweisen, dass sozial eingespielte (Psycho-)Pathologien Ergebnis wissenschaftlicher Konstruktionen, „Produkt[e] sozialer Beziehungen" (Ehrenberg, 2004, S. 9) und sozialer Strukturierungsprozesse sind. Mit der Akzentverschiebung von „psychischer Krankheit" auf „psychische Störungen" und auf das weiterreichende Konstrukt „seelische Gesundheit" durch die Public Mental Health Bewegung erhält die soziologische Kritik an einer Biopolitik und Subjektformierung durch die psychiatrische Wissensordnung neue Aktualität. Daraus ergeben sich *fünftens* weiterführende Fragen für eine soziologische Kritik und Analyse der psychiatrischen Wissensordnung und ihrer direkten und mehr noch indirekten Auswirkungen auf gesellschaftliche Diskurse, Mentalitäten und Gefühlskulturen.

1.1 Konjunkturen der gesellschaftlichen Aufmerksamkeit für psychisches Leiden, Betroffene und die Psychiatrie im Spiegel sozialwissenschaftlicher Kritik

1.1.1 Die Skandalisierung der Anstaltsunterbringung: politische, fachliche und soziologische Psychiatriekritik in den 60er- und 70er-Jahren

Ende der 60er-Jahre haben Berichte aus dem Innenleben psychiatrischer Anstalten (Fischer, 1969) die „elenden und menschenunwürdigen Zustände" (Psychiatrieenquete 1975) skandalisiert, unter denen die Patientinnen und Patienten mehr verwahrt als behandelt wurden; dies verlieh der Kritik engagierter Angehöriger und reformorientierter Psychiaterinnen und Psychiater zusätzliches Gewicht und traf im beginnenden Reformklima der Bundesrepublik auf politische Resonanz. Mit der Einsetzung einer Psychiatrieenquete (1969/1975) nahmen Reformen und Modernisierung (Bonß et al., 1985) der Psychiatrie in Deutschland ihren Anfang; deren Ergebnisse sind inzwischen umfangreich dokumentiert (z. B. Forster, 1997; Kunze, 2012; Armbruster et al., 2015; Reumschüssel-Wienert, 2021; Elgeti i. d. Band). Beeinflusst von internationalen Entwicklungen wie den gemeindepsychiatrischen Versorgungskonzepten in den USA (Community Mental Health Act 1969) oder der Sektorpsychiatrie in Frankreich (Hochmann, 1975) war es besonders die Psichiatria Democratica in Italien (Basaglia, 1974), die mit der programmatischen Auflösung der Anstalten und der Kritik an der sozialen Ausschließung psychisch Kranker und ihrer Abschiebung („Delega") in die Psychiatrie grundlegende konzeptionelle wie zugleich praktisch-politische Fragen nach dem Zusammenleben mit schwierigen und unbequemen Menschen, die als psychisch krank diagnostiziert werden, angestoßen hat. Im Umfeld der Psychiatriereform ist die Selbsthilfebewegung der Psychiatrieerfahrenen entstanden, sie sich – anfangs beeinflusst durch die sogenannte Antipsychiatrie (z. B. Cooper, 1978; Laing, 1969) – öffentlichkeitswirksam zunächst gegen Zwangsmaßnamen engagiert hat; dabei ist es ihr gelungen ihre Anliegen als „Experten und Expertinnen in eigener Sache" vorzutragen und das Recht auf Selbstbestimmung einzufordern. Seit Mitte der 80er-Jahre hat zunehmend auch eine menschenrechtliche Perspektive dazu beigetragen, dass die gleichberechtige Teilhabe behinderter und gesundheitlich beeinträchtigter Menschen am gesellschaftlichen Leben im Sinne der schließlich 2009 ratifizierten UN-Behindertenrechtskonvention heute zu einem Leitbild inklusiver Versorgung in der Psychiatrie geworden ist. Mit dem Schritt aus der Anstalt in die Gemeinde ist die (Sozial-)Psychiatrie in der Gesellschaft „angekommen". Das gilt für die dezentralen ambulanten Versorgungsstrukturen ebenso wie für Elemente der psychiatrischen Wissensordnung (vgl. Elgeti i. d. Band). Mit diesem Weg in die Gesellschaft sind neue Herausforderungen entstanden, die im Folgenden aus soziologischer Perspektive näher charakterisiert werden.

Zu all diesen Entwicklungen und Reformen haben soziologische Analysen und Kritiken nicht unwesentlich beigetragen, u. a. an den depersonalisierenden Effekten der Anstaltsunterbringung (Goffman, 1961), am psychiatrischen Krankheitsbegriff (Scheff, 1966), an den Mechanismen der Stigmatisierung durch Alltagshandelnde und die Psychiatrie selbst (Goffman, 1963), an den abwärts gerichteten „Karrieren" und ihren destruktiven Auswirkungen auf die Psyche der Betroffenen (Goffman, 1959). Soziohistorische Studien zur Geschichte der medizinischen Einhegung und der institutionellen Disziplinierung des „Wahnsinns" (Foucault, 1969) und seiner Abgrenzung von den die Formierung der bürgerlichen Gesellschaft prägenden Vorstellungen einer vernunftgeleiteten Gesellschaft und Lebensführung (Dörner, 1969) haben den psychiatrischen Diskurs in den Kontext größerer gesellschaftlicher Entwicklungszusammenhänge eingebettet. Dazu gehören auch die Analysen einer sich schon in den 80er-Jahren abzeichnenden Psychiatrisierung des Alltags (Castel et al., 1982) und einer frühzeitigen Erfassung psychisch vulnerabler „Risikopersonen" und „-gruppen" (Castel, 1983; Rose, 2021), die mit dem Anspruch auf eine psychiatrische Deutungshoheit über psychische Krankheit und Gesundheit verbunden ist. Diese Entwicklungen zeigen, dass die psychiatrische Wissensordnung untrennbar mit gesellschaftlichen Entwicklungsprozessen und Diskursen verknüpft ist und ihre Normalitätsdispositive in die Gesellschaft und die Psychen der Subjekte einsickern.

1.1.2 Psychiatrie im Nationalsozialismus: Kontinuitäten der Ausgrenzungssemantiken in der psychiatrischen Wissensordnung und die Kritik der Bio-Politik

Zu Beginn der 80er-Jahre geriet die aktive Rolle der Psychiatrie bei der Ermordung psychisch kranker und behinderter Menschen im Nationalsozialismus, die dort als „Ballastexistenzen" dehumanisiert wurden, in den Fokus der öffentlichen Aufmerksamkeit (Dörner, 1988; Klee, 1983; Schmuhl, 1987). In der Rekonstruktion der psychopathologischen Ausgrenzungssemantiken wurden dabei Kontinuitäten sichtbar, die auf die Anfänge der Disziplin im Selbst(miss-)verständnis rein vernunftbasierter und darauf gegründeter Überlegenheit und (pseudo-)wissenschaftlicher Beurteilungsberechtigung verweisen: davon zeugen die Degenerationslehre – psychische Krankheit als zivilisationsbedingte Abweichungen vom „Naturzustand" –, sozialdarwinistische und rassistische Evolutionskonzepte – die weiße Rasse als Krone der Schöpfung (Heinz, 2023) – und international verbreitete eugenische Denkweisen (Roelcke, 2012), die vom Ende des 19. Jh. ausgehend ihren Weg bis zur Vernichtung „unwerten Lebens" gebahnt und aktiv befördert haben (Weingarten et al., 1992; Kühl, 1997; Bachrach, 2004).[1] Die ebenfalls in den 80er-Jahren veröffentlichten Analysen der sozio-kulturellen und konzeptionellen Grundlagen der psychiatrischen Wissensordnung (z. B. Foucault, 1969; Castel, 1979) haben für eine gesellschaftskritische Soziologie der Psychiatrie neue Perspektiven eröffnet in dem sie die Rolle von Medizin und Psychiatrie als Teil eines sich entwickelnden Bio-Macht-Komplexes gedeutet (Foucault, 1977) hat, der nicht allein individuell psychisch auffälliges Verhalten institutionell einhegt, sondern nunmehr und darüber hinausgehend die Bevölkerung zum Gegenstand politischer Regulierungen und Formierung macht; mit Hilfe medizinischer und psychiatrischer Normen und Kennwerte sollen frühzeitig potenzielle Abweichungen identifiziert und verhindert werden (z. B. Wambach,

---

[1] So waren etwa eugenisch begründete Zwangssterilisierungen von behinderten und anderweitig abweichenden Menschen auch nach Ende des zweiten Weltkriegs noch in bis in die 70er-Jahre in einigen skandinavischen Ländern als eine weitgehend unbefragte wohlfahrtsstaatlich verbrämte Praxis (Broberg und Roll-Hansen 2005).

1980) – eine Entwicklung die sich bis in die aktuellen Konzepte von Public Mental Health nachverfolgen lässt (Bramesfeld et al., 2019; Barry et al., 2019).

1.1.3 Die Zunahme psychiatrischer Diagnosen als ökonomische Herausforderung und als gesellschaftliches Krisensymptom

Seit Mitte der 2000er-Jahre haben psychische Krankheiten wieder verstärkt öffentliche Aufmerksamkeit vor allem in sozial- und gesundheitspolitischen Debatten gefunden. Dabei sind es weniger vereinzelte Skandale wie psychiatrische Fehlgutachten im Fall von Gustl Mollath, tragische Fälle wie der German-Wings-Absturz durch einen wegen Depressionen in fachärztlicher Behandlung befindlichen Piloten oder Wiederholungstaten aus der Sicherungsverwahrung entlassener als psychisch krank diagnostizierter Straftäter und Straftäterinnen, die die Öffentlichkeit kurzzeitig erregen und Vorurteile gegenüber psychisch kranken Menschen und der Psychiatrie fortschreiben. Ins Zentrum medialer Berichte rückte vielmehr die Zunahme psychiatrischer Diagnosen zur Erklärung für sozial irritierendes Verhalten. Den Hintergrund dafür bilden Verlaufsdaten zu einer Zunahme der Diagnosen von „Common Mental Disorders" (National Institute of Mental Health, 2011; Jacobi et al., 2014) wie Depressionen, Burnout, Ängste, psychosomatische Beschwerden, aber auch von ADHS und Spiel- und Internetabhängigkeit. In den Medien werden *einerseits* die wirtschaftlichen Folgen psychischer Krankheiten für Behandlungs- und Pflegekosten und vor allem Produktivitätsverluste durch lange Zeiten krankheitsbedingter Arbeitsunfähigkeit und den Ausstieg Betroffener aus dem Arbeitsleben in die Erwerbsminderungsrente hervorgehoben. Die Psychiatrie übernimmt hier einen Doppelauftrag: sie kommt dem Wunsch der Betroffen auf berufliche Wiedereingliederung nach und erfüllt zugleich die politische Erwartung nach (Wieder-)Herstellung der Arbeitsfähigkeit (Salize, 2023). *Andererseits* hat die Zunahme psychiatrischer Diagnosen in der Medienöffentlichkeit für das Thema psychischer Vulnerabilität im gesellschaftlichen Alltag sensibilisiert und Fragen nach den möglichen Ursachen aufgeworfen. Neben Angststörungen und Depressionen steht besonders die mediale Präsenz von Burnout im Vordergrund, das auf verstärkt erlebte Belastungen, auf berufliche Gratifikationskrisen (Siegrist, 2018) und auf eine Sinnkrise in der Arbeitswelt verweist. Dies gilt auch für alternative Arbeitsmodelle wie *New Work* und die Herausbildung eines *Digitalen Nomadismus*, die inzwischen ebenfalls mit Burnout konfrontiert sind, wie Schermuly und Koch (2019) eindrücklich zeigen. Die Zunahme der schon in den 70er-Jahren unter der Bezeichnung Burnout beschriebenen Symptome (Freudenberger, 1974) hat dazu geführt, dass Burnout seit 2022 inzwischen als Krankheit in der International Classification of Diseaes (ICD-11) anerkannt und damit „legitimiert" ist. Burnout erscheint damit als der der Arbeitswelt zugehörige Ausdruck der seelischen Verfasstheit der modernen westlichen Gegenwartsgesellschaften, die der französische Soziologe Alain Ehrenberg durch ein „erschöpftes Selbst" (2004) charakterisiert sieht; angesichts einer Epoche der scheinbar „unbegrenzten Möglichkeiten" (Ehrenberg, 2004, S. 305) und realer wettbewerblicher Zwänge zur beständigen Selbsterfindung, Aktivierung und Selbstverantwortung sieht er die Subjekte durch ihre letztlich vergeblichen Anstrengungen zunehmend erschöpft, was sich in depressiven Verstimmungen und Resignation niederschlägt. Die in einer vorbildlosen Moderne (Beck, 1986) gestiegenen Anforderungen an aktive Selbstgestaltung und Leistungsbereitschaft in einer Konkurrenzgesellschaft haben vermehrte Diagnosen von Versagensängsten (Ravens-Sieberer et al., 2007; Karg et al., 2021), Anpassungsstörungen (Ahrbeck & Willmann, 2010) und ADHS (Robin und Karsch i. d. Band) bei Kindern und Jugendlichen in Schule und Ausbildung Konjunktur. In einem erweiterten gesellschaftstheoretischen Kontext werden darüber hinaus seelische Konflikte bei der Identitätsbildung angesichts der An- und Überforderungen an die Präsentation eines einzigartigen Selbst, an Selbststeuerung/-regulation, -optimierung und -verantwortung beobachtet (Bröckling, 2007, 2017).

Von dieser Zustandsbeschreibung ausgehend, postulieren wir die Hypothese einer „*Gesellschaft der verletzten (und verletzlichen) Seelen*", in der individualisierende psychiatrische Zuschreibungen eine zunehmend bedeutsamere Rolle bei der öffentlichen und institutionellen wie der individuellen (Selbst-)Deutung und Bearbeitung psychosozialer Probleme und psychischen Leidens spielen; dies, so unsere Annahme, verändert gesellschaftliche Gefühlskulturen. In der Folge ließe sich damit nicht allein von einer gefühlten, sondern über Rückkopplungsprozesse vermittelt, auch von einer faktisch erhöhten Sensitivität gegenüber psychischen Belastungen ausgehen. Auch hierfür kann Burnout exemplarisch stehen. Die Menschen beobachten die im Zuge neoliberaler Ideologien zunehmend öffentlich kommunizierten Vergleichs-Kennzahlen bei Bewertungen in Schule, Ausbildung und Beruf, die Zugangs- und Erfolgschancen im Kampf um gesellschaftlichen Status, Positionen und soziale Anerkennung regulieren. Einerseits fühlen sie sich ihnen ausgeliefert, übernehmen sie aber auch für sich selbst. Die darüber kommunizierten Anforderungen und deren Wahrnehmung führen zusammen mit der öffentlichen Kommunikation zu einer beständigen Selbstbeobachtung und dürften das Erleben von Erschöpfung, (Versagens-)Ängsten und Mangel an Anerkennung zusätzlich befördern, für das Burnout als Interpretationsfolie vorliegt.

Die Zunahme von diagnostizierten und von den Betroffenen selbst als Beeinträchtigung erlebten psychischen Störungen[2] geht, so unsere These, wesentlich von gesellschaftlichen Entwicklungen aus. Die Psychiatrie versieht die präsentierten Leiden gleichsam im Nachgang mit neuen *Krankheitsetiketten* – ein Aspekt der

---

[2] Im Unterschied zu der auf das Individuum als „Träger" einer Krankheit gerichtete psychiatrische Diagnose, trägt der Begriff der „Störung" dem sozialen Charakter der Verletzung und Ver-störung der Sozialen Ordnung und „normaler" Interaktionen ebenso Rechnung wie der selbst erlebten Ver-Störung der aus der gesellschaftlichen und aus ihrer eigenen Mitte ver-rückten Personen.

später im Zusammenhang mit der Konstruktion (neuer) psychiatrischer Krankheitsbilder und der Anpassung der Diagnosekataloge an veränderte psychosoziale Konfliktlagen diskutiert wird.

2 Zur zunehmenden psychischen Vulnerabilität im gesellschaftlichen Wandel – reales Erleben und die Dynamiken ihrer sozialen Konstruktion als Pathologien

Dass sich sozialer Wandel auf kollektives wie individuelles psychisches Erleben auf die Ausdrucksformen psychischer Störungen sowie auf Subjektkonstitution und Verhaltensdispositionen ganz unmittelbar wie auch mit langfristigen Folgen auswirkt, ist erwartbar, nicht neu und in soziologischen Analysen ausführlich beschrieben worden: von Emil Durkheims Analysen über die Abhängigkeit der Selbstmordhäufigkeit von sich wandelnden Sozialstrukturen (Durkheim, 1983) über die Charakterisierung der Neurasthenie als Merkmal des „Zeitalters der Nervosität" an der Wende vom 19. Zum 20. Jh. (Radkau, 1998), einer „Kultur des Narzissmus" im Psychoboom der späten 70er- und frühen 80er-Jahre (Lash, 1980) bis hin zum „erschöpften Selbst" der Gegenwart (Ehrenberg, 2004). Die Theorien über die zunächst langsamen, Jahrhunderte überspannenden Veränderungen der Subjektkonstitution etwa vom „Fremdzwang" zum „Selbstzwang" (Elias, 1976) und die sich seit dem 20. Jh. immer rascher ablösenden Subjekttypologien, von traditionsgeleiteten über innengeleitete zu außengeleiteten Lebensorientierungen der Individuen auf dem Weg von der vorindustriellen Welt über das Zeitalter der von der protestantischen Ethik geprägten Industrialisierung hin zur modernen westlich geprägten Dienstleistungs- und Konsumgesellschaft (Riessman et al., 1956) bis zum „unternehmerischen Selbst" in der Phase neoliberaler Entfesselung (Bröckling, 2007) fokussieren nicht zentral auf „psychische Krankheiten", die meist nur am Rande als Krisenphänomene in den Blick geraten. Sie verweisen aber auf veränderte und riskante Konfliktkonstellationen in Erziehungs- und Sozialisationsprozessen, die die Entstehung, die Häufigkeit und die Ausdrucksgestalten von psychischen Krankheiten bzw. „Störungen" (s. u.) beeinflussen. Vor diesem Hintergrund scheint uns die Metapher einer *Gesellschaft der verletzten Seelen* zur Beschreibung der psychischen Verfassheit der Individuen angesichts der gegenwärtigen von raschem Wandel, vielfältigen Verunsicherungen und Indentitätskrisen gesprägten und durch unübersichtliche und wirkmächtige Kommunikationsangebote der Sozialen Medien charakterisierbaren Gesellschaften der westlichen Moderne geeignet. Das Bild einer Gesellschaft der verletzten und verletzlichen Seelen fokussiert dabei auf die kollektiven Gefühlslagen und die individuellen Aneignungs- und Anpassungsstrategien in den modernen kapitalistischen Gesellschaften (Illousz, 2004) und auf die dabei erlebten Irritationen. Für deren öffentliche, institutionelle wie private Deutung und Bearbeitung werden zunehmend psychiatrische und psychotherapeutische Konzepte anstelle soziologischer Strukturbeschreibungen (wie bspw. soziale Ungleichheiten, Herrschaft, Ausbeutung) oder an sozialen Kontexten (bspw. Migrationshintergrund, peer-group, Familienstruktur) und generationentypischen Erfahrungen orientierte Interpretationen genutzt.

Die beschriebenen Entwicklungen werden von Studien gestützt, die von häufig erlebten Verlusten des Vertrauten und stabiler Nähebeziehungen (Florian, 2017) und gestörten Weltverhältnissen (Rosa, 2012) berichten. Parallel dazu werden die in einer offenen Gesellschaft und nicht zuletzt in den Sozialen Medien angebotene Wahlmöglichkeiten und die Vielfalt neuer Beziehungen nicht nur als Erweiterung der eigenen sozialen Reichweite und als Bereicherung, sondern auch als Stress erlebt (Hampton et al., 2015; Meier & Reinecke, 2020), weil Subjekte befürchten, den Erwartungen des (virtuellen) sozialen Umfelds nicht mehr entsprechen zu können. Soziologisch scheint sich damit der schon in den 50er-Jahren von Riesman et al. (1956) beobachtete Übergang bei der Identitätsbildung zur Außengeleitetheit (other-directed) – zu einer mit der Dienstleistungs- und Konsumgesellschaft verbundenen Orientierung an einer externen Anerkennungsökonomie – im Zeichen von Instagram, TikTok und Co. als dominante individuelle Verhaltensorientierung besonders der jüngeren Generationen durchgesetzt zu haben. Die Individuen sind mit einem beständigen Unbehagen konfrontiert, weil das „Selbst" den unterschiedlichen Erwartungen und vor allem den in den Sozialen Medien nervös und erregungsgesellschaftlich kommunizierten Anforderungen beständig hinterherhinkt weil die Psyche nicht mehr „mitkommt". Diese Irritationen, die sich in Alltag und Beruf bemerkbar machen, führen in Form sich selbst verstärkender Diskurse auch zu einer erhöhten Empfindlichkeit gegenüber den gesellschaftlichen Anforderungen auf die wiederum mit diffusen (Ver-)Störungen des körperlichen und seelischen Wohlbefindens wie Erschöpfung, Reizbarkeit, Schlafstörungen und Selbstzweifeln reagiert wird. Eine Folgeerscheinung von vielen dafür stellt die deutliche Zunahme des Psychopharmakakonsums (Frances, 2013) dar, der sich besonders in Ländern mit hohem Durchschnittseinkommen zeigt (Brauer et al., 2021).[3] Stimmungsaufhellende und angstlösende, leistungssteigernde und den Schlaf fördernde Medikamente werden häufig genutzt, um trotz psychischer Beeinträchtigungen arbeitsfähig zu bleiben und den Anforderungen in der Familie gerecht zu werden. Für den Präsentismus in der Arbeitswelt (Lohaus & Habermann, 2018) dürften gestiegene (Rothe et al., 2017) wie auch verinnerlichte Anforderungen der

---

[3] So gehören laut Arzneiverordnungsreport von 2019 (Schwabe et al. 2019) Psychopharmaka zu den drei am häufigsten verordneten Medikamentengruppen in Deutschland; bei der Verschreibung von Antidepressiva wird eine Steigerung um 40 % in den vergangenen zehn Jahren konstatiert, wobei ein Drittel der Verordnungen dabei von Haus- und nicht von Fachärzten/innen stammt.

Arbeitswelt, Ängste vor Arbeitsplatz- und Gesichtsverlust vor den Kolleginnen und Kollegen sowie eine latente Angst vor der Kränkung des Selbstbildes verantwortlich sein. Diese Phänomene lassen sich als Ergebnis einer habitualisierten Übernahme des Paradigmas der Individualisierung[4] verstehen. Auch eine *Gesellschaft der Individuen* (Elias, 1991) ist aber immer noch eine *Gesellschaft* (vgl. auch FN 8), in der das Eingehen und die Stabilisierung sozialer Beziehungen schwieriger und mit mehr Reibungen zwischen „Ich-Identität" und „Wir-Identität" (Elias, 1991) verbunden ist. Zuletzt hat die soziale Isolierung in der Corona-Pandemie noch einmal blitzlichtartig die psychische Vulnerabilität nicht nur von Einzelnen, sondern von gesellschaftlichen Gruppen wie die psychisch besonders verletzlichen Kinder- und Jugendliche, Angehörige prekarisierter sozialer Milieus oder alte Menschen in Pflegeeinrichtungen sichtbar werden lassen.

2.1 Zunahme psychischer Vulnerabilität und seelischen Leidens im Zusammenspiel von gesellschaftlichen Veränderungen, disziplin- und professionsgesteuerter Pathologisierung und Selbst-Viktimisierung

Während die psychiatrische Epidemiologie von einer relativ stabilen Zwölf-Monats-Prävalenz für psychische Krankheiten über die vergangenen zwanzig Jahre (Jacobi et al., 2014) auf Basis des DSM IV ausgeht, zeigen die für Arbeitsmarktteilhabe, Versorgungssystem und -praxis maßgeblichen Krankenkassendaten für diesen Zeitraum übereinstimmend eine deutliche Zunahme psychiatrischer Diagnosen besonders bei den „Common Mental Disorders" (vgl. die jährlichen Gesundheitsreports von AOK, DAK, BKK etc.) flankiert von einem starken Anstieg entsprechend dafür gewährter Erwerbsminderungsrenten (Hesse et al., 2019). Neben eher „technischen" Gründen für diese nicht ganz überraschende Differenz zwischen psychiatrischer Epidemiologie und prozessproduzierten Daten aus dem Gesundheitssystem,[5] macht diese Differenz auf ein grundsätzlicheres Problem auf-

---

[4] Von Paradigma sprechen wir hier, weil die Individualisierung nicht nur ein Merkmal der Medizin und Psychotherapie darstellt, sondern weil sie sich auch in anderen gesellschaftlichen Bereichen wie der Ökonomie, oder sozialmoralischen Urteilen wie der Zurechnung sozialen Aufstiegs oder der Verantwortungszuschreibung für Arbeitslosigkeit, sozialen Abstieg und ungesunde Lebensführung zeigt.

[5] Von Paradigma sprechen wir hier, weil die Individualisierung nicht nur ein Merkmal der Medizin und Psychotherapie darstellt, sondern weil sie sich auch in anderen gesellschaftlichen Bereichen wie der Ökonomie, oder sozialmoralischen Urteilen wie der Zurechnung sozialen Aufstiegs oder der Verantwortungszuschreibung für Arbeitslosigkeit, sozialen Abstieg und ungesunde Lebensführung zeigt.

merksam: die subjektiv real von den Menschen empfundenen Leiden werden teils von ihnen selbst, teils von den behandelnden Ärztinnen und Ärzten als *psychische Krankheiten bzw. Störungen* pathologisiert, unabhängig davon ob sie sich als „echte" Krankheitseinheiten im Sinne der psychiatrischen Definitionen belegen lassen. Die in der ärztlichen Praxis vorgebrachten psychischen Leiden wie Niedergeschlagenheit, Antriebsverlust, diffuse Ängste, Überlastungsempfindung, Schlafprobleme, unspezifisches Schmerzerleben, Probleme bei Identitätsfindung und Geschlechtsrollenidentifikation usw. verweisen auf subjektiv erlebte Leidenserfahrungen und sind in diesem Sinne real. Aus soziologischer Sicht ließen sich viele dieser Phänomene z. B. auf zugemutete Ambiguitätstoleranz, erlebte Bedrohungen durch Unsicherheiten und Überforderung durch Komplexitätssteigerung und immer neue Anforderungen, das Ausfransen verbindlicher Leitlinien für moralische und ethische Orientierung und von verbindlich gehaltenen Selbstverständlichkeiten und Lebensmaximen in einer sich rasch ändernden Umwelt zurückführen. Kurz: das individuelle Leiden scheint real zuzunehmen und wird in psychiatrischen Diagnosen aufgefangen – und eröffnet damit den Zugang zu Behandlungspfaden – auch wenn sich keine strengen Kausalitäten zu den genannten Phänomenen identifizieren lassen. Dass die Menschen ihre realen psychischen Bedrängnisse nur selten als gesellschaftlich verursacht sehen – auch wenn oft Aspekte es näheren persönlichen Umfelds und des konkreten Arbeitsplatzes genannt werden – zeigt, wie sehr die Gesellschaftsmitglieder das psychiatrisch und klinisch-psychologische Deutungsmuster in einer individualisierten Gesellschaft bereits für sich übernommen haben. Die erlebten psychischen Irritationen spiegeln ein reales Leiden wider und sind nicht durch die Pathologisierung verursacht, werden aber entsprechend von Betroffenen wie Behandelnden gerahmt; weil die Pathologisierung psychischen Leidens als *Krankheit* oder *Störung*[6] aber zu einem dominanten Modus des gesellschaftlichen Umgangs mit psychischem Leiden und beein-

---

[6] In den psychiatrischen Diagnosemanualen (Diagnostic and Statistical Manual of Mental Disorders = DSM) wie in der ICD (International Statistical Classification of Diseases and Related Health Problems) wird von Mental Disorders, also von psychischen Störungen gesprochen; die Psychiatrie geht davon aus, dass diese Störungen Ausdruck einer zugrunde liegenden behandlungsbedürftigen Krankheit sind, die auf genetische, neurologische, toxische oder traumatische Ursachen zurückgehen, wobei in neuerer Sicht auch sogenannte Kontextfaktoren wie die soziale Lage oder regionaler Zugang zu Behandlungsangeboten Entstehung und Aufrechterhaltung von Störungen begünstigen können. Aus soziologischer Perspektive ist es zunächst unerheblich ob von „Krankheit" oder von „Störung" gesprochen wird: relevant sind vielmehr die Logik einer individualisierenden Pathologisierung, die Annahme einer überwiegend genetischen und neurobiologischen Fundierung der diagnostizierten Störungsbilder und die Medikalisierung als vorrangige Behandlungsmethode (vgl. auch 1.4).

trächtigter Lebensqualität geworden ist, werden die Krankheitszuschreibungen zu einer sozialen Wirklichkeit sui generis und steuern Wahrnehmung, Erleben und Verhalten der Betroffenen dann ebenso wie das der „wissenden" Umwelt. Darin zeigt sich ein Rückkoppelungsprozess in dessen Verlauf (psychisches) Leiden an gesellschaftlichen Veränderungen und an belastenden Bedingungen in der Lebens- und Arbeitswelt nur noch in individualisierter Form thematisierbar erscheint.

Dass alle diese Phänomene weniger als politische Herausforderungen oder von der Politik als Gestaltungsaufträge verstanden, sondern als Verletzungen der Seele erlebt und als solche thematisiert werden, ließe sich soziologisch auch als Auswirkung eines säkularen Trends der Subjektivierung und Singularisierung seit dem „Psychoboom" der 70er- und frühen 80er-Jahre interpretieren. Zum einen lässt sich dieser Trend als Emanzipation verstehen, weil er das Sprechen über psychische Probleme gesellschaftlich akzeptabler gemacht hat; andererseits hat er jedoch eine einseitig auf Selbstverantwortung für individuell nicht Verantwortbares gerichtete Fixierung und einen Zwang zur Selbstoptimierung befördert (Straub, 2019; Röcke, 2022). Die aus dieser Sensibilisierung wie auch aus einer (Selbst-)Viktimisierung resultierende Vulnerabilität äußert sich einerseits in individueller Verunsicherung als deren Pendant aus zivilisationskritischer Sicht eine Kultur des Narzissmus (Lash, 1980) entstanden ist. Auf diese sich über Jahrzehnte vollziehenden Entwicklungen haben Psychiatrie, klinische Psychologie und Sozialpädagogik, vor allem aber auch eine kaum noch überschaubare Anzahl von Ratgeber- und Lebenshilfebroschüren mit neuen Deutungsmustern reagiert und entsprechende Behandlungsverfahren und Empfehlungen für Bewältigungsstrategien auf den Markt gebracht, um auf die neuen Bedarfe und Anfragen zu reagieren; diese Angebote treffen auf einen positiv verstärkenden Resonanzraum wie unzählige Posts zur Selbstinszenierung und -optimierung auf Instagram, TikTok und YouTube-Kanälen belegen (z. B. Wunderer et al., 2022). Maasen et al. (2011) sprechen hier von dem „beratenen Selbst" als Effekt der (Selbst-)Therapeutisierung seit den 70er-Jahren. Inhaltlich richten sich die Empfehlungen auf Verhaltensänderungen, Emotionskontrolle, Selbstsorge und Achtsamkeit. Die gestiegene Inanspruchnahme derartiger Angebote verweist weitergehend darauf, dass der rasche soziale Wandel die in der Erziehung und in Sozialisationsprozessen angeeigneten Orientierungsmodi und Anpassungsstrategien im Lebensverlauf immer schneller veralten lässt. Expertinnen und Experten des Gesundheits- und Bildungssystems, der Psychiatrie und Psychotherapie, von Beratungsstellen und Betrieben reagieren auf diese Irritationen der „flüchtigen Moderne" (Baumann, 2003) mit dem Rückgriff auf Versatzstücke klinisch-psychologischer, psychiatrischer und psychosomatischer Konzepte. Deren *individualisierende*, *verkrankende* und *medikalisierende* Konzepte sind inzwischen in die Sozialwelt eingedrungen, ein Prozess der (Selbst-)Therapeutisierung der sich als Koevolution des Einflusses der Psy-Professionen (Ingleby, 1985; Rose, 1985)[7] und der Mentalitäten und Gefühlskulturen der Mittelschichten in den USA (Illouz, 2011) und Westeuropas (Rose, 1996) beschreiben ließe. Der gesellschaftliche Resonanzboden für eine Psychiatrisierung des Alltags (Castel et al., 1982; von Kardorff, 2016) dürfte durch die säkularen Entwicklungstrends der Individualisierung (Beck, 1986) und Singularisierung (Reckwitz, 2019) vorbereitet worden sein. Die Selbstdeutung mit Hilfe in die Gesellschaft eingewanderter psychiatrischer, psychosomatischer, psychotherapeutischer und sozialpädagogischer Konzepte und die Nutzung entsprechender fachlicher Angebote liefert den Menschen Angebote zur Sinndeutung wie auch lebensweltlich-praktische Tipps zur Orientierung in der Unübersichtlichkeit einer pluralisierten Moderne und angesichts der vervielfältigten und oftmals als Überforderung erlebten Wahlmöglichkeiten in einer „Multioptionsgesellschaft" (Gross, 1994). Hinzu kommen die Glücks- und Aufstiegsversprechen für ökonomischen, sozialen und beruflichen Erfolg durch individuelle Selbstoptimierung in einer auf individueller Konkurrenz beruhenden Wirtschaftsordnung. Die Nachfrage nach derartigen Angeboten ließe sich damit als Indikator für Krisenprozesse in Zeiten immer rascher realer wie wahrgenommener Veränderungen und Beschleunigungstendenzen (Virilio, 1989; Rosa, 2005) interpretieren; diese Nachfrage gilt auch für verunsicherte Lebensentwürfe angesichts einer sich abzeichnenden Krise einer immer weiteren Steigerung der Individualisierung angesichts ökologischer Bedrohungen, der Ängste vor Wohlfahrtsverlusten und geopolitischer Krisen.

2.2 Die Diffusion psychiatrischer und psychologischer Deutungsmuster in der Gesellschaft und ihre Folgen

2.2.1 Das psychiatrische Vokabular wird zum Element gesellschaftlicher Selbstdeutung

Das Deutungsmuster „Psychische Störung/Krankheit" beschränkt sich heute nicht allein auf die Behandlung von Patienten und Patientinnen; es dehnt sich immer weiter auf alle möglichen Konfliktsituationen, Interaktionsstörungen und mehr oder weniger auffällige Verhaltensweisen und Normabweichungen aus und ersetzt zunehmend ökonomische, soziologische, sozialpsychologische oder soziokulturelle Erklärungsmuster. Im Alltag und in den Medien ebenso wie in Erzie-

---

[7] Unter Psy-Professions werden alle Berufsgruppen verstanden, die sich mit der Deutung, Konstruktion, Definition, Diagnose und Behandlung psychischer Probleme beschäftigen wie bspw. Psychiatrie, Klinische Psychologie, Sozialpädagogik/-arbeit aber auch Pädagogik, Beratungsberufe, usw. Nach Rose (1985) bilden sie einen für die gesellschaftliche Problemwahrnehmung und den Umgang mit seelischen Problemen zunehmend gesellschaftlich einflussreichen „Psy-Complex", der auch von berufsständischen und finanziellen Interessen mitbestimmt wird.

hungsberatung, Sozialarbeit, in Schulen und in der Arbeitswelt finden psychiatrische und klinisch-psychologische Deutungen bereitwillige Aufnahme. Diese Ausdehnung psychiatrischer und um psychische Gesundheit und Wohlbefinden kreisender Diskurse und erweiterter Angebote im psychosozialen Versorgungssystem nimmt Einfluss auf das persönliche Leben von Betroffenen und beeinflusst die sozialen Repräsentationen psychischer Gesundheit und Krankheit in den „Strukturen der Lebenswelten" (Schütz & Luckmann, 2003). Das psychiatrische, psychologische und neurologische Vokabular beeinflusst die psychische Wahrnehmung des sozialen Wandels und der damit einhergehenden Veränderungen von Wertehierarchien und Verhaltenserwartungen in Alltag, Familie und Beruf sodass sich von einer gesellschaftlichen Ko-Konstruktion von psychiatrischen Krankheiten und Diagnosen sprechen lässt. Störungen der Befindlichkeit und des eigenen Körper- und Selbsterlebens werden professionell als Ausdruck zugrunde liegender psychischer oder psychosomatischer Krankheiten gedeutet und wiederum von Betroffenen eigenständig angeeignet (vgl. Korecky i. d. Band), als Mosaiksteine zur Sinnfindung verwendet und/oder werden als Selbstdeutungsmuster zur individuellen Selbstpositionierung wie zur sozialen Positionierung bei der Aushandlung von Schutzräumen, sei es in der Arbeitswelt oder der Familie durchaus auch strategisch genutzt (vgl. Dreßke, 2021; von Kardorff & Dreßke i. d. Band).

Zusammenfassend spricht Cohen (2016) mit Blick auf die skizzierten Entwicklungen von einer „expansion beyond psychiatric institutions". In der Folge hat die Soziologie trotz einer Vielzahl anspruchsvoller Gegenwartsdiagnosen als Deutungsinstanz für gesellschaftliche Entwicklungen gegenüber der Psychiatrie, aber zunehmend gegenüber der Neurologie (Baecker, 2014; Rose, 2004) und der klinischen Psychologie an öffentlichem Einfluss und an akademischem Gewicht verloren.

Der Psy-Komplex (Rose, 1985) beurteilt das Verhalten der Einzelnen überwiegend an den unbefragten Leistungs- und Funktionsnormen der Gegenwartsgesellschaft, reifiziert den „Normalismus" (Link, 1997) also die durchschnittlichen Verhaltenserwartungen und Verhaltensweisen im Dispositiv erwünschter „Normalität" und versucht auffällige oder abweichende Personen mit ihren Behandlungsangeboten wieder in die „Spur" zu bringen. Die positive gesellschaftliche Resonanz auf das psychiatrische Vokabular ist erklärungsbedürftig. Die Gründe hierfür dürften unter anderem in einer verstärkten Aufmerksamkeit für psychische Irritationen und Verunsicherungen in der Gesellschaft liegen, die u. a. durch die bereits erwähnten säkularen Entwicklungen, einen beschleunigten sozialen Wandel oder Bedrohungen durch Klimawandel, Kriege, Zuwanderung, demografische Veränderungen etc. hervorgerufen werden, denen sich Einzelne ohnmächtig ausgesetzt fühlen. Verstärkt wird dies in den Resonanzkammern der Sozialen Medien. Die Akzeptanz des auf Individualisierung, Medikalisierung und sozialtechnischer Verhaltenssteuerung beruhenden Modells in der Politik dürfte auch mit der beständigen Berufung auf die Evidenzbasiertheit des psychiatrischen und medizinpsychologischen Erklärungsparadigmas zusammenhängen (zur Kritik, z. B. von Kardorff, 2021a). Nicht nur auf das Individuum bezogen, sondern auf Bevölkerungsgruppen gerichtet, zielt die Psychiatrie neuerdings unter der Überschrift „Public Mental Health" (Bramesfeld et al., 2019) auf die Entwicklung von Strategien einer Generalprävention wie sie sich schon in Public Health-Bereich (Prävention von Übergewicht, Bekämpfung von Genussgiften, etc.) immer mehr durchsetzt. Im Public Mental Health Sektor zielen derartige Bemühungen z. B. auf ein Screening genetischer Dispositionen für psychische Störungen, von mangelnder Selbstregulation oder unangemessenen Erziehungs- und Interaktionsformen und milieuspezifischen Risikofaktoren – und leitet daraus Strategien zum „Nudging" der Bevölkerung zu gesundheitsförderlichem Verhalten (Murayama et al., 2023) und Forderungen nach möglichst frühzeitiger Intervention (Karow et al., 2013)[8] ab. In dieser Entwicklung tritt zu dem weiterhin gültigen Modell psychischer Krankheiten das deutlich umfassendere Konzept *psychischer Gesundheit* hinzu.

2.2.2 Diffusion und Aneignung psychiatrischer Konzepte durch die „Psy"-Professionen

Die Öffnung ihrer Konzepte und die multiprofessionelle Behandlung und Rehabilitation insbesondere in der Gemeindepsychiatrie macht die Psychiatrie anschlussfähig für Sozialpädagogik, beratende Professionen in Kindergärten, Jugendämtern, Schulen bis in die Personalabteilungen großer Unternehmen (u. a. betriebliches Gesundheitsmanagement), die mit psychischen (Ver-)Störungen in ihren Arbeitsfeldern konfrontiert sind. Viele Fachkräfte außerhalb der Psychiatrie haben es in ihrer Alltagspraxis zunehmend mit Menschen zu tun, die Wahrnehmungs-, Erlebens- und Verhaltensweisen und Kommunikationsformen zeigen, die in den psychiatrischen Lehrbüchern als psychopathologisch beschrieben werden. Sie werden entsprechend den aus der Psychiatrie entlehnten Diagnosen laienhaft klassifiziert: Ermöglicht wird diese fachfremde Verwendung durch die nosologische Struktur der Diagnosekataloge (DSM und ICD), die seit den 1980er-Jahren eine medizinische Diagnoselogik imitiert – ohne wirklich medizinische Ergebnisse zu beinhalten – und mit der es möglich erscheint, Verhaltensweisen als Symptome einer „dahinterliegenden" Störung zu rahmen. Auch jenseits psychiatrischer Einschätzungen ist es auf diese Weise möglich, irritierendes Verhalten als „verdächtiges" Verhalten zu rahmen, um es daraufhin einer psychiatrischen Begutachtung und Überprüfung zuzuführen. Das psychiatrische Vokabular hat damit dank seiner – auch oft nur metaphorischen, teils ideologischen, oft auch statuserhöhenden – Übernahme durch weitere Professionen außerhalb der Psy-

---

[8] Auch wenn derartige Überlegungen für manche Kinder und Familien hilfreich sein mögen, sind sie auf einer abstrakteren Ebene zugleich Ausdruck einer Strategie der Formierung von Normalität.

chiatrie an Verbreitung und Bedeutung gewonnen. Sozialarbeitende, Lehrkräfte, Krankenpflegepersonal, Anwälte und Anwältinnen, Richter und Richterinnen, Behindertenbeauftragte, Mitarbeitende von Krankenkassen, Psychotherapeuten und Psychotherapeutinnen, Lebensberater und Lebensberaterinnen sind wesentlich an dieser Veralltäglichung des psychiatrischen Vokabulars beteiligt und zwingen individuelle Narrative unter (die nun erweiterten, den eigenen situativen Interessen und den Traditionen aus dem eigenen Arbeitsfeld angepassten) psychiatrische Formeln. Soziologisch gesehen ist dies nicht zuletzt Resultat zunehmender gesellschaftlicher Arbeitsteilung und der individualisierenden „Kleinarbeitung" (vgl. Beck & Bonß, 1989) des Leidens an der Gesellschaft (Dreitzel, 1972) durch Delegation an ärztliche Fachkräfte, die seit Griesingers Diktum „Geisteskrankheiten sind Gehirnkrankheiten" (1845) die Zuständigkeit der Psychiatrie für residual abweichendes Verhalten begründet haben. Von dort ausgehend haben zunehmend auch Psychologen und Psychologinnen und heute auch Sozialarbeitende, Familienberater und Familienberaterinnen etc. die dort entwickelten Konzepte übernommen. Damit begeben sich viele Professionen nicht nur auf ein unbekanntes Feld und werden damit als „troubled persons industries" (Gusfield, 1989; Harbusch, 2022) paradoxerweise ungewollt und unbemerkt zu Helfershelfern bei der Durchsetzung zentraler Perspektiven und Elemente der psychiatrischen Wissensordnung. Psychiatrisches Wissen reproduziert und objektiviert sich in diesen fachfremd begleiteten Anwendungssituationen immer weiter, ohne dass sich dabei zwangsläufig das psychiatrische Versorgungssystem selbst ausweitet und als Profession vielleicht sogar an Einfluss einbüßt. Ein Symptom dafür könnte sein, dass sich die Psychiatrie mittlerweile nicht nur in Kooperation, sondern auch in Konkurrenz zu anderen Professionen sieht: „Psychologists, psychotherapists and clinical social workers constitute further large professional groups who compete with psychiatrists" (Katschnig, 2010, S. 24).

Die Übernahme von Konzepten aus der psychiatrischen Wissensordnung führt dazu, dass die Protagonisten und Protagonistinnen aus den psychologischen, sozialpädagogischen und psychiatrischen Professionen diese überwiegend in der stationären klinischen Praxis entwickelten Konzepte, vor allem die Diagnosen, als quasi unbestreitbare objektive Resultate übernehmen, fallspezifisch diskutieren und den eigenen Interessen und Bedarfen auf unterschiedliche Arten und Weisen (vgl. Harbusch, 2023) entsprechend, oft auch strategisch und opportunistisch anpassen. Mal können etwa mit der Nutzung der Diagnose „Psychose" besonders schwere oder „hoffnungslose" Fälle an die Psychiatrie abgeschoben werden, mal aber mit der Diagnose „Depression" zusätzliche Therapiestunden als Entlastung beantragt werden; mal dient die psychiatrische Diagnose als Begründung für das eigene Scheitern oder um ein normabweichendes Handeln der Patienten und Patientinnen auf ihre psychisch bedingte eingeschränkte Verantwortlichkeit zurückzuführen; mal kann die Übernahme des psychiatrischen Vokabulars dazu dienen, sich Statusvorteile im eigenen Team zu verschaffen, mal dazu den Behandlungsvorschlag von Kolleginnen und Kollegen abzuwerten. Auf diese Weise wird psychiatrisches Wissen in sekundären Zusammenhängen situationsabhängig und strategisch verwendet, seiner medizinischen/psychiatrischen Logik entzogen und in die Struktur alltäglicher Interpretations- und Denkmuster und organisationaler Prozesse überführt. Gleichzeitig wird es auf diese Weise auch objektiviert, denn es steht den verwendenden Akteuren und Akteurinnen nun als Wissen gegenüber, welches sie aus ihrem eigenen Professionshintergrund heraus nicht in Frage stellen können. Diese Prozesse der Objektivierung medizinischer Wissens- und Handlungsbestände ursprünglich eher „fach-fremder" Berufsgruppen konnte in empirischen Arbeiten, und in Bezug auf konkrete Gesundheitsphänomene, bereits recht eindrücklich nachgezeichnet werden. So etwa mit Blick auf Lehr- und Betreuungspersonen im Kontext von Aufmerksamkeitsproblemen, die sich medizinischer Autorität quasi unterwerfen und selbst medizinische Kontrollmechanismen anwenden oder ehemals pädagogische Konzepte wie den Zappelphillip medikalisieren (Frigerio et al., 2013; Mauger, 2012; Karsch, 2018). Vor allem Fachkräfte aus dem sozialen Versorgungssystem sind in den Strudel medizinischer Deutungen hineingezogen worden und haben sich zugleich mit der Aneignung psychiatrischer Konzepte in eine – auch für sie selbst – höchst paradoxe Situation begeben. Heute gehören sie zu den „psy-professions" (Cohen, 2016, S. 8) und fungieren als Experten und Expertinnen für lebensweltliche Probleme „who have, over time, acquired an authority on the supposed real nature of humans as psychological subjects" (a. a. O.).

Die genannten Professionen zeichnen sich dadurch aus, dass sie in vielen Fällen auf der einen Seite zwar akademisch ausgebildet sind und um die Multiperspektivität und Kontingenz professioneller wie lebensweltlicher Konstruktionen wissen. Gleichzeitig bleiben sie in ihrer Arbeit aber auch immer einer Logik der Situation, der Institutionen und auch den Befindlichkeiten und Bedürfnissen ihrer Klientel verhaftet und sind als „wissenschaftlich ausgebildete Praktiker" (Dewe et al., 1993, S. 47) pragmatisch an einem Einbezug akademischer Kategorien in lebensweltliche Zusammenhänge interessiert. Mit ihren alltäglichen Verwendungen arbeiten sie wesentlich näher an den Lebenslagen ihrer Klientel als klinische oder akademische Akteure und Akteurinnen (der Psychiatrie). Auf diese Weise machen sie als „Spezialisten" (vgl. Bogner et al., 2014; McKnight, 1983) in ihrem alltäglichen Beratungsprozess aus medizinischen Konstruktionen soziale Zusammenhänge und erarbeiten mit Hilfe psychiatrischer Vokabulare Lösungen für die Probleme ihrer Klientel, mit denen sie eine Fusion akademischer Konstruktionen und lebensweltlicher Narrative erzeugen. Problematisch ist dabei nicht allein, dass die psy-professions politisch, institutionell oder monetär interessiert sind und in der Folge hilfesuchende Menschen mit Kommunikations-, Dokumentations- aber auch mit

Abrechnungslogiken in Kunden und Kundinnen des Fürsorgesystems transformieren (vgl. Bergmann, 2014); bedeutsamer ist, dass sie – wie McKnight (1983) schon in den 80er-Jahren vermutet – in vielen Fällen von der Richtigkeit und Wichtigkeit ihrer Interpretationen überzeugt sind und damit eine neue Wirklichkeitskonstruktion sozial etablieren und festigen. Dabei besteht das Paradox der Verwendung pathologisierender Konzepte in den *Troubled Persons Industries* (Harbusch, 2022) darin, dass sich die Professionellen auf ihrer Suche nach Wahrheit und Professionalität in ein Feld begeben, in dem sie selbst als laienhaft erscheinen müssen. Denn sie arbeiten mit Konzepten, deren Produktionsweise und Hintergründe außerhalb ihrer eigenen professionellen Expertise liegt. Damit eignen sie sich fremde Konzepte an und verwenden sie oft nicht im ursprünglich gedachten Sinn; zugleich geben sie eigene Konzepte zur Klärung irritierender Situationen auf und machen sich so zu Dienstleistenden der Psychiatrie und tragen zugleich zur Verfestigung psychiatrischer Konzepte bei Klienten und Klientinnen und ihrem Umfeld bei. In diesem Prozess verändern sich Bedeutung und Funktion der psychiatrischen Begriffe in oft unkontrollierter Weise; die daraus entstehenden hybriden Verwendungsweisen konfligieren einerseits mit ihrer Nutzung in der Psychiatrie, übernehmen aber deren individualisierenden Blick und „vergessen" damit, dass psychische Störungen immer Ergebnis mikrosozialer Interaktions- und Zuschreibungsprozesse sind, die von sozialen Repräsentationen psychischer Krankheit gerahmt werden.

2.2.3 Die Verselbstständigung psychiatrischer Konzepte bei Betroffenen und in der Gesellschaft

So verwundert es nicht, dass sich Verselbstständigungstendenzen psychiatrischer Konzepte zeigen, die in zunächst unerwarteten Kontexten im gesellschaftlichen Alltag außerhalb der Behandlungs-, Hilfe und Korrektionssysteme auftauchen. Psychiatrische Störungsbilder werden mittlerweile von Jugendlichen in Onlinechats (vgl. Dellwing, 2019) zur (Selbst-)Diagnose und zur Identitätsbildung genutzt – ein Phänomen, das schon Goffman als eine der Strategien im Umgang mit dem Stigma beobachtet hatte, die es in eine Anklage gegen die Gesellschaft oder – oft gezwungenermaßen, manchmal auch strategisch – in ein „Alleinstellungsmerkmal" umwandelt und zur Selbstbeschreibung und -positionierung nutzt. Das dient nicht zuletzt dazu, sich mit Hilfe des übernommenen Status zu schützen und sich im Alltag strategische Vorteile durch den Verweis auf die Krankheit zu verschaffen (vgl. für psychosomatische Beeinträchtigungen: Dreßke, 2021) oder das Interesse für die eigene Person zu steigern.

Mit dem technologischen Wandel und über die Sozialen Medien werden psychiatrische und psychologische Konzepte nicht nur verbreitet, sondern tragen im Prozess der Aneignung durch die Nutzer und Nutzerinnen zur Selbst(miss)verständigung über die eigenen Befindlichkeiten bei, dienen als Projektionsfläche und bieten Orientierungen zur Identitätsbildung. Empirisch lässt sich dies z. B. an Darstellungen besonders bei Instagram ebenso zeigen oder etwa anhand des Aufkommens und der Verbreitung neuartiger Gesundheitsorientierungen und -praktiken wie Diätenvielfalt oder Selbstoptimierung durch Vermessung des eigenen Selbst (Dalski et al., 2022), etc. Dabei findet eine Art „Rück-Übersetzung" einst alltagsweltlicher Phänomene in medizinische, psychiatrische und psychologische Konzepte statt. In Abgrenzung zur Anorexia Nervosa (Magersucht) wird wissenschaftlich diskutiert, ob etwa die „Orthorexia Nervosa" als offizielle Diagnose in die ICD aufgenommen werden soll (Strahler, 2018; Bratman & Knight, 2000; Fixsen et al. i. d. Band). Hehlmann et al. (2018) sprechen in diesem Kontext auch vom „Healthism" (vgl. schon Kühn, 1993) als eine Extremvariante der „Gesundheitsgesellschaft" (Kickbusch & Hartung, 2014), wobei – eben – Gesundheit verstärkt als zentrales „legitimes Lebensziel" propagiert wird. Auch das Aufkommen einer „Corona-Gesellschaft" (Volkmer & Werner, 2020) ließe sich als die negative Variante oder als Rückseite der Gesundheitsgesellschaft bezeichnen. Parallel zu den angedeuteten Phänomen der Selbstversicherung der verunsicherten Identitäten in der Postmoderne (Keupp, 2020) mit Hilfe psychiatrischer und psychologischer Deutungsmuster haben sich im Internet eine Vielzahl von Selbsthilfegruppen psychiatrischer Patienten und Patientinnen herausgebildet, die sich bereits im psychiatrischen Versorgungssystem befinden; dort ermutigen sie sich wechselseitig, teilen Informationen, tauschen sich über Probleme mit dem Behandlungs- und Versorgungssystem und über Stigmatisierungserfahrungen aus und gewinnen aus der Beobachtung der dargestellten Problembearbeitungsversuche ihrer Leidensgenossen und -genossinnen Impulse für ihre eigenen Bewältigungsmuster und Lebensführungsstrategien (Walther & Hundermark-Mayser, 2011; Eichenberg & Auersperg, 2022). Das Einwandern psychiatrischer und klinisch-psychologischer Konzepte in den gesellschaftlichen Alltag erweist sich damit als ambivalent: einmal im Sinne einer Selbst-Therapeutisierung zum anderen als hilfreicher Unterstützungsmodus in der aktiven Aneignung und Transformation der psychiatrischen Deutungsmuster durch die Betroffenen selbst für ihre der eigenen Lebensrealität angepassten hybriden Bewältigungsstrategien.

2.2.4 Individuelle und gesellschaftliche Funktionen der Diffusion psychiatrischer Deutungsmuster

Diagnosen psychischer Störungen sortieren die betroffenen Menschen von der Welt des Geordneten, Erwarteten und normativ Akzeptierten in eine Sonderwelt hinein, in der alle ihre Äußerungen als Ausdruck ihrer Störung erscheinen: alle Abweichungen, die bei Nichtdiagnostizierten im Rahmen eines Normalitätskorridors gedeutet werden könnten, werden aktuell wie retrospektiv der Störung/Krankheit zugeschrieben (Smith, 1976) und unauffälliges Verhalten wird als Resultat der Behandlung attribuiert; der Verdacht auf eine Störung auch bei ganz „normalem" Verhalten bleibt an den einmal Diagnostizierten und damit sozial Stigmatisierten haften.

Bei psychischen Störungen scheitern Versuche einer Verantwortlichkeitszuschreibung, weil die beobachteten Phänomene weder als strategisch und rational oder durch sichtbare äußere Umstände verursacht erklärbar und insofern „residual" (Scheff, 1966) sind (vgl.: Dellwing & Harbusch, 2013). Zum einen sind psychische Störungen immer auch wahrgenommene soziale Abweichungen, die erst vor dem Hintergrund eines sozialhistorisch geronnenen Rahmens von Normalität als solche ersichtlich werden (vgl.: Goffman, 1971, S. 188; Frances, 2013, S. 9 f.). Zum anderen bedarf es durch eine anerkannte Ausbildung legitimierter und im Rahmen rechtlicher Verordnungen mit Definitionsmacht ausgestatteter und legitimierter Professioneller, die einer aus dem Alltag heraus wahrgenommenen Abweichung den Status eines behandlungsbedürftigen „Falls" verleihen. Die präsentierten psychischen Leiden werden nach einem in der Disziplin geltenden Regelwerk unter die in den Diagnosekatalogen vorliegenden Störungsbilder subsumiert, im ärztlichen Gespräch den Patienten und Patientinnen erläutert und ggf. in einem Aushandlungsprozess modifiziert und schließlich ratifiziert und behandelt.

In einer mikrosoziologischen Betrachtung der Funktionen von Diagnosen zeigt sich ihre Zweiseitigkeit: für Betroffene und ihre Angehörigen geht eine Diagnose mit der Gewissheit einher, die einen Statuswechsel von „gesund" zu „krank" und damit eine Krankenkarriere mit Folgen für Außenwahrnehmung (Stigmatisierung), Arbeitsplatz und Familienbeziehungen einleitet, aber auch eine gewisse Planbarkeit mit sich bringt weil sie die Unsicherheit über die Deutung der Symptome beseitigt. Eine Diagnose zwingt Betroffene nicht nur zur Neudefinition ihrer Identität, sondern entlastet sie zugleich, weil ihr Umfeld nun weiß, was mit ihnen los ist (Bury, 2013) und sie sich nicht immer wieder erklären und rechtfertigen müssen. Mit dem neuen Stauts der offiziell legitimierten Krankenrolle können sie die Beziehungen zur zu ihrer Mitwelt neu und mit eigener „Agency" gestalten und Vorhaltungen und Schuldzuweisungen für ihr Verhalten minimieren. Für die Ärzte und Ärztinnen wiederum sichert die Diagnose eine (scheinbare) Eindeutigkeit und medizinisch begründete Objektivität, die ihnen als Grundlage für die weitere Behandlungsplanung dient. Darüber hinaus schafft die Diagnose eine Distanz zu den Patienten und Patientinnen. Das Problem wird eingegrenzt (durch Ausschluss anderer Diagnosen) und die Auseinandersetzung mit Lebensproblemen und sozialem Kontext marginalisiert; dafür konzentriert sich das Gespräch auf Medikation und Nebenwirkungen, auf Arbeitsfähigkeit und den Umgang mit Symptomen. Für die sozialstrukturellen Rahmenbedingungen sieht sich die Psychiatrie weder zuständig, noch hat sie dazu Interventionsmöglichkeiten. Die psychiatrischen Diagnosen bilden damit eine für praktische Zwecke ausreichende Grundlage. Konzeptionell schaffen sie jedoch nur eine Scheinobjektivität; die hohe Reliabilität in der Diagnostik ist eher als Effekt erfolgreicher professioneller Sozialisation und neuer Standardisierungsverfahren zu deuten. So hat der Ethnopsychoanalytiker George Devereux in seiner Studie „Angst und Methode" (1973) schon früh darauf verwiesen, dass der objektivierende Zugang zu Diagnostik auch Ängste vor dem Einbruch der Subjektivität und damit verbundenen Unschärfen bannt und Patienten und Patientinnen so zu Objekten der Behandlung macht. Mikrosoziologische Studien zur Arzt-Patient-Interaktion zeigen zudem, dass Diagnosen auch Ergebnis von komplexen Aushandlungsprozessen sind (Hanses & Sander, 2012; Hamilton, 2014), in denen Themen verhandelt werden, die außerhalb des engeren Bereichs der Krankheitsdiagnose liegen, wie Krankschreibungen zur Entlastung temporärer familiärer Belastungen, um Zeit zu gewinnen und Rollenverschiebungen zu bearbeiten, Attestierung von Arbeitsfähigkeit um die Stelle nicht zu verlieren, usw.

3 Aspekte der psychiatrischen Wissensordnung: ihre Effekte auf den Umgang mit residualer Abweichung und die gesellschaftliche Rahmung psychischer Gesundheit

3.1 Grundelemente der psychiatrischen Wissensordnung und ihre gesellschaftliche Relevanz

Die Psychiatrie hat sich ab Mitte des 19. Jh. nach einer Reihe interner Auseinandersetzungen (Dörner, 1969) eine eng an die naturwissenschaftliche Medizin angelehnte Wissensordnung erschaffen (Foucault, 1969, 2009, 2015; Castel, 1979; Dellwing & Harbusch, 2013) und entlang ihrer Vorgaben Kategorien und Praktiken der Pathologisierung psychisch auffälligen Verhaltens als Krankheiten (Dellwing & Harbusch, 2019) sowie Konzepte der Behandlung und Versorgung der betroffenen Menschen entwickelt. Neben der Konsolidierung und Konturierung der Disziplin fungiert disziplinspezifische Wissensordnung als Handlungsgrundlage für die Profession und als Problemlösungsangebot für die Patientinnen und Patienten und ihre Angehörigen und liefert Anknüpfungspunkte für den Umgang mit der identifizierten Zielgruppe in Politik und Gesellschaft. Im Folgenden werden einige Elemente der psychiatrischen Wissensordnung und ihre Auswirkungen auf das gesellschaftliche Verständnis von seelischem Leiden dargestellt insofern sie für soziologische Analysen bedeutsam sind.

Die historische Konstellation, in der sich die Psychiatrie als eigenständige Profession herausgebildet hat, weist Gemeinsamkeiten mit der Formierung anderer im Verlauf des 18. und 19. Jh. ausdifferenzierter erfahrungsbasierter Wissenschaften[9] auf, die auf den Prinzipien verallgemeinerbarer, d. h. universeller Konzepte und Methoden beruhen, die ihren Ursprung in der Aufklärung haben – verstandesmäßige Durchdringung, rationale Begründungen und erfahrungsbasierte, empirische Überprüfung. Eine Kontextualisierung der Entwicklung der psychiatrischen Wissensordnung in ihrer Entstehungszeit und ihrem gesellschaftlichen und kulturellen Umfeld (Foucault, 1969; Dörner, 1969; Heinz, 2023) zeigt wenig überraschend, dass die „Verrückten" als Gegenbild zum sich selbst als rational und aufgeklärt feiernden Bürger konzipiert wurden, der seine Emotionen und die sozialen Regeln beherrscht und sich evolutionär als Krone der Schöpfung seiner Zeit versteht, vor dessen Hintergrund die nun als psychisch krank Kategorisierten als (genetisch) defizient oder degeneriert erscheinen. Als Bezugsgröße dienten die indigenen Bevölkerungen der gerade unterworfenen Kolonien, die als auf einer niedrigeren Entwicklungsstufe verharrende „Primitive" auf der Skala der Evolution unterhalb der eigenen Entwicklung stehend betrachtet wurden (Heinz, 2023). In struktureller Hinsicht sind es vor allem folgende Kriterien, die die Unterscheidung zwischen psychischen Kranken und psychisch Gesunden bestimmen. Der Kristallisationskern für die Ausdifferenzierung der Psychiatrie als Wissenschaft bildet die Trennung von Vernunft und Unvernunft (Foucault, 1969), die als grundlegendes Unterscheidungsmerkmal zwischen Normalen und Verrückten fungiert; mit dem Konstrukt „(psychische) Krankheit" erfolgt zugleich eine Objektivierung und Entmoralisierung des verrückten Verhaltens und eine Inkompetenzunterstellung, die der betroffenen Person Handlungsverantwortung und damit Autonomie abspricht. Dies begründet Behandlungsbedarf, rechtfertigt therapeutische Intervention wegen Selbst- und Fremdgefährdung. Mit Blick auf die Gesamtheit der nun als psychisch krank Erkannten folgt die Psychiatrie zunächst einer Logik der Überwachung und Disziplinierung, in der Praxis der Verwahrung und Entrechtung in den entstehenden Großanstalten (Scull, 2015) sowie vereinzelt auch einem der Aufklärungsphilosophie geschuldeten Erziehungsprogramm des „moral treatment" im Sinne William Tukes. Zusammenfassend spricht Foucault für diese Phase von der Formierung einer Disziplinargesellschaft (Foucault, 1976a, 1976b), die die Seele zum Gegenstand politischer Beeinflussung macht. Dies äußerst sich auch im Bereich kriminel-

---

[9] Für die Soziologie spricht Bonss (1982) von der Einübung des Tatsachenblicks, Psychologie und Psychopathologie bilden sich auf der Grundlage einer Erfahrungsseelenkunde (Karl Philipp Moritz) und die Psychiatrie auf den naturwissenschaftlichen Grundlagen der Medizin zur eigenständigen Disziplin heraus.

ler Abweichung oder bei Versuchen zur Disziplinierung gefährlicher und moralisch bedenklicher Lebensweisen vor allem der „Unterschichten". Eine weitere wichtige Unterscheidung bezieht sich darauf ob die strafbare Handlung absichtlich oder krankheitsbedingt erfolgte und damit keine individuelle Verantwortlichkeit zugeschrieben werden kann. Als Kriterium für Letzteres gilt die psychiatrische Feststellung einer Dissoziation zwischen Gefühl und Verstand wie Foucault (1975) dies exemplarisch am Fall Rivière rekonstruiert haben, einem jungen Mann, der zu Beginn des 19. Jh. seine Familie ermordet hatte, um danach im Gefängnis eine detaillierte und vollkommen emotionslose Beschreibung seiner Tat abzuliefern. Im Rahmen einer intensiven Debatte mit der Justiz konnte die gerade formierte Psychiatrie ihre Expertise über den Seelenzustand Angeklagter bis heute folgenreich verankern und ihre Gutachten beeinflussen einschlägige Gerichtsentscheidungen. Schließlich setzte sich, getragen von den Erfolgen der Naturwissenschaften, immer stärker die Vorstellung durch, dass psychische Abweichungen auf Krankheiten des Gehirns oder auf vermutete genetische Ursachen[10] zurückgehen, was den fachlichen Kern der psychiatrischen Wissensordnung bis heute ausmacht. Interpretative Deutungsmuster wie sie etwa von der Psychoanalyse entwickelt wurden, haben zwar erheblichen Einfluss auf Psychosomatik und Psychotherapie genommen, sind in der heutigen Psychiatrie aber so gut wie gar nicht mehr präsent und haben seit der Version III des DSM ihren Platz in den Diagnosekatalogen verloren. Gleichwohl hat die psychoanalytische „talking cure" in den USA bis heute einen erheblichen kulturellen Einfluss in den bildungsorientierten Mittelschichten (Illouz, 2011). Mit Blick auf Verbindungen mit soziologischen Deutungen von Mentalitäten und Subjektkonfigurationen hat sich die Psychoanalyse anders als die Psychiatrie schon früh als anschlussfähig erwiesen, etwa in den Arbeiten von Erich Fromm zur „analytischen Sozialpsychologie" oder später in den Studien von Adorno und anderen zur „Autoritäten Persönlichkeit".

Um ähnlich wie die Organmedizin zu Krankheitsbildern zu gelangen hat die Psychiatrie eine ausgefeilte Phänomenologie entwickelt, aus der sich – beeinflusst durch wissenschaftsinterne Entwicklungen wie gesellschaftliche Einflüsse – Klassifikationssysteme wie das DSM entwickelt haben, die im Abschn. 3.2.1 unter soziologischer Perspektive betrachtet werden.

Die hier nur kurz angedeuteten Elemente haben sich nicht nur in der Sozialisation der Profession und der Ausgestaltung und Ausdifferenzierung von Behandlungs- und Versorgungseinrichtungen niedergeschlagen, sondern auch in der Art

---

[10] Für damals noch nicht bekannte aber vermutete Ursachen wurde der Platzhalter „endogene Krankheiten" verwendet; als exogen galten dann etwa Einflüsse wie Alkohol, etwa das Korsakoff-Syndrom als alkoholbedingte Demenz.

und Weise der gesellschaftlichen Thematisierung psychisch auffälligen und abweichenden Verhaltens. Damit haben sich in der Gesellschaft, differenziert nach sozialer Lage und Sozialmilieus, stereotypisierte Bilder psychischer Krankheit und von psychisch kranken oder so etikettierten Menschen nachhaltig etabliert.[11]

Im Verlauf der historischen Entwicklung haben sich Störungsbilder verändert, teils durch neue Behandlungsmethoden, teils durch veränderte gesellschaftliche Rahmenbedingungen sowie durch Mentalitäts- und Normenwandel: einige psychische Störungen haben sich „normalisiert", andere bleiben stark stigmatisiert. Während Homosexualität noch als therapiebedürftige Perversion galt (und sogar noch im Lehrbuch der Psychiatrie von Gerd Huber, 2005 als solche bezeichnet wird), sind die meisten sexuellen Vorlieben heute gesellschaftlich weitgehend akzeptiert; und während Demenz als Schicksal verstanden und ihnen und ihren Angehörigen eher mit Mitgefühl als mit Ausgrenzung begegnet wird, gilt Schizophrenie in der öffentlichen Wahrnehmung nach wie vor als unberechenbar und mit Gewalthandeln assoziiert (Schomerus, 2022). Burnout-Betroffenen und Depressiven wird in der Arbeitswelt zuweilen Simulantentum unterstellt und ADHS wird je nach Perspektive als stark genetisch bedingt, auf Störungen der Neurotransmitterphysiologie oder auf Geburtsschäden oder in kulturkritischer Sicht auf Ablenkung durch Soziale Medien zurückgeführt. Diese hier nur kurz angedeuteten Phänomene zeigen, dass die Sortierungen nach „normal" und „nicht normal", „gesund" und „krank", „leistungsfähig" und „leistungsgemindert" als eine Form gesellschaftlicher Sortierungsmechanismen (Bowker & Leigh Star, 2000) fortbestehen und sich Stigmatisierungen zwar verschoben haben, aber nicht verschwunden sind (Schomerus et al., 2023).

3.2 Wie kommt die Psychiatrie zu ihren Kategorisierungen und Diagnosen?

Ausgangspunkt für die Entwicklung diagnostischer Klassifikationen sind konkrete Beschreibungen von Phänomenen ungewöhnlichen inneren Erlebens der Patienten und Patientinnen (wie Stimmenhören, Antriebsverlust, innere Unruhe, Ängste, Zwangsimpulse, etc.), bizarres und unerklärliches Verhalten (wie Tics) und als bedrohlich erlebte Formen sozialer Abweichung (wie spontane Aggression), Störung von Funktionsabläufen (wie Sprunghaftigkeit, fehlende Konzentrationsfähigkeit) oder sozial irritierendes Verhalten (wie Empathielosigkeit; Aggressionen aus „heiterem Himmel"). Alle Beschreibungen verweisen auf außerhalb gesellschaftlicher

---

[11] Dies bedeutet keineswegs, dass „wahnsinnige" Menschen vor Entstehen der Psychiatrie keiner gesellschaftlichen Diskriminierung ausgesetzt waren.

Normen, Erwartungen und durchschnittlicher alltäglicher Erfahrungen liegende Störungen des individuellen Verhaltens und in deren Folge auf Verletzungen der sozialen Ordnung. Durch den alltäglichen Kontakt mit dem psychischen Leiden von Patientinnen und Patienten besitzt die Psychiatrie von Anbeginn an eine enge Verbindung zu den Reaktionen des unmittelbaren sozialen Umfelds sowie „der" Gesellschaft auf „residuale" Normverletzungen; daraus gewinnt sie ein Bild von den durchschnittlichen gesellschaftlichen Normalitätserwartungen und den (noch) tolerierten Abweichungen, die sie in ihren Klassifikationen in Störungsbilder übersetzt, wie etwa „dissoziale Persönlichkeitsstörung" (ICD-10, F-60.2 oder „antisoziale Persönlichkeitsstörung" im DSM-V), die als stabile Merkmale der Person hypostasiert bzw. als Ausdruck einer Erkrankung interpretiert werden. Trotz ihres dominant medizinischen Selbstverständnisses tauchen in den psychopathologischen Diagnosekatalogen keine biologisch-naturwissenschaftlichen Beschreibungen auf, vielmehr wird statt von „Krankheit" von „Störungen" gesprochen, die das (Er-)Leben und die Teilhabe und Teilnahme an der Gesellschaft beeinträchtigen (vgl. z. B. Heinz, 2015); die phänomenologischen Beschreibungen von Symptomen und die vergleichende differenzialdiagnostische Bestimmung möglichst gut voneinander abgrenzbarer Syndrome bilden die Basis um daran anschließend die zugrunde liegend vermuteten biologischen Krankheitseinheiten zu identifizieren. Erst die Hypothese, dass den zu Krankheitseinheiten gebündelten Symptomen eine genetische Disposition, ein gestörter Hirnstoffwechsel, eine neurologische Fehlfunktion usw. zu Grunde liegt, begründet *theoretisch* die Zuständigkeit der Medizin und eine ärztliche Behandlungsbedürftigkeit. Die Syndrome werden im medizinischen Diskurs auf biologische Ursachen (Stoffwechselstörungen, neurochemische Prozesse) oder externe Traumata (z. B. Schädel-Hirn-Trauma; Alkoholintoxikation) zurückgeführt, wobei in neuerer Zeit auch psychosoziale „Kontextfaktoren" wie Wohnort, soziale Einbindung, Familienstatus, soziale Lage als zusätzliche Variable einbezogen werden (Leimkühler-Möller, 2015). Im Ergebnis zeigt sich, dass die Darstellung psychischer Störungsbilder innerhalb der Diagnosekataloge eine medizinische Argumentation imitiert, indem sie individuelle Verhaltensweisen als Symptome einer Krankheit interpretiert. Eine kausale Verbindung zwischen Genetik und neurophysiologischen Abweichungen mit konkreten Formen des Wahrnehmens, des Erlebens und Verhaltens kann bis heute nicht schlüssig belegt werden. Kurz: den Diagnose-Kategorien liegen bislang keine validen medizinischen Biomarker zu Grunde (vgl. Frances, 2013, S. 34 f.; Cohen, 2016, S. 9 f.; Rose, 2016; Whitaker, 2010, S. 67 f.), sodass die Deutung, Störungen seien entweder auf genetische Dispositionen oder auf neurochemische Abweichungen im Gehirnstoffwechsel zurückzuführen, bis heute bestenfalls als psychiatrische Hypothese gelten kann (vgl. auch Moncrieff, 2008).

In der klinischen Praxis leitet sich die Behandlungsbedürftigkeit zunächst vom berichteten subjektiven Leidensdruck und einer ggf. vorhandenen Selbst- oder Fremdgefährdung ab; eine zusätzliche Rolle spielt die Beurteilung, inwieweit eine erhebliche Störung der Geordnetheit des Alltags, Anderer und der Verletzung gesellschaftlicher Üblichkeiten und Normen vorliegt. In der *psychiatrischen Praxis* bilden damit Störungen, die das Individuum selbst irritieren und bei der Bewältigung alltäglicher und beruflicher Aufgaben beeinträchtigen und in der Folge Interaktionen und das sozialem Umfeld stören, den Beurteilungsmaßstab zur Feststellung der Behandlungsbedürftigkeit; damit fließen gesellschaftliche Erwartungen und das „Leiden" der Gesellschaft durch das inkriminierte Verhalten der Betroffenen in die Beurteilung der Behandlungsbedürftigkeit ein; die Praxis er Psychiatrie ist damit immer beides ein therapeutisches wie ein moralisches Unternehmen.[12] Erving Goffman benannte die wichtige Rolle der Psychiatrie zur Aufrechterhaltung sozialer Ordnung in einem zwischenzeitlich zum Klassiker der Psychiatriekritik avancierten Text „Die Verrücktheit des Platzes" schon früh. Er glaubt nicht an Geisteskrankheiten wohl aber an die soziale Bedeutung der Psychiatrie indem er sagt, dass der Glaube an Geisteskrankheiten, gäbe es ihn nicht, erfunden werden müsse (Goffman, 1982, S. 434).

3.2.1 Entwicklung und Veränderung psychiatrischer Klassifikationssysteme und ihre soziologische Kritik

Die klassische soziologische Kritik an der Psychiatrie als Disziplin und Praxis und an ihrem Konstrukt des psychiatrischen Krankheitsbegriffs, die mit den Stichworten Medikalisierung, Psychiatrisierung und soziale Kontrolle unerwünschten abweichenden Verhaltens, Asylierung und Entziehung von Freiheitsrechten, mit der Einleitung von „Karrieren", Stigmatisierung und Individualisierung beschrieben werden kann, muss heute teils modifiziert und vor allem erweitert werden, nicht zuletzt, weil in den neueren Ansätzen mit der Erweiterung des Krankheitskonzepts durch Konzepte „seelischer Gesundheit" eine neue Variante biopolitischer Psychiatriepolitik vorliegt (vgl. Punkt Abschn. 3.2.2). Zunächst gehen wir aber auf zwei Krisenerscheinungen innerhalb der Psychiatrie ein. Dabei handelt es sich um eine erkenntniskritische Infragestellung der Validität und Evidenzbasierung psychiatrischer Diagnosen (z. B. Katschnig, 2010)[13] und um eine mit der sozial-

---

[12] Zum Begriff des „moralischen Unternehmers", vgl. Howard Becker 1973.

[13] „The majority of these diagnostic categories are not validated by biological criteria, as most medical diseases are; however, although they are called 'disorders', they look like medical diagnoses and pretend to represent medical diseases" (Katschnig 2010, S. 22).

psychiatrischen Versorgung verbundene Professionskrise der Psychiatrie (vgl. Abschn. 3.2.2).

Während insbesondere die bio-genetisch und neuropsychiatrisch forschende Universitätspsychiatrie zu Wilhelm Griesingers im letzten Drittel des 19. Jh. formuliertem Diktum, dass Geisteskrankheiten immer auch Gehirnkrankheiten seien, zurückkehren und den Begriff „mental illness" durch „brain illness" ersetzen möchte (Baker & Menken, 2001), folgt die Mehrheit der in der Patientenversorgung tätigen Psychiater und Psychiaterinnen den etablierten Klassifikationen der klinischen Psychopathologie wie sie etwa von Karl Jaspers ausgehend heute in modernisierter und teils auch konzeptionell veränderter Form in den verschiedenen Varianten der DSM-Kataloge und in der ICD festgelegt sind. In der psychiatrischen Alltagspraxis müssen psychische Probleme in nosologische Kategorien transformiert werden, um die Finanzierung für Therapie und Rehabilitation durch die Kostenträger sicherzustellen. Eine direkte Ableitung für Unterstützungsleistungen für die betroffenen Menschen, abgesehen von symptomkontrollierender Gabe von Psychopharmaka, lassen sich allerdings aus den Diagnosen nicht ableiten, weil die die Betroffenen selbst irritierenden Wahrnehmungen und Empfindungen und die den Alltag und die Arbeitswelt störenden Verhaltensweisen nicht in den diagnostischen Beschreibungen aufgehen und sich zudem im Verlauf der Biografie aufgrund nicht bewältigter normativer Transistionen (z. B. von der Schule in Ausbildung) und nicht-normativer Lebensereignisse (z. B. Arbeitslosigkeit, Tod nahestehender Menschen) verändern. Dies lenkt den Blick auf die Diagnose der jeweiligen konkreten körperlichen, mentalen und sozialen Beeinträchtigungen bei der Bewältigung alltäglicher, familiärer wie beruflicher Anforderungen sowie auf die durch das Verhalten und die Äußerungen der Betroffenen ausgelösten Irritationen von Normalitätserwartungen und der daraus resultierenden kommunikativen Missverständnisse. Dazu eignet sich mit Blick auf die Entwicklung von Behandlungszielen und Unterstützungsleistungen eher die ICF, die International Classifikation of Functioning, Disability and Health, in der die psychisch bedingten Beeinträchtigungen der gesellschaftlichen Teilhabe im Zusammenspiel mit Umweltfaktoren im Mittelpunkt stehen.[14] Diese Perspektivenverschiebung lässt die (Sozial-)Psychiatrie zu einem Teil des Rehabilitationssystems werden, mit Konsequenzen für die fachliche und professionelle Identität der Profession; der

---

[14] Damit ist auch eine Abkehr vom Defizitmodell der klassischen Psychiatrie wie etwa „Minussymptomatik" verbunden und das Augenmerk auf die Unterstützung von „Agency" und (noch) vorhandenen Kompetenzen auf der einen und die Veränderung von Umweltbedingungen auf der anderen Seite angesprochen.

hierzu folgende Exkurs verweist auf das Paradox, dass die dem medizinischen Paradigma verpflichtete Psychiatrie sich in ihrer Praxis immer mehr in eine Art Sozialarbeit transformiert, dabei zugleich aber eine übergriffige Tendenz zur Allzuständigkeit für Probleme der menschlichen Seele aufweist.

Abgesehen von der medikamentösen Behandlung ist der größte Teil der Interventionen in der psychiatrischen und psychosomatischen Praxis psychotherapeutischer, sozialarbeiterischer und sonderpädagogischer Natur: „The future of Psychiatry may be social" schreiben dazu die Sozialpsychiater Priebe, Burns und Craig (2013, S. 319 f., 20). Anzeichen auf dem Weg dahin haben sich seit dem Beginn der Psychiatriereformen (für Deutschland: Armbruster et al., 2015; von Kardorff, 2015; Reumschüssel-Wienert, 2021; Elgeti i. d. Band), die ungefähr mit Beginn der 70er-Jahre des 20. Jh. in vielen Ländern begonnen hatten, abgezeichnet. Auf institutionell-organisatorischer Ebene gehören hierzu die Einrichtung psychiatrischer Abteilungen an Allgemeinkrankenhäusern, die schrittweise Auflösung der ehemaligen Langzeitbereiche in den Kliniken, eine ansatzweise Ent-Hospitalisierung von langzeituntergebrachten Patienten und Patientinnen (aber auch die Umhospitalisierung in kostengünstigere Heimbereiche), die Entwicklung gemeinde- und sozialpsychiatrischer Versorgungsangebote wie niedrigschwelliger Kontakt- und Beratungsstellen, sozialpsychiatrischer Dienste und Krisenwohnungen, die Etablierung von Tageskliniken und Nachsorgeangeboten, angeleiteten wie autonomen psychiatrienahen Selbsthilfegruppen, die Einrichtung therapeutischer Wohngemeinschaften und von Angeboten zur Förderung der Teilhabe am Arbeitsleben. In allen diesen Bereichen dominieren sozialtherapeutische und -pädagogische sowie psychologisch begleitende Tätigkeiten.

Vor diesem Hintergrund sieht Heinz Katschnig, Mitbegründer und langjähriger Leiter des Ludwig-Boltzmann Instituts für Sozialpsychiatrie, die Psychiatrie als Disziplin und Profession in einer fundamentalen Glaubwürdigkeitskrise (Katschnig, 2010). Rose (2018) spricht zusammenfassend von einer dreifaltigen Krise, in der sich die Psychiatrie befindet: einer Krise der Diagnostik, wobei die Suche nach Biomarkern bisher erfolglos blieb; einer Krise der vorhandenen Erklärungsmodelle, wobei vordringlich bio-medizinische, neurologische oder genetische Ursachen im Sinne eines sog. „brain blame" beigezogen werden und relativierende – etwa soziale oder kulturelle – Diskurse zu wenig zum Tragen kommen; sowie schließlich einer Krise der Behandlung, die die oben beschriebene Entwicklungen der Zunahme psychiatrischer Krankheitsdiagnosen, aber auch deren Behandlung, wie den steigende Konsum von Psychopharmaka und deren durchaus ambivalenten Ergebnisse und Nebenfolgen beschreiben.

3.2.2 Zur Entwicklung und Kritik der DSM-Klassifikationssystems: zu den disziplin- und professionsgesteuerten sozialen Konstruktionen psychischer Störungen

Ohne die vielfältigen soziologischen Kritiken des medizinischen Krankheitsbegriffs der Psychiatrie hier noch einmal zu wiederholen (Scheff, 1966/dt. 1973; von Kardorff, 1978; Groenemeyer, 2008; Dellwing, 2008) ist der Kern einer *soziologischen* Kritik an psychiatrischen Deutungen sozialer Probleme der Vorwurf der Simplifizierung der sozialen Welt und des psychiatrischen Schweigens über die tiefe Verwurzelung sozialer Konstruktionen von psychischer „Gesundheit" und „Krankheit" in sozialen, kulturellen, historischen, institutionellen und immer auch in situativen und strategischen Kontexten. Bei einer soziologischen Analyse des Wandels in den sozialen Konstruktionen der psychopathologischen Klassifikationen vom DSM-I bis zum DSM-5 zeigen sich dabei nicht nur interne psychiatrische Fachdebatten, sondern auch Kontroversen zwischen den in Kliniken und der ambulanten Versorgung und den in der Forschung Arbeitenden, Verbandsinteressen der American Psychiatric Association (APA) und Einflussnahmen der Pharmaindustrie sowie der Sicherung der Vergütung für die Behandlung neuer Störungen und – nicht zuletzt – gesellschaftlichen Veränderungen. Diese Entwicklungen und Debatten rekonstruieren Blashfield et al. (2014) detailliert anhand der Entwicklungsphasen des DSM von der ersten bis zur fünften Version, die im Folgenden nur mit Blick auf Wechselwirkung mit gesellschaftlichen Entwicklungen behandelt werden. Ein nur scheinbar formales Merkmal ist der deutliche Zuwachs an Diagnosen von der ersten DSM-Version zur fünften Version von 128 auf 541 Diagnosen (Blashfield et al., 2014, S. 32); dies ist nicht nur als Ergebnis wissenschaftlich präziserer Abgrenzungskriterien und der Bemühungen um Vereinheitlichung und Reliabilität zu verstehen, sondern verweist auf eine Ausdehnung der Diagnostik auf immer neue als krankheitswertig eingestufte Verhaltensweisen in Reaktion auf gesellschaftliche Entwicklungen (z. B. Internetsucht, Ernährungsstörungen, Geschlechtsdysphorie, etc.). Diese Pathologisierung wirkt ihrerseits auf die Gesellschaft zurück. Dabei stehen Funktionsbeeinträchtigungen (dysfunction) und Selbst- oder fremdschädigendes Verhalten („harm") im Zentrum. Im DSM-V kommen noch der Schweregrad und die Dauer der Störung hinzu. Dieser gesellschaftliche Bezug bleibt auch dann bestehen, wenn in der vierten Version des DSM als ein zentrales Kriterium zur Diagnose einer Störung festgehalten wird, dass, „the disturbance is not only in the relationship between the individual and the society" (Am. Psychiatr. Asssoc. 1980, S. 6, zitiert nach Blashfield et al., 2014, S. 34). Diese Formulierung „rettet" die medizinische Fundierung, pathologisiert aber die psychosoziale Abweichung.

Zusammengenommen verweisen die beschriebenen operationalisierten Diagnosekriterien auf (gewandelte) gesellschaftliche Bezugsnormen und politische Interessen und damit auf Werturteile bei der Definition psychischer Störungen: „The fact that a value judgement is necessary to instantiate any definition of mental disorder has a profound (…) implication (…) as societal and individual values change over time, some conditions that used to be disordered will no longer considered abnormal (e. g. homosexuality), and others … might become problematic" (Blashfield et al., 2014, S. 35). Dieser normative „Überschuss" in der Diagnose belegt einmal mehr die Notwendigkeit einer kritischen soziologischen Perspektive auf die psychiatrische Wissensordnung.

Rein biologistische Thematisierungen, die besonders seit den 1980er-Jahren mit dem Erscheinen des DSM III Einzug in den psychiatrischen wie öffentlichen Diskurs gehalten haben, schließen komplexere Deutungen sozialer Abweichung, die in den Geistes- und Sozialwissenschaften durchaus zur Verfügung stehen, aus der Debatte um das Phänomen psychischer Störung aus und versperren sich der – auch im DSM I (1952) und II (1968) durchaus noch vertretenen Perspektive – der sozialen *Einbettung* von Störungsideen.

Besonders die interdisziplinär ausgerichtete Idee der Auseinandersetzung konfligierender Akteure und Akteurinnen innerhalb sozialer Strukturen bei der Aushandlung von Wissensordnungen, die als ein paradigmatischer Ausgangspunkt von Psychotherapie, (Sozial-)Pädagogik, Psychoanalyse, Politik, Geschichte, Rechtswissenschaft, Soziologie und/oder Philosophie gelten kann, wird ab dem DSM III zu Gunsten von und mit Hilfe eines medizinisch-technologischen Duktus zum Schweigen gebracht.

Wenn etwa als Symptom von ADHS im DSM V das Verhalten einer Person wie folgt charakterisiert wird: „often does not seem to listen when spoken to directly", stehen weder die (diagnostizierende und die diagnostizierte) Person und deren konkrete Kommunikationsweise in Frage, noch werden der soziale Kontext des Aufkommens und/oder die Beteiligung weiterer (Interaktions-)Teilnehmenden der spezifischen Situation mit in die Beurteilung einbezogen. Weder stellt sich die Frage was „often" meint und wer definieren kann, wie oft „often" wirklich ist, noch was „seem to listen" oder „directly" meint. Dies alles sind keine medizinischen Parameter, sondern soziale Bewertungen, die sich nicht zwangsläufig aus einem Verhalten einer Person „ablesen" lassen. Diese mehrdeutige Zurechenbarkeit beobachteten Verhaltens lenkt den Blick auf eine umfassende soziologische Reflexion der „Situation und ihrer Menschen" (vgl. Goffman, 1967); die Bedeutung der Situation(en) und ihrer Verhaltensdeterminanten wird hier ebenso wenig wie die Konstellation systematisch einbezogen. So könnte es sein, dass eine Person sich nicht genügend beachtet findet, wenn noch jemand anderes anwesend ist oder es könnte sich um eine Lehrperson handeln, die im Schulunterricht bemerkt, dass ein Schüler oder eine Schülerin auf ihre direkte Ansprache nicht reagiert: sei es, weil er oder sie unter der Bank mit dem Handy spielt, sei es aufgrund eines Streits mit den Eltern, sei es weil er oder sie die Schule generell ablehnt, sei es weil er oder sie intellektuell nicht in der Lage ist, der Ansprache zu folgen oder weil er oder sie – in den Augen der Lehrperson – die Notwendigkeit einer fokussierten Aufmerksamkeit als ein Element des Schulerfolges nicht begriffen hat. Mit dem diagnostischen Etikett ADHS bleiben all diese vielfältigen Deutungen und Praktiken, die notwendig sind, um zu einer Diagnose zu gelangen und die Person interpretativ zu in einem psychiatrischen „Fall" zu machen, unbeachtet.

Spätestens seit den 2010er-Jahren (vor Erscheinen des DSM-V im Jahre 2013) hat sich damit das Feld noch einmal ausgeweitet und auch in der deutschsprachigen Debatte wurde die Psychiatriekritik revitalisiert (vgl. etwa Dellwing & Harbusch, 2013). Hierbei wurde das Verhältnis soziologischer und psychiatrischer „Wahrheitsansprüche" hinsichtlich der Ursachen psychischer Krankheiten oder des Charakters psychischer Störungen erneut in den Blick genommen und metatheoretisch danach gefragt, ob nicht eine pragmatische juxta-Positionierung, die den Umgang mit dem Typus residualer Abweichung (Scheff, 1966/1973) in den Mittelpunkt stellt soziologisch neue Analyseperspektiven eröffnen könnte (vgl. Dellwing, 2008).

Heute sind es neben soziologischen auch wissenschaftsjournalistische, therapeutische, psychologische, (sozial-)pädagogische, gesundheitspräventive und/oder auch psychiatrische Akteure und Akteurinnen, die die ständigen Modifizierungen, Ausweitungen und Kürzungen von Krankheitsnarrativen teils kritisch, teils zustimmend betrachten. Das gesellschaftliche Verständnis dieser Krankheitsnarrative (oder Störungsbilder), das sich sukzessive im Zuge des Aufkommens und ständigen Revisionen der Diagnosemanuals ICD und DSM entwickelte, definieren den Rahmen dessen, was als gesund/normal oder eben bereits als krank thematisiert wird, beständig neu. Beispielsweise kamen mit dem Erscheinen des DSM-IV (1994) und des DSM-5 (2013) neue Krankheitskategorien sowie neue Verfahrensweisen bei der Klassifikation hinzu. Conrad und Bergey (2014) betonen in diesem Zusammenhang auch den zunehmenden Einfluss der „westlichen Psychiatrie", wobei die Diagnosekriterien im Europa angewandten ICD immer mehr vom DSM beeinflusst sind (Levy, 2014). Nicht nur das Verständnis der bereits als Krankheitsnarrative etablierten Störungen und Diagnosen, sondern auch das Feld der Gesundheitsförderung- und Prävention ist hier zu nennen. Die Vorstellung einer „grenzenlosen Gesundheit" wie sie z. B. Kickbusch und Hartung (2014) propagieren, scheint dadurch noch zusätzlichen Auftrieb zu erhalten. Die parallelen Bemühungen um Selbstoptimierung, für die psychiatrische und klinisch-psychologische Dispositive vorliegen, aber nicht von den Disziplinen selbst ausgehen, lassen sich historisch mit Foucaults „Technologien des Selbst" (Foucault et al., 1993; Foucault, 2016) einordnen und empirisch nachweisen. Gesundheitsapps, die Gesundheitszustände und seelisches Wohlbefinden auf jegliche Art messen, schießen wie Pilze aus dem Boden. Mau spricht von einer gesellschaftlichen Tendenz zur „Quantifizierung des Sozialen" (2017; vgl. auch Scheermesser et al., 2018), die von vielen Menschen bereitwillig auf sich selbst angewandt wird. Die psychiatrischen Fachgesellschaften, Gesundheitskompetenzallianzen und Global Literacy Summits plädieren jenseits dieser säkularen Entwicklungen mit einem engeren Fokus, aber gesellschaftlich nicht weniger folgenreich, für die Förderung von *Mental Health Literacy*, mit der nicht nur ein verbessertes Verständnis für die Situation Betroffener erzeugt werden soll, sondern dessen heimlicher Lehrplan darin besteht, den Blick auf das eigene wie das fremde Leben mit Hilfe psychiatrischer Konzepte zu rahmen (Schaeffer & Pelikan, 2017; Jorm, 2000, 2020). Beide Phänomene ließen sich auch als „Reisendes Wissen" (Harbusch, 2024) oder auch als „Grenzobjekte" (Bowker & Leigh Star, 2000) bezeichnen die dazu beitragen, die Grenzen von normativer Normalität und normalistischer Normalität (Link, 1997) neu auszumessen und die Grauzonen tolerierbaren Verhaltens („flexibler Normalismus", vgl. Waldschmidt, 2003) zugleich zu erweitern (z. B. Lebensweisen, individuelle Selbstgestaltung) wie auch verengen (etwa Leistungsnormen, Selbstkontrolle, etc.); dabei folgen sie gesellschaftlichen Trends der Pluralisierung von Lebensweisen und der Auflösung etwa traditionell fixierter Geschlechtsrollensstereotypen und Familienformen wie auch der verdichteten und immer stromlinienförmiger standardisierten Anforderungen im Bildungswesen und der Arbeitswelt.

Die vorhergehenden Überlegungen zusammenfassend zeigt sich, dass psychische Störungen durch ihre medizinische Kategorisierung für alle Beteiligten zu etwas Abstraktem, Kontext- und Geschichtslosem werden, zu etwas Schicksalhaften, das in ihr soziales Leben folgenschwer einbricht und sich scheinbar nicht mehr durch die eigene Auseinandersetzung mit den schwierigen sozialen Umständen, Beziehungen, Kontexten und/oder mit der einfachen (professionell begleiteten) „Berichtigung" irritierender Verhaltensweisen auflösen lässt. Die klassische soziologische Psychiatriekritik hat diese Zusammenhänge im Kontext macht- und interessendurchzogener Prozesse institutioneller Zuschreibung auf makrosozialer Ebene rekonstruiert und mikrosoziologisch empirisch belegt; diese Erkenntnisse konnten Betroffene dazu nutzen, sich etwa durch politische Initiativen aus den unnachgiebigen kategorischen Netzen der Psychiatrie zu befreien und sich nicht länger als psychisch Kranke zu definieren, sondern als Psychiatrieerfahrene, die eine eigene Expertise im Umgang mit ihren Problemen entwickelt haben. Diese soziologische Psychiatriekritik thematisierte die Objektivierung von Interaktionsproblemen in Krankheitskategorien als eine machtvolle Manifestation gesellschaftlicher Gruppen (vgl. auch Cohen, 2016) und institutioneller Strukturen und Interessen und legten so die Wege frei, die schon in den 70er-Jahren zu einem grundlegenden Misstrauen gegenüber Sprachspielen der Verrücktheit (Cooper, 1971, 1978) und der Unabhängigkeit des psychosozialen Expertentums (vgl. Illich, 1979) führten.

Psychisches Leiden erscheint vor diesem Hintergrund als Ausdruck kollektiv induzierter individueller (Lebens-)Probleme, die die „Rhetorik sozialer Ordnung" (Wolff, 1976) und konkret soziale Beziehungen, Leistungserwartungen im Bildungssystem und der Arbeitswelt irritieren. Die Behandlung dieser mit individuellem und familiären Leid einhergehenden, das soziale Leben und die individuellen Lebensentwürfe durchkreuzenden Phänomene durch die Psychiatrie lässt sich aus der soziologischen Außensicht als Individualisierung, Naturalisierung und Objektivierung irritierter sozialer Kontexte beschreiben. In einer mikrosoziologischen Analyse zeigen sich an Prozessen der Aushandlung von Störungskategorien und -bildern, wie dabei Konstruktionen und Deutungen ökonomisch und politisch interessierter „psy-professionals" (Ingleby, 1985; Rose, 1996; Cohen, 2017) in ihrer beruflichen Praxis letztlich ihre spezifischen Definitionen sozialer Situationen durchsetzen und verteidigen; dies hat Konsequenzen für die (Selbst-) Thematisierung von Menschen, die mit diesen Professionen und Ideen in Kontakt kommen.

4 Von „psychischer Krankheit" zu „seelischer Gesundheit"

Im Zuge ihrer zunehmenden Institutionalisierung als Disziplin bietet die Psychiatrie sich mit ihren Deutungsmustern und ihren Einrichtungen als Ort für Behandlung, Hilfe, Kontrolle, Korrektion und Subjektformierung aber auch immer noch für Verwahrung in Heimen und den ambulanten Ghettos der Sozialpsychiatrie für die als psychisch krank definierten Personen an. Diese Angebote – Basaglia spricht von „Delega" – zur Abgabe gesellschaftlicher „Problempersonen" an die Psychiatrie nimmt „die" Gesellschaft auch gerne an. Damit wird die arbeitsteilige Delegation der in der psychiatrischen Wissensordnung beschriebenen Phänomene und ihrer Träger, zunehmend auch von gesellschaftlich neu erkannten *und* dann psychiatrisch konstruierten Risikogruppen, die aus einem Monitoring durch Public Mental Health Programme hervorgehen, zu einer gesellschaftlichen Praxis. Aus soziologischer Perspektive ist Individualisierung mit Blick auf Psychiatrie, Psychotherapie, Sozialarbeit und Pädagogik der Tatsache geschuldet, dass es Behandelnde immer mit an sie delegierten einzelnen „Problempersonen" zu tun haben, die sich ihnen selbst „vorstellen" oder von Angehörigen als „Problem" präsentiert werden; Kontexte wie Schule und Arbeitswelt befinden sich außerhalb ihres Einflussbereichs. Mit dem parallel zu Individualisierung und Medikalisierung erweiterten Paradigma der präventiven Risikoidentifikation wird in den Konzepten von Public Mental Health (Bramesfeld et al., 2019; Schwartz et al., 2022) die Bevölkerung zum Objekt der psychiatrischen Begierde, was sich dann u. a. in nationalen Public Mental Health Monitorings niederschlägt (vgl. Walther et al., 2023); folgt dabei etwa Bhugra et al. (2013) dann wird der Begriff der psychischen Gesundheit sehr weit definiert als „as the absence of disease, as a state of the organism that allows the full performance of all its functions or as a state of balance within oneself and between oneself and one's physical and social environment" (S. 3) und folgt dabei normativen gesellschaftlichen Vorstellungen über und Ansprüchen an die Subjekte. Besonders intensiv werden in der Public Mental Health Debatte Strategien zur Früherkennung auf Basis einer unkritischen Haltung zur Nutzung umfangreicher sozialer, psychologischer und vor allem biomedizinscher Marker diskutiert (vgl. Dratva, 2017) – nicht zuletzt mit Blick auf Kinder und Jugendliche (Patel et al., 2007; Zöllner et al., 2023). Damit tritt neben das *psychiatrische Krankheitsmodell* zur Behandlung von psychischen Beeinträchtigungen Früherkennung, Überwachung und Formierung *seelischer Gesundheit* hinzu, ein Projekt dem normative Kriterien zu Grunde liegen, die Public Mental Health aus den jeweiligen dominanten gesellschaftlichen Normalitätsvorstellungen und politischen Programmatiken wie etwa den „nationalen Gesundheitszielen" (BMG)[15] bezieht. Public Mental Health versteht sich dabei in einem positiven Sinne als Beitrag zu der von der WHO übergreifend verfolgten Strategie einer „health in all policies", etwa zur frühzeitigen Behandlung von Depressionen oder zur Unterstützung des nationalen Gesundheitsziels „gesund aufwachsen".

Im Zuge dieser dynamischen Entwicklung finden Elemente der psychiatrischen Wissensordnung in Form von Populärsynthesen zu seelischer Krankheit und Gesundheit zunehmend Eingang in die Gesellschaft und konkret in Arbeitsfelder, die sich im vor- oder nachklinischen oder im sogenannten komplementären Bereich mit psychisch auffälligen oder psychiatrisch diagnostizierten Personen beschäftigen, wie etwa Sozialarbeit und Jugendhilfe oder zunehmend auch die Schule. Psychiatrische Konzepte werden so zu „*travelling concepts*" (Harbusch i. d. Band; Harbusch, 2024), verändern dabei auch ihre Bedeutung und entfalten teils nicht-intendierte Folgewirkungen. Im Rahmen dieser Entwicklung tragen sie dazu bei, Elemente der psychiatrischen Wissensordnung in den gesellschaftlichen

---

[15] https://www.bundesgesundheitsministerium.de/themen/gesundheitswesen/gesundheitsziele [Zugriff: 10.02.2025].

Alltag einzupflanzen und somit zu einer weiteren Psychiatrisierung, Pathologisierung und Therapeutisierung im Erziehungswesen, in Betrieben und im gesellschaftlichen Alltag beizutragen. Inzwischen gibt es hierzu innerhalb der Psychiatrie auch kritische Stimmen, die gerade diese Ausweitung psychiatrischer Begriffe in die Gesellschaft hinein problematisieren (z. B. Heinz et al., 2022). So hat auch die DGPPN (Deutsche Gesellschaft für Psychiatrie, Psychiatrie und Nervenheilkunde) eine kritische Stellungnahme zur – bislang nicht realisierten – Einführung des DSM V-Katalogs in Deutschland abgegeben (DGPPN, 2013). Diese auf die Profession nach innen gerichteten Selbstverständigungsdebatten können gleichwohl nicht verhindern, dass die in der Gesellschaft kursierenden psychiatrischen Konzepte ein fatales Eigenleben entfalten.

Die Psychiatrie – vertreten durch ihre führenden Fachgesellschaft, in Deutschland, die DGPPN (Deutsche Gesellschaft für Psychiatrie und Psychotherapie, Psychosomatik und Nervenheilkunde) – hat auf diese und andere vielfältigen Kritikpunkte mit dem Entwurf einer sehr weiten Bestimmung ihrer Fachidentität reagiert, die als „Konsensuspapier" die unterschiedlichen Sparten des Fachs zusammenführen will. Zwar begreift sie sich nach wie vor als medizinische Disziplin, die auf evidenzbasierter Grundlage Krankheiten heilt, aber zugleich in ganzheitlicher Weise den Genesungsprozess unterstützt. Statt eines streng zwischen gesund und krank unterscheidenden Krankheitskonzepts zieht sie den „Begriff der „Störung" ... dem der „Krankheit" vor (...), da ersterer den Schwerpunkt auf Beschwerden und Verhaltensweisen legt und nicht auf in sich geschlossene Krankheitskonzepte." (DGPPN, 2020, S. 8). Dies wird weiter spezifiziert:

> „In der gegenwärtigen Psychiatrie findet sich auf der einen Seite die genannte Tendenz zu einer Relativierung von Krankheitskategorien, die sich sowohl in klinischer, sozialwissenschaftlicher als auch neurowissenschaftlicher Hinsicht beobachten lässt. Diese Tendenz dürfte die künftige Identitätsentwicklung des Faches erheblich beeinflussen. Allerdings stehen ihr – im genau gegenläufigen Sinn – auch erkennbare Risiken der Ausweitung psychiatrischer Diagnosen in den Bereich leichter Verhaltensabweichungen und normalpsychischer Probleme gegenüber. Diese zunehmende „Medikalisierung" persönlicher Leidenszustande und sozialer Konfliktlagen hat erhebliche Kritik hervorgerufen. Es wird befürchtet, dass Menschen in Lebenskrisen eine nicht indizierte Behandlung suchen, die eigenen Lebensprobleme aggravieren und das Vertrauen in ihre Selbstwirksamkeit verlieren" (DGPPN, 2020, S. 14).

In dieser Positionsbestimmung wird darüber hinaus betont, dass die Psychiatrie „(...) auch die Prävention und die Unterstützung bei der Bewältigung von Lebensproblemen und die Wiedererlangung sozialer Teilhabe" (DGPPN, 2020, S. 8) als Erweiterung ihres Handlungsfelds um sozialpolitische Vorgaben begreift und damit auf gesellschaftliche Entwicklungen reagiert, für deren Bearbeitung sie sich ebenso wie die Sozialarbeit zuständig sieht ohne jedoch auf die psychiatrische Deutungshoheit zu verzichten. Die mit der Relativierung des Krankheitsbegriffs und der Bevorzugung eines dimensionalisierten Störungsbegriffs deutet sich eine tektonische Verschiebung (Harbusch, 2024) in Gebäude der psychiatrischen Wissensordnung an, die nicht nur mit den Risiken (und bereits vollzogenen Entwicklungen) einer Psychiatrisierung des Alltags (Castel et al., 1982; von Kardorff, 2016) verbunden ist, sondern auch auf eine Selbstpsychiatrisierung der Subjekte durch beständige „Wasserstandsmeldungen" zum eigenen seelischen Wohlbefinden auf dem Weg zu optimierten Personen auf der einen und durch einen gesundheitspolitisch gerahmten normopathischen Gesellschaftsentwurf auf Basis der bereits erwähnten Public Mental Health Konzepten auf der anderen Seite verweist. Ähnlich wie in den Dystopien einer „Gesundheitsgesellschaft" wäre dann Mental Health in all Policies mit den entsprechenden Screenings und Nudging-Konzepten zur geflissentlichen Aufnahme therapeutischer Begleitung und sanften Hinführung zu erwünschtem Verhalten (Bröckling, 2017) einer kritischen soziologischen Analyse zu unterziehen. Nicht zuletzt wäre daran zu denken, dass in der politischen Zielvorgabe einer gleichberechtigen gesellschaftlichen Teilhabe stark und dauerhaft (psychisch) beeinträchtigter Menschen die Bringschuld nicht in erster Linie bei den Betroffenen liegt, sondern bei den zentralen gesellschaftlichen Teilhabefeldern selbst.

5 Resumée und Perspektiven für die soziologische Analyse

Die Psychiatrie ist mit ihren individualisierenden Thematisierungen sozialer Wirklichkeit auch deshalb so erfolgreich, weil sich die Vorstellung von „psychische Störungen" heute bis in die kleinsten Situationen unseres Alltags hineinbegeben hat und so auch in ganz profanen Konstellationen zur Anwendung kommt. Auf diese Weise verbreiten sie sich nicht mehr allein in diversen Konstruktionsprozessen wissenschaftlicher, journalistischer, sozialer und anderweitig ökonomisch interessierter Akteure und Akteurinnen, die im Reden über psychische Störungen direkt oder indirekt eigenen institutionellen Logiken und Interessen folgen. Sie sind als Begründungszusammenhänge und Plausibilitäten schaffende Narrative heute auch breit an Arbeitsplätzen, auf Schulhöfen, in Fernsehsendungen, in Online-Foren und/oder bei besorgten Eltern präsent. Mit zunehmender Präsenz und wachsender Akzeptanz im öffentlichen Raum erreichen psychiatrische Deutungen und die von Professionen, Pharmaindustrie und mediengestützter Nachfrage aus der Gesellschaft getriebene Medikalisierung immer weiterer Lebensbereiche (Conrad, 2007;

Krämer & Rauber, 2022) heute eine Reichweite, wie nie zuvor. Psychiatrien sind heute keine dunklen, undurchsichtigen Irrenhäuser an den Rändern der Städte mehr, in denen Verrücktheit versteckt und mit grausamen Methoden behandelt wurde (vgl. Foucault, 1969; Shorter, 1997) – zwar gibt es nach wie vor eine große (und auch teils nicht unbegründete) Skepsis gegenüber der Psychiatrie als Institution und vielfältige Vorurteile gegenüber psychisch Kranken (von Kardorff, 2023; Angermeyer et al., 2014); trotz dieser Vorbehalte sind zentrale Elemente der psychiatrischen und klinisch-psychologischen Wissensordnung mittlerweile im gesellschaftlichen Alltag angekommen. Und die Irren unserer westlichen Gesellschaften sind auch keine „Wahnsinnigen" mehr, deren bizarre Handlungen jede Ordnung und geregelte Situationsabläufe bedrohen und sich selbst und andere gefährden (auch wenn dies gelegentlich vorkommen kann). Stattdessen hat die Veralltäglichung psychiatrischer Kategorien – vor allem der sog. „Common Mental Disorders" – dazu geführt, dass diese mittlerweile weitgehend akzeptiert und aus den Sonderwelten des psychiatrischen Behandlungssystems in die Mitte unserer Gesellschaft gerückt sind. Dort werden sie als medizinisch belegte Tatsachen diskutiert, die von der Medizin behandelt werden können. Die Akzeptanz der psychiatrischen Wissensordnung führt dazu, dass sie *alle* Menschen innerhalb einer Gesellschaft erfasst. Denn sie betreffen erstens „gestörte Menschen", die psychiatrischen Wissensordnungen ins Netz gehen und deren Zahl durch fortwährend weiter ausdifferenzierte Diagnosekataloge seit Jahren stetig steigt. Zweitens betreffen sie ebenso besorgte Gesunde (vgl. Frances, 2013), die sich selbst und ihrem sozialen Umfeld vor dem Hintergrund psychiatrischer Deutungen alltäglich in kritischer Distanz gegenüberstehen und die mit einem wachsenden Diagnosekatalog immer neue Verdachtsmomente an die Hand bekommen, mit denen sie das soziale Leben, die Mitmenschen und sich selbst argwöhnisch beobachten. Und drittens beeinflussen sie uns alle, indem sie die Art und Weise bestimmen, wie in unseren westlichen Gesellschaften von Gesundheit und Krankheit und von Normalität und Abweichung öffentlich und verständlich gesprochen werden kann und wie damit zusammenhängend konkrete Verhaltensweisen situativ wahrgenommen und gedeutet werden. Medikalisierung – egal wie wirksam sie ist und auch wenn sie situativ Leiden lindern kann – löst komplexe Zusammenhänge aus ihren sozialen, politischen, historischen, individuellen und/oder institutionellen Entstehungskontexten und überführt sie in eine eindimensionale Darstellung, die die Kontingenz psychiatrischer Kategorien ebenso verkennt wie sie den sozialen Charakter von Definitionen sozialer Abweichung verschweigt. „Die Sprache der Psychiatrie, die ein Monolog der Vernunft über den Wahnsinn ist, hat sich nur auf einem solchen Schweigen errichten können" (Foucault, 2016, S. 8). Dieses Schweigen über psychische Krankheiten ist – zumindest in den Medien und bei einem Teil der Betroffenen – in den modernen westlichen Gesellschaften aufgebrochen; das bedeutet jedoch nicht automatisch größere Akzeptanz der Betroffenen in der Sozialwelt und hat, wie mit Blick auf Prävention und Selbstformierung angedeutet, durchaus ambivalente Konsequenzen wie in den einzelnen Beiträgen des Bandes herausgearbeitet wird. Für eine kritische soziologische Auseinandersetzung mit der gesellschaftlichen Rolle der Psychiatrie stellen sich vor allem folgende Herausforderungen die zum Teil auch in den nachfolgenden Beiträgen des Bandes aus unterschiedlichen Perspektiven aufgegriffen werden. Das betrifft u. a. das Ausgreifen von Konzepten der psychiatrischen Wissensordnung in die Gesellschaft und die Analyse Bedingungen für deren Resonanz und die Aneignungsformen durch die Subjekte. Vor allem aber geht es um eine detaillierte Rekonstruktion und Analyse des Einflusses der psychiatrischen Wissensordnung auf das Verständnis von seelischer Gesundheit, Krankheit und Störung und um die langfristigen Auswirkungen der fortlaufenden Konstruktionen der psychiatrischen Wissensordnung auf die Formierung der Subjekte

Literatur

Ahrbeck, B., & Willmann, M. (Hrsg.). (2010). *Pädagogik bei Verhaltensstörungen*. Kohlhammer.
Angermeyer, M. C., Matschinger, H., Corta, M. G., & Schomerus, G. (2014). Changes in the perception of mental illness stigma in Germany over the last two decades. *European Psychiatry, 29*(6), 390–405.
Armbruster, J., Dieterich, A., Hahn, D., & Ratzke, K. (Hrsg.). (2015). *40 Jahre Psychiatrieenquete. Ein Blick zurück nach vorn*. Psychiatrie-Verlag.
Bachrach, S. (2004). In the Name of Public Health – Nazi Racial Hygiene. *The New England Journal of Medicine, 351*(5), 417–420.
Baecker, D. (2014). *Neurosoziologie. Ein Versuch*. Edition Unseld.
Baker, M., & Menken, M. (2001). Time to abandon the term mental illness. *British Medical Journal, 322*(7291), 937.
Barry, M., Clarke, A. M., Petersen, I., & Jenkins, R. (Hrsg.). (2019). *Implementin mental health promotion* (2. Aufl.). Springer.
Basaglia, F. (Hrsg.). (1974). *Was ist Psychiatrie?* Suhrkamp.
Baumann, Z. (2003). *Flüchtige Moderne*. Edition Suhrkamp.
Beck, U. (1986). *Risikogesellschaft. Auf dem Weg in eine andere Moderne*. Suhrkamp.
Beck, U., & Bonß, W. (Hrsg.). (1989). *Weder Sozialtechnologie noch Aufklärung? Zur Verwendung sozialwissenschaftlichen Wissens*. Suhrkamp.
Bergmann, J. (2014). Der Fall als Fokus professionellen Handelns. In J. Bergamnn, U. Dausendschön-Gay, & F. Oberzaucher (Hrsg.), *Der „Fall" – Studien zur epistemischen Praxis professionellen Handelns* (S. 19–35). transcript.
Bhugra, D., Till, A., & Sartorius, N. (2013). What is mental health? *International Journal of Social Psychiatry, 59*(1), 3–4.

Blashfield, R. K., Kelley, J. W., Flanagan, E. H., & Miles, S. R. (2014). The cycle of classification: DSM-I through DSM-5. *Annual Review of Clinical Psychology, 10*, 25–51.

Bogner, A., Littig, B., & Menz, W. (2014). *Interviews mit Experten. Eine praxisorientierte Einführung.* Springer.

Bonß, W., von Kardorff, E., & Riedmüller, B. (1985). *Modernisierung statt Reform. Gemeindepsychiatrie in der Krise des Sozialstaats.* Campus.

Bowker, G. C., & Leigh Star, S. (2000). *Sorting things out: Classification and its consequences.* MIT-Press.

Bramesfeld, A., Koller, M., & Salize, H.-J. (Hrsg.). (2019). *Public Mental Health. Steuerung der Versorgung für psychisch kranke Menschen.* Hogrefe.

Bratman, S., & Knight, D. (2000). *Health food junkies: Overcoming the obsession with healthful eating.* Broadway Books.

Brauer, R., et al. (2021). Psychotropic medicine consumption in 65 countries and regions, 2008–19: A longitudinal study. *Lancet Psychiatry, 8*(12), 1071–1082.

Bröckling, U. (2007). *Das unternehmerische Selbst. Soziologie einer Subjektivierungsform.* Suhrkamp.

Bröckling, U. (2017). *Gute Hirten führen sanft. Über Menschenregierungskünste.* Suhrkamp.

Bury, M. (2013). In S. Albrecht & M. Bury (Hrsg.), *Handbook of disability studies.* Sagen.

Castel. R. (1979). *Die psychiatrische Ordnung. Das goldene Zeitalter des Irrenwesens.* Suhrkamp.

Castel, R. (1983). De la dangérosité au risque. *Actes de la Recherche en Sciences Sociales,* (47/48), 119–127.

Castel, F., Castel, R., & Lovell, A. (1982). *Psychiatrisierung des Alltags. Produktion und Vermarktung der Psychowaren in den USA.* Suhrkamp.

Cohen, B. M. (2016). *Psychiatric hegemony. A Marxist theory of mental illness.* Palgrave Macmillan.

Cohen, B. M. (Hrsg.). (2017). *International handbook of critical psychiatry.* Taylor & Francis.

Conrad, P. (2007). *The medicalization of society: On the transformation of human conditions into treatable disorders.* Johns Hopkins University Press.

Conrad, P., & Bergey, M. R. (2014). The impending globalization of ADHD: Notes on the expansion and growth of a medicalized disorder. *Social Science and Medicine, 122*, 31–43.

Cooper, D. (1971). *Psychiatrie und Anti-Psychiatrie.* Suhrkamp.

Cooper, D. (1978). *Wer ist Dissident.* Rotbuch.

Dalski, L., Flöter, K., Keil, L., Lohse, K., & Sand, L. (Hrsg.). (2022). *Optimierung des Selbst: Konzepte, Darstellungen und Praktiken.* transkript.

Dellwing, M. (2008). „Geisteskrankheit" als hartnäckige Aushandlungsniederlage: die Unausweichlichkeit der Durchsetzung von Definitionen sozialer Realität. *Soziale Probleme, 19*(2), 150–171.

Dellwing, M. (2019). Eine halbe Befreiung? Zur Nutzung paralleler Narrative der Psychiatrie in sozialen Netzwerken. Zum Erfolg psychiatrischer Diskurse in digitalen Kulturen. In M. Dellwing & M. Harbusch (Hrsg.), *Pathologisierte Gesellschaft* (S. 172–196) 12. Beiheft Kriminologisches Journal. Beltz.

Dellwing, M., & Harbusch, M. (Hrsg.). (2013). *Krankheitskonstruktionen und Krankheitstreiberei. Die Renaissance der soziologischen Psychiatriekritik.* Springer.

Dellwing, M., & Harbusch, M. (Hrsg.). (2019). *Pathologisierte Gesellschaft? 12. Beiheft des Kriminologischen Journals*. Beltz-Juventa.

Devereux, G. (1973). *Angst und Methode in den Verhaltenswissenschaften*. Suhrkamp.

Dewe, B., Ferchhoff, W., Scherr, A., & Stüwe, G. (Hrsg.). (1993). *Professionelles soziales Handeln. Soziale Arbeit im Spannungsfeld zwischen Theorie und Praxis*. Juventa.

DGPPN [Deutsche Gesellschaft für Psychiatrie und Psychotherapie, Psychosomatik und Nervenheilkunde] (2013). Zur Identität der Psychiatrie. Positionspapier einer Task-Force der DGPPN. https://www.dgppn.de/_Resources/Persistent/69402dc31a70bb4bde680a0a45d7a-b74762ad3e8/20200616_PoPa_Identita%CC%88t%20fin.pdf. Zugegriffen am 10.07.2024.

DGPPN. (2020). Zur Identität der Psychiatrie. Positionspapier einer Task-Force der DGPPN. https://www.dgppn.de/_Resources/Persistent/69402dc31a70bb4bde680a0a45d7a-b74762ad3e8/20200616_PoPa_Identita%CC%88t%20fin.pdf. Zugegriffen am 30.01.2025.

Dörner, K. (1969). *Bürger und Irre. Zur Sozialgeschichte und Wissenschaftssoziologie der Psychiatrie*. Europäische Verlagsanstalt.

Dörner, K. (1988). *Tödliches Mitleid. Zur Frage der Unerträglichkeit des Lebens – oder: Die Soziale Frage: Entstehung – Medizinisierung – NS-Endlösung – heute – morgen*. Jacob von Hoddis-Verlag.

Dratva, J. (2017). Personalisierte Gesundheit aus Public-Health-Perspektive. *Schweizerische Ärztezeitung, 98*(34), 1060.

Dreitzel, H.-P. (1972). *Die gesellschaftlichen Leiden und das Leiden an der Gesellschaft*. dtv.

Dreßke, S. (2021). *Empfindliche Körper. Kopfschmerzpraktiken zwischen Alltag und Medizin*. transcript.

Durkheim, E. (1983). *Der Selbstmord*. Suhrkamp.

Ehrenberg, A. (2004). *Das erschöpfte Selbst. Depression und Gesellschaft in der Gegenwart*. Campus.

Eichenberg, C., & Auersperg, F. (2022). *Digitale Selbsthilfe bei psychischen Störungen Chancen, Risiken und Auswirkungen auf die Behandlung*. Hogrefe.

Elias, N. (1976). *Über den Prozess der Zivilisation*. (Bd. 2). Suhrkamp.

Elias, N. (1991). *Gesellschaft der Individuen*. Suhrkamp.

Fischer, F. (1969). *Irrenhäuser. Kranke klagen an*. Desch-Verlag. [Reprint 2020: Psychiatrie-Verlag].

Florian, M. (2017). Vertrauenskrisen und der Verlust der Zuversicht Forschungsstand und Perspektiven der soziologischen Analyse. In S. Lessenich (Hrsg.), *Routinen der Krise – Krise der Routinen. Verhandlungen des 37. Kongresses der Deutschen Gesellschaft für Soziologie in Trier 2014*. DGS.

Forster, R. (1997). *Psychiatriereformen zwischen Medikalisierung und Gemeindeorientierung*. Westdeutscher Verlag.

Foucault, M. (1969). *Wahnsinn und Gesellschaft: eine Geschichte des Wahns im Zeitalter der Vernunft*. Suhrkamp.

Foucault, M. (Hrsg.). (1975). *Der Fall Rivière. Materialien zum Verhältnis von Psychiatrie und Strafjustiz*. Suhrkamp.

Foucault, M. (1976a). *Überwachen und Strafen*. Suhrkamp.

Foucault, M. (1976b). *Mikrophysik der Macht. Über Strafjustiz, Psychiatrie und Medizin*. Merve.

Foucault, M. (1977). *Der Wille zum Wissen. Sexualität und Wahrheit*. Suhrkamp.

Foucault, M. (2009). *In Verteidigung der Gesellschaft: Vorlesungen am Collège de France (1975–1976)*. Suhrkamp.

Foucault, M. (2015). *Die Macht der Psychiatrie. Vorlesungen am Collège de France 1973–1974*. Suhrkamp.
Foucault, M. (2016). *Subjektivität und Wahrheit. Vorlesungen am Collège de France 1980–1981*. Suhrkamp.
Foucault, M., Rux, M., Luther, H. M., Paden, W. E., et al. (1993). *Technologien des Selbst*. S. Fischer.
Frances, A. (2013). *Normal – Gegen die Inflation psychiatrischer Diagnosen*. DuMont.
Freudenberger, H. J. (1974). Staff burn-out. *Journal of Social Issues, 30*(1), 159–165.
Frigerio, A., Monatli, L., & Fine, M. (2013). Risky and at-risk subjects: The discursive positioning of the ADHD child in the Italian context. *BioSocieties, 8*, 245–264.
Goffman, E. (1959). The moral career of the mental patient. *Psychiatry, 22*(2), 123–142.
Goffman, E. (1961/dt. 1973). *Asyle. Über die soziale Situation psychiatrischer Patienten und anderer Insassen*. Suhrkamp.
Goffman, E. (1963/dt. 1967). *Stigma: Über Techniken der Bewältigung beschädigter Identität*. Suhrkamp.
Goffman, E. (1967/dt. 1971). *Interaktionsrituale. Über Verhalten in direkter Kommunikation*. Suhrkamp.
Goffman, E (1982). Die Verrücktheit des Platzes. In Goffman, E. (Hrsg.), *Das Individuum im öffentlichen Austausch. Mikrostudien zur öffentlichen Ordnung* (S. 434–503). Suhrkamp.
Groenemeyer, A. (2008). Eine schwierige Beziehung: psychische Störungen als Thema soziologischer Analysen. *Soziale Probleme, 19*(2), 113–134.
Gross, P. (1994). *Multioptionsgesellschaft*. Suhrkamp.
Gusfield, J. R. (1989). Constructing the ownership of social problems: Fun and profit in the welfare state. *Social Problems, 36*(5), 431–441.
Hamilton, S. (2014). *Negotiating roles and making claims as a patient in the psychiatric consultation: A frame analysis*. University of Sussex. https://hdl.handle.net/10779/uos.23402792.v1. Zugegriffen am 28.01.2025.
Hampton, K., Rainie, L., Lu, W., Shin, I., & Purcell, K. (2015). Psychological stress and social media use. https://www.pewresearch.org/internet/2015/01/15/psychological-stress-and-social-media-use-2/. Zugegriffen am 28.01.2025.
Hanses, A., & Sander, K. (Hrsg.). (2012). *Interaktionsordnungen. Gesundheit als soziale Praxis*. Springer.
Harbusch, M. (Hrsg.). (2022). *Troubled persons industries. The eExpansion of psychiatric categories beyond psychiatry*. Palgrave-MacMillan.
Harbusch, M. (2023). Reiserouten und Medikalisierung. Über Traveling Concepts und die verschlungenen Pfade zwischen Akademie und Lebenswelt. In Schübel, T. & Friele, B. (Hrsg.), *Medikalisierung und Soziale Arbeit*. Springer.
Harbusch, M. (Hrsg.). (2024). *Reisendes Wissen. Travelling Concepts als soziologische Kategorie*. Springer.
Hehlmann, T., Schmid-Semisch, H., & Schorb, F. (2018). *Soziologie der Gesundheit*. UVK Verlagsgesellschaft.
Heinz, A. (2015). *Der Begriff der psychischen Krankheit*. Suhrkamp.
Heinz, A. (2023). *Das kolonialisierte Gehirn und die Wege der Revolte*. Suhrkamp.
Heinz, A., Müller, S., & Seitz, A. (2022). Versorgungsgerechtigkeit und Schadensvermeidung: Implikationen der Definition psychischer Krankheit. *Zeitschrift für medizinische Ethik, 2*, 179–192.

Hesse, B., Hessel, A., Agren, C. C., Falk, J., Nebe, A., & Weinbrenner, S. (2019). Psychische Erkrankungen in der Rehabilitation und bei Erwerbs minderung – zentrale Handlungsfelder. *RVaktuell, 8*, 194–199.
Hochmann, J. (1975). *Thesen zu einer Gemeindepsychiatre*. Suhrkamp.
Huber, G. (2005). *Psychiatrie. Lehrbuch zu Studium und Weiterbildung* (7. Aufl.). Klett-Cotta.
Illich, I. (1979). *Entmündigung durch Experten. Zur Kritik der Dienstleistungsberufe*. Rowohlt.
Illousz, E. (2004). *Gefühle in Zeiten des Kapitalismus*. Suhrkamp.
Illouz, E. (2011). *Die Errettung der modernen Seele*. Suhrkamp.
Ingleby, D. (1985). Professionals as socializers. The „PSY-Complex". *Research in Law, Deviance and Social Control, 7*, 79–109.
Jacobi, F., Höfler, M., Strehle, J., Mack, S., Gerschler, A., et al. (2014). Psychische Störungen in der Allgemeinbevölkerung: Studie zur Gesundheit Erwachsener in Deutschland und ihr Zusatzmodul Psychische Gesundheit (DEGS1-MH). *Nervenarzt, 85*(1), 77–87.
Jorm, A. F. (2000). Mental health literacy. Public knowledge and beliefs about mental disorders. *British Journal of Psychiatry, 177*, 396–401.
Jorm, A. F. (2020). We need to move from 'mental health literacy' to 'mental health action'. *Mental Health and Prevention, 18*, 200179.
von Kardorff, E. (1978). Modellvorstellungen über psychische Störungen: Gesellschaftliche Entstehung, Auswirkungen, Probleme. In H. Keupp & M. Zaumseil (Hrsg.), *Die gesellschaftliche Organisierung psychischen Leidens* (S. 539–589). Suhrkamp.
von Kardorff, E. (2015). Was ist aus dem gesellschaftspolitischen Projekt der Psychiatrie geworden? In J. Armbruster, A. Dietrich, D. Hahn, & K. Ratzke (Hrsg.), *40 Jahre Psychiatrie-Enquete. Blick zurück nach vorn* (S. 148–164). Psychiatrie-Verlag.
von Kardorff, E. (2016). Zur Transformation der Therapeutisierung und Psychiatrisierung des gesellschaftlichen Alltags: auf dem Weg der (nicht ganz) freiwilligen Selbstoptimierung. In R. Anhorn & M. Balzereit (Hrsg.), *Handbuch Therapeutisierung und Soziale Arbeit* (S. 263–298). Springer.
von Kardorff, E. (2021a). Kritische Anmerkungen zu einigen Annahmen und Strategien von Evidenzbasierter Public Health. In H. Schmidt-Semisch & F. Schorb (Hrsg.), *Public Health. Disziplin – Praxis -Politik* (S. 331–348). Springer.
von Kardorff, E. (2023). Diskriminierung von seelisch Beeinträchtigten. In A. Scherr, A.C. Reinhardt, & A. El Mafaalani (Hrsg.), *Handbuch Diskriminierung* (2. Aufl., S. 597–629). Spriniger.
Karg, S., Rathmann, K., & Dadaczynski, K. (2021). Psychische Gesundheit von Kindern und Jugendlichen mit und ohne Behinderung und krankheitsbedingter Einschränkung: Ergebnisse der repräsentativen Kinder- und Jugendgesundheitsstudie (KiGGS Welle 2). *Gesundheitswesen, 83*(7), 490–497.
Karow, A., Bock, T., Naber, D., Löwe, B., et al. (2013). Die psychische Gesundheit von Kindern, Jugendlichen und jungen Erwachsenen – Teil 2: Krankheitslast, Defizite des deutschen Versorgungssystems, Effektivität und Effizienz von „Early Intervention Services". *Fortschritte der Neurologie-Psychiatrie, 81*(11), 628–638.
Karsch, F. (2018). The medicalization of Fidgety Phil: ADHD in Germany. In M. R. Bergey, A. M. Filipe, P. Conrad, & I. Singh (Hrsg.), *Global perspectives on ADHD: Social dimensions of diagnosis and treatment in sixteen countries* (S. 77–96). John Hopkins University Press.

Katschnig, H. (2010). Are psychiatrists an endangered species? Observations on internal and external challenges to the profession. *World Psychiatry, 9*, 21–28.

Keupp, H. (2020). Leben in der Gesellschaft 4.0. *Sozialpsychiatrische Informationen, 1*, 4–8.

Kickbusch, I., & Hartung, S. (2014). *Die Gesundheitsgesellschaft. Konzepte für eine gesundheitsförderliche Politik*. Huber.

Klee, E. (1983). *„Euthanasie" im NS-Staat. Die „Vernichtung lebensunswerten Lebens"*. S. Fischer.

Krämer, A., & Rauber, A. (2022). Thinking medicalization – Überlegungen zu einem vielverwendeten Begriff. *Psychologie und Gesellschaftskritik, 46*(3), 7–35.

Kühl, S. (1997). *Die Internationale der Rassisten: Aufstieg und Niedergang der internationalen Bewegung für Eugenik und Rassenhygiene im 20. Jahrhundert*. Campus.

Kühn, H. (1993). *Healthismus*. Edition Sigma.

Kunze, H. (2012). *Psychisch krank in Deutschland. Plädoyer für ein zeitgemäßes Versorgungssystem*. Kohlhammer.

Laing, R. D. (1969). *Phänomenologie der Erfahrung*. Suhrkamp.

Lash, C. (1980). *Das Zeitalter des Narzissmus*. Steinhausen.

Leimkühler-Möller, A. M. (2015). Soziologische und sozialpsychologische Aspekte psychischer Erkrankungen. In Möller, H.-J., Laux, G., & Kapfhammer, H.P. (Hrsg.), *Psychiatrie, Psychosomatik, Psychotherapie* (5. Aufl., S. 385–416). Springer.

Levy, F. (2014). Child and adolescent changes to DSM-5. *Asian Journal of Psychiatry, 11*, 87–92.

Link, J. (1997). *Versuch über den Normalismus. Wie Normalität produziert wird*. Vandenhoek & Rupprecht.

Lohaus, D., & Habermann, W. (2018). *Präsentismus. Krank zur Arbeit – Ursachen, Folgen, Kosten und Maßnahmen*. Springer.

Maasen, S., Elberfeld, J., Eitler, P., & Tändler, M. (2011). Das beratene Selbst. In *Zur Genealogie der Therapeutisierung in den ‚langen' Siebzigern*. transcript.

Mau, S. (2017). *Das metrische Wir: Über die Quantifizierung des Sozialen*. Suhrkamp.

Mauger, G. (2012). Postface. In J.-F. Gaspar (Hrsg.), *Tenir! Les raisons d'être des travailleurs sociaux*. La Découverte.

McKnight, J. (1983). Professionelle Dienstleistungen und entmündigende Hilfe. In I. Illich, J. McKnight, I. K. Zola, V. Borremans, J. Caplan, H. Shaiken, & J. Huber (Hrsg.), *Entmündigung durch Experten. Zur Kritik der Dienstleistungsberufe* (S. 37–57). Rowohlt.

Meier, A., & Reinecke, L. (2020). Computer-mediated communication, social media, and mental health: A conceptual and empirical meta-review. *Communication Research, 48*(8), 1182–1209.

Moncrieff, J. (2008). *The myth of the chemical cure. A critique of psychiatric drug treatment*. Springer.

Murayama, H., Takagi, Y., Tsudi, H., & Kato, Y. (2023). Applying Nudge to Public Health Policy: Practical Examples and Tips for Designing Nudge Interventions. *Int. J. Environmental Research and Public Health, 20*(5), 3962.

National Institute of Mental Health. (2011). *Common mental health problems: Identification and pathways to care*. Univ. Nottingham.

Patel, V., Fisher, A. J., Hattric, S., & McGorry, P. (2007). Mental health of young people: a global public-health challenge. *Adolescent Health, 369*(9569), 302–1313.

Priebe, S., Burns, T., & Craig, T. K. J. (2013). The future of academic psychiatry may be social. *British Journal of Psychiatry, 202*, 319–320.

Radkau, J. (1998). *Das Zeitalter der Nervosität. Deutschland zwischen Bismarck und Hitler*. Hanser.
Ravens-Sieberer, U., Wille, N., Bettge, S., & Ehrhardt, N. (2007). Psychische Gesundheit von Kindern und Jugend lichen in Deutschland. *Bundesgesundheitsblatt – Gesundheitsforschung – Gesundheitsschutz*, (50), 871–878.
Reckwitz, A. (2019). *Die Gesellschaft der Singularitäten. Zum Strukturwandel der Moderne*. Suhrkamp.
Reumschüssel-Wienert, C. (2021). *Psychiatriereform in Deutschland*. transcript.
Riessman, D., Denney, R., & Glazer, N. (1956). *Die einsame Masse*. Rowohlt.
Röcke, A. (2022). *Soziologie der Selbstoptimierung*. Suhrkamp.
Roelcke, V. (2012). Medizin im Nationalsozialismus – radikale Manifestation latenter Potentiale moderner Gesellschaften? Historische Kenntnisse, aktuelle Implikationen. In H. Fangerau & I. Polianski (Hrsg.), *Medizin im Spiegel ihrer Geschichte, Theorie und Ethik. Schlüsselthemen* (S. 35–50). Steiner-Verlag.
Rosa. (2012). *Weltbeziehunugen im Zeitalter der Beschleunigung*. Suhrkamp.
Rosa, H. (2005). *Beschleunigung. Die Veränderung der Zeitstrukturen in der Moderne*. Suhrkamp.
Rose, N. (1985). *The psychological complex. Psychology, politics and society in England 1869–1939*. Routledge.
Rose, N. (1996). *Inventing our selves: Psychology, power, and personhood*. Cambridge University Press.
Rose, N. (2004). Becoming neurochemical selves. In N. Stehr (Hrsg.), *Biotechnology, commerce and civil society*. Transaction Press.
Rose, N. (2016). Neuroscience and the future for mental health? In *Epidemiol Psychiatr Science*, 25(2), 95–100.
Rose, N. (2018). *Our psychiatric future*. Wiley.
Rose, N. (2021). Governing risky individuals: The role of psychiatry in new regimes of control. In P. O'Malley (Hrsg.), *Governing risks*. Routledge.
Rothe, L., Adolph, B., Beermann, M., Schütte, A. W., et al. (2017). *Psychische Gesundheit in der Arbeitswelt – Wissenschaftliche Standortbestimmung*. BAuA.
Salize, H. J. (2023). Die volkswirtschaftliche Tragweite psychischer Erkrankungen. In P. Mantell, C. Schwegler, & C. Woopen (Hrsg.), *Psychische Erkrankungen als gesellschaftliche Aufgabe* (S. 31–44). Springer.
Schaeffer, D., & Pelikan, J. M. (Hrsg.). (2017). *Health Literacy. Forschungsstand und Perspektiven*. Hogrefe.
Scheermesser, M., Meidert, M., Evers-Wölk, M., et al. (2018). Die digitale Selbstvermesseung in Lifestyle und Medizin. *TATuP Zeitschrift für Technikfolgenabschätzung*, 27(3), 57–62.
Scheff, Th. J. (1966/dt. 1973). *Das Etikett „Geisteskrankheit". Soziale Interaktion und psychische Störung*. Fischer.
Schermuly, C. C., & Koch, J. (2019). New Work und psychische Gesundheit. In B. Badura & A. Ducki (Hrsg.), *Fehlzeiten-Report 2019. Digitalisierung – gesundes Arbeiten ermöglichen* (S. 127–140). Springer.
Schmuhl, H.-W. (1987). *Rassenhygiene, Nationalsozialismus, Euthanasie: von der Verhütung zur Vernichtung „lebensunwerten Lebens" 1890–1945*. Vandenhoek & Ruprecht.
Schomerus, G. (2022). Stigmatisierung von Menschen mit Schizophrenie. Veränderungen seit 1990 und ihre Implikationen. *Sozialpsychiatrische Informationen*, 1, 25–27.

Schomerus, G., Spahlholz, J., & Speerforck, S. (2023). Die Einstellung der deutschen Bevölkerung zu psychischen Störungen. *Bundesgesundheitsblatt, 66*, 416–422.

Schütz, A., & Luckmann, T. (2003). *Strukturen der Lebenswelt.* UTB.

Schwartz, F.W., Walter, U., Siegrist, J., Kolip, P. et al. (Hrsg.) (2022). *Public Health. Gesundheit und Gesundheitswesen* (4. Aufl.). Elsevier.

Scull, A. (Hrsg.). (2015). *The asylum as Utopia.* Routledge.

Shorter, E. (1997). *A history of psychiatry: From the era of the asylum to the age of Prozac.* Wiley.

Siegrist, J. (2018). Überforderung in der Arbeitswelt. Macht sie krank? In T. Fuchs, L. Iwer, & S. Micali (Hrsg.), *Das überforderte Subjekt. Zeitdiagnosen einer beschleunigten Gesellschaft* (S. 201–226). Suhrkamp.

Smith, D. K. (1976). K. ist geisteskrank. Die Anatomie eines Tatsachenberichts. In E. Weingarten, F. Sack, & J. Schenkein (Hrsg.), *Ethnomethodologie* (S. 368–415). Suhrkamp.

Strahler, J. (2018). Orthorexia nervosa: Ein Trend im Ernährungsverhalten oder ein psychisches Krankheitsbild? Aktuelle wissenschaftliche Erkenntnisse. *Psychotherapeut, 1*, 20–26.

Straub, J. (2019). *Das optimierte Selbst. Kompetenzimperative und Steigerungstechnologien in der Optimierungsgesellschaft.* Psychosozial-Verlag.

Virilio, P. (1989). *Der negative Horizont. Bewegung – Geschwindigkeit – Beschleunigung.* Hanser.

Volkmer, M., & Werner, K. (Hrsg.). (2020). *Die Corona-Gesellschaft.* transcript.

Waldschmidt, A. (2003). Die Flexibilisierung der „Behinderung". *Ethik in der Medizin, 15*(3), 191–202.

Walther, M., & Hundermark-Mayser, J. (2011). *Virtuell ist auch real – Selbsthilfe im Internet. Formen, Wirkungsweisen und Chancen.* Nakos.

Walther, L., Mauz, E., Hölling, H., & Thom, J. (2023). Mental health surveillance in Deutschland. *Public Health Forum, 31*(3), 149–151.

Wambach, M. M. (Hrsg.). (1980). *Die Museen des Wahnsinns und die Zukunft der Psychiatrie.* Suhrkamp.

Weingarten, E., Kroll, J., & Bayertz, K. (Hrsg.). (1992). *Rasse, Blut und Gene. Geschichte der Eugenik und Rassenhygiene in Deutschland.* Suhrkamp.

Whitaker, R. (2010). *Anatomy of an epidemic: Magic bullets, psychiatric drugfs, and the astonishing rise of Mental Illness in America.* Crown Publölishers/Random House.

Wolff, S. (1976). *Der rhetorische Charakter sozialer Ordnung. Selbstverständlichkeit als soziales Problem.* Duncker & Humblot.

Wunderer, E., Hierl, F., & Götz, M. (2022). Einfluss sozialer Medien auf Körperbild, Essverhalten und Essstörungen. *Psychotherapie im Dialog, 23*(01), 85–89.

Zöllner, F., Devine, J., Kaman, A., Reiß, F., & Ravens-Sieberer, U. (2023). Public Mental Health von Kindern und Jugendlichen – wie ist die Studienlage? *Public Health Forum, 31*(3), 145–148.

Soziologie, psychische Krankheiten und Psychiatrie – eine kurze Skizze „klassischer" soziologischer Zugänge

Ernst von Kardorff, Martin Harbusch und Dominik Robin

Das Verhältnis von Soziologie und Psychiatrie wird von dem Psychiater Asmus Finzen als „eine unendliche Geschichte frustrierender Begegnungen" (2010, S. 1) beschrieben;[1] einen Grund dafür liefert er ein paar Seiten später, wenn er darauf verweist, dass Soziologie erkenntnisorientiert und Psychiatrie immer auch handlungsorientiert sei (S. 14). Die Privilegierung der Soziologie als Beobachterin schafft eine analytische Distanz, die den „Gegenstand" unter soziologischen Fragestellungen untersucht und dabei auch Aspekte in den Vordergrund rückt, die von der untersuchten Praxis nicht gesehen, nur am Rande thematisiert oder auch „übersehen" werden, wenn dadurch die eigene Disziplin und ihre Praktiken in

---

[1] Die Beziehungen zwischen Soziologie und Psychiatrie sind immer wieder unter verschiedenen Aspekten thematisieret worden vgl. auch Pilgrim and Rogers (2005); Angermeyer et al. (2015); Richter und Katschnig (2015); Kilian (2017).

E. von Kardorff (✉)
Berliner Werkstatt für Sozialforschung (BWS UG), Berlin, Deutschland
E-Mail: kardorff@bws-institut.de

M. Harbusch
Universität Siegen, Siegen, Deutschland
E-Mail: martin.harbusch@uni-siegen.de

D. Robin
Gesundheit, Ecoplan, Bern, Schweiz
E-Mail: dominik.robin@ecoplan.ch

Frage gestellt oder ihre nicht von ihr selbst geschaffenen normativen und/oder funktionalen gesellschaftlichen Voraussetzungen beleuchtet werden auf denen ihr gesellschaftlicher Erfolg beruht oder aber auch wenn ihre ambivalenten Folgen für die Gesellschaft thematisiert werden.

1 Das Interesse der Soziologie an residualer Abweichung/psychischen Störungen

Psychisches Leiden und irritierendes, normverletzendes und erwartungswidriges Verhalten, das nicht eindeutig einer bewussten Normübertretung oder einer ironischen Provokation zugerechnet werden kann und sich Bemühungen, die Betroffenen zur „Raison" zu bringen entzieht – also den als „vernünftig" geltenden Verhaltenserwartungen nachzukommen –, stellt für die Soziologie eine Herausforderung in mehrfacher Hinsicht dar: als „Grenzobjekt" (Bowker & Leigh Star, 2000) markiert es eine nichtalltägliche Interaktionssituation, für die zunächst keine Regeln vorliegen, bis eine gesellschaftlich legitimierte Instanz die Markierung „ver-rückt" vergibt, d. h. dass die betreffende Person zwar eine Norm oder Konvention übertreten hat, dafür aber nicht zur Rechenschaft gezogen werden kann und damit einen Sonderstatus erhält, der seit der Etablierung der Psychiatrie als Disziplin durch die psychiatrische Diagnose markiert wird. Damit verbundene Regelverletzungen werden in der Soziologie als „*residuale Abweichung*" (Scheff, 1973) bezeichnet. Bei näherem Hinsehen zeigt sich bei der alltagsweltlichen wie auch bei der fachlichen Zuschreibung gleichwohl eine Grauzone bei der Beurteilung des verunsichernden und bedrohlichen seelischen Erlebens bei den Betroffenen selbst wie bei den Reaktionen auf irritierende Verhaltensweisen im unmittelbaren sozialen Umfeld: was ist noch „normal", was noch tolerierbar, was ist situativ etwa durch die Unterstellung einer „phantom normalcy" (Goffman, 1963) akzeptabel oder erscheint als „heilbar" und wo verläuft die Schwelle, die – bei fortdauernder Irritation – eine Grenzziehung erforderlich erscheinen lässt, um den Fortgang alltäglicher oder beruflicher Interaktionen zu gewährleisten. Auch einige maßgebliche Vertreter der Psychiatrie selbst sind sich der Zentralität ebenso wie der Schwierigkeit in der Beantwortung der Frage nach den Grenzen von Normalität bewusst. Alan Frances – amerikanischer Psychiater und Vorsitzender der Arbeitsgruppe zur Entwicklung des DSM IV 1994 – verweist in seinem späterenn psychiatriekritischen Werk darauf (vgl. Frances, 2013), dass sich die Frage nach den Grenzen von Normalität weder aus den einzelnen geistes- und naturwissenschaftlichen Disziplinen noch aus dem als Abweichung bewerteten Verhalten selbst beantworten lässt, sondern immer einer wertenden, oft moralisierenden Beurteilung von normsetzenden Akteuren und Akteurinnen unterliegt. Das in den traditionsgeleitet eingelebten und „bewährten" Alltagsroutinen der Alltagshandelnden wie in der „Arena" (Anselm Strauss) der Psychiatrie durch die dort tätigen Professionen praktizierte „doing normality" beschreibt die „ongoing practice" der mikrosozialen Aushandlung der Grenzen der Normalität; diese Aushandlungsprozesse sind strukturell durch institutionelle, organisatorische und intersektional bestimmte Machtungleichgewichte bestimmt und folgen prozessual größeren säkularen gesellschaftlichen Veränderungsprozessen und deren politischer Ausgestaltung und medialer Verbreitung und Priorisierung wie auch neuen wissenschaftlichen Erkenntnissen und Entwicklungen der Psychiatrie. In diesen hier nur kurz angedeuteten Prozessen werden die Grenzen von Normalität und residualer und tolerierter Abweichung oft unmerklich, zuweilen deutlich sichtbar verschoben und neu austariert.

Mit diesen Grenzmarkierungen (und ihren Verschiebungen) wird der Übergang vom „Normalen" in den Status „psychisch krank/gestört" eingeleitet. Soziologisch stellt sich dabei die Frage, wie im Alltag und daran anschließend mit den dafür zuständigen Instanzen (Psychiatrie und Justiz) die Grenzziehungen zwischen Normalität, bewusster Regelübertretung und Krankheit/Abweichung ausgehandelt, justiert und ggf. veränderten gesellschaftlichen Bewertungen angepasst werden und in welcher Weise diese Prozesse in akzeptierte Routinen der Diagnose und Behandlungspfade transformiert werden. Weitergehend stellen sich für die Soziologie Fragen, auf welcher Grundlage die Beteiligten derartige Situationen sozial und mit Blick auf ihr Selbstbild bearbeiten. Eine weitergehende soziologische Analyseperspektive richtet sich darauf, ob und in welchen Hinsichten auf den ersten Blick ganz individuelle, idiosynkratische Formen des Erlebens und Verhaltens als soziale und als sozial mitbedingte oder verursachte Phänomene zu verstehen sind und entsprechend erklärt werden können. In makrosoziologischer Perspektive führt das zu der Frage, wie der Einfluss gesellschaftlicher Verfasstheit und Prozesse sozialen Wandels auf die historisch jeweils als dysfunktional markierten und in einem bedeutenden Umfang auftretenden psychischen Störungen als Reaktion auf soziale Integrations- und Desintegrationsprozesse verstanden werden können. Eine weitere Herausforderung für die Soziologie besteht darin aufzuklären, in welcher Weise Soziale Repräsentationen von „Wahnsinn", „Ver-rücktheit" und „psychischer Krankheit" (Herzlich, 1973) im historischen Kontext entstanden sind und sich in Prozessen sozialen Wandels verändert und gesellschaftliche Gefühlskulturen (Bähr, 2019) geprägt haben. Dies erfordert eine Analyse der Elemente, die sich als stabile Wahrnehmungsformen und Bewertungsmaßstäbe für normgerechtes und erwartungskonformes Verhalten durchgesetzt haben. Schließlich stellt sich unter wissenssoziologischer Perspektive die Frage nach dem gesellschaftlichen Einfluss auf die Veränderungen und Erweiterungen psychopathologischer Zuschreibungen und die Konstruktionen psychischer Krankheit und – neuerdings – von „seelischer Gesundheit" im Korpus der psychiatrischen Wissensordnung; damit ist die Frage nach den Funktionen und dem Funktionieren des „Systems" Psychiatrie innerhalb moderner arbeitsteilig differenzierter Gesellschaften angesprochen. Darüber hinaus geht es um die Rückwirkungen der psychiatrischen Wissensordnung auf die Gesellschaft.

Das Interesse der Soziologie an psychischen (Ver-)Störungen und an der Psychiatrie hat sich bereits kurz nach der Herausbildung der Soziologie als Wissenschaft herausgebildet. Das ist keineswegs zufällig. Mit der zunehmenden Industrialisierung, Wanderungsbewegungen in die rasch wachsenden Städte und Ballungsräume und den neuen Verhaltensanforderungen an Arbeitsdisziplin und Zeittakt im Verlauf des 19. Jh. nimmt die Größenordnung psychisch auffälliger Menschen zu, die nicht mehr in die neue Ordnung „passen"; sie werden damit als ein quantitatives soziales Problem sichtbar, das im gesellschaftlichen Alltag nicht mehr autonom bearbeitbar erscheint und damit auch zu einer Herausforderung staatlicher Intervention wird, auf die zunächst mit der Errichtung von psychiatrischen Großanstalten vor allem für die „armen Irren" reagiert wird (Blasius, 1980; Köhler, 1977). Die von der ebenfalls jungen, gerade als Disziplin konstituierten Psychiatrie diagnostizierten Verhaltensauffälligkeiten und seelischen Ver-Störungen – die sie nunmehr als „Krankheiten des Gehirns" sozial konstruiert und für die sie eine Deutungshoheit in Anspruch nimmt – legen es aber nahe, den erwähnten Anstieg nicht in erster Linie als Ergebnis einer erst durch die Psychiatrie erzeugten Pathologisierung zu begreifen, sondern als Ergebnis des mit der „Ersten Moderne" verbundenen sozialen Wandels im letzten Drittel des 19. Jh. und seiner Wirkungen auf die seelische Verfassung der Individuen.[2] Damit wird eine grundlegende makrosoziale Frage nach den strukturellen Bedingungen und sozialen Prozessen angesprochen, die psychische Störungen jenseits der in Konstitution und Lebensgeschichte der betroffenen Menschen liegenden Ursachen hervorbringen und stabilisieren. Nach Emile Durkheim spielen hier mit gesellschaftlichen Umbrüchen

---

[2] Nach der Durchsetzung des bio-medizinischen Paradigmas der Psychiatrie mit Beginn des letzten Drittels des 19. Jh. führten die sogenannten „Psychiker" die Zunahme seelischer Störungen Mitte des 19. Jahrhunderts u. a. auf die verwirrenden Lebensformen in den modernen Städten zurück und plädierten – in Anlehnung an die „Retreats" des 18. Jahrhunderts – dafür, die von der noch jungen wissenschaftlichen Disziplin als psychisch krank Diagnostizierten in den fernab der schädlichen städtischen Milieus neu errichteten Anstalten zu beruhigen und wieder an die „Moral" der Gesellschaft heranzuführen (vgl. Dörner, 1975). Im Gegensatz dazu postulierten die letztliche erfolgreichen „Somatiker" wie Griesinger dafür, psychisch Kranke wie andere körperlich erkrankte Menschen in wohnortnahen Kliniken zu behandeln.

verbundene Krisenerscheinungen der sozialen Integration eine entscheidende Rolle (s. u.). Auf einer mesosozialen Ebene stellen soziologische Studien etwa Fragen nach den Eigendynamiken der mit psychischen Störungen befassten Institutionen (z. B. rechtliche Regulierung von Zwangsbehandlungen), nach der Rolle psychiatrischer Organisationen (Kliniken, Ambulanzen, Sozialpsychiatrische Dienste) und ihrer Auswirkungen auf „psychiatrische Karrieren", auf Segregationsprozesse und Inklusionsbestrebungen sowie nach dem Einfluss der „Psy"-Professionen (Rose, 1985) und ihrer Interessenverbände sowie der Pharmaindustrie auf die öffentliche Wahrnehmung psychischer Störungen und auf ihre gesellschaftliche „Organisierung" (Keupp & Zaumseil, 1978). Auf einer mikrosozialen Ebene geht es um die konkreten Mechanismen der alltäglichen „Herstellungsprozesse" psychischer Abweichung in situierten Kontexten und um die sozialen Konstruktionsprozesse, die die Grenzziehung zwischen „normal" und „ver-rückt" im Zusammenspiel zwischen psychiatrischen Fachkräften, Betroffenen und ihren Angehörigen beständig neu aushandeln und austarieren. Schließlich rekonstruieren mikrosoziologische Studien die subjektiven Narrationen der biografischen Erfahrungen im Leben mit der Krankheit/Störung und der psychiatrischen Behandlung und Rehabilitation und verweisen darauf, wie die Betroffenen und ihre Familien die mit den Symptomen verbundenen Beeinträchtigungen bewältigen und wie sie die mit der psychiatrischen Diagnose verbundenen Stigmatisierungs- und Ausgrenzungsprozesse aktiv bearbeiten, ihre sozialen Beziehungen und ihr Selbstbild aufgrund der Erfahrungen mit den Symptomen und mit der Psychiatrie neu rahmen und in Selbstvertretungszusammenschlüssen ihre Anliegen gesellschaftlich zu Gehör bringen, um gleiche Rechte, diskriminierungsfreie soziale Anerkennung und eine menschenwürdige Behandlung einzufordern.

Übergreifend haben soziologische Studien die historisch gewachsenen und im sozialen Wandel modifizierten Bilder von psychischer Krankheit/Störung und Gesundheit/Normalität analysiert. Ein besonderes Interesse richtet sich dabei auf das disziplinäre Fortschreiten der psychiatrischen Wissensordnung und ihren Einfluss auf die gesellschaftliche Wahrnehmung und die soziale Konstruktion behandlungsbedürftiger psychischer Störungen. Die wissenssoziologische Re- und De-Konstruktion der psychiatrischen Wissensordnung zielt weitergehend auf die Mechanismen der durch sie bewirkten Veränderungen von Sensitivitäten gegenüber seelischen Problemen und gesellschaftlichen Gefühlskulturen im Zusammenspiel mit säkularen Prozessen der Individualisierung und Singularisierung, wie sie vor allem in den westlichen Gesellschaften zu beobachten sind. Somit fokussiert die soziologische Außenperspektive darauf, wie Gesellschaften den Umgang mit Phänomenen bearbeiten, über deren Bedeutungen und Auswirkungen Psychiatrie, verwandte Disziplinen, Politik und Alltagshandelnde in wechselseitigen Aushandlungs- und Anpassungsprozessen mit unterschiedlichen Einflusspotenzialen streiten. Die dabei entstandenen sozialen Konstruktionen in Form akzeptierter und legitimierter Diagnoseprozeduren, Behandlungsformen, Verfahren, Einrichtungen und Professionen dienen dazu, die beobachteten Formen seelischen Leidens und ihre Auswirkungen gesellschaftlich zu „organisieren". Soziologische Analysen dieser Prozesse werden damit unvermeidlich auch in gesellschaftspolitische Kontroversen verwickelt, bei denen Fragen der Ausgrenzung, Diskriminierung und der Selbstbestimmungs- und Grundrechte der psychisch krank Diagnostizierten betroffen sind, die kritische soziologische Analysen thematisiert, aufgedeckt und in ihren Folgen sichtbar gemacht haben und zu denen sie sich auch immer wieder gesellschaftspolitisch positioniert haben.

Analyse und Kritik der Psychiatrie sind im Erbe der Soziologie tief verankert wie auch ihre Kontroversen aber auch Kooperationen mit der Psychiatrie. Für letzteres sind frühe epidemiologische Studien ein Beispiel; dort gehen z. B. die Soziologie und die Psychiatrie der Frage nach, ob schwierige Lebensverhältnisse psychische Störungen hervorrufen oder psychische Störungen umgekehrt zu sozialem Abstieg führen (vgl. die Zusammenstellung einschlägiger Studien in Keupp, 1974). Darüber hinaus existieren eine Vielzahl soziologischer Studien, die von Forschungsfragen im Rahmen der Entwicklung der psychiatrischen Versorgung ausgehen und mit Hilfe quantitativer wie qualitativer sozialwissenschaftlicher Forschungsmethoden Fragestellungen etwa nach Effizienz, Wirksamkeit, Akzeptanz und Qualität von Modellprojekten, psychiatrischen Behandlungsverfahren, Schnittstellen im sozial und regional ungleichen Zugang zu psychiatrischer Behandlung und zu weiterführenden Angeboten, zur Selbsthilfe oder auf den Arbeitsmarkt oder Aspekte der sozialen Unterstützung, der Netzwerkeinbindung oder zur interdisziplinären Zusammenarbeit oder der Kooperation zwischen unterschiedlichen Trägern untersuchen; diese bis heute kaum mehr übersehbaren Studien einer Soziologie „in" der Psychiatrie bleiben im Folgenden unberücksichtigt.

Der folgende Exkurs zu einigen „Klassikern" einer Soziologie „der" Psychiatrie ist thematisch angelegt. Ohne Anspruch auf Vollständigkeit werden *exemplarisch* einige einschlägige soziologische Klassiker im Kontext einer Soziologie *der* Psychiatrie dargestellt. Zusammenfassende Übersichten und Detailanalysen finden sich etwa aus psychiatrischer Sicht bei Leimkühler-Möller (2015), aus soziologischer Perspektive bei Avison et al. (2007), Aneshensel et al. (2013), Cohen (2018), Morall (2020), Rogers und Pilgrim (2021), Elliott (2022) und Rose (2018).

2 Grundlagentheoretische und makrosoziologische Analysen

Seit Durkheim sind die (unwahrscheinliche und voraussetzungsvolle) Stabilität sozialer Ordnung und ihre Bedrohungen etwa durch sozialen Wandel ein Grundlagenthema der Soziologie; nicht zuletzt deshalb hat dieses zentrale grundlagenwissenschaftliche wie auch ordnungspolitisch relevante Thema zu einer kaum noch zu überblickenden Menge konzeptioneller und empirischer Studien zum Thema Abweichung geführt, weil daran die Mechanismen des Zustandekommens, der Aufrechterhaltung und der Gefährdungen gesellschaftlicher Ordnung identifizierbar sind. Als ein schwer einzuordnendes Teilproblem stellen die von der Psychiatrie als Krankheit definierten psychischen Auffälligkeiten ein besonderes *Grenzobjekt* dar: das Spektrum derartiger Auffälligkeiten reicht von vollkommen unverständlichem Verhalten, einer nicht nachvollziehbaren Dissoziation zwischen Gefühl und Verstand, rationalem Denken und moralischem Handeln bis zu Verhaltensweisen, die sich nicht zuletzt als Ergebnis einer Pluralisierung von Werten auf der einen und einer verstärkten individuellen Lebensführung insbesondere in den urbanen Milieus der westlichen Gesellschaften bewegen. Auch wenn im Prozess sozialen Wandels die Grenzen einer Reihe traditioneller Normen durchlässiger geworden sind, bestimmte Abweichungen als positiver Ausdruck von Individualisierungsprozessen gesehen und neue Lebensformen im Spektrum eines „flexiblen Normalismus" (Waldschmidt, 2003) stärker toleriert werden, trifft dies auf die sogenannte „residuale Abweichung" nur begrenzt zu: Psychische Krankheiten/Verhaltensstörungen und die damit verbundenen Beeinträchtigungen und das seelische Leiden stellen nicht nur für die Betroffenen selbst und ihr näheres soziales Umfeld eine bleibende Herausforderung dar; darüber hinaus konfrontieren sie als auch quantitativ bedeutsames Phänomen die Gesellschaft mit der beständigen Aufgabe, Lösungen zur „gesellschaftliche(n) Organisierung psychischen Leidens" (Keupp & Zaumseil, 1978) zu finden.

2.1 Häufigkeit und Formen des Selbstmords als Ergebnis gesellschaftlicher (Des-)Integrationsprozesse

Auch wenn der Selbstmord zu Durkheims Zeiten überwiegend noch nicht als Ausdruck einer psychischen Krankheit gesehen wurde und Suizidprävention noch keine Aufgabe der Psychiatrie war, stellt seine Studie einen Meilenstein einer pointiert soziologischen Analyse quantitativ bedeutsamer sowie mit sozialem Wandel variierender individueller psychischer Leidensprozesse dar, an deren Ende der Selbstmord steht. Durkheims großanagelegte empirisch gesättigte Studie (Durkheim, 1897/dt. 1983) steht damit beispielhaft für das Unterfangen, ein auf den ersten Blick ganz individuell erscheinendes Phänomen als grundlegend soziales und damit soziologisch zu Erklärendes zu interpretieren. Methodologisch steht die Studie für den Nachweis, dass soziale Phänomene wie die im Zeitverlauf und regional mit dem unterschiedlichen industriellen Entwicklungsstand und der Verbindlichkeit traditioneller und religiöser Bindungen variierenden Selbstmordraten nicht z. B. durch psychologische Hypothesen zu erklären sind, sondern durch soziologische Theorien (Durkheim, 1895/dt. 1961).

Auf Basis Regionen übergreifender Statistiken verknüpfte Durkheim u. a. Lebensformen, religiöse Bindung und Industrialisierungsgrad mit den jeweiligen Selbstmordraten für die er eine differenzierte soziale Verursachungshypothese für kollektiv sichtbar werdende psychische Irritationen ins Spiel (Durkheim, 1897, dt. 1983) brachte. Die vier von ihm aus dem Material extrahierten Typen des Selbstmords interpretiert er als eine Reaktionsform auf soziale Desintegration und Orientierungskrisen im raschen gesellschaftlichen Wandel seiner Zeit. Den Typus des „egoistischen Selbstmords" sieht Durkheim als Resultat von Individualisierungsprozessen, die zu Entfremdung und Entbettung aus sozial haltgebenden Strukturen führen; ihm steht der „altruistische Selbstmord" gegenüber, der als Ergebnis einer ausgeprägten Identifikation mit stark traditionell verankerten Milieus gedeutet wird, an deren Anforderungen die Betroffenen scheitern. Die anderen beiden Selbstmordtypen sind der „anomische Selbstmord" als Reaktion auf den Zusammenbruch gesellschaftlich verbindlicher Normen und Regeln und der „fatalistische Selbstmord" als letzter Ausweg aus überregulierten sozialen Konstellationen, wie etwa dem Militär.

Bis heute finden die Überlegungen und Ergebnisse Durkheims ihren Nachhall, die auf Grundlage neuer Methoden und wissenschaftlicher Erkenntnisse in den Diskussionen über die Rolle der Gesellschaft bei der Verursachung psychischer Krankheiten, Störungen oder Abweichungen mit durchaus praktischen Konsequenzen für Diagnostik, Versorgung und – auf einer erweiterten gesellschaftlichen Ebene – in den Formen öffentlicher Thematisierung von Psychiatrie und psychischen Auffälligkeiten und Leiden verhandelt werden. So setzen sich in der frühen sozialepidemiologischen Forschung im ersten Drittel des 20. Jahrhunderts die Kontroversen um die Hypothese einer sozialen Verursachung psychischer Krankheiten mit anderen Vorzeichen, teils mit kleinteiligeren und aus der psychiatrischen Praxis entstandenen Fragestellungen fort. Dabei wird z. B. der sozialen Verursachungshypothese die Drifthypothese gegenübergestellt, die sozialen Abstieg als Folge einer schon vorher vorhandenen individuellen somatisch (genetisch, neurologisch oder toxisch) bedingten Geisteskrankheit gegenübergestellt (vgl. Keupp, 1974[3]). Die Frage nach der Rolle und dem Anteil sozialer Bedingungen und Faktoren für Entstehung und Aufrechterhaltung psychischer Störungen bestimmt in der Folgezeit große Teile der einschlägigen sozialwissenschaftlichen Forschung bis heute. So sind etwa die Auswirkungen von längerer Arbeitslosigkeit auf psychische Störungen – ausgehend von der klassischen Studie von Jahoda et al. (1932/1975) – in einer Vielzahl von Studien bestätigt worden ebenso wie die transgenerationale Tradierung psychischer Vulnerabilität in sozio-kulturell marginalisierten Milieus und ökonomisch deklassierten Schichten (Schoon et al., 2003). Dabei wird heute weniger von einer im strengen Sinne kausalen Erklärung psychischer Störungen aus sozialen Bedingungen gesprochen als vielmehr von einer komplexen Interaktion zwischen individueller Konstitution und Biografie mit sozialstrukturellen Konstellationen und milieuspezifischen Sozialisationsbedingungen, die negative Auswirkungen auf Vulnerabilität und psychische Gesundheit haben. Auch in gesellschaftstheoretischer Perspektive wird das Thema des säkularen gesellschaftlichen Wandels und seines Einflusses auf Veränderungen und Zunahme psychischer Störungsformen und veränderter Vulnerabilitäten immer wieder thematisiert; mit Blick auf psychische Beeinträchtigungen durch die Arbeitswelt z. B. von Siegrist (2015) oder – mit Blick auf die allgemeine Zunahme von Depressionen – z. B. von Ehrenberg (2004).

2.2 Vernunft und Wahnsinn – von der Disziplinargesellschaft zur bio-politischen Gouvernementalität

An Prozessen der Herstellung von Normalität und Abweichung interessiert, haben klassische psychiatriekritische Schriften der 60er- und 70er-Jahre des 20. Jh. besonders die machtdurchsetzten Praktiken psychiatrischer Institutionen und die Bedeutungen psychiatrischer Zuschreibungen und Stigmatisierungen für das alltägliche Verständnis von Gesundheit und Krankheit und von Normalität und Abweichung rekonstruiert (Goffman, 1963, 1971; Scheff, 1973) sowie die Diskurse der Psychiatrie auch als exemplarisches Beispiel für gesellschaftliche Subjektivierungs- und Formierungsprozesse interpretiert (Foucault 2006a, b). Nicht zuletzt wurde die von der Psychiatrie medizinisch objektivierte Geisteskrankheit grund-

---

[3] In dem von Keupp herausgegeben Sammelband (1974) finden sich u. a. „klassische" Texte psychiatriesoziologischer Studien zur Sozialepidemiologie vor dem Hintergrund der Verursachungsfrage: z. B. von Hollingshead und Redlich oder von Faris und Dunham.

sätzlich als Ausdruck eines enggeführten und verabsolutierten Vernunftbegriffs im Zuge der Aufklärungsphilosophie analysiert und kritisiert.

In seiner breit angelegten historischen Studie *Wahnsinn und Gesellschaft* (1961/ dt. 1969) hat Michel Foucault gezeigt, wie sich im Rahmen der Aufklärung ein Rationalitätsverständnis durchgesetzt hat, das den „Wahnsinn" als existenzielle Erfahrung, als das „Andere der Vernunft", und damit die davon betroffenen Menschen zunehmend ausschließt ohne die im Wahnsinn aufscheinenden Erkenntnismomente und Widerständigkeiten auch als versteckte Kritik an den Zumutungen einer rein vernunftgeleiteten Gesellschaft wahrzunehmen. Auch wenn Foucaults von den sozialen Bewegungen der 60er-Jahre und einer radikalen Psychiatriekritik breit rezipierte Rekonstruktion aus historischer Sicht kritisiert wurde, bleibt aus soziologischer Sicht die Kritik eines gesellschaftlichen Diskurses relevant, der Erleben und Handeln zunehmend nach Kriterien einer rein zweckgerichteten schon von Max Horkheimer als „instrumentelle Vernunft" (1967) kritisierten Vereinseitigung beurteilt. In diesem Kontext haben sich Praktiken der Einsperrung und Disziplinierung entwickelt, die zu einem Machtzuwachs der Psychiatrie als Institution und über die Pathologisierung des Wahnsinns auch zu einer gesellschaftlich einflussreichen Wissensordnung geführt haben, die zusammen mit der Strafjustiz zur Formierung einer von einer horizontalen „Mikrophysik der Macht" (Foucault, 1972) durchzogenen Disziplinargesellschaft beiträgt. In späteren Arbeiten hat Foucault diese Perspektive um das Konzept der „Gouvernementalität" (Foucault, 2006a, b) erweitert; damit bezeichnet Foucault eine Perspektive, bei der unterschiedliche moderne Regierungstechniken wie Verwaltungsverfahren, Wissensformen und Taktiken die gesamte Bevölkerung zum Gegenstand nicht zuletzt von ökonomischer Rationalität geprägter bio-politischer Diskurse und Praktiken machen und damit das Spektrum dezentraler Macht- und Beeinflussungsformen erweitern; mit Blick auf eine Soziologie *der* Psychiatrie ist dieser theoretisch-konzeptionelle Perspektivenwechsel bedeutsam, weil er plausibilisieren kann, warum die Psychiatrie – auch wenn noch immer repressive Momente in ihrer Praxis vorhanden sind – eine Erweiterung ihrer krankheitszentrierten Praxis auf den Begriff *psychische Gesundheit* und entsprechende Früherkennungsprogramme und Präventionsstrategien vorgenommen hat (vgl. das nachfolgende Kapitel unseres Bandes) und damit Diskurse und Praktiken einer formierenden Bio-Politik zunehmend an gesellschaftlichem Einfluss gewinnen. Neuere soziologische Studien haben – auch wenn sie sich nicht immer direkt auf Foucault beziehen – die biopolitischen Strategien der Psychiatrie empirisch detailliert und theoretisch weiter ausdifferenziert; so hat etwa Nikolas Rose (2003) in seinem Aufsatz *Neurochemical Selves* auf die Ausweitung von Psychopharmaka von der reinen Krankenbehandlung zu ihrer alltäglichen Nutzung zur Selbstoptimierung verwiesen. Die gegenwärtig zu beobachtenden intensiven Strategien zur Früherkennung von „Risikogruppen" anhand psychiatrischer Indikatoren im Rahmen von Public Mental Health auf der einen und eher gesundheitspädagogisch ausgerichteter Public Mental Health-Programme mit salutogenetischen Konzepten zur Förderung von Resilienz psychisch vulnerabler Zielgruppen auf der anderen Seite (z. B. Sensibilisierungskampagnen), können als Bestätigung von Foucaults theoretischen Überlegungen zu einer gouvernementalen Bio- (Lemke, 2008) und Psychopolitik (Han, 2014) gelesen werden und stellen eine Herausforderung für weitergehende soziologische Forschung dar.

3 Zur soziologischen Kritik am psychiatrischen Krankheitsbegriff

In diesem Abschnitt wird die inzwischen kaum mehr überschaubare Literatur zur soziologischen Kritik am psychiatrischen Krankheitsbegriff – von Individualisierung, Medikalisierung, Essentialisierung über Fehleinschätzungen sozial abweichenden und irritierenden Verhaltens in der psychiatrischen Diagnostik und ihre mangelnde Validität, die Ausblendung sozialer Ursachen und Bedingungsfaktoren bis hin zur Nutzung als Instrument sozialer Kontrolle oder ihren Auswirkungen auf Selbstbild, Lebenssituation und Lebenswege der psychiatrisch diagnostizierten Personen nicht noch einmal dargestellt.[4] Aus soziologischer Perspektive geht es bei der Kritik am medizinischen Krankheitsmodell der Psychiatrie[5] auch nicht darum, reale Erfahrungen psychischen Leidens oder der Irritationen der konkreten Anderen und der Sozialwelt durch erwartungswidriges und „residual abweichendes Verhalten" (Scheff, 1973) auszublenden oder existenzielle Erfahrungen des „Aus der Welt-Fallens" zu negieren. In den soziologischen Analysen geht es vielmehr um die sozialen Konstruktionsprozesse von „psychischer Krankheit" seitens der Psychiatrie und deren gesellschaftliche Voraussetzungen und Folgen. Dabei stehen etwa folgende Fragen im Vordergrund: wie sozial folgenreiche Kategorisierungen wie „psychische Gesundheit", „psychische Krankheit" oder – um im

---

[4] Hierzu liegen eine Vielzahl von Publikationen vor (z. B. Conrad & Schneider, 1992; Horvitz, 2007; Groenemeyer, 2008), Sammelbände mit „klassischen" Texten (z. B. Keupp, 1972; ders. 1974; Grusky & Pollner, 1981) und Übersichtsartikel in Zeitschriften.
[5] Eine erste Übersicht für die deutsche Diskussion mit einschlägigen klassischen Beiträgen findet sich bei Keupp (1972).

heutigen Sprachgebrauch der Psychiatrie zu verbleiben – „psychische Störungen"[6] als soziale Konstruktionen institutionalisierter Akteure und Systeme zustande kommen, wie diagnostischen Zuschreibungen für praktische Zwecke der routineförmigen Bearbeitung der an die Psychiatrie delegierten „Problemfälle" genutzt werden oder in einer abstrakteren Perspektive, wie die Bilder „psychischer Krankheit/Störungen" als Bestandteile der psychiatrischen Wissensordnung gesellschaftlichen Einfluss und Akzeptanz gewinnen, welche Funktionen sie für das soziale Zusammenleben, für die Grenzziehung zwischen Normalität und Abweichung sowie für die Gesellschaft insgesamt erfüllen. Wie Conrad und Schneider (1992) herausstellen handelt es sich dabei um *„politics of definition"*, an denen neben Kontroversen innerhalb der psychiatrischen Disziplin und der Neurowissenschaften (Rose, 2004), konkurrierenden Ansprüchen anderer Disziplinen wie der klinischen Psychologie und Pädagogik auch die Pharmaindustrie (Frances, 2013) und nicht zuletzt auch die Gesundheitspolitik, aber auch Interessenvertretungen der Psychiatrieerfahrenen mitwirken. Soziologische Analysen thematisieren dabei unter anderem, wie von psychiatrischen Krankheits- und Störungskonstruktionen ausgehend eine fortschreitende (Selbst-)Psychiatrisierung und Therapeutisierung (von Kardorff, 2016) stattfindet, zu der zunehmend (sozial-)pädagogische Professionen (Harbusch i. d. Band) und nicht zuletzt die Sozialen Medien beitragen, die eine Diffusion psychiatrischer Konzepte in das Alltagsbewusstsein befördern (vgl. unseren vorstehenden Artikel *Die Gesellschaft der verletzten Seelen* i. d. Band).

In Detailstudien werden die dabei beobachteten Schritte und Kontroversen der „politics of definition" (Conrad & Schneider, 1992) der daran beteiligten Akteure wie wissenschaftliche Fachgesellschaften, Politik, Interessenverbände, Pharmaindustrie analysiert. Besonders intensiv haben soziologische Studien die Prozesse der Etikettierung menschlichen Erlebens, Fühlens, Denkens und Verhaltens als psychisch krank analysiert und deren Folgen für die konkret betroffenen Personen,

---

[6] In den 1980er-Jahren – mit dem Erscheinen der dritten Ausgabe des DSM – änderten sich nicht nur die Kategorien der Psychiatrie paradigmatisch, indem Bezüge zur Psychoanalyse aus den Diagnosemanualen entfernt wurden (vgl. auch: Geisthövel & Hitzer, 2019) und die Darstellung der Störungskategorien seither in einer nosologischen Struktur medizinischer Darstellungs- und Ordnungslogiken folgt. Soziologische Analysen nahmen dabei eine neue kritische Perspektive (etwa: Grusky & Pollner, 1981; Scull, 1989; Kirk & Kutchins, 1992, 1994) ein, die die bisherige eher machttheoretisch interessierte Debatte ausdifferenzierte und dabei sowohl wissenssoziologische Aspekte der gesellschaftlichen Auswirkungen der Veränderungen in der psychiatrischen Wissensordnung oder gesellschaftliche Einflüsse etwa auf Veränderungen in den Diagnosemanualen in den Blick nahmen, die Diffusion psychiatrischer Klassifikationen in pädagogische Felder und ihre dortige Verwendung thematisierten oder Zusammenhänge zwischen gesellschaftlichen Individualisierungsprozessen und der Nutzung psychiatrischer Populärsynthesen zur Selbstdefinition der Betroffenen analysieren.

wie Stigmatisierung, soziale Abstiegs- und Ausschlussprozesse („Krankheitskarrieren") und die Auswirkungen auf Familie, Alltagsleben und Beruf untersucht. In mikrosoziologischer Perspektive stehen die konkreten Aushandlungsprozesse über die Diagnose beim ärztlichen Gespräch mit den Patientinnen und Patienten im Mittelpunkt (vgl. etwa Hunter, 1991; Jutel, 2011). In einer abstrakteren gesellschaftstheoretischen Perspektive werden die Konsequenzen psychiatrischer Klassifikationen für die soziale Regulierung der Grenzen zwischen Normalität und behandlungsbedürftiger psychischer Auffälligkeiten und abweichender Verhaltensweisen untersucht.

3.1 Das Etikett Geisteskrankheit

Wie der Titel in der deutschen Übersetzung von Thomas J. Scheffs klassischer Studie *Das Etikett Geisteskrankheit* (1966/dt. 1973) andeutet, wird „Geisteskrankheit" in interaktionistischer Perspektive vorwiegend als Ergebnis von Etikettierungsprozessen auffälligen „residual" abweichenden Verhaltens im Alltag (*primäre Abweichung*) gesehen, die dann durch die Psychiatrie, die mit der juristischen und institutionellen Legitimation versehen ist, mit der jeweilige Krankheitsdiagnose (*sekundäre Abweichung*) bestätigt wird. Für Scheff stehen nicht die möglichen Ursachen (z. B. organisch bedingte, auf externe oder psychischen Stress zurückgehende, oder unwillkürliche Verhaltensäußerungen, etc.) des Verhaltens im Vordergrund, sondern die sozial konsentierte Interpretation der Regelverletzung durch das soziale Umfeld, die anschließend in das soziale Konstrukt „Geisteskrankheit"/„Mental Illness" transformiert wird. Scheffs zentrale These ist, dass dieser Zuschreibungsprozess entscheidend für den weiteren Weg der als psychisch krank etikettierten Person ist, die damit nicht nur zum oft lebenslangen Gegenstand informeller und formeller sozialer Kontrolle durch das machtvolle Einverständnis „der" Gesellschaft auf der einen und die spezifischen dieses Einverständnis bestätigende Kontrollregime der Psychiatrie auf der anderen Seite wird, sondern sich auch in einer Art „self-fulfilling-prophecy" auf das Selbstbild der Betroffenen auswirkt. Mit seiner prozessualen Sicht auf die konstituierenden und fortlaufend den Status „psychisch krank" bestätigten Labelling-Prozesse hat Scheff dazu beigetragen „psychische Störungen" als einen Sonderfall des durch die Etikettierung sozial hergestellten abweichendes Verhaltens darzustellen und sie damit aus einer essenzialistischen Eigenschaftszuschreibung zu befreien (vgl. Keupp, 1976; Dellwing, 2008). Damit sind seine Analysen sowohl an die soziologischen Studien zur Stigmatisierung (vgl. Goffman, 1963/dt. 1975; Link & Phelan, 2001) anschlussfähig als auch an soziologische Analysen der „Labeling-Theorie", bei denen sich

Strukturähnlichkeiten bei Etikettierungsprozessen und „Karriereverläufen" bei psychisch Kranken und Kriminellen zeigen.

4 Mesosoziologische Analysen

Hier finden sich im Anschluss an Goffmans bereits 1961 erschienene Studie *Asyle: Über die soziale Situation psychiatrischer Patienten und anderer Insassen* zu den organisationsbedingten Interaktionsprozessen in der „totalen Institution" der (damaligen) psychiatrischen Großanstalten[7] eine Vielzahl soziologischer Studien, die sich mit den Funktionen, Strukturen und Organisationsabläufen psychiatrischer Kliniken, mit Versorgungsstrukturen wie gemeindepsychiatrischen Verbünden, aber auch mit der Rolle und den Praktiken psychiatrischer und psychiatrienaher Professionen beschäftigen. So haben z. B. Harold Garfinkel und Egon Bittner (1967) in ihrer organisationssoziologischen Studie *„Good" Organizational Reasons for „Bad" Clinic Records* gezeigt, dass eine von außen betrachtet selektive und unvollständige Aktenführung in psychiatrischen Kliniken (und nicht nur dort: vgl. Wolff, 2021) den praktischen Anforderungen der internen Kommunikation des Klinikpersonals entspricht, diese stabilisiert und damit auch zur Herstellung einer routineförmigen Praxis beiträgt, in denen die spezifischen Belange der Patientinnen und Patienten keine oder nur eine untergeordnete Rolle spielen. Nach außen hin fungiert die Aktenführung jedoch als Legitimationsarbeit um Institution und professionelle Praxis (auch juristisch) unangreifbar zu machen.

4.1 Reformprozesse in einer gewachsenen Organisationsumwelt

Die auf einer 18-monatigen teilnehmenden Beobachtung beruhende Studie von Fengler und Fengler *Alltag in der Anstalt. Wenn Sozialpsychiatrie praktisch wird* (1980) in der Psychiatrischen Klinik Wunstorf, rekonstruiert den konzeptionellen, organisatorischen und personellen Reformprozess, der durch den damals neu

---

[7] Goffman hat in dieser Ende der 50er-Jahre an einer großen staatlichen psychiatrischen Klinik durchgeführten Studie u. a. die Statuspassagen von einer zwar auffälligen aber mit allen Rechten ausgestatteten Menschen zum seiner bürgerlichen Existenz beraubten „Insassen" rekonstruiert und deren Strategien zur Identitätsbewahrung angesichts von Entpersonalisierungs- und Degradierungzeremonien, die Aushandlungsprozesse zwischen Insassen und Personal sowie die Entwicklung der „moralischen" Patientenkarrieren analysiert.

berufenen reformorientierten Sozialpsychiater Asmus Finzen eingeleitet wurde. Die mit Hilfe eines ethnomethodologischen Zugangs analysierten Beobachtungen zu den komplexen und konfliktreichen Um- und Neuorganisationsprozessen, zeigen anhand zentraler Aufgaben und Herausforderungen im Klinikalltag, wie alte „bewährte" Routinen in neue Abläufe transformiert werden und welche mühevollen und emotional kraftraubenden Konflikte zwischen „altem" und „neuem" Personal, aber auch welche durch die Umorganisation neu entstandenen Probleme in einer Vielzahl von Teamsitzungen des therapeutischen Personals, vor allem aber auch anhand konkreter Alltagssituationen, auf dem Gang, im Pflegestützpunkt, im Personalwohnheim etc. bearbeitet werden müssen. Dabei fokussieren die Forscherin und der Forscher auf Themen wie die Gewährleistung von Sicherheit und geordneten und koordinierten Abläufen, Kontrollpraktiken im Kontakt mit Patientinnen und Patienten, die als Fürsorge getarnt erscheinen; sie greifen „Entschärfungspraktiken" (z. B. Fixierung, Zwangsmedikation) auf, die in Situationen, die als Fremd- und Selbstgefährdung eingeschätzt wurden, angewandt wurden oder analysieren therapeutische Strategien, mit denen etwa zwangseingelieferte Patientinnen und Patienten ohne Zwang zur „Krankheitseinsicht" gebracht werden wurden oder die Prozesse der Herstellung vom gesamten Behandlungsteam konsentierter therapeutischer Prinzipien und Handlungsmaximen. Diese für die deutsche Psychiatriesoziologie exemplarische Studie steht für die Prozesse der Herstellung und Veränderung in einer Organisation in der das Zusammenspiel zwischen organisatorischen Rahmenbedingungen (räumliche, Anordnungen, gesetzliche Vorgaben, Arbeitsbedingungen) und den handelnden Personen (Pflegepersonal, Sozialdienst, ärztliches und psychologisches Fachpersonal) beispielhaft beleuchtet wird.

4.2 Konsequenzen der Öffnung der Psychiatrischen Kliniken und ihre sozialpolitischen Hintergründe

Andrew Sculls 1977 (dt. 1980) erschienene Analyse zur Öffnung der psychiatrischen Kliniken in den USA zeigt, dass sie in der Praxis weniger einer humanistischen Kritik an den vielfach beschriebenen menschenunwürdigen Zuständen in den großen psychiatrischen Anstalten folgt, als vielmehr einem ökonomischen Kalkül. Zwar richtete sich der 1963 verabschiedete *Community Mental Health Act* auf eine humanere und wohnortnahe Versorgung der psychiatrischen Patientinnen und Patienten, war aber nicht mit ausreichenden finanziellen und personellen Ressourcen unterlegt, sodass viele der Entlassenen in Armut, vernachlässigt und unversorgt auf der Straße leben mussten und von der Polizei drangsaliert wurden. Vielmehr, so Scull, war die Deinstitutionalisierung von Kosteneinsparungen getrieben, eine Entwicklung, die auch in anderen gesellschaftlichen Bereichen, insbesondere in den 70er-Jahren etwa in Kaliforniern durch den damaligen Gouverneur Ronald Reagan durch Deregulierung, Privatisierung und den Abbau sozialstaatlicher Leistungen bestimmt war. In diesem Prozess zeigte sich auch eine Veränderung im Modus der sozialen Kontrolle: anstelle einer Einsperrung ist es zu einer neuen Form der Überwachung durch die lokalen Behörden und die Polizei gekommen, sodass das auffällige Verhalten vulnerabler Menschen und ehemaliger Psychiatriepatientinnen und Psychiatriepatienten, die vielfach als Obdachlose auf der Straße leben mussten, auch immer wieder kriminalisiert wurde, weil ausreichende ambulante Strukturen nicht vorhanden waren. Sculls Analysen haben den Blick dafür geschärft, institutionelle Veränderungen psychiatrischer Versorgungsarrangements nicht nur als Ergebnis interner Reformbemühungen innerhalb der Psychiatrie oder als Reaktion auf zivilgesellschaftliche Kritik etwa durch Psychiatrieerfahrene zu sehen, sondern auch als Ergebnis übergreifender politischer und ökonomischer Entwicklungen.

5 Mikrosoziologische Perspektiven

In diesem Abschnitt werden einige aus unserer Sicht exemplarische mikrosoziologische Beiträge dargestellt, in denen z. B. die verallgemeinerbaren Mechanismen der sozial gerahmten individuellen Konstruktionsprozesse und der subjektiven Deutungen psychischer Ver-Störungen und Störungen ethnografisch rekonstruiert und die sozialen Bedingungen und Interaktionsprozesse in situierten Kontexten analysiert werden, die mit dem psychischen Leiden und den alltagsweltlichen wie disziplinären Zuschreibungen, mit Diskriminierung und Barrieren bei der Bewältigung des Lebens mit psychischen Beeinträchtigungen verbunden sind. Eine weitere hier kurz referierte Perspektive mikrosoziologischer Analysen sind narrative Rekonstruktionen subjektiver Berichte über die Erfahrungen mit psychischer Krankheit im Alltag, Familienleben und im Beruf sowie mit dem psychiatrischen Versorgungssystem.

5.1 Interaktionsprozesse

Inzwischen klassische Studien haben, wie die bereits erwähnte Untersuchung von Erving Goffman zu den Auswirkungen der Organisationslogiken „totaler Institutionen" – wie sie sich heute immer noch in großen Heimen der Alten- und Behindertenhilfe finden (vgl. Koch-Straube, 2002) – auf Erleben und Identität und die aktiven informellen Strategien der Patientinnen und Patienten rekonstruiert, mit denen sie ihre Identität und Würde in asymmetrischen Kontexten zu bewahren versuchen (Goffman (1961/dt. 1973)). In seinen Analysen zum „Stigma" in informellen alltäglichen Situationen wiederum hat Goffman die durch Stigmatisierungsprozesse beschädigte Identität (Goffman, 1963/dt. 1975) und ihre Folgen für soziale Ausschließungsprozesse zum Thema gemacht und damit die oft bei soziologischen Studien monierte Verbindung zwischen Strukturanalyse und den Situationen hergestellt, die konkrete Verhaltensmuster erzwingen aber auch zu individuellen Ausweichstrategien und Widerstandsformen führen.

5.1.1 Das Stigma psychische Krankheit

In seinem bis heue maßgeblichen Werk *„Stigma – Über Techniken der Bewältigung beschädigter Identität"* hat Erving Goffman (1963/dt. 1975) die Anlässe und Mechanismen der Stigmatisierung von Menschen mit sozial negativ bewerteten „diskreditierten", vor allem sichtbaren, Behinderungen und mit unsichtbaren, „diskreditierbaren" Beeinträchtigungen, zu denen psychischen Erkrankungen gehören, untersucht und dabei die identitätssichernden Reaktionen auf Stigmatisierung in sozialen Situationen analysiert. Dabei zeigt er, auf welcher Grundlage und mit welchen „Techniken" in alltäglichen Situationen Prozesse der Stigmatisierung erfolgen, wie die betroffene Menschen durch eigenes Handeln („Stigmamanagement") darauf reagieren (können) und ihre Ich-Identität im Spannungsfeld zwischen den von ihnen verinnerlichten sozialen Erwartungen (virtual social identity) und ihrer von den anderen in Interaktionen wahrgenommenen sozialen Identität (actual social identity) auf der einen und ihrem Selbstbild mit den unverwechselbaren persönlichen Eigenschaften (personal identity) beständig balancieren und zu einer Neupositionierung gelangen müssen.

Zunächst geht Goffman davon aus, dass einer Person ein Stigma zugeschrieben wird, wenn sie „in unerwünschter Weise anders [ist], als wir es antizipiert hatten: (…) Uns und diejenigen, die von den jeweils in Frage kommenden Erwartungen nicht negativ abweichen, werde ich die *Normalen* nennen" (Goffman, 1975, S. 13, Herv. i. Orig.).[8] Ein Stigma wird damit nicht als Wesensmerkmal einer Person oder Gruppe bestimmt, auch wenn es im Alltag meist so verwendet wird, sondern als Verhältnis, das die Abweichung im Verhalten, im Aussehen und den ausgedrückten Emotionen von mehrheitlich geteilten Überzeugungen, gemeinsamen Erfahrungen und der Definitionsmacht gesellschaftlich legitimierter Institutionen und Profes-

---

[8] Der folgende Text orientiert sich an von Kardorff (2022). Stigma/Stigmatisierung, IN Hedderich, Biewer, Hollenweger & Markowetz (Hrsg.) *Handbuch Inklusion und Sonderpädagogik* (zweite Aufl., S. 419–424). Klinkhardt.

sionen markiert. Stigmatisierung ist damit das Ergebnis einer im kollektiven sozialen Gedächtnis gespeicherten und im Verlauf sozialen Wandels erzeugten gesellschaftlichen Konstruktion. Die von der Psychiatrie vergebene stigmatisierende Diagnose „psychische Krankheit" stellt dabei die institutionell anerkannte Kategorisierung dar, die die soziale Differenz zwischen „gesund" und „krank", „fähig" und „behindert", „normal" und „verrückt", usw. auf einer moralischen Skala von gesellschaftlicher Akzeptanz bis Ablehnung benennt. Derartige Klassifikationen beruhen auf „zwei grundlegenden Formen der Identifikation [...]: die kategoriale, durch die das andere Individuum einer oder mehreren sozialen Kategorien zugeordnet wird, und die individuelle, die das beobachtete Individuum mit einer einmaligen Identität ausstattet" (Goffman, 1994, S. 52). Letzteres bezieht sich auf die personale Identität, die die unverwechselbaren Merkmale einer Person kennzeichnen, die als „Identitätsaufhänger" (vgl. Goffmann, 1975, S. 74 ff.) fungieren, zu dem das zugewiesene Stigma hinzutritt: die damit bei anderen ausgelösten Assoziationen wickeln sich im Zeitverlauf „wie Zuckerwatte" (ebd., 1975, S. 74) um die stigmatisierte Person. Sie erhält damit einen Master-Status, unter dem sie fortan in allen Lebensäußerungen gesehen und bewertet wird. Dies zwingt sie zu einer beständigen, nach innen wie nach außen gerichteten, nach Situation, Kontext und gesellschaftlichem (Mentalitäts-)Wandel variierenden Anpassung an Anforderungen zur Selbstpositionierung den konkreten Anderen und „der" Gesellschaft gegenüber. Durch Informationskontrolle und Strategien des Stigmamanagements wie Kuvrieren, Ironisieren, offensiver Umgang, Übernahme der zugewiesenen Rolle, Widerstand, Rückzug usw. können die Stigmatisierten ihre Wahrnehmung durch andere beeinflussen (vgl. Goffman, 1975). Sie sind damit nicht nur „Opfer" der Stigmatisierung, sondern in begrenztem Umfang auch Gestalter und Gestalterinnen ihrer Lebenssituation, allerdings in einer strukturell asymmetrischen Situation. Zur Teilhabe an der Gesellschaft müssen sich dabei oft von Goffman so genannter „Weiser" bedienen, die als Mittler zwischen den Sonderwelten des psychiatrischen Systems und der „Szene" der Psychiatrieerfahrenen auf der einen und der normalen Alltagswelt fungieren. Das im Stigmamanagement sichtbar werdende Bemühen, im sozialen Kontakt als „normal" durchzugehen („passing as normal") ist auch eine Reaktion darauf, dass die durch Ausschließung und Diskriminierung verbundene (Angst vor der) Stigmatisierung mit der stillschweigenden Zustimmung der Mehrheit rechnen kann. Viele an Goffman anschließende Studien, die die mit dem Stigma „psychische Krankheit" verbundenen abwärts gerichteten Patientenkarrieren untersucht haben, zeigen, dass die Krankheitszuschreibung nicht nur Pfade zu Behandlungen eröffnet, sondern immer auch mit sozialen Urteilen verbunden ist, die zu Diskriminierung und sozialem Ausschluss führen (Link & Phelan, 2001).

5.1.2 Zur schrittweisen Zuschreibung psychischer Krankheit im Alltag und den retrospektiven Rechtfertigungsnarrativen für sozialen Ausschluss

In ihrer Studie hat Dorothy E. Smith (1976) aus Gesprächsprotokollen von Studentinnen einer Wohngemeinschaft die retrospektiven Deutungen einer nachträglich bekanntgewordenen psychiatrischen Diagnose einer Mitbewohnerin mit „merkwürdigen" Verhaltensweisen nachgezeichnet und damit das Entstehen „primärer Devianz" (Lemert, 1951) für psychisch auffällig gewordene Menschen. Smith zeigt, in welcher Weise Konflikte wie sie in jeder Wohngemeinschaft vorkommen – etwa, dass die Mitbewohnerin das Bad trotz mehrfacher Mahnungen nicht sauber hinterlässt –, bei einem Sommerausflug bei großer Hitze im Pool ausdauernd und, wie es retrospektiv berichtet wird, verbissen schwimmt, anstatt wie ihre Freundinnen einfach „abzuhängen" oder bei sozialen Zusammenkünften manchmal ohne erkennbaren Grund weint, als Irritationen und situationsunangemessen bewertet werden. Für dieses Verhalten wird zunächst nach alltäglichen Erklärungen gesucht, um den Fortgang des gemeinsamen Zusammenlebens zu gewährleisten; das wiederholte Auftreten von Konflikten, erwartungswidrigem Verhalten und sozialen Unstimmigkeiten führt dann schrittweise zum sozialen Ausschluss und zur Hypothese einer psychischen Störung bei der Mitbewohnerin. Nachdem bekannt wird, dass sie Psychotherapie in Anspruch nimmt und psychiatrisch behandelt wird, wird der zunächst mit etwas schlechtem Gewissen erfolgte soziale Ausschluss durch selbstwertdienliche, die Gruppenkohäsion festigende und die gemeinsam geteilten Normvorstellungen und Erwartungsmuster bestätigende „Narrative" nachträglich gerechtfertigt. Der exemplarische Charakter der Studie liegt darin, dass Smith anhand einer detaillierten Textanalyse zeigen kann, wie wiederholt erwartungswidriges Verhalten von den Alltagshandelnden im Rahmen des institutionell verankerten psychiatrischen Deutungsmodells verortet wird und mit dem Wissen über die Delegation der „Problempersönlichkeit" an die Psychiatrie die Vermutung einer psychischen Störung zum Faktum hypostasiert wird. Diese Hypostasierung lässt sich bis in die aktuellen Programme zur Verbesserung der „Mental Health Literacy" fortschreiben (Wei et al., 2015).

Harold Garfinkel hat in seiner ethnomethodologischen Studie über die Geschlechtsumwandlung der transsexuellen Person „Agnes" (1967) vom Mann zur Frau die Interaktionsarbeit und Lernprozesse beim Statuswechsel in der Auseinandersetzung mit dominanten Geschlechterrollenstereotypen herausgearbeitet. Im Mittelpunkt der Studie stehen hier die komplexen Aushandlungs- und wechselseitigen Deutungsprozesse im Spannungsfeld normativer Erwartungen.

5.2 Biografische Verläufe

Mikrosoziologische Analysen zu den biografischen Bearbeitungsmustern im Leben mit chronischen Krankheiten und psychischen Störungen bilden eine eigenständige Säule medizin- und psychiatriesoziologischer Forschung (z. B. Corbin & Strauss, 2004; Charmaz, 1991; Riemann, 1987). Die Mehrzahl der Studien orientiert sich am Symbolischen Interaktionismus und der Grounded Theory (Glaser & Strauss 1967/dt. 1998; Strauss, 1991), einige akzentuieren eher die phänomenologische Tradition und einige sind mit ethnografischen Beobachtungen verknüpft (z. B. Hildenbrand, 1983) oder bedienen sich in neuerer Zeit zusätzlich autoethnografischer Zugänge (Fixsen, 2021).[9]

In den erwähnten Untersuchungen stehen die erzählten subjektiven Deutungen der biografischen Ereignisse, die in die Psychiatrie geführt haben, der Statuswechsel in die Krankenrolle, Akzeptanz und Umgang mit den Symptomen, die Bewältigung privater und beruflicher Neuarrangements und Handlungsentwürfe im Leben mit der Krankheit und den damit verbundenen Beschwernissen im Vordergrund; vereinzelt finden sich auch autoethnografische Studien. Neben den für die (sozial-)psychiatrische, psychologische und sozialpädagogische Praxis relevanten Erkenntnissen biografisch narrativer Analysen, liefern diese Studien grundlegende soziologische Einsichten zu den „Arbeitsbögen", die chronisch Kranke bei der Bewältigung chronischer Krankheit bewältigen müssen, wie Biografie-, Krankheits- und Alltagsarbeit, damit ein Weiterleben mit der Krankheit gelingen kann. Aus der Rekonstruktion der narrativen Identität gewinnen soziologische Analysen Erkenntnisse zum Zusammenspiel zwischen psychischen Belastungen und Krisen und den strukturellen Bedingungen der Lebenslage, der jeweiligen Milieus, der sozialen Einbindung, etc. in der jeweiligen Lebensphase in der sich die Betroffenen während des Krankheitsverlaufs befinden; in einigen Studien werden darüber hinaus ausdrücklich geschlechtsrollentypische Diskriminierungen thematisiert, die von der psychiatrischen Wissensordnung teils erzeugt, teils unkritisch aus gesellschaftlichen Geschlechterrollensterotypen und damit verbundenen Verhaltenserwartungen übernommen werden (z. B. Lunbeck, 1994; Busfield, 1996).

5.2.1 Alltag und Krankheit – Ethnografie einer Familie

Bruno Hildenbrand (1991) analysiert in seiner mehrjährigen ethnografischen Studie *Alltag und Krankheit. Ethnografie einer Familie* das Aufwachsen und die bio-

---

[9] So gilt das Werk des körperbehinderten Soziologen Irving K. Zola *Missing Pieces. A Chronicle of Living with a Disability* (1982) als Klassiker der autoethnografischen Forschung und zugleich als Gründungsdokument der Disability Studies.

grafische Verlaufskurve eines jungen als schizophren diagnostizierten Mannes, der auch immer wieder depressiven Episoden hat – seine Mutter spricht davon, dass ihr sensibler Sohn unter „Menschenschwermut" leide. Dabei kann Hildenbrand herausarbeiten in welcher Weise eine spezifische Familienkonstellation (Aufwachsen in einer Gastwirtschaft in einem Familienmilieu mit widersprüchlicher Innen- und Außenorientierung) dazu führt, dass dem in der Studie „Alfred" genannten jungen Mann eine eigenständige Entwicklung und Ablösung vom Elternhaus misslingt. Anders als seiner älteren Schwester, die sich durch die Heirat des Dorfpastors anders als ihr Bruder und seine Eltern (Geflüchtete aus den früheren Ostgebieten nach dem 2. Weltkrieg) in den Ort integrieren kann, schwankt „Alfred" zwischen seinem Wunsch nach Eigenständigkeit und dem Bedürfnis nach dem Schutz in der Familie: *„Wenn ich zu Hause bin, will ich weg und wenn ich weg bin, will ich nach Hause"*. Als Jugendlicher hat „Alfred" nur wenige und instabile Freundesbeziehungen, die er nicht an seinem Wohnort, sondern am Gymnasium in der benachbarten Kleinstadt findet. Wenn er einmal bei einem seiner Freunde übernachtet, sehnt er sich wieder nach der vertrauten Umgebung zu Hause. Seine gesamte Jugendzeit ist immer wieder von Krankenhausaufenthalten in der Psychiatrie unterbrochen. Nach dem Abitur nimmt er ein Studium der Sozialpädagogik auf, welches er krankheitsbedingt nicht zu Ende führen kann.

Soziologisch bedeutsam ist diese Studie deshalb, weil Hildebrand familienbiografische Hintergründe mit Einzel- und Familiengesprächen, Beobachtungen der Familiendynamik und mit sozialräumlichen Gegebenheiten verknüpft[10] und in weiteren Studien (z. B. Hildenbrand, 1991) zu einer *„Klinischen Soziologie"* (Hildenbrand, 2019, 2000) ausgearbeitet hat, in deren Mittelpunkt die kontextualisierte Fallbearbeitung steht. Dabei werden unter anderem mit Hilfe von Genogrammen über drei Generationen hinweg (Hildenbrand, 2018) erhobene intergenerational weitergegebene Handlungs- und Entscheidungsmuster im Zusammenspiel mit milieuspezifischen Bedingungen analysiert, die psychische Vulnerabilitäten aufrechterhalten und den Umgang mit den psychiatrisch diagnostizierten Irritationen und Beeinträchtigungen in einem erweiterten sozialen Zusammenhang verstehbar machen.

---

[10] So hat „Alfreds" Familie ein Wohnhaus an der Peripherie des Dorfs gewählt, was den Status des fremden Zugezogenen symbolisiert. Mit dieser Beobachtung verweist Hildenbrand zugleich auf die Bedeutung sozialräumlicher Konstellationen als Indikatoren für den psychisch bedeutsamen Grad sozialer Einbindung.

6 Fazit

Auch heute haben viele der zentralen Argumente der klassischen soziologischen Analyse und Kritik der Psychiatrie weiterhin Bestand. Denn sie untermauern die nach wie vor aktuelle Perspektive, dass sich biologistisch orientierte Zuschreibungen einer psychischen Störung für soziale Situationen besonders dadurch auszeichnen, dass sie als Objektivierung, als Naturalisierung und als Individualisierung – und damit als Ent-Kontextualisierung – sozialer Probleme auffällt (vgl. Harbusch, 2019, S. 197 f.). Durch eine psychiatrische Diagnose werden Ursachen von sozialen und sozial (mit-)bedingten Störungen in individuellem Verhalten systematisch übersehen und durch die medizinische Krankeitszuschreibung individualisiert, (scheinbar) naturwissenschaftlich objektiviert, die Symptome medikalisiert. Der Kontext selbst, in dem die Bewertung der Situation als gestört erst aufkommt, bleibt mit dieser Individualisierung unhinterfragt, wird in seinen normativen wie machtvollen Strukturen verteidigt und tritt als interessengeleiteter, organisationspolitisch interessierter, monetär abhängiger Kontext in den Hintergrund. Im Zentrum der soziologischen Kritik an psychiatrischen Deutungen sozialer Probleme bleibt der Vorwurf der Simplifizierung der sozialen Welt und des psychiatrischen Schweigens über die tiefe Verwurzelung sozialer Konstruktionen psychischer Störungen in der Sozialwelt. Soziale Normierungen und der jeweils vorgefundene Normalismus (Link, 1997), und nicht neurobiologisch nachweisbare Erkenntnisse, bilden die Anhaltspunkte für immer neue Krankheitszuschreibungen. Dabei scheint die Psychiatrie – auch wenn es hierzu aus dem Fach selbst Warnungen vor einer Ausweitung von Diagnosen auf Probleme der Alltagsbewältigung gibt – oft unkritisch gesellschaftlichen Anforderungen nachzukommen und trägt damit dazu bei, auch politische Auseinandersetzungen etwa über Arbeitsbedingungen, soziale Konflikte oder die Bedeutung veränderter Lebensformen stillzustellen oder bislang als normal wahrgenommene psychische Irritationen als behandlungsbedürftig zu dramatisieren, wie man etwa an der inflationären Verwendung des Begriffs der posttraumatischen Belastungsstörung sehen kann. Vor diesem Hintergrund trägt eine kritische soziologische Analyse der psychiatrischen Wissensordnung und ihrer institutionellen Organisation, ihrer professionellen Praktiken und ihrer Verflechtungen mit den Interessen der Pharmaindustrie nach wie vor zu einer bedeutsamen, notwendigen und hoch aktuellen Korrektur und zur gesellschaftlichen Re-Kontextualisierung residualer Abweichung bei.

Literatur

Aneshensel, C. S., Phelan, J. C., & Bierman, A. (Hrsg.). (2013). *Handbook of the Sociology of Mental Health* (second edition). Springer.

Angermeyer, M. C., Kluge, H., Riedel-Heller, S. G., & Roick, C. (2015). Sozialpsychiatrie ohne Soziologie. Ergebnisse einer Zeitschriftenanalyse. *Psychiatrische Praxis, 31*(8), 420–424.

Avison, W. R., McLeod, J. D., & Pescosolido, B. A. (Hrsg.). (2007). *Mental health, social mirror*. Springer.

Bähr, A. (2019). Historische Gefühlskulturen. In H. Kapellhoff, J. H. Bakels, H. Lehmann, & C. Schmitt (Hrsg.), *Emotionen. Ein interdisziplinäres Handbuch* (S. 299–311). J.B. Metzler.

Blasius, D. (1980). *Der verwaltete Wahnsinn. Eine Sozialgeschichte des Irrenhauses.* Fischer.

Bowker, G. C., & Leigh Star, S. (2000). *Sorting things out: Classification and its consequences*. MIT-Press.

Busfield, J. (1996). *Men, women, and madness: Understanding gender and mental disorder.* New York University Press.

Charmaz, K. (1991). *Good days, bad days: The self in chronic illness and time.* Rutgers University Press.

Cohen, B. M. (Hrsg.). (2018). *Routledge international handbook of critical mental health.* Routledge.

Conrad, P., & Schneider, J. W. (1992). *Deviance and Medicalization: From Badness to Sickness.* Temple Univ. Press.

Corbin, J., & Strauss, A. L. (2004). *Weiterleben lernen. Verlauf und Bewältigung chronischer Krankheit.* Huber.

Dellwing, M. (2008). Geisteskrankheit als hartnäckige Aushandlungsniederlage. *Soziale Probleme, 19*(2), 150–171.

Dörner, K. (1975). *Bürger und Irre. Zur Sozialgeschichte und Wissenschaftssoziologie der Psychiatrie.* Fischer.

Durkheim, E. (1895/dt. 1961). *Die Regeln der soziologischen Methode.* Luchterhand.

Durkheim, E. (1897/dt. 1983). *Der Selbstmord.* Suhrkamp.

Ehrenberg, A. (2004). *Das erschöpfte Selbst. Depression und Gesellschaft in der Gegenwart.* Campus.

Elliott, M. (Hrsg.). (2022). *Research handbook on society and mental health.* Elgar Publishing.

Fengler, C., & Fengler, T. (1980). *Alltag in der Anstalt. Wenn Sozialpsychiatrie praktisch wird.* Psychiatrie-Verlag.

Finzen, A. (2010). *Psychiatrie und Soziologie. Eine Einladung.* http://finzen.de/pdf-dateien/soziologie.pdf. Zugegriffen am 23.03.2024.

Fixsen, A. (2021). „Communitas in Crisis": An Autoethnography of Psychosis Under Lockdown. In *Qualitative Health Research, 31*(12), 2340–2350.

Foucault, M. (1961/dt. 1969). *Wahnsinn und Gesellschaft.* Suhrkamp.

Foucault, M. (1972). *Mikrophysik der Macht. Über Strafjustiz, Psychiatrie und Medizin.* Merve.

Foucault, M. (2006a). *Sicherheit, Territorium, Bevölkerung. Geschichte der Gouvernementalität* (Bd. I). Suhrkamp.

Foucault, M. (2006b). *Die Geburt der Biopolitik. Geschichte der Gouvernementalität* (Bd. 2). Suhrkamp.

Frances, A. (2013). *Normal. Gegen die Inflation psychiatrischer Diagnosen.* DuMont.

Garfinkel, H., & Bittner, E. (1967). ‚Good' organizational reasons for ‚Bad' clinic records. In H. Garfinkel (Hrsg.), *Studies in ethnomethodology* (S. 186–207). Prentice-Hall.

Geisthövel, A., & Hitzer, B. (Hrsg.). (2019). *Auf der Suche nach einer anderen Medizin. Psychosomatik im 20. Jh.* Suhrkamp.

Glaser, B. G., & Strauss, A.L. (1967/dt. 1998). *Grounded Theory. Strategien qualitativer Forschung.* Huber.

Goffman, E. (1961/dt. 1973). *Asyle. Über die Situation psychiatrischer Patienten und anderer Insassen.* Suhrkamp.

Goffman, E. (1963/dt. 1975). *Stigma. Über Techniken der Bewältigung beschädigter Identität.* Suhrkamp.

Goffman, E. (1967/dt. 1971). *Interaktionsrituale. Über Verhalten in direkter Kommunikation.* Suhrkamp.

Goffman, E. (1981/dt. 1994). Die Interaktionsordnung. In E. Goffman (Hrsg.), *Interaktion und Geschlecht.* (S. 50–104). Suhrkamp.

Groenemeyer, A. (2008). Eine schwierige Beziehung: psychische Störungen als Thema soziologischer Analysen. In *Soziale Probleme, 19*(2), 113–134.

Grusky, O., & Pollner, M. (1981). *The sociology of mental Illness. Basic studies.* Holt/Rinehart & Winston.

Han, B. C. (2014). *Psychopolitik. Neoliberalismus und die neuen Machttechniken.* S. Fischer.

Harbusch, M. (2019). Die Diagnose als Hybrid. Drei Formen der Entzauberung und die (Re-)Kontextualisierung psychischer Störungen. In M. Dellwing & M. Harbusch (Hrsg.), *Pathologisierte Gesellschaft? Beiheft zum Kriminologischen Journal* (S. 197–227). Beltz Juventa.

Herzlich, C. (1973). *Health and illness. A social psychological analysis.* Academic Press.

Hildenbrand, B. (1983). *Alltag und Krankheit. Ethnographie einer Familie.* Klett-Cotta.

Hildenbrand, B. (1991). *Alltag als Therapie. Ablöseprozesse Schizophrener in der psychiatrischen Übergangseinrichtung.* Huber.

Hildenbrand, B. (2000). Psychiatrische Soziologie als Klinische Soziologie – ein Erfahrungsbericht. https://www.ssoar.info/ssoar/handle/document/21945. Zugegriffen am 24.01.2025.

Hildenbrand, B. (2018). *Genogrammarbeit für Fortgeschrittene. Vom Vorgegebenen zum Aufgegebenen.* Car-Auer-Verlag.

Hildenbrand, B. (2019). *Klinische Soziologie. Ein Ansatz für absurde Helden und Helden des Absurden* (2. Aufl.). Springer-VS.

Horkheimer, M. (1967). *Zur Kritik der instrumentellen Vernunft.* S. Fischer.

Horvitz, A. V. (2007). Distinguishing distress from disorder as psychological outcomes of stressful social arrangements. *Health, 11*(3), 273–289.

Hunter, K. M. (1991). *Doctors' stories: The narrative structure of medical knowledge.* Princeton University Press.

Jahoda, M., Lazarsfeld, P., & Zeisel, H. (1932/1973, orig.). *Die Arbeitslosen von Marienthal. Ein soziographischer Versuch über die Wirkungen langandauernder Arbeitslosigkeit.* Suhrkamp.

Jutel, A. (2011). *Putting a name to it. Diagnosis in contemporary society.* John Hopkins University Press.
von Kardorff, E. (2016). Zur Transformation der Therapeutisierung und Psychiatrisierung des gesellschaftlichen Alltags: auf dem Weg der (nicht ganz) freiwilligen Selbstoptimierung. In R. Anhorn & M. Balzereit (Hrsg.), *Handbuch Therapeutisierung und Soziale Arbeit* (S. 263–298). Springer VS.
von Kardorff, E. (2022). Stigma/Stigmatisierung. In Hedderich, Biewer, Hollenweger & Markowetz, (Hrsg.), *Handbuch Inklusionnund Sonderprädagogik* (2. Aufl., S. 419–424). Klinkhardt-Verlag.
Keupp, H. (Hrsg.). (1972). *Der Krankheitsmythos in der Psychopathologie Darstellung einer Kontroverse.* Urban & Schwarzenberg.
Keupp, H. (Hrsg.). (1974). *Verhaltensstörungen und Sozialstruktur. Epidemiologie: Empirie, Theorie, Praxis.* Urban & Schwarzenberg.
Keupp, H. (1976). *Abweichung und Alltagsroutine. Die Labeling-Perspektive in Theorie und Praxis.* Hoffmann & Kampe.
Keupp, H., & Zaumseil, M. (Hrsg.). (1978). *Die gesellschaftliche Organisierung psychischen Leidens.* Suhrkamp.
Kilian, R. (2017). Zum Verhältnis von Soziologie und Psychiatrie – revisited. *Sozialpsychiatrische Informationen, 47*(2), 71–79.
Kirk, S. A., & Kutchins, H. (1992). *The selling of DSM: The rhetoric of science in psychiatry.* Aldine De Gruyter.
Kirk, S. A., & Kutchins, H. (1994). The myth of the reliability of DSM. *Journal of Mind and Behavior, 15*(1-2), 71–86.
Koch-Straube, U. (2002). *Fremde Welt Pflegeheim. Eine ethnologische Studie* (3. Aufl.). Hogrefe.
Köhler, E. (1977). *Arme und Irre. Die liberale Fürsorgepolitik des Bürgertums.* Wagenbach.
Leimkühler-Möller, A. (2015). Soziologische und sozialpsychologische Aspekte psychischer Erkrankungen. In H.-J. Möller, G. Laux, & H.-P. Kapfhammer (Hrsg.), *Psychiatrie, Psychosomatik, Psychotherapie* (S. 1–32). Springer-Medizin.
Lemert, E. (1951). *Social pathology. A systematic approach to the theory of sociopathic behavior.* McGraw Hill.
Lemke, Th. (2008). *Gouvernementalität und Biopolitik* (2. Aufl.). Springer VS.
Link, J. (1997). *Versuch über den Normalismus. Wie Normalität produziert wird.* Vandenhoek & Rupprecht.
Link, B. C., & Phelan, J. C. (2001). Conceptualizing stigma. *Annual Review of Sociology, 27*, 363–385.
Lunbeck, E. (1994). *The psychiatric persuasion: Knowledge, gender, and power in modern America.* Princeton University Press.
Morall, P. (2020). *Insane society: A sociology of mental health.* Routledge.
Pilgrim, A. E., & Rogers, D. (2005). Psychiatrists as social engineers: a study of an antistigma campaign. In *Social Science and Medicine, 61*(12), 2546–2556.
Richter, D., & Katschnig. (2015). Sociology and Psychiatry. In J. D. Wright (Hrsg.), *International Encyclopedia of the Social & Behavioral Sciences, 25*, 974–978. Elsevier.
Riemann, G. (1987). *Das Fremdwerden der eigenen Biographie: narrative Interviews mit psychiatrischen Patienten.* Fink.

Rogers, D., & Pilgrim, A. (2021). *A sociology of mental health and illness* (6. Aufl.). McGraw Hill.
Rose, N. (1985). *The Psychological Complex. Psychology, Politics and Society in England 1869–1939*. Routledge.
Rose, N. (2003). Neurochemical selves. *Society, 41*, 46–59.
Rose, N. (2004). Becoming Neurochemical Selves. In N. Stehr (Hrsg.), *Biotechnology, Commerce and Civil Society*. Transaction Press.
Rose, N. (2018). *Our Psychiatric Future*. John Wiley & Sons.
Scheff, T. J. (1973). *Das Etikett „Geisteskrankheit". Soziale Interaktion und psychische Störung*. S. Fischer.
Schoon, I., Sacker, A., & Bartley, M. (2003). Socio-economic adversity and psychosocial adjustment: A developmental-contextual perspective. *Social Science and Medicine, 57*, 1001–1015.
Scull, A. (1980). *Die Anstalten öffnen? Decarceration der Irren und Häftlinge*. Campus.
Scull, A. T. (1989). *Social Order/Mental Disorder. Anglo-American Psychiatry in Historical Perspective*. University of California Press.
Siegrist, J. (2015). *Arbeitswelt und stressbedingte Erkrankungen. Forschungsevidenz und präventive Maßnahmen*. Urban & Fischer.
Smith, D. E. (1976). „K. ist geisteskrank" – Anatomie eines Tatsachenberichts. In E. Weingarten, F. Sack, & J. Schenkein (Hrsg.), *Ethnomoethodologie – Beiträge zu einer Soziologie des Alltagshandelns*. (1975, S. 368–415). Suhrkamp.
Strauss, A. (1991). *Grundlagen qualitativer Sozialforschung: Datenanalyse und Theoriebildung in der empirischen soziologischen Forschung*. Fink.
Waldschmidt, A. (2003). Die Flexibilisierung der „Behinderung". In *Ethik in der Medizin, 3*, 191–202.
Wei, Y., McGrath, P. J., Hayden, J., & Kutcher, S. (2015). Mental health literacy measures evaluating knowledge, attitudes and help-seeking: A scoping review. *BMC Psychiatry, 15*(1), 291.
Wolff, S. (2021). Garfinkel und die Organisationssoziologie. In J. Bergmann & Chr. Meyer (Hrsg.) *Ethnomethodologie – reloaded* (S. 149–164). transcript.
Zola, I. K. (1982). *Missing pieces. A chronicle of living with a disability*. Temple-University Press.

Teil II

Soziologische Theorien zu Rolle und Funktion der Psychiatrie und eine sozialpsychiatrische Perspektive auf die Soziologie

Soziologie und Psychiatrie standen zu Beginn des 20. Jahrhunderts mit sozial orientierten Perspektiven auf das Handeln von Menschen Seite an Seite. Zentral war erstens Durkheims Begriff des Pathologischen (Durkheim, 1984), der als Gegenseite zur Idee des Normalen als konstitutiv wie notwendig für die Ausbildung von Regeln und Werte der Gesellschaft verstanden wurde (vgl. Busfield, 2000, S. 544). Zweitens stützte sich die Zusammenarbeit der Professionen – auch noch während der ersten Veröffentlichungen des zentralen Diagnosekataloges der Psychiatrie DSM in den Jahren 1952 und 1968 – auf die psychoanalytische Idee der Bedeutung von sozialen Erfahrungen für die Entwicklung von Menschen auf der einen und das Misslingen dieser Entwicklungen – bzw. die „Störung" des Menschen – auf der anderen Seite. Sowohl der Soziologe Durkheim als auch der Psychoanalytiker Freud formulierten Ideen, die eine Zentralität des sozialen Kontexts für die Praktiken (gestörter) Subjektivierung hervorheben. „Given the obvious common concern for „the social", in both medical sociology and psychiatric epidemiology after the second world war, a trajectory was set for long term inter-disciplinary collaboration" (Rogers & Pilgrim, 2005, S. 24).

Auch wenn sich die Soziologie durch das 20. Jahrhundert hindurch weiter ausdifferenzierte, ist sie als „Wissenschaft des Sozialen" der Annahme einer Abhängigkeit des Individuums von der umgebenden sozialen Welt treu geblieben. Mit dem Blick in die Geschichte der Psychiatrie (vgl. Shorter, 1997; Foucault, 2016) jedoch eröffnet sich der Blick auf eine Disziplin, deren formale Vielschichtigkeit und inhaltliche Uneinheitlichkeit im Wandel der Zeiten es beinahe absurd erscheinen lassen, von nur einer Disziplin zu sprechen (vgl. auch Harbusch, 2022). Stattdessen handelte es sich bei der Psychiatrie um ein Konglomerat unterschiedlicher disziplinärer Ansätze und Perspektiven, die sich mit dem seelischen Leiden von Patienten und Patientinnen befassen und dabei Interpretationen menschlichen Verhaltens vornehmen, für die es historisch immer schon schwierig erschien, gemeinsame paradigmatische Linien zu finden und homogene disziplinäre Innen- wie Außendarstellungen zu produzieren (vgl. Houts, 2000; Blashfield et al., 2014, S. 28). The „history of psychiatry is a history of fundamental transformations of its institutional, theoretical, professional, and judicial existence. The critiques mounted against psychiatry, both from inside and outside, are a significant element in this process of modernization and transformation" (Miller, 1986, S. 13; vgl. Cohen, 2015, S. 7). Daraus hat auch die Psychiatrie nie einen Hehl gemacht (vgl. APA, 1952, S. vii).

Die disziplinären Ausdifferenzierungen und Weiterentwicklungen auf beiden Seiten haben uns heute in eine gewisse Sprachlosigkeit hineingeführt. Und während sich die Soziologie handlungsbefreit intellektualisiert hat und die Konstruktionen von Normalität und Abweichung mithilfe psychiatrischer Störungskonstruktionen und deren Folgen mit spitzer Feder begleitet, zieht sich die Psychiatrie zunehmend weiter in biologistische Ideologien zurück (vgl. Elgeti in diesem Band), ohne sich den kritischen Argumenten auch ihrer eigenen Vertreter und Vertreterinnen zu stellen. Pilgrim und Rogers beschreiben die Trennung zwischen Soziologie und Psychiatrie in Anlehnung an die bestehenden fünf Auflagen des Diagnosekatalogs DSM als eine Entfremdung in 5 Akten.

Die im ersten Abschnitt unseres Bandes aufkommenden Texte beschäftigen sich aus unterschiedlichen Perspektiven mit den Hintergründen und Formen dieser interdisziplinären Sprachlosigkeit, indem sie die paradigmatischen Linien und Ansätze der Disziplinen und deren historische Entwicklungen nachzeichnen. Während sich Hermann Elgeti aus der Perspektive der Sozialpsychiatrie mit den Verwerfungen innerhalb der Psychiatrie beschäftigt, zeichnet Bruce Cohen mit seinem „Manifesto" das Bild einer starken und wiederständigen Soziologie, deren zentrale Argumente bis heute Bedeutung haben. Dass gerade der ungeheure Erfolg psychiatrischer Narrative in unserer Gegenwartsgesellschaft zu neuen institutionellen und alltäglichen Schwierigkeiten führt und sich im Grunde auch eine sich selbst ernstnehmende, forschungsorientierte Psychiatrie kein Interesse an den aktuellen Entwicklungen haben dürfte, ist Gegenstand des Textes von Martin Harbusch.

Die vorliegenden Texte dieses Abschnitts sind nicht nur als theoretische Herleitung und Darlegung des psychiatrischen wie soziologischen Argumentes zu lesen, sondern auch als die Vision einer möglichen Versöhnung. Denn in den Ausführungen aller Autoren werden disziplinäre Ansatzpunkte und Schnittmengen deutlich, mit Hilfe derer eine erneute Aufnahme des Gesprächs der verstrittenen Schwestern denkbar erscheint.

Hermann Elgeti beschäftigt sich in seinem Text mit der schwierigen und ambivalenten Beziehung von Psychiatrie und Soziologie, die mit Blick in die historischen Entwicklungen der Disziplinen doch einst so vielversprechend begann. Während sich seit den Anstrengungen psychiatrischer Reformbewegungen und der Entwicklung der Sozialpsychiatrie auch innerhalb der Psychiatrie neue disziplinäre Spaltungen auftaten und während sich die *Mainstream*-Psychiatrie in beständiger Verstrickung in die biomedizinische Ideologie immer weiter von sozialen Aspekten psychiatrischer Krankheitskategorien abwendete, verschwand – aus psychiatrischer Perspektive – die Soziologie immer weiter in der Bedeutungslosigkeit. Elgeti rekonstruiert diese Entwicklungen in Deutschland einführend sehr detailreich und belesen besonders auch mit Blick auf die Entwicklung der Sozialpsychiatrie als Disziplin an der Schnittstelle von Psychiatrie und Sozialer Arbeit, bevor er sich am Ende seines Textes mit der Frage nach möglichen Perspektiven einer zukünftigen Versöhnung von Psychiatrie, Soziologie und Sozialpsychiatrie beschäftigt.

Martin Harbusch beschäftigt sich in seinem Text theoretisch wie empirisch mit der Frage nach der Verwendung psychiatrischen Wissens jenseits psychiatrischer Kontexte. Am Beispiel einer Interviewstudie mit Professionellen der Sozialen Arbeit thematisiert er psychiatrische Diagnosen als *Travelling Concepts*; als *Reisendes Wissen* also, welches seinen Ursprung in der Psychiatrie hat, in die Soziale Arbeit weiterreist, sich hier an gegebene Strukturen und Interessen der beteiligten Akteure anpasst und transformiert, um schließlich über diesen Weg mit Hilfe aus der Psychiatrie stammender Deutungsmuster hineinzufinden in den Alltag und die (Selbst)Thematisierung der Klienten und Klientinnen. Mit seiner Rekonstruktion von Verwendungsweisen setzt sich Harbusch nicht nur mit den komplexen Anforderungen an die Soziale Arbeit als Profession auseinander, die als Disziplin im Spagat zwischen institutionellen Deutungen und alltäglichen Bedürfnissen ihrer Klientel durchaus auch eigene Strategien verfolgt. Zudem zeigt er darüber hinaus, wie sich der zunehmende Erfolg des psychiatrischen Arguments im Alltag heute durch eine zunehmende Auslagerung in weitere, nichtpsychiatrische Disziplinen und damit letztlich paradoxerweise durch einen Prozess zunehmender „De-Psychiatrisierung" vollzieht und wie auf diesem Wege zugleich auch psychiatrisches Wissen in Populärsynthesen in der Gesellschaft an Bedeutung gewinnt.

Bruce Cohen macht sich in seinem Text für die Soziologie als ebenso kritische wie wichtige Stimme in einem Diskurs stark, der sich gegenwärtig durch eine wachsende Bedeutung medikalisierter Auslegungen sozialer und psychischer Irritationen auszeichnet. Zu diesem Zweck zeigt er in einer zusammenfassenden Darstellung klassischer soziologischer Perspektiven auf die Psychiatrie – Strukturfunktionalismus, Labeling-Theory, Sozialkonstruktivismus und Marxistische Theorie – zunächst, durch welche Fragestellungen sich Soziologie im Feld psychischer Krankheit und Gesundheit grundlegend auszeichnet und welche Perspektiven sie dezidert ansprechen kann, die durch einen weiteren Bedeutungszuwachs individualisierter Störungsideen aufweichen und verloren gehen würden. In seinem „Manifesto" verteidigt Cohen so das soziologische Argument gegenüber Stimmen, die in der Interdisziplinarität einen Fortschritt zu erkennen glauben. Daraufhin beschäftigt sich Cohen mit der Zukunft der Soziologie im Feld psychischer Störungen und zeigt Wege auf, auf der eine kritische Auseinandersetzung theoretisch wie empirisch voranschreiten kann.

Literatur

American Psychiatric Association. (1952). *Diagnostic and Statistical Manual Mental Disorders.* Mental Hospital Service.

Blashfield, R. K., Keeley, J. W., Flanagan, E. H., & Miles, S. R. (2014). The cycle of classification: DSM-I through DSM-5. *Annual Review of Clinical Psychology, 10,* 25–51.

Bushfield, J. (2000). Health and health care in modern Britain. Oxford University Press.

Cohen, B. (2015). *Mental health user narratives: New perspectives on illness and recovery.* Palgrave Macmillan.

Durkheim, É. (1984). *Die Regeln der soziologischen Methode.* Suhrkamp. (Original work published 1895).

Foucault, M. (2006). *Wahnsinn und Gesellschaft.* Suhrkamp. (Original work published 1961).

Harbusch, M. (2022). *Troubled persons industries: The expansion of psychiatric categories beyond psychiatry.* Palgrave Macmillan.

Houts, A. C. (2000). Fifty years of psychiatric nomenclature: Reflections on the 1943 War Department Technical Bulletin, Medical 203. *Journal of Clinical Psychology, 56*(7), 935–967.

Miller, S. (1986). Mental health nursing: A lesson for the learning. *Nursing Times, 82*(12).

Rogers, A., & Pilgrim, D. (2005). *A sociology of mental health and illness.* Open University Press.

Shorter, E. (1997). *A history of psychiatry: From the era of the asylum to the age of Prozac.* Wiley.

A Critical Manifesto for the Sociology of Mental Health: Past, Present, Future

Bruce Cohen

1 Introduction

In this chapter, I discuss a range of key ideas, concepts and theories which continue to influence academic enquiry in the sociology of mental health. I provide such a narrative because I believe we are currently in danger of losing what made our research different and sometimes unique compared to other disciplines; this happens when sociologists lose their capacity for critical thinking and, as I will return to later here, abandon any traces of social theory in their work. So, this chapter aims to do three things: firstly, it is a timely reminder of what some of the key scholars in the area have previously theorised regarding psychiatry and the mental health system; secondly, it demonstrates the ongoing significance of this classic work on current sociological scholarship; and thirdly, it looks forward, to suggest ways in which we can continue to use the sociological imagination in our research to rescue the sociology of mental health from turning into a sub-discipline of social psychology, social anthropology, medical history, critical psychiatry, social policy studies, or social work. In line with the broader aims of this book, focused as it is on sociological analyses of psychiatry and society, I am not only performing an archaeology of the sociology of mental health here, but also offering a critical manifesto—a view of how and where we should be working in the years to come. I want us to stop apologising for being sociologists in this area, to caution my fellow

---

B. Cohen (✉)
Sociology, Waipapa Taumata Rau / University of Auckland,
Auckland, New Zealand
E-Mail: b.cohen@auckland.ac.nz

colleagues against unnecessary collaborations which can lead to the weakening of our research, and to generally stem the tide of diluting critical scholarship.

Whether you are based in neuroscience, psychology, chemistry, or the humanities, sociological insight and explorations of mental health and illness are of profound significance to modern research endeavours as they provide understandings, interpretations, and theories which can go *beyond* pathology, disease labels, and the current hegemony of the biomedical model. At its best, sociology recognises the historical and cultural fluidity of marking people with the 'mental' prefix. When scholars from other disciplines also recognise this, they are then doing sociology—that is, the critical thinking brings them into the sociological space (and most are happy to admit as much). These rogue scholars who join the sociology of mental health from areas including psychiatry, psychology, nursing, education, health, history, and anthropology are typically brought to us by a familiar narrative (see for example, Timimi, 2014) namely, their aspirations to do 'practical' work which 'helps' mental health users/survivors hits a fundamental snag when they realise the science of academic psychiatry *lacks validity*. The repeated claims made by the psychiatric profession that they know what 'mental illness' is and how it can be best treated is an ongoing—granted, very impressively preserved—fallacy (see for example, Allsopp et al., 2019; Burstow, 2015; Cohen, 2016; Whitaker & Cosgrove, 2015). No substantial progress of that science has been made in the two hundred years of its existence. We are still told by psychiatry that their knowledge on conditions of 'mental health' and 'mental illness' is better than ever before, yet the numbers continue to increase rather than decrease (as logic would dictate when medicine has better knowledge of a specific disease), and the 'optimal treatments' of psychopharmaceuticals, electroconvulsive therapy (ECT), and psychotherapy they prescribe remain ineffective at best and seriously harmful to self and others at worst (see for example, Breggin, 1991, 2008; Hahn, 2020; Masson, 1994).

So, simultaneously, we are being told two things which may appear contradictory: that the science is getting better, but that the situation is getting worse (as usual, the mental health system appears to be in a state of 'crisis' where more resources are desperately required to meet the needs of the rising number of cases). Like many professionals responsible for rule enforcement—in this case, sanctioning behaviour and emotions considered unacceptable in a given epoch—Becker (1963, S. 157) notes that the psychiatrist constantly faces a 'double problem':

> On the one hand, he must demonstrate to others that the problem still exists: the rules he is supposed to enforce have some point, because infractions occur. On the other hand, he must show that his attempts at enforcement are effective and worthwhile,

that the evil he is supposed to deal with is in fact being dealt with adequately. Therefore, enforcement organizations, particularly when they are seeking funds, typically oscillate between two kinds of claims. *First, they say that by reason of their efforts the problem they deal with is approaching solution. But, in the same breath, they say the problem is perhaps worse than ever (though through no fault of their own) and requires renewed and increased effort to keep it under control.* Enforcement officials can be more vehement than anyone else in their insistence that the problem they are supposed to deal with is still with us, in fact is more with us than ever before. In making these claims, enforcement officials provide good reason for continuing the existence of the position they occupy.

In the sections that follow, I look at what sociology has contributed to the problematisation of psychiatry within society. This is not a 'greatest hits' collection from the sociology of mental health, though many names, ideas and concepts will be familiar to those in the area. Nor are these necessarily profiled in chronological order; instead, I am keen that the reader sees through-lines and connections from specific ideas and theories to the contemporary setting. Finally, the discussion has a political message for sociology—a critical manifesto—at its heart, thus it aims to be analytical rather than simply descriptive in nature, with each section building on the previous towards the final section which summates how I think the sociology of mental health needs to proceed into the future.

My narrative begins below with a discussion of structural functionalist reflections on suicide and mental illness as a social deviance, as well as its analytically weaker contemporary, stress theory. The interventions of both labelling and social constructionist theory are subsequently outlined to suggest some continuity with the structural components of earlier ideas but a more critical emphasis on the construction of professional discourse and the dynamics on decision making processes which create mental pathology as a 'reality' for society. These relativist ideas on the nature of psychiatric professionals and their science are then discussed in terms of their influence on different 'power critiques' (including Marxist, queer, feminist, and critical race theory) which focus more centrally on the interests that psychiatry may serve through maintaining structural inequalities in society. Lastly, before outlining my critical manifesto in the summary section, I review the intervention of critical realism and its impact on ongoing critical scholarship in the sociology of mental health. While I think this has been a worthy contribution to research, the reader will see that I remain concerned as to whether realist ideas are being utilised to weaken power critiques and once more give credence to psychiatric knowledge production.

2 Structural Functionalism: Explaining Mental Illness Sociologically

Sociology teaches us that, even though social forces are often invisible to the observer, they are constantly present and acting upon us in society. What remains refreshing about Emile Durkheim's *Suicide: A Study in Sociology* (2002, originally published in 1897) is that he flips the common-sense understanding of that seemingly most individual and private of acts into a product and outcome of the wider constitution of society, of social forces rather than free will. Suicide for Durkheim, "can be explained only sociologically." "At any given moment", he argues,

> the moral constitution of society establishes the contingent of voluntary deaths. There is, therefore, for each people a collective force of a definite amount of energy, impelling men to self-destruction. The victim's acts which at first seem to express only his personal temperament are really the supplement and prolongation of a social condition which they express externally. (Durkheim, 2002, S. 263)

Health professionals, psychologists, police, and coroners will all look for individual causes for suicide—a broken heart? Trouble at school? No friends? Too much social media? Mental health issues? But they are all looking in the wrong place says Durkheim. Instead, the wider makeup of society will condition our behaviour, with stronger or weaker bonds determining our social actions, whether it pushes us outwards towards social deviancies such as suicide and mental illness or pulls us further inwards towards social conformity. As opposed to pre-industrial forms of societal organisation, modern society is fraught with the greater danger of anomie (normlessness). According to Durkheim (2002), this is down to the more complex makeup of industrial society which places greater emphasis on individual rather than group norms.

Perhaps ironically then, suicide, mental illness, criminality, and other forms of social deviance become increasingly important in western societies as they define the limits of our individualistic behaviour and, through doing so, reinforce the collective norms and values which bind society together. Thus, mental illness is a necessary 'social fact'; it serves an important function in maintaining 'social solidarity' within society (Durkheim, 2002). As Parsons (2005, S. 294) notes, it cannot be irradicated but, like all forms of illness, mental pathology requires expert intervention and treatment by psychiatric experts, otherwise we will face a society of 'malingerers'. This 'sick role', articulates Parsons (2005, S. 294f.), involves a series of rights and obligations of the sufferer which sanctions the illness as legitimate only as long the patient consults and follows medical advice, and then returns to their normal productive roles within a given period of time.

The structural functionalist position outlined by Durkheim and Parsons remains the dominant position in the sociology of mental health, though in the much-weakened version of stress theory, which is especially popular in the United States. Stress theory proposes that some groups experience higher rates of mental illness than others due to both the frequency of adverse social and economic life events they are exposed to as well as the relative lack of resources at their disposal to cope which such circumstances (Pearlin, 1989). Research has shown that 'severe' life events such as divorce, death of spouse, redundancy, and personal injury can be strong predictors of developing a mental health problem (Thoits, 2010, S. 108ff.; Weitz, 2006, S. 191), yet access to coping resources (such as family and community support) can 'buffer' the worst effects of such stressors for those with more cultural, social, and economic capital (Brossard & Chandler, 2022, S. 38f.; Thoits, 2010, S. 107ff.). This theory then offers an environmental explanation as to why the working classes, Indigenous and ethnic minority groups, women, LGBT+ groups, and other marginalised communities are more likely to experience a mental disorder than more privileged groups in society.

Stress theory owes a great debt to structural functionalism, though this is sometimes less than obvious to detect, for what we can refer to as a *theory of social causation* has been stripped of most of the structural theorising so that the connections between mental illness and the broader nature of society becomes opaque and distant—social forces are broken down to the point of single variables so that, for example, your employment, marital status, or gender can determine the likelihood of having a mental health crisis. These ideas leave the sociologist sounding dangerously close to the social psychologist as they number crunch demographics and socio-economic variables against mental illness categories to conclude which type of person or groups are more prone to mental illness. While we should always remember that *correlation does not equal causation*, such research strongly *suggests* there must be *some relationship* of significance. Such conclusions then sound political more than scientific, with mental disorder being another deficit hoisted on the powerless: young Indigenous groups are more likely to have psychoses (Petrović-van der Deen et al., 2020), single mothers to be depressed (Cairney et al., 2003), 'the obese' to be pathological (Moore et al., 1997), and so on. Brossard and Chandler (2022, S. 35) summarise that this theory tends to "lack sociological imagination, individualizing reactions to stress, referring to social contexts as quite abstract entities".

Nevertheless, what structural functionalism has importantly given the sociology of mental health is an understanding of mental disorder as a *social event*, a *social deviation*, and serving an important *social function* for society. Focusing on these parts of the theory the reader may then see clearer connections to labelling, social constructionist, and other more critical theories that are explored below. While their consensus view of industrial society can be contested, both Durkheim and Parsons recognise that mental illness is something beyond the individual which requires adequate theorising at the structural level—thus, a job for sociologists.

3   Labelling Theory: Psychiatry's Type II Error

While structural functionalism recognises the fundamentally social nature of the mental health system, it understands the relationship between patient and psychiatrist as consensual and necessary for the continued functioning of society. That view is challenged by labelling scholars who note the seemingly arbitrary way in which health experts assign the status of 'mentally ill' to some people rather than others (Goffman, 1961; Rosenhan, 1973; Scheff, 1966). The evidence also does not match Parson's 'sick role' process in as far as, previously, psychiatric gate-keepers were disinclined to recognise their institutionalised charges as having improved or recovered from a mental disease (Scheff, 1966) and, currently, designations of mental disorder outside the psychiatric hospital are still often understood by the America Psychiatric Association (APA) as *lifelong* conditions for which medications, therapy, and ECT are repeatedly required to 'manage symptoms' (see American Psychiatric Association, 2013). Thus, a mental illness is often viewed by the experts as a chronic rather than an acute condition.

Psychiatry can then be theorised as a moral enterprise which has self-serving properties; the decisions they make suit their own profession at least as much as they might benefit wider society. The profession commits what Scheff (1966) calls a 'type II error': under the assumption that the health system can do no harm, they err on the side of caution when assessing people who might be mentally well, often diagnosing them incorrectly as being mentally ill. However, as research has repeatedly shown, the consequences of a mental illness label can be devastating (Link et al., 1989). For instance, Goffman's (1961) observations of psychiatric patients and workers in the 1960s led him to propose that the application of the label by professionals led to a self-fulfilling prophecy in which the patient learns to inhabit and act out the role of a mentally ill person, in due course accepting their marginalised status (the 'spoiled identity' of the patient), and consequently experiencing the social stigma of that label even after release from the institution (Goffman, 1963). In other words, the sane person enters the lifeworld of the insane, is treated by the mental health system as mentally ill, and eventually acts out and accepts their status as being 'mentally ill' (in an interesting twist on the idea of the self-fulfilling prophecy, Whitaker (2010) has argued that the long-term use of selective serotonin reuptake inhibitors (SSRIs)—the more recent generation of antidepressants—by those labelled as mentally ill can lead to real biological deficiencies; people then manifest behaviour which may look to psychiatrists like confirmation of their original diagnoses). Important to note here that scholars emphasise the key role of *the psychiatrist* in the initial labelling of the person; this is often forgotten by scholars whose research focuses on stigma against the mentally ill (see for example, Rüsch et al., 2005; Thornicroft, 2006). Stigma is an outcome of the labelling process, and that begins with the intervention of psychiatric experts (Goffman, 1963; Stupak, 2021). Scheff (1966) was clear on this issue: to remove the negative effects of mental illness including labelling and stigma, we need to keep people away from psychiatric professionals as much as possible.

Similar to Durkheim, labelling scholars argue that the mental health system supports the moral order of society, though it does this not through the cathartic process of the sick role but rather through containing specific forms of social deviancy. Thus, psychiatry is theorised as an *institution of social control*: it punishes rule-breaking, thereby reinscribing the dominant norms and values of society. This conception of the mental health system appears counter-intuitive when we consider the contemporary moment of the 'rush' towards diagnosis-claiming by the public (see for example, Brinkmann, 2016; Lane, 2020). Psychiatric experts can argue that they are simply giving people what they want: those experiencing anxiety over their shyness, for example, want confirmation of the label of social anxiety disorder, therefore they seek professional help. Yet this still signifies the moral role of psychiatry—their discourse, enshrined in the APA's *Diagnostic and Statistical Manual of Mental Disorders* (DSM), confirms what is morally reprehensible at a certain moment in time (for instance, shyness, failure to multi-task, hording, asexuality, and so on). The current dominance of biomedical theory (the theory of organic disease, marked on the body) in explaining mental illness still underlines the potential for the mental disorder to be understood as lifelong and reoccurring, with critical scholars remaining wary of the possibility of shaking off a mental illness label once it is officially applied (Brinkmann, 2016; Lane, 2020).

4 Social Constructionism: Medicalising Social Deviance

Utilised within the post-structural ideas of Michel Foucault (1967), the libertarianism of Thomas Szasz (1974), as well as the more radical moments of the antipsychiatry movement (Cooper, 1967; Laing, 1962), social constructionist theory questions the fundamental claim of psychiatry to hold universalistic, scientific knowledge on madness (which the profession has captured under the modern construct of 'mental illness'). As I mentioned in the introduction of this chapter, the categories of mental disorder found in the DSM continue to lack the necessary validity (that is, the classifications fail to represent real, discreet medical pathologies that can be systematically identified, observed, and measured in the world) for a legitimate branch of medicine (see for example, Allsopp et al., 2019; Burstow, 2015; Cohen, 2016; Whitaker & Cosgrove, 2015); a fact admitted as much by academic psychiatry (Cohen, 2016, S. 16). As Pilgrim (2018, S. 67) has reflected of psychiatric nosology,

> A valid medical diagnosis should have measurable phenotypes that reflect a proven natural disease entity. The disease becomes empirically manifest in an embodied form. However, the bulk of psychiatric diagnoses have no measurable signs. They simply reflect judgements based upon social norms, which are then medically codified by psychiatrists. Diagnosis adds no scientific value to common sense judgements about psychological deviance.

For Szasz (1974, S. 1), this evidence "commits it [psychiatry] to the category of pseudoscience."

The weak claims to the universality of diagnostic categories by academic psychiatry are further undermined by the socio-historical work of critical scholars including Busfield (1996), Chesler (1972), Fernando (2017), Foucault (1967), Grob (1983), Porter (1987), Scull (2015), Showalter (1985), Szasz (1970), and Ussher (2011) who have all demonstrated the lack of stability in official definitions of mental illness over time and across culture. Contrary to representing scientific progress in the mental health field, the previous mental disorders of drapetomania (the 'disease' of slaves running away from their owners), masturbatory insanity, hysteria (a result of the 'wandering womb', caused by women's involvement in 'unfeminine' activities), and homosexuality (see Cohen, 2016), along with current mental disorders such as attention-deficit/hyperactivity disorder (ADHD), conduct disorder, oppositional defiant disorder, transvestic disorder (TD), hoarding disorder, and female orgasmic disorder (see American Psychiatric Association, 2013) highlights psychiatry's knowledge claims as biased, parochial, and in constant flux rather than objective, universal, and static.

This bomb-drop on psychiatric science leads sociology with a very important question to answer: namely, what is the real purpose of the mental health system? While constructionist scholars share an understanding of psychiatry as institution of social control—that is, as a system of moral authority which can support powerful entities through its labelling of behaviour which deviates from dominant norms and values of society as a mental pathology and in need of containment and correction—they diverge on whose interests the profession ultimately supports. For Szasz

(1974), it is the central state and public health bureaucracies who benefit most by medicalising undesirable groups such as difficult children, women, criminals, and homosexuals. For Laing (1962) and Cooper (1967) it is more specifically a consequence of capitalist power which has become increasingly intolerant of behaviours which defy that demanded of labour and production processes in industrial society. In contrast, Foucault (2006) remains more ambivalent, rejecting any ultimate single source of power that the psychiatric project might serve. Instead, he suggests psychiatric discourse, despite its lack of efficacy, has the potential to operate as a *productive force* in its ability to aid our negotiation—through *self-governance*—of the complexities of living in advanced liberal societies (see also, Rose, 1999).

Some of the general themes of social constructionism are found in the contemporary scholarship on medicalisation (for an overview, see Bergey, 2018). "The key to medicalization," remarks Conrad (2007, S. 5), "is definition. That is, a problem is defined in medical terms, described in medical language, understood through the adoption of a medical framework, or 'treated' with a medical intervention." Following the ideas of earlier social constructionists, we might broadly understand medicalisation research in this area as *examining the political, economic, and social processes by which psychiatry captures and labels human emotions, behaviour, and experiences as symptoms of mental pathology*. When investigating specific categories of mental disorder, sociologists are concerned to uncover what form(s) of social deviance have been medicalised, the specific *drivers* of this medicalisation, and which parties have generally benefited most from the process. Thus, Peter Conrad's (1975, 2006) classic research on ADHD proposes that the rise of the label represents psychiatry's successful medicalisation of the unruly (deviant) behaviour of children in school; the drivers being not only the profession's own need to expand their areas of jurisdiction and client base in the 1980s, but also the demands of teachers and parents for greater compliance and commitment to schoolwork from children in the education system. Common with many other studies in the area, Conrad (2006) notes that a major driver and beneficiary from this form of medicalisation is *big pharma*. Since the 1980s, pharmaceutical corporations have reaped huge profits from the expansion of the (biomedically-dominated) psychiatric discourse and, consequently, the increased sales of psychopharmaceutical products (Whitaker, 2010). Not so surprisingly, the level of big pharma involvement in the construction and expansion of mental illness categories featured in the DSM—such as ADHD (Conrad, 2006), Social Anxiety Disorder (SAD) (Lane, 2007), major depressive disorder (MDD) (Horwitz & Wakefield, 2007), and premenstrual dysphoric disorder (PMDD) (Caplan, 1995)—have become a significant feature of recent medicalisation critiques.

5 Power Critiques: Pathologising the Oppressed

While medicalisation scholarship offers us some excellent research evidence, it often suffers from a lack of adequate analysis and theorising. As Rose (2007, S. 701f.) has remarked of the medicalisation concept, it "might be the starting point of an analysis, a sign of the need for an analysis, but it should not be the conclusion of an analysis." We are sometimes left with the question of "so what?"—for example, the finding that big pharma has vested interests in medicalising menses as PMDD (see for example, Moynihan & Cassels, 2005, S. 99ff.) is not so surprising, but what are the *implications* for further understanding the purposes of psychiatry and its role in society? This was something that, to their credit, the antipsychiatrists, along with Szasz and Foucault, avoided through being able to theorise beyond the specifics of psychiatry medicalising deviant behaviour. And, as is outlined here, this has been key to structural and power critiques of the mental health system in connecting their analyses to the wider dynamics of oppression and inequality in capitalist society.

Marxist theory argues that, as with all capitalist institutions, psychiatry and associated psy-professions serve the needs of the economic elites and the ruling classes (see for example, Cohen, 2016; Parker, 2007). Previously with institutionalisation, public psychiatry worked to contain social deviants, problematic working-class populations, and political agitators who were a perceived threat to those in power. More recently, this ideological critique has been updated to consider the implications of the recent expansion of psy-professionals and the psychiatric discourse outside of the psychiatric hospital. Along with other Marxist scholars, I have argued that in neoliberal society the dominant norms and values filtered through the DSM labels and treatment modalities focus more on the management and productivity of the individual (Cohen, 2016). These psychiatric labels signal that 'underproductivity' should be considered a personal failing rather than a structural problem inherent in the contradictions of a capitalist economy. The school, workplace, home, our leisure activities, and even the bedroom have increasingly become spaces in which academic psychiatry has sought out new 'mental disorders'. For Marxist scholars following this ideological critique, diagnoses such as adult/ADHD, SAD, and PMDD reflect capitalist norms and values in pathologising underperformance, deviations from prescribed worker roles, and the general alienation from our labour caused by conditions of late capitalism (Cohen, 2016; Davies, 2021; Parker, 2007; Vella, 2023).

A different version of this structural critique has been proposed by critical feminist scholars (see for example, Chesler, 1972; Ussher, 2011) who have highlighted that, both historically and currently, women are more often the victims of labelling, incarceration, violence, and social control at the hands of the mental health system than men. It is argued that sexist ideology embedded within psychiatric discourse (Ehrenreich & English, 2011) is as clear to see in the current symptomologies for borderline personality disorder, PMDD, and female sexual arousal disorder (see for example, Cosgrove & Riddle, 2003; Flore, 2016; Jimenez, 1997), as it was in the historical labels of hysteria and nymphomania. Women have also been more likely to receive ECT and lobotomies (Burstow, 2006; Busfield, 1996; Chesler, 1972; Ussher, 2011), and continue to be prescribed psychopharmaceuticals at higher rates than men (Burstow, 2015; Ussher, 2018). Psychiatry can therefore be understood as a patriarchal institution: a system which pathologises deviations from dominant gender roles and hegemonic femininities, while reifying male power through reinforcing gender cliches such as women as primary carers and free labourers in the home, reproducers of the workforce, lower waged workers, and objects of the male gaze (Busfield, 1996; Chesler, 1972; Cohen & Hartmann, 2021; Penfold & Walker, 1983; Ussher, 2011). As an essential part of promoting patriarchal norms and values through the DSM, feminist and queer scholars have noted the reinforcement of the socially constructed male-female gender binary and an ideology of compulsory heteronormativity forwarded through mental illness labels that medicalise signs of gender fluidity, including gender dysphoria, homosexuality, TD, and hypoactive sexual desire disorder (Cohen & Hartmann, 2021; Hectors, 2023; Lambert, 2023; Pilling, 2022; Ussher, 2011, 2018). Gender fluidity is a clear threat to patriarchy as it challenges the dominance of heteronormativity, and thereby the maintenance and reproduction of hegemonic masculinities and current social-sexual relations which continue to privilege men.

The feminist and queer critique becomes even more acute when we consider that Indigenous and specific minority groups remain disproportionately at the sharp end of the mental health system compared to white populations in society (Fernando, 2010, 2017). As Fanon (1965) famously argued, psychiatry is a significant part of the political apparatus of western imperialist power; like the missionaries, the profession preaches compliance and subordination to white power under the guise of a 'civilising' and 'progressive' western discourse. As with colonial psychiatry previously, the activities of the current Movement for Global Mental Health (a mainstream collaboration established in response to the World Health Organization's call to 'upscale' mental health services in low- and medium-income countries) continues to promote the 'civilising project' through pushing the problematic western psychiatric discourse further into the Global South (Cohen, 2021; Mills, 2014, 2018; Summerfield, 2012; Tribe, 2014). As I have noted elsewhere, this is a process that relies on an 'othering' of populations of the Global South—implying that the Indigenous remain more susceptible to mental illness than European populations and using a 'moral' rhetoric to impose a western (biomedical) model on local knowledges of madness, thereby undermining self-determination and local forms of healing (Cohen, 2021). Psychiatry, as critical race scholars argue, remains a fundamentally racist institution (Fernando, 2017; Moodley et al., 2018); its purpose is to reinforce white privilege and neutralise forms of resistance to it. There is a wealth of evidence which supports such argumentation—as with resistance to colonisation in the 1950s and 1960s, every subsequent movement for Indigenous and minority rights across western societies has been met with further psychiatric labelling, incarceration, and violence against these populations (see for example, Cohen, 2014; Metzl, 2009; Mills, 2014). The contemporary picture remains one of the over-representation of such groups, labelled with severe mental illnesses such as schizophrenia and bipolar disorder, incarcerated against their will, and subject to compulsory treatment (Fernando, 2017, 2018).

6   Critical Realism: Pleasing Everyone?

Due to the deterministic and reductionistic nature of their conclusions, the above power critiques have sometimes been challenged by other critical scholars. It has been suggested that the influence of 'strong social constructionism' on these theoretical approaches (that is, the pure relativism within their analyses) deny the space to understand trauma or distress in society, to consider a place for non-oppressive mental health services, or the potential for politically and culturally reflexive professionals to offer sensitive and user-centred counsel. These issues have been raised mainly through the philosophy of critical realism which, while registering the fundamental problems of psychiatric science, still argue that there is a place for understanding 'mental illness' as more than purely constructed professional discourse.

As outlined by Pilgrim und Bentall (1999), critical realism follows many tenets of social constructionism, yet simultaneously combines these with the principles of positivism. Summating this negotiation between what appear to be opposite epistemologies, the authors argue that "deconstruction has a part to play in this exercise, but human science should not be reduced methodologically to this position alone. We can, and should, make attempts at investigating reality in itself, but do so cautiously and critically" (Pilgrim & Bentall, 1999, S. 262). This results in a position which can be considered as 'weak social constructionism'—while the approach criticises the 'naive realism' of academic psychiatry for their lack of critical interrogation of the politics and practices of their area of study, it maintains an 'ontological realism' based on the premise that an external reality exists in which, subject to changing cultural and historical contexts, we can still observe external patterns of human behaviour, some of which suggest real states of mental illness (Pilgrim, 2018, S. 65ff.). As Pilgrim (2014, S. 18) proposes, while "orthodox psychiatry is scientifically flawed, ... its broad concerns have *some* ontological stability." Typically, critical realism recognises the sociological critiques of psychiatry that have been outlined above, yet they argue that there remain some categories of pathology which appear constant over time and across culture, such as melancholia/depression and fear/anxiety (Pilgrim, 2014, S. 20ff.).

Whether explicitly stated or not, the weak constructionist view of critical realism has become a popular positionality of critical sociologists of mental health: the feminist scholar Jane Ussher (2011), for example, has utilised it in her classic work on women and madness, where she simultaneously critiques the patriarchal nature of psychiatry while acknowledging women's greater chances of succumbing to mental health issues due to ongoing gender inequalities and the dominance of male power within society. In a similar vein, Fernando (2018) and Moodley et al. (2018) both recognise psychiatry as a site of institutional racism yet simultaneously suggest that the high rates of mental illness among black and Indigenous people may also be due to the trauma of slavery, colonialism, and racial oppression. There are calls from such scholars for more mental health workers from minority backgrounds as well as for greater cultural competencies within the psychiatric workforce. Medicalisation critiques can also have traces of realist argumentation. For example, Horwitz und Wakefield's (2007) critique of MDD as the medicalisation of sadness, still supports the view than melancholia/depression is a demonstrable form of mental illness which, beyond the DSM, has universal and accurate criteria. Likewise, while recognising the historical movement from the 'retardation' to the 'autism' label and its expanding prominence in the DSM, Eyal et al. (2010) do not preclude the possibility of the constructed category still representing real "childhood disorders" (Eyal, 2018, S. 147).

While critical realism can be seen as a worthy philosophical contribution to critical work in the sociology of mental health, there is nevertheless a concern that the increasing uptake of these ideas will lead to a general weakening our interrogation of current psychiatric discourse and practices. This may reflect the current times in which we do sociology (more on this below), but I think there is a danger of scholars simultaneously recognising the power critiques while regressing back towards more conservative conclusions; to recommend more mental health services (a current research cliché from more conservative-minded scholars) after a critical interrogation of psychiatry often comes across as contradictory. Unfortunately, drawing on critical realist ideas may act as a useful conduit for those researchers who wish to avoid a more thorough structural interrogation of the mental health system.

7 Conclusion: A Critical Manifesto for the Sociology of Mental Health

As sociologists of mental health, we have an important role to play in challenging the taken for granted nature of psychiatric work in society. To adequately research and theorise the profession, I believe our scholarship requires a firm grounding in the historical and contemporary theory that has been briefly surveyed above. These are the ideas that are fundamental to good sociology in this area; while we should continue to utilise, innovate with, and challenge what has gone before, we need to also maintain a clear understanding that the institution of psychiatry never operates independently of wider society. Rather, the priorities of the profession, the current shape of the discourse on mental health and illness, and the specific practices promoted must be seen as reflections of socio-political processes that operate at the structural level. As feminists, Marxists, critical race theorists, queer scholars, mad studies researchers, and others have previously shown, psychiatry's focus on labelling, incarcerating, and sedating the marginalised throughout its history clearly reflects the priorities of powerful state bodies and economic elites in industrial and post-industrial society. To end this chapter, I outline here my critical manifesto for the sociology of mental health. It repeats some of the key points already highlighted by scholars above regarding why *good* sociology of mental health should be *critical* sociology of mental health, but, at the same time, it also suggests some activities we should seek to simultaneously avoid in our work.

Engage seriously with critical social theory: dominating our area of study, conservative sociology of mental health research has become a cul-de-sac of big data correlations due to its refusal to challenge the psychiatric orthodoxy. As with academic psychiatry itself, the poor levels of reliability of diagnostic labels in the DSM and the wider implications of the lack of validity to the mental health project as a whole remain taboo for these sociologists. In contrast, for critical sociology of mental health analysis, the lack of scientific legitimacy of this expertise is one of the fundamental groundings for our work, along with an understanding of mental illness as forms of social deviance, and the history of psychiatry as part of the modern history of the social control of marginalised groups. We must interrogate the historical and contemporary processes through which psychiatry has maintained and expanded its power despite a flat line in two hundred years of seeking knowledge on madness. Using the sociological imagination, we must continue to ask the difficult questions that other scholars ignore, including: what economic, social, political, and cultural drivers bring specific labels of mental illness into being? Who benefits from this form of medicalisation? What points of resistance to psychiatric power can we detect in any given epoch? And ultimately, what are the reasons for the continuation of psychiatry in society? To adequately answer such questions, serious engagement with critical social theory is required (see also Rose et al., 2021). As covered above, these are theoretical strands which focus on dissecting structural processes and determinants which effect psychiatry as much as any other institution and group of professionals in capitalist society. Without engagement with such theory, the critique is seriously weakened, and summary propositions become little more than guess work.

Research 'upstream': thanks to stress theory and similar conservative work, sociology of mental health research has spent far too much time researching 'downstream' issues, reproducing a deficit model of the poor, homeless, Indigenous, queer, disabled, female, and other marginalised communities as more likely to suffer from a mental illness. In contrast, investigating 'upstream' questions—those that focus more explicitly on psy-professional discourse and practice, institutional decision-making, and the wider priorities and interests that construct and maintain psychiatric power—receive little attention and research money (more on the latter issue below). This manifesto therefore proposes that we must endeavour to research upstream rather downstream issues (that is, those focused on the powerful rather than the powerless). For example, instead of restricting (and potentially biasing) our research to a downstream questioning of how mental health services can be more attuned to the needs of Indigenous communities, we can raise the upstream issue of how psychiatrists and other mental health workers continue to understand and justify their categorising of Indigenous groups as 'schizophrenic' at much higher rates than other populations (Fernando, 2017, 2018; Metzl, 2009). Or, rather than focusing on the downstream issue of stigma against the mentally ill by the general public (in my opinion, a much over-researched area), we could instead investigate the upstream issue—as Scheff (1966) previously did—of how and why psychiatrists come to label increasing numbers of the general public as 'mentally ill' (see also Stupak, 2021). At the same time, I am not suggesting that we should avoid engagement with user/survivor narratives on the mental health system. On the contrary, mad studies scholars are particularly active in this area of research (for an overview, see Gorman & LeFrançois, 2018) and it continues to shine a light on the hidden histories and contemporary nature of psychiatric experience (see also, Rose, 2022), but we still need to be very cautious that our research does not end up reifying—if not glorifying—mental health services and professionals (which sociologists have, for far too long, been prone to do in their work).

Avoid collaborations which weaken critical scholarship: there is no question that the neoliberal education system, especially in the Anglo-American context, is currently seeking to destroy critical scholarship (see for example, Fleming, 2021).

With governmental policies placing a greater emphasis on universities to perform 'useful research', critical research is being disparaged and discouraged through the diversion of public funds towards more 'policy-related' study. University responses, in turn, have limited academics' engagement with critical work through closer surveillance of their research portfolios (this includes placing greater emphasis on external research funding, publishing in 'high ranking' journals, and having 'research impact' which places greater emphasis on demonstrating engagement with professionals, government agencies, public and private sector actors, service consumers, and so on), as well as encouraging 'interdisciplinary' or 'transdisciplinary' research partnerships (that is, research teams which include members from different subject areas, universities, and/or public and private sector organisations). But while there are real structural factors which may inhibit this possibility, I propose here that we continue to counter these attempts to kill critical thinking at universities, and with it, critical mental health research and scholarship. Collaborative research is a constant of what critical sociologists of mental health currently do (through, for example, collective work on research and publications, undertaking exchange research visits, and organising specific themed conferences and guest presentations), but we should be very wary of engaging in 'interdisciplinary' partnerships only for the sake of funding criteria and a potential step up on the promotion ladder. As Brossard and Chandler (2022, S. 42) point out, "[t]here are significant dangers in interdisciplinary collaborations"—such 'partnerships' are notoriously problematic in the area of mental health research, often leading to the reproduction of a conservative paradigm as the lowest common denominator outcome of users, scholars, and professionals who share very little in common and have radically different agendas (see for example, Rose, 2022). For the time and energy involved, working on your own as a critical sociologist of mental health without the research funding may be preferable for critical knowledge production as well as your academic profile.

Create more space for critical research: as neoliberal policies attempt to block and silence our research, it is necessary for critical sociologists of mental health (particularly senior colleagues) to create new forums in which to present, collaborate, network, publish, and generally communicate our work. As a senior academic myself, I feel I have been slow to realise the importance to the future of critical sociology of mental health work of both collaborating with fellow academics as well as mentoring postgraduates. This is something I have since tried to correct, and I hope that the examples given here are useful to others.

Through more proactive mentoring of prospective postgraduate students, I have built up a cohort of doctoral supervisions whose research focuses on critical issues including: the psy-governing of emotions in school; a materialist analysis of the psychiatric system in Aotearoa New Zealand; and an investigation of the bio-psychiatric discourse in the military.

The construction of 'feeder-courses' can be highly useful in inspiring the next generation of scholars towards progressing research in this area. Many of the above cohort previously completed my 'Sociology of Mental Health' postgraduate course (established in 2010).

As we still lack a dedicated critical journal specifically for the sociology of mental health (another space to fill), producing edited collections and special issues of journals are spaces where we can also showcase the importance of our critical work. For example, in 2018, I edited a general collection for Routledge which summated different theoretical directions in critical scholarship, with contributions from both senior figures such as David Pilgrim and Jane Ussher as well as new and emerging critical academics (see Cohen, 2018). A more focused collection on the use of psychiatric discourse by professionals and organisations beyond psychiatry was recently published by Palgrave (see Harbusch, 2022), and this has similarly profiled the work of some important new scholars in the field.

At the time of writing, our national journal, *New Zealand Sociology*, is due to publish a special issue on 'Theorising Mental Health' which profiles critical research of my former and current postgraduate students (topics include the pathologising of queer sadness, a Foucauldian analysis of happiness discourse, and an investigation of critical realism and network models of depression). These activities and more can help promote the continuation of knowledge production in the critical mental health space.

Lastly, in 2022, Palgrave launched my *Politics of Mental Health and Illness* book series (see https://link.springer.com/series/16854). As a result, we now have a dedicated research space specifically for critical research monographs and edited collections, with a sympathetic editor and editorial advisory board involved. Please contact me, reader, if you have ideas for a critical publication and would like to discuss them further!

References

Allsopp, K., Read, J., Corcoran, R., & Kinderman, P. (2019). Heterogeneity in psychiatric diagnostic classification. *Psychiatry Research, 279*, 15–22. https://doi.org/10.1016/j.psychres.2019.07.005

American Psychiatric Association. (2013). *Diagnostic and statistical manual of mental disorders* (5. Aufl.). American Psychiatric Association.

Becker, H. S. (1963). *Outsiders: Studies in the sociology of deviance*. Free Press of Glencoe.

Bergey, M. R. (2018). The changing drivers of medicalisation. In B. M. Z. Cohen (Hrsg.), *Routledge international handbook of critical mental health* (S. 153–161). Routledge.

Breggin, P. R. (1991). *Toxic psychiatry: Why therapy, empathy and love must replace the drugs, electroshock, and biochemical theories of the "new psychiatry"*. St. Martin's Press.

Breggin, P. R. (2008). *Medication madness: A psychiatrist exposes the dangers of mood-altering medications*. St. Martin's Press.

Brinkmann, S. (2016). *Diagnostic cultures: A cultural approach to the Pathologization of modern life*. Ashgate.

Brossard, B., & Chandler, A. (2022). *Explaining mental illness: Sociological perspectives*. Bristol University Press.

Burstow, B. (2006). Electroshock as a form of violence against women. *Violence Against Women, 12*(4), 372–392. https://doi.org/10.1177/1077801206628640

Burstow, B. (2015). *Psychiatry and the business of madness: An ethical and epistemological accounting*. Palgrave Macmillan.

Busfield, J. (1996). *Men, women, and madness*. New York University Press.

Cairney, J., Boyle, M., Offord, D. R., & Racine, Y. (2003). Stress, social support and depression in single and married mothers. *Social Psychiatry and Psychiatric Epidemiology, 38*(8), 442–449.

Caplan, P. J. (1995). *They say you're crazy: How the world's most powerful psychiatrists decide who's normal*. De Capo Press.

Chesler, P. (1972). *Women and madness*. Avon Books.

Cohen, B. M. Z. (2014). Passive-aggressive: Māori resistance and the continuance of colonial psychiatry in Aotearoa New Zealand. *Disability and the Global South, 1*(2), 319–339.

Cohen, B. M. Z. (2016). *Psychiatric hegemony: A Marxist theory of mental illness*. Palgrave Macmillan.

Cohen, B. M. Z. (Hrsg.). (2018). *Routledge international handbook of critical mental health*. Routledge.

Cohen, B. M. Z. (2021). A postcolonial critique of mental health: Empire and psychiatric expansionism. In R. Moodley & E. Lee (Hrsg.), *Routledge international handbook of race, ethnicity, and culture in mental health* (S. 32–42). Routledge.

Cohen, B. M. Z., & Hartmann, R. (2021). The "feminisation" of psychiatric discourse: A Marxist analysis of Women's roles in neoliberal society. *Journal of Sociology, 59*(2), 349–364. https://doi.org/10.1177/14407833211043570

Conrad, P. (1975). The discovery of Hyperkinesis: Notes on the medicalization of deviant behaviour. *Social Problems, 23*(1), 12–21. https://doi.org/10.2307/799624

Conrad, P. (2006). *Identifying hyperactive children: The medicalization of deviant behavior*. Ashgate.

Conrad, P. (2007). *The medicalization of society: On the transformation of human conditions into treatable disorders*. Johns Hopkins University Press.

Cooper, D. (1967). *Psychiatry and anti-psychiatry*. Tavistock.

Cosgrove, L., & Riddle, B. (2003). Constructions of femininity and experiences of menstrual distress. *Women & Health, 38*(3), 37–58. https://doi.org/10.1300/J013v38n03_04

Davies, J. (2021). *Sedated: How modern capitalism created our mental health crisis*. Atlantic Books.

Durkheim, E. (2002). *Suicide: A study in sociology*. Routledge.

Ehrenreich, B., & English, D. (2011). *Complaints and disorders: The sexual politics of sickness* (2. Aufl.). The Feminist Press.
Eyal, G. (2018). Autism looping. In B. M. Z. Cohen (Hrsg.), *Routledge international handbook of critical mental health* (S. 141–149). Routledge.
Eyal, G., Hart, B., Onculer, E., Oren, N., & Rossi, N. (2010). *The autism matrix: The social origins of the autism epidemic*. Polity.
Fanon, F. (1965). *The wretched of the earth*. Penguin.
Fernando, S. (2010). *Mental health, race and culture* (3. Aufl.). Palgrave Macmillan.
Fernando, S. (2017). *Institutional racism in psychiatry and clinical psychology: Race matters in mental health*. Palgrave Macmillan.
Fernando, S. (2018). Racialisation of the schizophrenia diagnosis. In B. M. Z. Cohen (Hrsg.), *Routledge international handbook of critical mental health* (S. 195–201). Routledge.
Fleming, P. (2021). *Dark academia: How universities die*. Pluto Press.
Flore, J. (2016). The problem of sexual imbalance and techniques of the self in the diagnostic and statistical manual of mental disorders. *History of Psychiatry, 27*(3), 320–335. https://doi.org/10.1177/0957154X16644391
Foucault, M. (1967). *Madness and civilization: A history of insanity in the age of reason*. Routledge.
Foucault, M. (2006). *Psychiatric power: Lectures at the College de France 1973–74*. Palgrave Macmillan.
Goffman, E. (1961). *Asylums. Essays on the social situation of mental patients and other inmates*. Anchor.
Goffman, E. (1963). *Stigma: Notes on the management of spoiled identity*. Prentice-Hall.
Gorman, R., & LeFrançois, B. A. (2018). Mad studies. In B. M. Z. Cohen (Hrsg.), *Routledge international handbook of critical mental health* (S. 107–114). Routledge.
Grob, G. N. (1983). *Mental illness and American Society: 1875–1940*. Princeton University Press.
Hahn, P. D. (2020). *Prescription for sorrow: Antidepressants, suicide and violence*. Samizdat Health.
Harbusch, M. (Hrsg.). (2022). *Troubled persons industries: The expansion of psychiatric categories beyond psychiatry*. Palgrave Macmillan.
Hectors, A. (2023). Homosexuality in the DSM: A critique of depathologisation and heteronormativity. *New Zealand Sociology, 38*(1), 18–28.
Horwitz, A. V., & Wakefield, J. C. (2007). *The loss of sadness: How psychiatry transformed Normal sorrow into depressive disorder*. Oxford University Press.
Jimenez, M. A. (1997). Gender and psychiatry: Psychiatric conceptions of mental disorders in women 1960–1994. *Affilia, 12*(2), 154–175. https://doi.org/10.1177/088610999701200202
Laing, R. D. (1962). *The divided self: An existential study in sanity and madness*. Pantheon.
Lambert, V. (2023). Gender dysphoria and the medicalisation of distress. *New Zealand Sociology, 38*(1), 56–67.
Lane, C. (2007). *Shyness: How Normal behavior became a sickness*. Yale University Press.
Lane, R. (2020). Expanding boundaries in psychiatry: Uncertainty in the context of diagnosis-seeking and negotiation. *Sociology of Health & Illness, 42*(1), 69–83. https://doi.org/10.1111/1467-9566.13044

Link, B. G., Cullen, F. T., Struening, E., Shrout, P. E., & Dohrenwend, B. P. (1989). A modified labeling theory approach to mental disorders: An empirical assessment. *American Sociological Review, 54*(3), 400–423. https://doi.org/10.2307/2095613

Masson, J. M. (1994). *Against therapy*. Common Courage Press.

Metzl, J. M. (2009). *The protest psychosis: How schizophrenia became a black disease*. Beacon Press.

Mills, C. (2014). *Decolonizing global mental health: The psychiatrization of the majority world*. Routledge.

Mills, C. (2018). The mad are like savages and the savages are mad: Psychopolitics and the coloniality of the Psy. In B. M. Z. Cohen (Hrsg.), *Routledge international handbook of critical mental health* (S. 205–212). Routledge.

Moodley, R., Mujtaba, F., & Kleiman, S. (2018). Critical race theory and mental health. In B. M. Z. Cohen (Hrsg.), *Routledge international handbook of critical mental health* (S. 79–88). Routledge.

Moore, M. E., Stunkard, A., & Srole, L. (1997). Obesity, social class, and mental illness. *Obesity Research, 5*(5), 503–508. https://doi.org/10.1001/jama.1962.03050370030007

Moynihan, R., & Cassels, A. (2005). *Selling sickness: How drug companies are turning us all into patients*. Allen and Unwin.

Parker, I. (2007). *Revolution in psychology: Alienation to emancipation*. Pluto Press.

Parsons, T. (2005). *The social system*. Routledge.

Pearlin, L. (1989). The sociological study of stress. *Journal of Health and Social Behavior, 30*(3), 241–256. https://doi.org/10.2307/2136956

Penfold, P. S., & Walker, G. A. (1983). *Women and the psychiatric paradox*. Eden Press.

Petrović-van der Deen, F. S., Cunningham, R., Manuel, J., Gibb, S., Porter, R. J., Pitama, S., & Lacey, C. (2020). Exploring indigenous ethnic inequities in first episode psychosis in New Zealand – A National Cohort Study. *Schizophrenia Research, 223*, 311–318. https://doi.org/10.1016/j.schres.2020.09.004

Pilgrim, D. (2014). *Understanding mental health: A critical realist exploration*. Routledge.

Pilgrim, D. (2018). Critical realism and mental health research. In B. M. Z. Cohen (Hrsg.), *Routledge international handbook of critical mental health* (S. 64–71). Routledge.

Pilgrim, D., & Bentall, R. (1999). The medicalisation of misery: A critical realist analysis of the concept of depression. *Journal of Mental Health, 8*(3), 261–274. https://doi.org/10.1080/09638239917427

Pilling, M. D. (2022). *Queer and trans madness: Struggles for social justice*. Palgrave.

Porter, R. (1987). *A social history of madness*. Weidenfeld & Nicolson.

Rose, D. (2022). *Mad Knowledges and user-led research*. Palgrave Macmillan.

Rose, N. (1999). *Governing the soul: The shaping of the private self* (2. Aufl.). Free Association Books.

Rose, N. (2007). Beyond medicalisation. *The Lancet, 369*(9562), 700–702. https://doi.org/10.1016/S0140-6736(07)60319-5

Rose, N., Birk, R., & Manning, N. (2021). Towards neuroecosociality: Mental health in adversity. *Theory, Culture & Society., 39*(3), 121–144. https://doi.org/10.1177/0263276420981619

Rosenhan, D. L. (1973). On being sane in insane places. *Science, 179*(4070), 250–258. https://doi.org/10.1126/science.179.4070.25

Rüsch, N., Angermeyer, M. C., & Corrigan, P. W. (2005). Mental illness stigma: Concepts, consequences, and initiatives to reduce stigma. *European Psychiatry, 20*(8), 529–539. https://doi.org/10.1016/j.eurpsy.2005.04.004

Scheff, T. (1966). *Being mentally ill: A sociological theory*. Aldine.

Scull, A. (2015). *Madness in civilization: A cultural history of insanity, from the bible to freud, from the madhouse to modern medicine*. Princeton University Press.

Showalter, E. (1985). *The female malady: Women, madness, and English culture, 1830–1980*. Penguin.

Stupak, R. (2021). Boundaries of stigma: Anti-stigma campaigns as social control and a source of self-stigma. *AVANT, 12*(2), 1–15. https://doi.org/10.26913/avant.2021.02.02

Summerfield, D. (2012). Afterword: Against "global mental health". *Transcultural Psychiatry, 49*(3–4), 519–530. https://doi.org/10.1177/1363461512454701

Szasz, T. S. (1970). *The manufacture of madness: A comparative study of the inquisition and the mental health movement*. Harper and Row.

Szasz, T. S. (1974). *The myth of mental illness: Foundations of a theory of personal conduct*. Harper Collins.

Thoits, P. A. (2010). Sociological approaches to mental illness. In T. L. Scheid & T. N. Brown (Hrsg.), *A handbook for the study of mental health: Social contexts, theories, and systems* (2. Aufl., S. 106–124). Cambridge University Press.

Thornicroft, G. (2006). *Shunned: Discrimination against people with mental illness*. Oxford University Press.

Timimi, S. (2014). *Pathological child psychiatry and the medicalization of childhood*. Routledge.

Tribe, R. (2014). Culture, politics and global mental health. *Disability and the Global South, 1*(2), 251–265.

Ussher, J. (2011). *The madness of women: Myth and experience*. Routledge.

Ussher, J. M. (2018). A critical feminist analysis of madness: Pathologising femininity through psychiatric discourse. In B. M. Z. Cohen (Hrsg.), *Routledge international handbook of critical mental health* (S. 72–78). Routledge.

Vella, S. (2023). Community psychiatry and the medicalisation of unemployment. *New Zealand Sociology, 38*(1), 6–17.

Weitz, R. (2006). *The sociology of health, illness, and health care: A critical approach* (4. Aufl.). Thomson Wadsworth.

Whitaker, R. (2010). *Anatomy of an epidemic*. Broadway Paperbacks.

Whitaker, R., & Cosgrove, L. (2015). *Psychiatry under the influence: Institutional corruption, social injury, and prescriptions for reform*. Palgrave Macmillan.

Was hat die Psychiatrie mit der Soziologie zu schaffen? Anmerkungen zu einer ambivalenten Beziehungsgeschichte

Hermann Elgeti

Der Beitrag erkundet aus einer sozialpsychiatrischen Perspektive den Bedeutungswandel, den die Soziologie für die Psychiatrie im Verlauf des gemeindepsychiatrischen Reformprozesses erfahren hat. Ausgehend von der Nachbarschaft beider Disziplinen im Aufgabenprofil und ihrem Bündnis zu Beginn der Psychiatriereform wird skizziert, welches Bild die psychiatrische Lehrmeinung von der Soziologie verbreitet und welche Alternativen die Sozialpsychiatrie entwickelt hat. Die anschließende Zwischenbilanz der Beziehungsgeschichte enthält Gedanken zu einer Wiederannäherung, die auch das Selbstverständnis der eigenen Disziplin und die gesamtgesellschaftliche Entwicklung nicht unhinterfragt lässt.

1   Zwei Fächer zur Krisenbewältigung in modernen Gesellschaften

Psychiatrie als seelenheilkundige Praxis und Soziologie als Theorie des sozialen Verhaltens und gesellschaftlichen Zusammenlebens der Menschen wurzeln beide im Zeitalter der europäischen Aufklärung. Sie entwickelten sich im 19. Jahrhundert, als die Industrialisierung Wirtschaft und Gesellschaft, Politik und Alltagsleben grundlegend veränderte. Die dabei auftretenden psychischen und sozialen Probleme verlangten nach theoretischer Durchdringung und praktischer Bewältigung.

H. Elgeti (✉)
Medizinische Hochschule Hannover, Hannover, Deutschland

© Der/die Autor(en), exklusiv lizenziert an Springer Fachmedien Wiesbaden GmbH, ein Teil von Springer Nature 2025
E. von Kardorff et al. (Hrsg.), *Zur Gesellschaft der verletzten Seelen*,
https://doi.org/10.1007/978-3-658-47031-9_5

Als Gründerväter im deutschen Sprachraum gelten Karl Marx (1818–1883) und Max Weber (1864–1920) für die Soziologie, Emil Kraepelin (1856–1926) und sein psychoanalytischer Antipode Sigmund Freud (1856–1939) für die Psychiatrie. Beide Disziplinen erwiesen sich ungeachtet ihres wissenschaftlichen Anspruchs als anfällig, herrschenden Ideologien aufzusitzen und sich zu ihren Handlangern zu machen.

Die Psychiatrie entstand, um menschlicher Unvernunft und Verrücktheit professionell zu begegnen, da sie bei steigendem Bedarf an frei verfügbaren, gut funktionierenden Arbeitskräften Sand im wirtschaftlichen Getriebe waren (Dörner, 2017, S. 695 ff.). Wer in den Zucht-, Arbeits-, Korrektions-, Toll-, Versorgungs- und Verwahrungshäusern für den Arbeitsmarkt nicht geeignet erschien, wurde nun nach der Art des *Handicaps* sortiert und in speziellen Einrichtungen untergebracht. So entstanden neben Alten- und Pflegeheimen, Gefängnissen und Waisenhäusern auch Irrenanstalten, zu deren Betreuung die Psychiatrie gebraucht wurde und sich auch bereitwillig zur Verfügung stellte. Als medizinisches Fach suchte sie jenseits romantischer Vorstellungen von der Seele eine naturwissenschaftliche Fundierung, mit der die somatische Medizin so viel Erfolg hatte (Elgeti, 2011b, S. 3 ff.).

Die Psychiater verbohrten sich in ein biologistisches Krankheitsmodell nach Art einer Maschine, das psychosoziale Aspekte des Leidens und psychotherapeutische Potenziale zu deren Behandlung ignorierte. Dieses Feld besetzten im 20. Jahrhundert – in Konkurrenz zur Psychiatrie – die Psychoanalyse und die Psychosomatische Medizin (von Uexküll & Wesiack, 1990). Gemeinsam war den Konkurrenten auf dem Gebiet der Seelenheilkunde die Ignoranz gegenüber ihren widersprüchlichen gesellschaftlichen Funktionen. Mangels therapeutischer Erfolge glaubten schon im 19. Jahrhundert immer mehr Psychiater, die Ursachen psychischer Krankheiten lägen in einer vererbbaren Konstitution oder in Veränderungen im Gehirn. Mit dem Aufstieg des Rassismus verbreitete sich die Idee, den „Volkskörper" von solch „minderwertigen Elementen" zu reinigen. Dazu erschien nach dem ersten Weltkrieg eine verheerend einflussreiche juristische und psychiatrische Rechtfertigung der Tötung psychisch kranker und geistig behinderter Menschen (Binding & Hoche, 1920; Elgeti, 2007). In der Nazi-Zeit schritt man zu Tat: Es begann mit der Sterilisierung von Betroffenen und endete im Massenmord (Güse & Schmacke, 1976).

Die Soziologie entwickelte sich aus den Geisteswissenschaften und gehört mit der Politikwissenschaft und den Wirtschaftswissenschaften zu den Sozialwissenschaften, die Struktur und Funktion, Wirkung und Wandel moderner Gesellschaften studieren. Es gibt eine Vielzahl konkurrierender Theorien, unterschiedlicher Methoden und spezialisierter Untersuchungsgebiete, die sich zudem häufig mit den Fragestellungen anderer Geistes- und Sozialwissenschaften überschneiden. Die

Medizinische Soziologie ist ein Kind der ärztlichen Approbationsordnung von 1970, mit der sie ein Unterrichts- und Prüfungsfach im Medizinstudium wurde (Siegrist, 2022). Sie steht durchaus in einem Spannungsverhältnis zur tendenziell medizinfernen Medizin- und Gesundheitssoziologie sozialwissenschaftlicher Institutionen. Eine gewisse Geschwisterrivalität besteht zur Sozialmedizin und zum Spezialgebiet *Public Health*, die einen ausgeprägten Anwendungsbezug aufweisen.

Bei meinem Studium an der Medizinischen Hochschule Hannover (MHH) 1974–1981 hatte ich das Glück, Soziologie und Psychiatrie als theoretisch und praktisch engagierte Disziplinen kennenzulernen: Die Abteilungen Sozialpsychiatrie unter Erich Wulff und Medizinische Soziologie unter Johann-Jürgen Rohde wurden 1974 eingerichtet. Sie verdankten ihre Existenz einem gesellschaftlichen Reformklima, das vom Bildungsnotstand angeregt und von der 1968er Jugend- und Studentenrevolte eingefordert worden war. Die 1965 gegründete MHH gab den psychosozialen Aspekten der Medizin ein größeres Gewicht (Hartmann & Pflanz, 1971). Mit Karl Peter Kisker (Klinische Psychiatrie ab 1966) und Manfred Pflanz (Epidemiologie und Sozialmedizin ab 1967) gewann sie zwei hervorragende Vertreter ihres Faches, die den Kurs der MHH anfangs mitbestimmten. Mein Medizinstudium begann 1974 in der Medizinischen Soziologie mit einem gut organisierten Hausbesuchsprogramm in Kooperation mit Allgemeinärzten. Deren Arbeit mit psychisch Kranken wurde später mein Dissertationsthema bei Wulff in der Sozialpsychiatrie (Bröer & Elgeti, 1980).

Kurz bevor ich in der MHH-Sozialpsychiatrie zu arbeiten begann, bekam ich 1983 die Gelegenheit, ein Seminar für Medizin- und Soziologiestudenten zu besuchen, das vier Semester lang Persönlichkeitstheorien diskutierte. Die Leitung hatten Wulff, sein Mitarbeiter Hans Pfefferer-Wolf, der Jurist Fritz Sack und der Soziologe Oskar Negt, zwei linke Professoren der Universität Hannover. Besonders interessant fand ich neben der Psychoanalyse auch marxistische Persönlichkeitstheorien (Sève, 1977). So hatten Soziologie und Psychiatrie für mich von Anfang an viel miteinander zu tun: Seelische Gesundheit und sozialer Zusammenhalt, Selbstbestimmung und gesellschaftliche Teilhabe sind nur gemeinsam zu haben. Es würde zu weit führen, hier von dem zu berichten, was mich dann in der Sozialpsychiatrie 1984–2019 alles umgetrieben hat; das meiste hätte eine tiefere soziologische Durchdringung gut gebrauchen können (Elgeti, 2019, S. 12 ff.).

Westdeutschland gewann in den „goldenen dreißig Jahren" nach dem zweiten Weltkrieg enorm an Wirtschaftskraft, Wohlstand und Wohlfahrt; Staat und Gesellschaft modernisierten sich. Spät startete auch eine Reform der Psychiatrie, die sich zunächst nach altem Schema restauriert hatte. Ende der 1970er-Jahre geriet der bis dahin so erfolgreiche „rheinische Kapitalismus" gegen den aufkommenden Neoliberalismus in die Defensive (Streeck, 2015, S. 96 ff.). Mit dem Seitenwechsel der

FDP von der SPD zur CDU/CSU wurde die Wende 1982 bundespolitisch besiegelt. Ende der 1980er-Jahre kollabierte der Sowjetkommunismus, und ein entzügelter Kapitalismus begann sich über den ganzen Globus auszubreiten, mit all den bekannten ökonomischen, ökologischen und sozialen Folgen (Mahlke, 2019).

Das Jenaer Soziologen-Trio Klaus Dörre, Hartmut Rosa und Stephan Lessenich hat den Kapitalismus als eine gierige Einverleibungs- und Ausscheidungsmaschine beschrieben (Dörre et al., 2009, S. 295 ff.): In einem fortwährenden Prozess innerer und äußerer „Landnahme" erschließt er sich unablässig neue Märkte, um sie früher oder später als entwertete „verbrannte Erde" zurückzulassen. Nach diesem Muster hat die neoliberale Landnahme in den 1990er-Jahren im deutschen Sozial- und Gesundheitswesen auch die Psychiatrie erreicht: Seitdem wird das zersplitterte Versorgungssystem privatisiert, die Kostenträger und Leistungserbringer schreiben Konkurrenz groß und Kooperation klein, die Hilfsangebote werden kommerzialisiert und industrialisiert. Auch an der MHH drehte sich der Wind des Zeitgeistes, und im Zuge der Förderung „naturwissenschaftlicher Leuchttürme" wurden die Abteilungen Medizinische Soziologie (1995) und Sozialpsychiatrie (2007) wieder aufgelöst. Beide Fächer sind heutzutage an den medizinischen Fakultäten in Deutschland kaum sichtbar. Psychiatrie und Soziologie sind sich fremd geworden und verzetteln sich in zahlreichen, teils konkurrierenden Spezialdisziplinen. Was ist da passiert, und wie könnte eine Wiederannäherung aussehen?

2 Kurze Rückschau auf das lange Ringen um eine soziale Psychiatrie

Die Bemühungen um eine grundlegende Reform der psychiatrischen Versorgung in Westdeutschland begannen Ende der 1950er-Jahre, blieben aber zunächst ohne große Resonanz (Kunze, 2015, S. 17 ff.). Die Reformaktivisten bezogen sich vielfach auf ausländische Vorbilder vor allem in England und den USA, in Skandinavien und den Niederlanden, wo die Lage der psychisch Kranken innerhalb und außerhalb der Anstalten auch sozialwissenschaftlich analysiert wurde. Im Windschatten des gesellschaftspolitischen Wandels, der 1969 in Bonn eine sozialliberale Koalition an die Regierung brachte, wurden viele dieser Studien auch auf Deutsch verfügbar (z. B. Bateson et al., 1969; von Cranach & Finzen, 1972; Keupp, 1972b; Hollingshead & Redlich, 1975). 1970 wurde für die Psychiatriereform zum Jahr des *Kickoffs*, und die in diesem Jahr angestoßenen Entwicklungen gewannen eine beeindruckende Dynamik.

Im März 1970 begründete Walter Picard im Bundestag den Antrag der CDU/CSU-Fraktion, die Bundesregierung zu beauftragen, „eine umfassende

Untersuchung über die psychiatrisch-psychohygienische Versorgung der Bevölkerung durchzuführen" (Deutscher Bundestag, 1970). Der Antrag erhielt eine breite Mehrheit. Im August 1971 konstituierte sich eine Sachverständigenkommission, die im Oktober 1973 einen Zwischenbericht vorlegte und im September 1975 ihren Hauptbericht abschloss (Deutscher Bundestag, 1975). Die sogenannte Psychiatrie-Enquete umfasst 426 Seiten Bericht mit 1192 Seiten Anhang; sie war der erste Meilenstein der westdeutschen Psychiatriereform.

Anfang April 1970 fand in Hamburg ein sozialpsychiatrischer Kongress statt, der den Titel „Rückkehr der psychisch Kranken in die Gesellschaft?" trug (Dörner & Plog, 1972, 7 ff.). Direkt danach wurde der „Mannheimer Kreis" gegründet, benannt nach dem Ort seines ersten Treffens im Mai 1970. Die halbjährlich abgehaltenen Arbeitstagungen zogen immer mehr Fachkräfte sowie Studierende unterschiedlicher Disziplinen an und wurden so zu einem Kristallisationskern der sozialpsychiatrischen Bewegung. Beim zweiten Treffen im November 1970 beschloss man die Gründung der Deutschen Gesellschaft für Soziale Psychiatrie (DGSP) und der Zeitschrift Sozialpsychiatrische Informationen (SI). Nun konnte sich die Bewegung organisieren und vernetzen: Die DGSP vereint als unabhängiger Fachverband bis heute Professionelle aller Berufsgruppen mit Psychiatrie-Erfahrenen und ihren Angehörigen (Reumschüssel-Wienert, 2021). Die SI etablierte sich als interdisziplinäres Forum für kritische Psychiatrie abseits des *Mainstreams* (Elgeti, 2010a).

Im Oktober 1970 wurden auf einer Tagung der ev. Akademie Loccum mit dem Titel „Der psychisch Kranke und die Gesellschaft" zwei Resolutionen zur Konkretisierung der o. g. Bundestags-Initiative verabschiedet (Lauter & Meyer, 1971, S. 142 ff.). Im Nachgang zur Tagung erfolgte Anfang 1971 die Gründung der Aktion Psychisch Kranke e.V. (APK), in der sich fraktionsübergreifend Bundestagsabgeordnete im Verbund mit Fachexperten für den Fortgang der Psychiatriereform einsetzen. Zu den Aufgaben der APK-Geschäftsstelle gehörte von Anfang an die Organisation von Fachtagungen, psychiatriepolitischen Stellungnahmen und Forschungsprojekten. Das Projekt zur Personalbemessung im komplementären Bereich der psychiatrischen Versorgung markierte einen Paradigmenwechsel (Kruckenberg et al., 1999): Die Hilfen sollten künftig nicht mehr institutionszentriert und starr, sondern personenzentriert geplant und flexibel durchgeführt werden.

In den folgenden Jahren etablierte sich die Sozialpsychiatrie als emanzipatorische Alternative zur traditionellen Anstaltspsychiatrie, integrierte dabei antipsychiatrische Strömungen und zähmte sie (Elgeti, 2022). Aktivisten rackerten sich in zahllosen Reformprojekten ab, in einigen Ländern gelegentlich mit einer vom Bund finanzierten Starthilfe im Rahmen des „großen" Modellprogramms

(1980–1985) oder des „kleinen" Modellverbunds (1976–2003). 1988 nahm der Expertenbericht zur Evaluation des Modellprogramms die in der Psychiatrie-Enquete wenig berücksichtigten chronisch und schwer psychisch erkrankten Menschen genauer in den Blick (BMJFFG, 1988). Statt überkommener Strukturen wurden nun bevölkerungsbezogen funktionale Versorgungsbausteine mit Anhaltszahlen zum Personalbedarf definiert.

Wissenschaftler mit sozialpsychiatrischem Impetus konnten an einigen wenigen medizinischen Fakultäten Lehrstühle erringen, die ersten waren Heinz Häfner in Heidelberg/Mannheim sowie Kisker und Wulff in Hannover (Elgeti, 2023). Bei den sozialpädagogischen Studiengängen gelang das viel häufiger. Nur mit gesicherten Ressourcen und geeigneten Personen lassen sich in Lehre und Forschung neue Akzente setzen. Schon in den 1980er-Jahren bekam die Psychiatriereform den aufkommenden neoliberalen Gegenwind zu spüren, vielerorts stagnierte sie, musste hier und da bereits Rückschläge hinnehmen; es gab aber auch weiterhin neue Reformprojekte. Nach der Bildung von Selbsthilfegruppen gelang den Psychiatrie-Erfahrenen und ihren Angehörigen in den 1990er-Jahren der Aufbau kommunaler, landes- und bundesweiter Interessenvertretungen. Ihre konstruktive Kritik und ihre Initiativen verschafften der erlahmenden Psychiatriereform wieder mehr Schwung.

Nach der deutschen Einheit 1990 wurde eine Gruppe von Fachleuten aus der ost- und westdeutschen Psychiatrie vom Bundesministerium für Gesundheit beauftragt, die Lage der Psychiatrie in der ehemaligen DDR zu begutachten (BMG, 1991). Viele Missstände wurden aufgedeckt und später mit erheblichem Auswand beseitigt, einige fortschrittliche Versorgungsformen aber auch plattgemacht, z. B. die in der DDR gut ausgebaute Arbeitsrehabilitation und die Poliklinik-Strukturen. Eine Ausnahme bildete Leipzig, wo sich die Universitätspsychiatrie seit 1973 unter Klaus Weise konsequent sozialpsychiatrisch ausgerichtet hatte. Hier konnten zumindest für dieses Fachgebiet auch die dezentralen Polikliniken erhalten werden (BMG, 1995, S. 109 ff.).

Im Jahre 2000 bilanzierte eine APK-Tagung die Psychiatriereform 25 Jahre nach Einsetzung der Sachverständigenkommission zur Erstellung der Psychiatrie-Enquete (Aktion Psychisch Kranke, 2001). Ein Bericht dazu im Deutschen Ärzteblatt trug den treffenden Titel „Auf halbem Weg steckengeblieben" (Bühring, 2001). Neue Hoffnung machte das 2006 von der UNO-Vollversammlung verabschiedete Übereinkommen über die Rechte von Menschen mit Behinderungen (UN-BRK), das 2009 nach seiner Ratifizierung im Bundestag in Deutschland Gesetzeskraft erlangte. Die darin fixierten Rechte auf Inklusion und Partizipation bestärken den Anspruch der Menschen mit seelischen Behinderungen auf Selbstbestimmung und gesellschaftliche Teilhabe. Es lohnt sich aber, hier wie auch sonst bei der Verkündung blendender Visionen zu bedenken, dass damit gerne düstere Realitäten verdeckt werden (Elgeti, 2011a). So versprachen langjährige Reformaktivisten die Erreichung sozialpsychiatrischer Ziele, während sie im Dienste der neoliberalen Eroberung der Psychiatrie die Privatisierung der Hilfsangebote vorantrieben. Ob nur unbewusste Selbsttäuschung oder auch ein bewusster Versuch, die Fachszene zu manipulieren, es waren Beispiele eines verdeckt strategischen Handelns und einer systematisch verzerrten Kommunikation (Habermas, 1981, S. 445 f.).

Zum 40-jährigen Jubiläum der Psychiatrie-Enquete gab es wieder zahlreiche und durchaus divergente Bilanzen (u. a. Kunze, 2015; Armbruster et al., 2015; Assion et al., 2016; Hauth et al., 2017). Seit den 1980er-Jahren stellt sich die Frage, ob man statt von einer Reform nicht von einer Modernisierung sprechen müsste (Bonß et al., 1985; Stierl & Bauer, 2007). Ich meine, es wurde trotz allem viel erreicht, auf dem sich nach sorgfältiger Evaluation der Erfolge und Misserfolge, Irrtümer und Fehlentwicklungen sowie neuer Kursbestimmung aufbauen ließe (Elgeti, 2016, S. 60). Wo gibt es zukunftsweisende Ideen? Könnte eine erneuerte und intensivierte Kooperation zwischen Soziologie und Psychiatrie hierzu etwas beitragen? Gibt es in den Fächern dafür überhaupt eine Basis? Was nimmt die *Mainstream*-Psychiatrie denn von der Soziologie wahr, und wie wird diese Beziehung von ihren sozialpsychiatrischen Kritikern beurteilt? Unter welchen Voraussetzungen würde sich ein neuer Anlauf zur Zusammenarbeit lohnen?

3 Ansichten der Soziologie in der psychiatrischen Lehrmeinung

Die Einstellungen der Betroffenen, ihrer Angehörigen, der für sie tätigen Fachkräfte und der Öffentlichkeit zu sozialen Aspekten psychischer Erkrankungen sind bereits Gegenstand der Stigma-Forschung geworden (Rössler, 2017, S. 377 ff.). Sie werden beeinflusst von dem, was die psychiatrische Lehrmeinung dazu sagt, und diese wird im Kontext des sozialen Wandels beständig neu konfiguriert und erweitert. Solche Lehrmeinungen lassen sich im Anschluss an den französischen Philosophen Louis Althusser als eine materielle gesellschaftliche Instanz auffassen, als ein sogenannter ideologischer Staatsapparat (Althusser, 2010/2012; Charim, 2002). Althusser unterscheidet idealtypisch zwischen repressiven und ideologischen Staatsapparaten (RSA und ISA): Zum RSA zählen staatliche Institutionen wie Polizei, Justiz und Gefängnisbehörden, zu den ISA z. B. Familie, Schule, Kirche und Massenmedien. Tatsächlich sind Mischungen mit dominierenden Funktionsweisen die Regel: Das Militär z. B. gehört trotz seiner auch ideologischen

Funktion zum RSA, die Psychiatrie zählt ungeachtet ihrer repressiven Teilfunktion zu den ISA. ISA sind Orte der Entstehung und des Einsatzes von Identitäten, Existenzweisen und widerständigen Kämpfen. Sie dienen der Einbindung der Individuen in die Produktionsverhältnisse und den Staat, indem sie die Leistungsfähigkeit der Subjekte fördern und gleichzeitig ihren Spielraum begrenzen. Deren Handeln und Haltung sind gekennzeichnet durch die paradoxe Figur der „freiwilligen Unterwerfung".

Die Psychiatrie ist mit ihrer Ideologie und ihren Institutionen ein Instrument politisch legitimierter Klassifizierung und Behandlung für alle von ihr benannten Formen residualer Abweichung (von Kardorff, 2015, S. 148 f.). Ihr Auftrag ist widersprüchlich, umfasst Hilfe und Schutz psychisch Kranker vor Selbst- und Fremdgefährdung ebenso wie ihre Kontrolle und Anpassung an die gesellschaftlichen Regeln. Wie die Medizin ist auch die Psychiatrie keine Wissenschaft eigener Art, sondern Anwendung wissenschaftlicher Erkenntnisse und Methoden von Grundlagenwissenschaften, im Selbstverständnis der Psychiatrie sind das die Naturwissenschaften (Finzen, 2009, S. 11). Der psychiatrische Zeitgeist lässt sich verstehen als Resultante unterschiedlicher ideologischer Strömungen, von denen die Personen, die sich auf dem Feld der Psychiatrie bewegen, in ihrer Identität und Existenzweise beeinflusst werden.

Für mich dokumentieren die 1960–2000 erschienenen vier Auflagen des Handbuches „Psychiatrie der Gegenwart" (PdG), wie sich die Windrichtung des psychiatrischen Zeitgeistes mit den Machtkonstellationen in der Gesellschaft ändert (Elgeti, 2006). Das Projekt PdG hat der Springer-Verlag nach der 4. Auflage aufgegeben, ließ aber ein im Jahr 2000 ursprünglich für Fachärzte konzipiertes Handbuch aus seiner Produktion die Lücke besetzen, die dadurch im deutschsprachigen Raum entstand. Dieses Werk wurde dann immer umfangreicher und erhielt 2017 den erweiterten Titel „Psychiatrie, Psychotherapie und Psychosomatik" (PPP). Es erhebt den Anspruch, „im wahrsten Sinne des Wortes enzyklopädisch" zu sein (Möller et al., 2017, S. V). Ein Vergleich der im Laufe der Zeit vorgenommenen Neubearbeitungen dieser beiden Handbücher zeigt, welches Gewicht die psychiatrische Lehrmeinung vor und nach dem Beginn der Psychiatriereform dem Sozialen zugemessen hat (Tab. 1).

Vom Umfang her erreichen die Beiträge zu sozialwissenschaftlichen Grundlagen und Methoden der Psychiatrie nur in der 2. PdG-Auflage von 1979 – zur Zeit sozialliberaler Reformen in Westdeutschland – den mickrigen Anteil von 4 % bzw. 6 %. Und nur in dieser Auflage machen die Beiträge zu sozialpsychiatrischen Praxisfeldern mehr als 10 % aus, angesichts der Bedeutung dieser Praxisfelder im psychiatrischen Alltag ein ebenfalls erstaunlich geringer Wert. In der 1. und 3. PdG-Auflage finden sich gar keine Beiträge zu sozialwissenschaftlichen Grundlagen.

Tab. 1 Das Gewicht des Sozialen in der psychiatrischen Lehrmeinung

Handbuch	Psychiatrie der Gegenwart*				Psychiatrie & Psychotherapie**		
Auflage (Bände)	1. (I-III)	2. (I-III)	3. (1-9)	4. (1-6)	2. (I-XV)	3. (I-XIII)	5. (I-XV)
Erscheinungsjahr	1960-67	1975-80	1986-89	1999-2000	2002	2008	2017
Zahl Bücher (kg)	5 (9,25)	5 (10,0)	9 (7,75)	6 (9,25)	1 (4)	2 (6,75)	4 (8,5)
Anzahl Beiträge	74	115	122	140	71	82	99
Seitenumfang	4909	5558	3790	3746	1886	2458	3133
Beiträge zu sozialwissenschaftlichen Grundlagen und Methoden							
Anzahl Beiträge	0	7 (6 %)	0	1 (<1 %)	2 (3 %)	2 (2 %)	2 (2 %)
Seitenumfang	0	220 (4 %)	0	12 (<1 %)	45 (2 %)	40 (2 %)	45 (1 %)
Lokalisation: Band (lfde. Nr.)		I (A1-3, A5, C1)		I (15)	I (10, 12)	I (11, 12)	II (15-16)
Beiträge zu sozialpsychiatrischen Praxisfeldern							
Anzahl Beiträge	5 (7 %)	16 (14 %)	1 (1 %)	2 (1 %)	7 (10 %)	6 (7 %)	5 (5 %)
Seitenumfang	86 (2 %)	612 (11 %)	30 (1 %)	59 (2 %)	111 (6 %)	118 (5 %)	64 (2 %)
Lokalisation: Band (lfde. Nr.)	III (A1-3, A5, C1)	III (A2, A5-6, B1-6, C1-3, D2-5)	9 (12)	2 (7, 11); 3 (13-22)	I (11-14); III (35-39)	I (14); III (35-39)	IV (50-52, 54-55)

*) Herausgeber des Handbuchs Psychiatrie der Gegenwart: Gruhle et al. (1. Aufl., Gruhle et al., 1960-1967); Kisker et al. (2. Aufl., Kisker et al., 1975-1980); Kisker et al. (3. Aufl., Kisker et al., 1986-1989); Helmchen et al. (4. Aufl., Helmchen et al., 1999-2000)
**) Herausgeber des Handbuchs Psychiatrie & Psychotherapie (ab 5. Aufl.: Psychiatrie, Psychosomatik und Psychotherapie) Möller et al. (1.–5. Aufl.)
Quelle: Eigene Darstellung

Ein inhaltlicher Vergleich der Grundlagen-Beiträge in den Ausgaben von 1979, 1999 und 2017 erweckt den Eindruck, dass die Ansichten der Soziologie in der psychiatrischen Lehrmeinung immer harmloser werden: Der Grundlagen-Band (I) der 2. PdG-Auflage von 1979 enthält tiefschürfende Beiträge von Paul Watzlawick zu Kommunikation und Interaktion, Brian Cooper zu demografischen und epidemiologischen Methoden, Norman Sartorius zu transkultureller Psychiatrie, Gunter Hofer zu Ethnopsychiatrie sowie Klaus Dörner zu Psychiatrie und Gesellschaftstheorien. Dörner fragte sehr grundsätzlich nach dem Sinn der Psychiatrie, dem Sinn psychischen Krankseins und dem Sinn psychiatrischen Handelns. Sein Beitrag war ein Stachel im Fleisch der herrschenden Lehrmeinung, Kisker setzte ihn gegen starke Bedenken im Herausgebergremium durch. Zusätzlich stellte der Soziologe Christian von Ferber im Band III „Soziale und angewandte Psychiatrie", der zahlreiche Beiträge zu sozialpsychiatrisch relevanten Fragestellungen enthält, die sozialwissenschaftlichen Theorien der psychiatrischen Praxis vor. Dabei geht es um soziale Merkmale und Theorien gesellschaftlicher Ungleichheit, um soziale Schichtung und Klassenbildung, Familie und Haushalt, Kleingruppen und Bezugsgruppen, soziale Rolle und Interaktion, soziale Normen und abweichendes Verhalten.

In der 4. PdG-Auflage von 1999 findet sich im Grundlagenband ein Beitrag des Medizinsoziologen Johannes Siegrist über „Soziologie und Psychiatrie". Nach einem Rückblick auf die psychiatrische Soziologie skizziert Siegrist aktuelle Entwicklungen in drei Abschnitten: Soziale Determinanten psychischer Erkrankungen, Soziale Einflüsse auf Bewältigung und Verlauf psychischer Erkrankungen, Soziologische Evaluationsforschung in der Psychiatrie. Das hört sich im Vergleich zu den Beiträgen, die 20 Jahre vorher zu lesen waren, alles ziemlich bescheiden und anbiedernd an. Die weiteren, über drei Bände verstreuten 12 kurzen Beiträge, die verschiedenste geistes- und sozialwissenschaftliche Aspekte aufweisen, zeigen auch keinerlei Ambition, das psychiatrische Denken und Handeln grundsätzlich zu befragen.

In den fünf PPP-Auflagen ähneln sich die Beiträge zu den sozialwissenschaftlichen Grundlagen der Psychiatrie sehr. In der 5. Auflage von 2017 gehören sie zum Teil II „Allgemeine Grundlagen", inhaltlich verbleiben sie im eng gezogenen Rahmen des biomedizinischen Krankheitsmodells: Unter dem Titel „Sozialpsychiatrische Aspekte psychischer Erkrankungen" diskutiert Wulf Rössler den sozialwissenschaftlich-sozialpsychiatrischen Kenntnisstand zur Auslösung bzw. zum Verlauf der Schizophrenie und die Stigmatisierung psychisch erkrankter Menschen. Der Beitrag „Soziologische und sozialpsychologische Aspekte psychischer Erkrankungen" von Anne Maria Möller-Leimkühler hat diese Kapitel: Schicht und psychische Erkrankung, Soziogenetisches Stressmodell, Geschlecht als sozialer Prädiktor psychischer Erkrankungen, Patientenzufriedenheit, Lebensqualität, Arzt-Patient-Beziehung.

Am kurzen Zügel hält die 5. PPP-Auflage von 2017 auch die sozialpsychiatrischen Praxisfelder: Die fünf kurzen Beiträge behandeln die Themen Psychoedukation und Angehörigenarbeit, Psychosoziale Therapien, Ergotherapie, Kunst-, Musik-, Sport- und Bewegungstherapie, Psychiatrische Rehabilitation sowie Versorgungsstrukturen in der Psychiatrie. Übergreifende Problemstellungen werden im Kleingedruckten versteckt oder gar nicht diskutiert. Ganz ausgeblendet bleiben z. B. das ausufernde, wacklige Gerüst psychiatrischer Diagnostik und das zersplitterte, weitgehend kommerzialisierte System der Hilfsangebote. Niemand diskutiert den skandalösen Mangel an regionaler Kooperation und Koordination, Planung, Evaluation und Steuerung der Hilfen für psychisch erkrankte Menschen, den die Kommunal-, Landes- und Bundespolitik zu verantworten hat (Elgeti, 2019). Ich denke, die *Mainstream*-Psychiatrie hält sich eine sozialwissenschaftliche Befragung ihrer Theorie und Praxis vom Leib, weil sie den Verlust ihrer naturwissenschaftlichen Identität befürchtet. Sie sieht in der Soziologie eine Dienstmagd bei der Verfolgung ihrer biomedizinischen Agenda und findet sie ansonsten ziemlich belanglos.

4 Soziologische Kritik und sozialpsychiatrische Alternativen

In Deutschland wurde Klaus Dörner zu einem prominenten soziologischen Kritiker der Psychiatrie und zu einer Leitfigur für sozialpsychiatrische Alternativen. Er hatte außer Medizin Geschichte und Soziologie studiert, seine Promotionsarbeit zum Dr. phil. hieß „Bürger und Irre – Zur Sozialgeschichte und Wissenssoziologie der Psychiatrie" (Dörner, 1969). Mit der Psychologin Ursula Plog verfasste Dörner das Lehrbuch „Irren ist menschlich", das erstmals 1978 erschien und ab 2002 gemeinsam mit jüngeren Fachleuten herausgegeben wurde. Für Generationen progressiver Nachwuchskräfte war es eine wichtige Orientierungshilfe jenseits der herrschenden Lehrmeinung. Vor dem Hintergrund neuer gesellschaftspolitischer Entwicklungen wurde es mehrmals grundlegend umgearbeitet (Dörner et al., 2017, S. 9 ff.).

Laut Dörner ist die Geburt der Psychiatrie als Einrichtung „ein lupenreines, weil fabrikanaloges Produkt der Industrialisierung – über erstens Institutionalisierung, zweitens Professionalisierung und (…) drittens Mediziniserung des Helfens" (Dörner, 2017, S. 697 f.). Für ihn gab es um 1980 nach 150 Jahren Industriegesellschaft einen Epochenumbruch. Die entstehende Dienstleistungsgesellschaft verlange einen anderen Umgang mit seelischen Leiden, eine „Inklusionspsychiatrie". Dazu brauche die Psychiatrie erstens eine philosophisch-ethische Grundlegung, Gewährsleute dafür sind für ihn der Anthropologe Helmuth Plessner sowie die Philosophen Martin Buber, Emanuel Levinas und Hans Jonas. Zweitens müsse sie ihre Aktivitäten auf den Sozialraum orientieren und dabei auch die Selbst- bzw. Laienhilfe stärken, um bei Hilfsbedürftigkeit einen gut austarierten Bürgerhilfe-Profi-Mix zustande zu bringen. Damit könnten drittens die Hilfen für psychisch Kranke deinstitutionalisiert werden, verbunden mit der Abschaffung der großen Heime und Kliniken. Aus dieser Grundhaltung heraus entwickelten Dörners Neffe Thomas Bock und Dorothea Buck, eine Vorkämpferin der Selbsthilfebewegung der Psychiatrie-Erfahrenen, den Trialog als hierarchiefreien Austausch von Betroffenen, Angehörigen und Fachleuten über Psychose-Erfahrungen (Bock et al., 2009).

Ein zweiter soziologisch geschulter Psychiater, der mit seinem Engagement die sozialpsychiatrische Bewegung vorangetrieben hat, ist Asmus Finzen. Dank seines publizistischen Engagements rückte die Psychiatrie stärker ins Licht der Öffentlichkeit (Bieger & Kieser, 2020). Zur Verbreitung von „Irren ist menschlich" gründete er 1977 mit Dörner, Plog und der Krankenschwester Hilde Schädle-Deininger den Psychiatrie-Verlag, und wie dieses Lehrbuch wurden auch seine dort erschienenen eigenen Bücher ausgesprochene *Best- and Longseller*. Im Internet hat Finzen einen 235 Seiten langen Text „Psychiatrie und Soziologie – Eine Einladung" eingestellt, mit dem er für die klassische, immer noch unverändert aktuelle Literatur zu diesem Thema Interesse wecken möchte (Finzen, 2009). Darin erzählt er zunächst unter der Überschrift „Eine unendliche Geschichte frustrierender Begegnungen" ihre Beziehungsgeschichte und schaut sich dann drei große Forschungsfelder genauer an: a) die Krankenrolle und das Rollenverhalten bei psychischen Störungen, b) die Kommunikation und das Verhalten bei psychischen Störungen, c) Stigma, Diskriminierung und Vorurteile. Er warnt vor einer Beschränkung sozialpsychiatrischer und psychiatriesoziologischer Forschung auf die zweifellos wichtige Versorgungsforschung. Im Zeichen der Angehörigen- und der Betroffenenbewegung müssten auch die Inhalte psychischen Krankseins, psychiatrischer Behandlung und Diagnostik sowie die Reaktionen der sogenannten Gesunden wieder sozialwissenschaftlich erforscht werden.

Dörner und Finzen sorgten als Klinikleiter in Gütersloh bzw. Wunstorf bei Hannover für einen Bettenabbau und eine Verbesserung außerklinischer Wohn- und Arbeitsmöglichkeiten für schwer und chronisch psychisch erkrankte Menschen. Mit vielen anderen gleichgesinnten Chefärzten und einzelnen Chefärztinnen stehen sie für den Ansatz einer „Reform aus der Klinik" (Bonß et al., S. 112). Einige will ich hier nennen: Maria Rave-Schwank in Riedstadt und später in Karlsruhe, Michael von Cranach in Kaufbeuren, Heiner Kunze in Merxhausen bei Kassel, Peter Kruckenberg in Bremen, Jürgen Lotze in Lüneburg, Wolfgang Werner in Merzig. Rave-Schwank leistete Pionierarbeit zur Qualifizierung der Krankenpflege in der Psychiatrie, von Cranach ebenso wie Dörner und Finzen Wesentliches zur Aufarbeitung der Psychiatrie in der Zeit des Nationalsozialismus. Kunze und Kruckenberg waren zusammen mit Niels Pörksen unermüdliche Antreiber der Reforminitiativen der APK. Lotze verkleinerte Schritt für Schritt das riesige Einzugsgebiet seiner Klinik zugunsten mehrerer psychiatrischer Abteilungen an Allgemeinkrankenhäusern. Auf diesem Wege gelang Werner im Saarland sogar die Auflösung „seines" Landeskrankenhauses (Werner, 1998): Es wurde ein Allgemeinkrankenhaus mit einer kleinen psychiatrischen Abteilung nur noch für den Landkreis Merzig.

Die wenigen Universitätskliniken mit sozialpsychiatrischer Ausrichtung waren Leuchttürme im Meer einer meist unverändert biomedizinischen Psychiatrie: Sie standen in Hannover unter Karl Peter Kisker, Erich Wulff und Wielant Machleidt (1966–2007), in Ulm/Günzburg unter Thomas Becker (2002–2021), in Leipzig unter Klaus Weise und Matthias Angermeyer (1973–2006) – ausnahmsweise gelang hier sogar ab 2019 unter Georg Schomerus ein freilich weichgespülter Neustart. Was die Forschung betrifft, dominierte Heidelberg/Mannheim unter Heinz Häfner (1967–1994). Universitäre Leuchttürme im deutschsprachigen Ausland gab es in Wien unter Heinz Katschnig (1991–2007) und in Bern unter Luc Ciompi (1977–1994). Kisker, Wulff und Weise schufen in Hannover und Leipzig Vorbilder einer regionalisierten Gemeindepsychiatrie und zeigten der Psychiatrie, was sie an philosophischem und sozialwissenschaftlichem Gehalt gewinnen kann, wenn sie ihre Scheuklappen ablegt. Häfner, Becker und Angermeyer realisierten eine Vielzahl hochkarätiger empirischer Forschungsprojekte. Katschnig war ein internationaler Netzwerker, ein Experte in der Lebensqualitäts-Forschung und früher Förderer der Angehörigenbewegung. Ciompi untersuchte den Langzeitverlauf psychotischer Erkrankungen, erprobte eine sanfte Akutbehandlung bei schizophrenen Krisen (Soteria-Modell) und entwickelte eine Theorie der Wechselwirkungen von Denken und Fühlen (Affektlogik).

Zahllose, oft gut untereinander vernetzte Aktivisten engagierten sich an der Basis und in Leitungsfunktionen oft jahrzehntelang mit hohem persönlichem Einsatz für eine soziale Psychiatrie, und nur so ging es überhaupt vorwärts. Als Pioniere einer ambulant zentrierten Gemeindepsychiatrie mit regionaler Versorgungsverpflichtung haben mich besonders Niels Pörksen, Manfred Bauer und Heiner Keupp beeindruckt: Pörksen setzte zunächst bei Häfner in Mannheim etwas von dem um, was er in den USA bei Gerald Caplan am *Laboratory of Community*

Psychiatry der *Harvard Medical School* gelernt hatte (Pörksen, 1974). Als Häfner ihn stoppte, wechselte er als Chefarzt nach Häcklingen bei Lüneburg und später nach Bethel/Bielefeld; er war ein Motor der Reform, blickte aber immer auch auf ihre Schattenseiten (Pörksen, 2014).

Bauer kam 1969 in Begleitung von Mark Richartz und Alfred Drees mit radikalen Ansichten zu Kisker nach Hannover (Bauer & Richartz, 1969). Nach einem Forschungsaufenthalt bei dem Soziologen-Psychiater-Gespann George Brown und John Wing am *Maudsley Hospital* in London mutierte er zu einem erfolgreichen pragmatischen Organisator der Psychiatriereform (Bauer, 1977). Er lebte das Motto „Jeder kehre zuerst vor seiner eigenen Tür", kämpfte für den Aufbau psychiatrischer Abteilungen an Allgemeinkliniken und für die Auflösung aller Sonderkrankenhäuser (Bauer, 2007). Als Chefarzt einer solchen Abteilung in seiner Heimatstadt Offenbach schuf er vorbildliche wohnortnahe Versorgungsstrukturen (Bauer & Berger, 1988).

Anders als Pörksen und Bauer, die ebenfalls eine Reform aus der Klinik betrieben, plädierte der Sozialpsychologe Keupp dafür, von ambulanten psychosozialen Hilfen und gesellschaftspolitischen Initiativen der Zivilgesellschaft auszugehen. Keupp war 1978–2009 Professor für Sozial- und Gemeindepsychologie an der LMU München und ein bedeutender Kritiker der herkömmlichen Psychiatrie, startend 1972 mit einer Doktorarbeit zur Soziogenese psychischer Störungen (Keupp, 1972a). Im Rückblick auf die letzten 50 Jahre sah er 2017 eine „erschöpfte Gesellschaft" in der Ohnmachtsfalle sitzen (Keupp, 2018). Er hob die Bedeutung der neuen sozialen Bewegungen als kollektive Zukunftswerkstätten hervor, zu denen er neben Frauen-, Selbsthilfe- und Ökologiebewegung auch die Psychiatriereformbewegung zählte.

Hans Ulrich Deppe steht für einen marxistischen Ansatz soziologischer Kritik an einer Schulmedizin, die psychosoziale Dimensionen vernachlässigt (Deppe, 1987). Für ihn ist die Gesundheitspolitik wesentlich von der gesamtgesellschaftlichen Entwicklung geprägt, ungeachtet ihrer relativen Eigenständigkeit. Deppe entstammt der linken sozialwissenschaftlichen „Marburger Schule" um den Politologie-Professor Wolfgang Abendroth (Peter, 2014, S. 102). Als Arzt, Soziologe und Politologe besetzte er 1972–2004 in Frankfurt am Main den ersten Lehrstuhl für Medizinische Soziologie an einer deutschen Universität. Er war mit Erich Wulff befreundet und publizierte viel in der Zeitschrift „Das Argument", das schon 1969 ein Themenheft „Zur Sozialkritik der Psychologie, Psychiatrie, Medizin" herausbrachte (Haug & Müller-Wirth, 1969). Diese Zeitschrift veröffentlichte immer wieder Beiträge bzw. ganze Themenhefte zur Kritik des Gesundheitswesens und speziell auch der Psychiatrie (Brunett et al., 2016). Anlässlich des 40-jährigen Jubiläums der DGSP beschrieb Deppe die Anfänge der Psychiatriereform aus seiner Sicht und würdigte die Jubilarin als unverändert notwendige soziale Bewegung im Gesundheitswesen (Deppe, 2011).

Ein bis heute lebendiges Forum für soziologische Kritik und sozialpsychiatrische Alternativen ist die Zeitschrift „Sozialpsychiatrische Informationen" (SI), in deren Redaktion ich 1986–2021 mitarbeitete. Seit 1971 bereichert sie mit ihrer Ausrichtung den intellektuellen Austausch der sozialpsychiatrischen Bewegung. Bei der Durchsicht aller Hefte bis 2020 konnte ich die Themen der 155 Schwerpunkthefte und der 556 Einzelbeiträge von 53 Mischheften drei Hauptthemen und vier Begleitmelodien zuordnen (Elgeti, 2021): In den ersten 20 Jahren wurde das Hauptthema „Psychiatriereform – Konzepte und Strukturen" am häufigsten behandelt, seitdem führt das Hauptthema „geistes- und sozialwissenschaftliche Bezüge" mit Diskursen zur Politik und Ökonomie, zur Theorie, Philosophie, Ethik und Geschichte der Psychiatrie.

5 Gedanken zum bisherigen und künftigen Lauf der Dinge

Das SI-Heft 2/2017 widmete sich dem Themenschwerpunkt „Sozialpsychiatrie und Forschung", aus dem ich die Beiträge von Hans Joachim Salize, Asmus Finzen sowie Reinhold Kilian herausgreife und kurz kommentiere. Die renommierten Soziologen Kilian und Salize haben jahrzehntelange Erfahrungen in sozialpsychiatrischer Forschung an medizinischen Fakultäten, Kilian 1995–2007 in Leipzig und danach in Günzburg, Salize seit 1991 in Mannheim. Ebenso wie Finzen reflektieren sie kritisch die Stellung der Soziologie in der (sozial-)psychiatrischen Forschung und denken über die Möglichkeit einer Wiederannäherung der beiden Fachgebiete nach.

Salize stellt die Frage „Welche Aufgaben hat sozialpsychiatrische Forschung im galoppierenden sozialstrukturellen Wandel?" (Salize, 2017). Er diagnostiziert bei der Sozialpsychiatrie einen Mangel an theoretischer Fundierung des „Sozialen" und an wissenschaftlicher Evidenz bei ihren Aktivitäten und Versorgungsansätzen. Seit den 1990er-Jahren habe der universitäre Trend der Medizinisierung der Psychiatrie zu ihrer Entpolitisierung beigetragen. Die Evaluation der vorherrschenden Versorgungsstrategien müsse mit einer konsequent nutzerorientierten, sektorenübergreifenden, volkswirtschaftlichen Perspektive erfolgen, auch mit Blick auf die an den Rand gedrängten Risikogruppen. Dabei verschweigt Salize allerdings, dass dies nicht funktionieren kann ohne eine Infragestellung des Profitprinzips, das sich auch in der psychiatrischen Versorgung ausgebreitet hat (Elgeti, 2013).

Finzen sieht in seinem Beitrag „Soziologie und sozialpsychiatrische Forschung" die größten Hindernisse für eine Zusammenarbeit von Psychiatern und Soziologen auf Seiten der Medizin (Finzen, 2017). Sie müsse sich eingestehen, dass bestimmte Untersuchungsansätze einer eigenständigen sozialwissenschaftlichen Methodik bedürfen. Auf psychiatrischer Seite neige man zu methodologischer Autarkie und sähe keinen Grund, warum man nicht alles selbst können solle. In dieser Neigung sehe ich eine Abwehrmaßnahme zum Schutz der biomedizinischen Ideologie, deren Bekenntnis zum biopsychosozialen Krankheitsmodell nur eine hohle Phrase ist.

Kilian äußert sich „Zum Verhältnis von Soziologie und Psychiatrie – revisited" (Kilian, 2017). Er führt den Abstieg der Soziologie in die Bedeutungslosigkeit darauf zurück, dass sie die bestehenden Verhältnisse zwar treffend charakterisieren, aber wenig zu ihrer Erneuerung beitragen könne. Die Bedeutung gesellschaftlicher Strukturen und Prozesse für die Entstehung und die Definition psychischer Erkrankungen, für ihre Behandlung und ihren Verlauf seien keineswegs ausreichend erforscht. Soziologen sollten sich wieder trauen, in die Welt der Psychiatrie einzureisen, und diese Welt mit ihren spezifischen Fragen und Instrumenten erkunden. Umgekehrt müssten auch psychiatrische Fachkräfte bereit sein, deren Erkenntnisse für eine kritische Reflexion ihrer Arbeit zu nutzen.

Nach meinem Eindruck fehlt der Soziologie in der Tat eine profilbildende Botschaft, was sie praktisch zu einer Verbesserung der Lage psychisch erkrankter Menschen in unserer Gesellschaft beitragen will. Könnte sie nicht die Emanzipation und Inklusion psychosozial beeinträchtigter und benachteiligter Menschen z. B. dadurch fördern, dass sie Fachpersonal qualifiziert für die Organisationsentwicklung und Moderation von Veränderungsprozessen in Institutionen und regionalen Netzwerken, Behörden und Verbänden? Während meines Berufslebens habe ich immer wieder erlebt, wie Reformprozesse nicht in Gang kamen, blockiert wurden oder versandeten, nur weil die mit der Prozessierung beauftragten Personen dabei versagt haben. Allzu oft sind da Leute am Werk, die sich diese Kompetenz ohne entsprechende Qualifikation und Begabung einbilden bzw. von Vorgesetzten dazu verpflichtet werden.

Die Sozialpsychiatrie als handlungsorientierte Spezialdisziplin an der Schnittstelle von Psychiatrie und Sozialer Arbeit verfügt immerhin seit Jahrzehnten über einen glaubwürdigen Kompass (Elgeti, 2010b): Sie betont die soziale Dimension psychischer Störungen, ohne biologische und psychologische Aspekte zu ignorieren. Sie sucht im gemeindepsychiatrischen Reformprozess nach einer Verbesserung der Lage der stark beeinträchtigten und benachteiligten Menschen und schaut kritisch auf das, was sie dabei anrichtet. Sie legt Wert auf einen partnerschaftlichen, respektvollen Dialog der Fachleute mit den Betroffenen und ihren Angehörigen, wofür sich der Begriff „Trialog" eingebürgert hat. Diese Grundhaltung kann sich in jedweder psychiatrischen Tätigkeit beweisen, nicht nur in der speziell sozialpsychiatrischen Lehre, Forschung und Krankenversorgung oder beim übergreifenden gesundheitspolitischen Einsatz für die Rücknahme sozialer Ausgrenzungsprozesse gegenüber psychisch Kranken.

In den 20 Jahren von 1960 bis 1980 führten Soziologen und sozialpsychiatrische Aktivisten gemeinsam einen mutigen Angriff auf eine übermächtige und rückständige Anstaltspsychiatrie. Sie hätten keine Chance gehabt ohne den Rückenwind einer Gesellschaftsreform, der eine sozialliberale Bundesregierung ab 1969 Schwung verlieh. In den folgenden 20 Jahren von 1980 bis 2000 wehte den Reformaktivisten der Wind des dominant werdenden Neoliberalismus immer stärker ins Gesicht, und aus dem Vormarsch wurde ein kräftezehrender Abwehrkampf mit dem Verlust vieler Bastionen. Er wurde überlagert durch eine immer weiter ausgreifende Dynamisierung gesellschaftlicher Verhältnisse, gekennzeichnet durch eine paradoxe Kombination von sozialer Beschleunigung und sozialer Erstarrung (Rosa, 2005, S. 428 ff.). Die Digitalisierung der Kommunikation trägt ihren Teil dazu bei und bringt unabsehbare Risiken auch für die Psychiatrie und Psychotherapie mit sich (Elgeti, 2023).

Inzwischen hat sich eine „Gesellschaft der Singularitäten" ausgebildet, und im öffentlichen Diskurs sind Dystopie und Nostalgie an die Stelle des liberalen Narrativs vom sich quasi naturwüchsig verstetigenden Fortschritt getreten (Reckwitz, 2019). Was die Psychiatrie betrifft, haben sich viele erschöpfte sozialpsychiatrische Kämpferinnen und Kämpfer in die Privatpraxis oder in die Altersrente zerstreut. Wer seiner Einrichtung treu blieb, bemühte sich teils verzweifelt, teils euphorisch, diese profitabel zu machen. Aus der Zerstreuung wird zunehmend Verflüchtigung, da auch Reformaktivisten nicht ewig leben und es zunehmend schwieriger wird, die gelichteten Reihen mit engagierten und kompetenten Nachwuchskräften aufzufüllen. Wer sich psychologisch interessiert, lässt sich heutzutage eher psychotherapeutisch ausbilden und bevorzugt die selbstbestimmte Arbeit in der eigenen Praxis. Fachkräfte aus der Krankenpflege und der Sozialpädagogik fehlen überall und können leicht den Job wechseln, wenn sie mit den Arbeitsbedingungen unzufrieden sind. Immer weniger Ärztinnen und Ärzte wollen in der Psychiatrie arbeiten: Im Studium wird man fasziniert von der technisch hochgerüsteten Körpermedizin, erfährt aber nur höchst selten, wie erfüllend eine sozialpsychiatrische Tätigkeit sein könnte.

Zu Beginn des Reformprozesses riet Mark Richartz bei einem Expertengespräch im Rundfunk, jeder Sozialpsychiater solle bedenken, unter welchen gesellschaftlichen Bedingungen er arbeite (Richter et al., 1971, S. 31 f.): Nur wer die Tatsachen kenne, die Sozialpsychiatrie möglich machen, könne „sehen, welche Konflikte es geben kann, um einkalkulieren zu können, dass bei einer Veränderung der ökonomischen Lage diese sozialpsychiatrischen Ansätze als ein modischer Firlefanz abgetan werden können und es einen Rückzug der Psychiatrie auf alte Positionen und auf alte Organisationsmodelle geben kann."

Dieser 50 Jahre alte Hinweis von Richartz lässt mich zweifeln bei den Hausaufgaben, die Salize jüngst verteilt hat (Salize, 2021): Wie soll denn die Spaltung zwischen Psychiatrie, Sozialpsychiatrie, Psychotherapie und Psychosomatik überwindbar sein, ohne dass die Schulmedizin ihre biomedizinischen Scheuklappen ablegt und sich eine Anthropologie der Heilkunde zu eigen macht, die die gesellschaftliche Natur des Menschen ernst nimmt (Hartmann, 1993; Dörner, 2001)? Wie lassen sich gemeinsame zeitgemäße Forschungs- und Versorgungsstrategien entwickeln, solange das Gesundheits- und Sozialwesen auf Konkurrenz und Kommerz getrimmt wird? Ist es wirklich ratsam, dass Politik und Krankenkassen die sozial- und psychiatriepolitische Definitions- und Gestaltungshoheit an die psychiatrische Fachexpertise zurückgeben, wenn diese von Partikularinteressen gelenkt wird? Und um ein auf wirklicher Teilhabe und Solidarität beruhendes Gesellschaftsmodell zu errichten, bräuchte man doch praktikable Alternativen zum Wachstumsfetischismus und zur Profitgier einer ungezügelten kapitalistischen Ökonomie.

Dennoch sollten wir niemals ausschließen, dass sich der Lauf der Dinge zum Guten wendet, und unseren Teil dazu tun, dies zu befördern und uns darauf vorzubereiten. Dazu kann jede Person nach den ihr gegebenen Möglichkeiten etwas beitragen. Dabei helfen Koalitionsbildung sowie eine gute Balance von Anpassung an die herrschenden Verhältnisse und Widerstand dagegen, um sie zu verändern (Elgeti, 2021). Da die *Mainstream*-Psychiatrie in ihrer biomedizinischen Ideologie gefangen ist, sollten sich zunächst Soziologie und Sozialpsychiatrie verständigen, wofür sie stehen und wo sie füreinander anschlussfähig sind. Zwei Brennpunkte verdienen aus meiner Sicht eine besondere Aufmerksamkeit: Die Sozialpsychiatrischen Dienste in den Kommunen müssen aus ihrem Schattendasein herausgeholt werden; denn nirgendwo kann Sozialpsychiatrie so wirksam werden wie dort, wenn die dafür notwendigen Ressourcen zum Einsatz kommen (Albers et al., 2025). Und die biomedizinisch geprägte „präventive Psychiatrie", die der *Mainstream* propagiert, erfordert dringend alternative Perspektiven zur Förderung seelischer Gesundheit (Elgeti et al., 2020). An einem solchen Dialog mit der Soziologie sind auf sozialpsychiatrischer Seite sicherlich die DGSP und die SI, möglicherweise auch die APK interessiert – aber wer könnte, sollte und wollte die Soziologie bei diesem Dialog repräsentieren?

▶ **Hinweis** *Die mit einem *Asterix gekennzeichneten Artikel stehen im MHH-Publikationsserver als PDF-Dateien kostenlos zur Verfügung: https://mhh-publikationsserver.gbv.de/servlets/solr/select?q=%2BobjectType%3A%22mods%22+%2Bmods.name%3AHermann+%2Bmods.name%3AElgeti+%2B%28state%3A%22published%22+createdby%3A%22guest%22%29&fl=*&sort=mods.dateIssued+desc&rows=20&version=4.5&mask=content%2Fmain%2Fsearch%2Fsimple.xed*

Literatur

Aktion Psychisch Kranke (Hrsg.). (2001). *25 Jahre Psychiatrie-Enquete* (Bd. I und II). Psychiatrie-Verlag.

Albers, M., Elgeti, H., & Obert, K. (2025). Sozialpsychiatrische Dienste in der Kommune. In A. Brettschneider, S. Grohs, & N. Jehles (Hrsg.), *Handbuch Kommunale Sozialpolitik*. Springer VS (im Druck).

Althusser, L. (2010/2012). *Ideologie und ideologische Staatsapparate/Über die Reproduktion*. VSA.

Armbruster, J., Dieterich, A., Hahn, D., & Ratzke, K. (Hrsg.). (2015). *40 Jahre Psychiatrie-Enquete – Blick zurück nach vorn*. Psychiatrie Verlag.

Assion, H.-J., Debbelt, P., Franz, U., & Dimmek, B. (Hrsg.). (2016). *Psychiatrie in Entwicklung: 40 Jahre Psychiatrie-Enquete*. Pabst Science Publishers.

Bateson, G., et al. (1969). *Schizophrenie und Familie*. Suhrkamp.

Bauer, M. (1977). *Sektorisierte Psychiatrie im Rahmen einer Universitätsklinik – Anspruch, Wirklichkeit und praktische Erfahrungen*. Ferdinand Enke Verlag.

Bauer, M. (2007). Zur Geschichte der Abteilungspsychiatrie in der Bundesrepublik Deutschland. *Psychiatrische Praxis, 34*(06), 26–34.

Bauer, M., & Berger, H. (1988). *Kommunale Psychiatrie auf dem Prüfstand – Das Beispiel Offenbach*. Ferdinand Enke Verlag.

Bauer, M., & Richartz, M. (1969). Angepasste Psychiatrie als Psychiatrie der Anpassung. In W. F. Haug (Hrsg.), *Kritik der bürgerlichen Medizin (Das Argument 60)* (S. 152–162). Argument.

Bieger, P., & Kieser, S. (2020). Katalysator, Motor, Ideengeber – und, wenn es sein muss, Störfaktor: Herzlichen Glückwunsch, Asmus Finzen! *Sozialpsychiatrische Informationen, 50*(2), 61–62.

Binding, K., & Hoche, A. (1920). Die Freigabe der Vernichtung lebensunwerten Lebens – ihr Maß und ihre Form. Verlag von Felix Meiner (Wiederabdruck der ärztlichen Bemerkungen von A. Hoche (2007)). *Sozialpsychiatrische Informationen, 37*(1), 39–44.

BMG (Bundesminister für Gesundheit) (Hrsg.). (1991). *Zur Lage der Psychiatrie in der ehemaligen DDR – Bestandsaufnahme und Empfehlungen*. Eigendruck.

BMG (Bundesministerium für Gesundheit) (Hrsg.). (1995). *Modellprojekte Gemeindepsychiatrische Versorgung im Verbund ambulanter Angebote: Pilotprojekte in den neuen Bundesländern im Modellverbund „Psychiatrie"*. Nomos Verlagsgesellschaft.

BMJFFG (Bundesminister für Jugend, Familie, Frauen und Gesundheit) (Hrsg.). (1988). *Empfehlungen der Expertenkommission zur Reform der Versorgung im psychiatrischen und psychotherapeutisch/psychosomatischen Bereich auf der Grundlage des Modellprogramms der Bundesregierung*. Eigendruck.

Bock, T., Buck, D., & Meyer, H.-J. (2009). Entwicklungslinien des Trialogs. *Sozialpsychiatrische Informationen, 39*(3), 4–6.

Bonß, W., von Kardorff, E., & Riedmüller, B. (Hrsg.). (1985). *Modernisierung statt Reform – Gemeindepsychiatrie in der Krise des Sozialstaats*. Campus.

*Bröer, F., & Elgeti, H. (1980). *Die Bedeutung des Hausarztes bei der ambulanten Betreuung psychiatrischer Patienten*. Dissertation zur Erlangung des Doktorgrades der Medizin an der Medizinischen Hochschule Hannover. Hannover (Eigendruck). Kurzfassung in *Mensch, Medizin, Gesellschaft* 7 (1982). (S. 106–115).

Brunett, R., Dieterich, A., Geene, R., Gerlinger, T., Hahn, D., Herrmann, M., Kümpers, S., Lenhardt, U., Ottovay, K., & Stegmüller, K. (Hrsg.). (2016). *Kritik. Jahrbuch für Kritische Medizin und Gesundheitswissenschaften 51*. Argument.

Bühring, P. (2001). Psychiatrie-Reform: Auf halbem Weg stecken geblieben. *Deutsches Ärzteblatt, 98*(6), A301–A307.

Charim, I. (2002). *Der Althusser-Effekt – Entwurf einer Ideologietheorie*. Passagen.

Cranach, M., & Finzen, A. (1972). *Sozialpsychiatrische Texte – Psychische Krankheit als sozialer Prozess, Psychiatrische Epidemiologie*. Springer.

Deppe, H.-U. (1987). *Krankheit ist ohne Politik nicht heilbar*. Suhrkamp.

Deppe, H.-U. (2011). Die Deutsche Gesellschaft für Sozialpsychiatrie (DGSP) als soziale Bewegung im Gesundheitswesen – zur Entstehungsgeschichte. *Sozialpsychiatrische Informationen, 41*(2), 45–48.

Deutscher Bundestag. (1970). Antrag der Abgeordneten Picard, Dr. Martin, Dr. Jungmann, Dr. Götz, Burger, Prinz zu Sayn-Wittgenstein-Hohenstein, von Thadden, Köster und der Fraktion der CDU/CSU betr. Situation der Psychiatrie in der Bundesrepublik (Drucksache VI/474 Sachgebiet 212). *Sozialpsychiatrische Informationen* 2, 10/11 September 1972, 17–18.

Deutscher Bundestag. (1975). *Bericht über die Lage der Psychiatrie in der Bundesrepublik Deutschland – Zur psychiatrischen und psychotherapeutisch/psychosomatischen Versorgung der Bevölkerung*. Drucksache 7/4200–4201.

Dörner, K. (1969). *Bürger und Irre: Zur Sozialgeschichte und Wissenschaftssoziologie der Psychiatrie*. Europäische Verlagsanstalt.

Dörner, K. (2001). *Der gute Arzt – Lehrbuch der ärztlichen Grundhaltung*. Schattauer.

Dörner, K. (2017). Wege der Psychiatrie (Psychiatriegeschichte). In K. Dörner, U. Plog, T. Bock, P. Brieger, A. Heinz, & F. Wendt (Hrsg.), *Irren ist menschlich – Lehrbuch der Psychiatrie und Psychotherapie* (S. 687–714). Psychiatrie Verlag.

Dörner, K., & Plog, U. (Hrsg.). (1972). *Sozialpsychiatrie – Psychisches Leiden zwischen Integration und Emanzipation*. Luchterhand.

Dörner, K., Plog, U., Bock, T., Brieger, P., Heinz, A., & Wendt, F. (Hrsg.). (2017). *Irren ist menschlich – Lehrbuch der Psychiatrie und Psychotherapie* (24. Aufl.). Psychiatrie Verlag.

Dörre, K., Lessenich, S., & Rosa, H. (2009). *Soziologie – Kapitalismus – Kritik. Eine Debatte*. Suhrkamp.

*Elgeti, H. (2006). 40 Jahre Wind aus wechselnden Richtungen: Der psychiatrische Zeitgeist weht durch die vier Auflagen des Handbuchs „Psychiatrie der Gegenwart". *Sozialpsychiatrische Informationen, 36*(4), 19–26.
*Elgeti, H. (2007). Einführung zu „Ärztliche Bemerkungen" von A. Hoche. *Sozialpsychiatrische Informationen, 37*(1), 37–38.
*Elgeti, H. (2010a). Die ersten 40 Jahre – Kleine Chronik der Sozialpsychiatrischen Informationen 1970–2009. *Sozialpsychiatrische Informationen, 40*(1), 3–6.
*Elgeti, H. (2010b). Wofür steht die Sozialpsychiatrie? In H. Elgeti & M. Albers (Hrsg.), *Hart am Wind: Welchen Kurs nimmt die Sozialpsychiatrie?* (S. 12–22). Psychiatrie-Verlag.
*Elgeti, H. (2011a). Visionen verdecken Realitäten – auch in der Psychiatrie. *Sozialpsychiatrische Informationen, 41*(2), 4–6.
*Elgeti, H. (2011b). Was haben Aufklärung und Romantik in der Psychiatrie zu suchen? *Sozialpsychiatrische Informationen, 41*(3), 3–7.
*Elgeti, H. (2013). Profitinteressen passen nicht zu einer sozialen Psychiatrie – Integrierte Versorgung für AOK-Versicherte mit Schizophrenie in Niedersachsen und was daraus wurde. *Nervenheilkunde, 32*, 301–306.
*Elgeti, H. (2016). Wo stehen wir nach 40 Jahren Psychiatriereform? *Sozialpsychiatrische Informationen, 46*(2), 56–60.
*Elgeti, H. (2019). Psychiatriereform braucht gute Planung – Bund, Länder und Kommunen tragen dafür Verantwortung. *Bundesgesundheitsblatt, 62*(2), 222–229.
*Elgeti, H. (2019). *Wohin treibt die Sozialpsychiatrie? Erfahrungsberichte und Debattenbeiträge* (Band 3 der Reihe *Hart am Wind*). Psychiatrie Verlag.
*Elgeti, H. (2021). Wie spiegelt sich die Psychiatriereform der letzten 50 Jahre in der Zeitschrift „Sozialpsychiatrische Informationen"? *Sozialpsychiatrische Informationen, 51*(1), 7–12.
*Elgeti, H. (2021). *Erfahrungen mit Anpassung und Widerstand in der Sozialpsychiatrie* (Erweiterte schriftliche Fassung des Vortrags am 24.03.2021 zum Auftakt der Online-Veranstaltungsreihe des Netzwerks Sozialpsychiatrischer Dienste in Deutschland). https://www.sozialpsychiatrische-dienste.de/archiv-tagungsdokumentationen/veranstaltungen-2021/. Zugegriffen am 01.01.2023.
*Elgeti, H. (2022). Gedanken eines Sozialpsychiaters zur Antipsychiatrie. *Sozialpsychiatrische Informationen, 52*(2), 19–24.
*Elgeti, H. (2023). Tatort Universität – Sozialpsychiater kämpfen Anfang der 1970er-Jahre in Hannover und Heidelberg um Lehrstühle. *Sozialpsychiatrische Informationen, 53*(1), 52–57.
*Elgeti, H. (2023). Anpassung – Widerstand? Anmerkungen zur sozialpsychiatrischen Haltung im Angesicht der Digitalisierung. *Sozialpsychiatrische Informationen, 53*(2) (im Druck).
*Elgeti, H., Altgeld, T., & Sterner, J. (2020). Was fördert seelische Gesundheit? Alternative Perspektiven auf eine präventive Psychiatrie (Editorial). *Sozialpsychiatrische Informationen, 50*(2), 1–2.
Finzen, A. (2009). *Psychiatrie und Soziologie. Eine Einladung.* https://www.yumpu.com/de/document/view/21307244/psychiatrie-und-soziologie-eine-einladung-prof-dr-med-asmus-/23. Zugegriffen am 01.01.2023.
Finzen, A. (2017). Soziologie und sozialpsychiatrische Forschung. *Sozialpsychiatrische Informationen, 47*(2), 8–11.

Gruhle, H. W., Jung, R., Mayer-Gross, W., & Müller, M. (Hrsg.). (1960-1967). *Psychiatrie der Gegenwart – Forschung und Praxis*. Springer VS.

Güse, H.-G., & Schmacke, N. (1976). *Psychiatrie zwischen bürgerlicher Revolution und Faschismus (Band 1 und 2)*. Athenäum.

Habermas, J. (1981). *Theorie des kommunikativen Handelns – Band 1: Handlungsrationalität und gesellschaftliche Rationalisierung*. Suhrkamp.

Hartmann, F. (1993). Gegen-Stand und Gegen-Über im Umgang mit Kranken. *Sozialpsychiatrische Informationen, 23*(4), 30–38.

Hartmann, F., & Pflanz, M. (1971). *Klinisches und sozialwissenschaftliches Curriculum an der Medizinischen Hochschule Hannover. Hochschuldidaktische Materialien Nr. 31*. Arbeitskreis für Hochschuldidaktik.

Haug, W. F., & Müller-Wirth, C. (Hrsg.). (1969). Zur Sozialkritik der Psychologie, Psychiatrie, Medizin. *Das Argument, 50*(3). Argument.

Hauth, I., Falkai, P., & Deister, A. (Hrsg.). (2017). *Psyche Mensch Gesellschaft – Psychiatrie und Psychotherapie in Deutschland: Forschung, Versorgung, Teilhabe*. Medizinisch Wissenschaftliche Verlagsgesellschaft.

Helmchen, H., Henn, F., Lauter, H., & Sartorius, N. (Hrsg.). (1999-2000). *Psychiatrie der Gegenwart* (4. Aufl.). Springer.

Hollingshead, A. B., & Redlich, F. (1975). *Der Sozialcharakter psychischer Störungen – Eine sozialpsychiatrische Untersuchung*. S. Fischer.

Kardorff, E. v. (2015). Was ist aus dem gesellschaftspolitischen Projekt der Psychiatrie geworden? In J. Armbruster, A. Dieterich, D. Hahn, & K. Ratzke (Hrsg.), *40 Jahre Psychiatrie-Enquete von – Blick zurück nach vorn* (S. 148–164). Psychiatrie Verlag.

Keupp, H. (1972a). *Psychische Störungen als abweichendes Verhalten – Zur Soziogenese psychischer Störungen*. Urban & Schwarzenberg.

Keupp, H. (Hrsg.). (1972b). *Der Krankheitsmythos in der Psychopathologie – Darstellung einer Kontroverse*. Urban & Schwarzenberg.

Keupp, H. (2018). Heraus aus der Ohnmachtsfalle einer „erschöpften Gesellschaft" – zivilgesellschaftliche Impulse von und für die Sozialpsychiatrie. *Soziale Psychiatrie, 42*(2), 20–25. Langversion. https://www.dgsp-ev.de/fileadmin/user_files/dgsp/dgsp/SP/SP_160/Keupp_Vortrag_DGSP_Jahrestagung_2017_Langversion.pdf. Zugegriffen am 01.01.2023.

Kilian, R. (2017). Zum Verhältnis von Soziologie und Psychiatrie – revisited. *Sozialpsychiatrische Informationen, 47*(2), 12–15.

Kisker, K. P., Meyer, H., Müller, C., & Strömgren, E. (Hrsg.). (1975-1980). *Psychiatrie der Gegenwart – Forschung und Praxis* (2. Aufl.). Springer VS.

Kisker, K. P., Lauter, H., Meyer, J.-E., Müller, C., & Strömgren, E. (Hrsg.) (1986-1989). *Psychiatrie der Gegenwart* (3., völlig. neu gestaltete Aufl.). Springer VS.

Kruckenberg, P., et al. (1999). *Von institutionszentrierten- zu personenzentrierten Hilfen in der psychiatrischen Versorgung* (Bd. I und II). Nomos.

Kunze, H. (2015). *Psychisch krank in Deutschland – Plädoyer für ein zeitgemäßes Versorgungssystem*. Kohlhammer.

Lauter, H., & Meyer, J.-E. (Hrsg.). (1971). *Der psychisch Kranke und die Gesellschaft – Tagung der Evangelischen Akademie Loccum*. Georg Thieme.

Mahlke, S. (Hrsg.). (2019). *Atlas der Globalisierung – Welt in Bewegung*. taz Verlags- und Vertriebs-GmbH.

Möller, H.-J., Laux, G., & Kapfhammer, H.-P. (Hrsg.). (2017). *Psychiatrie, Psychosomatik, Psychotherapie* (5. Aufl.). Springer VS.

Peter, L. (2014). *Marx an die Uni: Die „Marburger Schule" – Geschichte, Probleme, Akteure*. Papyrossa.

Pörksen, N. (1974). *Kommunale Psychiatrie – Das Mannheimer Modell*. Rowohlt.

Pörksen, N. (2014). Gemeindepsychiatrie – eine noch immer lohnende Perspektive? *Soziale Psychiatrie, 38*(2), 24–27.

Reckwitz, A. (2019). *Das Ende der Illusionen – Politik, Ökonomie und Kultur in der Spätmoderne*. Suhrkamp.

Reumschüssel-Wienert, C. (2021). *Psychiatriereform in der Bundesrepublik Deutschland: Eine Chronik der Sozialpsychiatrie und ihres Verbandes – der DGSP*. transcript.

Richter, H.-E., Dörner, K., Richartz, M., Wulff, E., Pörksen, N., & Winkler, W. T. (1971). Was ist Sozialpsychiatrie? *Sozialpsychiatrische Informationen, 1*(5), 2–38.

Rosa, H. (2005). *Beschleunigung – Die Veränderung der Zeitstrukturen in der Moderne*. Suhrkamp.

Rössler, W. (2017). Sozialpsychiatrische Aspekte psychischer Erkrankungen. In H.-J. Möller, G. Laux, & H.-P. Kapfhammer (Hrsg.), *Psychiatrie, Psychosomatik, Psychotherapie* (5. Aufl., S. 371–383). Springer VS.

Salize, H. J. (2017). Welche Aufgaben hat sozialpsychiatrische Forschung im galoppierenden sozialstrukturellen Wandel? *Sozialpsychiatrische Informationen, 47*(2), 3–7.

Salize, H. J. (2021). Soziale Klasse und psychische Erkrankung. *Sozialpsychiatrische Informationen, 51*(2), 16–21.

Sève, L. (1977). *Marxismus und Theorie der Persönlichkeit* (3. Aufl.). Marxistische Blätter.

Siegrist, J. (2022). Die Entwicklung der Medizinischen Soziologie in Deutschland. In J. Siegrist, U. Stößel, & A. Trojan (Hrsg.), *Medizinische Soziologie in Deutschland* (S. 3–21). Springer VS.

Stierl, S., & Bauer, M. (2007). Die Psychiatriereform war nur eine Modernisierung (Debatte: Pro & Contra). *Psychiatrische Praxis, 34*, 215–217.

Streeck, W. (2015). *Gekaufte Zeit – Die vertagte Krise des demokratischen Kapitalismus (Erweiterte Ausgabe)*. Suhrkamp.

Uexküll, T. v., & Wesiack, W. (1990). Wissenschaftstheorie und Psychosomatische Medizin, ein bio-psycho-soziales Modell. In R. Adler, J. M. Herrmann, K. Köhle, O. W. Schonecke, T. von Uexküll, & W. Wesiack (Hrsg.), *Psychosomatische Medizin* (S. 5–38). Urban & Schwarzenberg.

Werner, W. (Hrsg.). (1998). *Auflösung ist machbar – Vom Großkrankenhaus zur Dezentralisierung*. Psychiatrie-Verlag.

Psychiatrische Kategorien in sekundären Verwendungszusammenhängen. Traveling Concepts und die alltäglichen Wege zwischen Psychiatrie und Lebenswelt

Martin Harbusch

1 Der Erfolg psychiatrischer Konzepte und deren sozialwissenschaftliche Kritik

Konzepte der Psychiatrie haben sich zur Deutung individueller Schwierigkeiten in den vergangenen Jahrzehnten zusehends durchgesetzt. Mit der wachsenden Zahl von Krankheitskategorien in den Diagnosekatalogen ist nicht nur die Zahl diagnostizierter Menschen weiter deutlich gestiegen (Statista Research Department, 2022), sondern psychiatrische Deutungen haben auch weiter an Einfluss auf die Wahrnehmungs- und Kommunikationsweisen der Menschen im Alltag gewonnen (Dellwing & Harbusch, 2019; Harbusch, 2022). Mit ihnen werden Ideen der sozialen Abweichung und des seelischen Leidens, deren Ursprünge im sozialen Raum zu verorten sind, in den Bereich der Medizin verschoben; ein Akt, der gleich in mehrfacher Hinsicht fachlich problematisch ist und – bei genauerem Hinsehen – eigentlich auch nicht im Sinne einer forschungsverpflichteten Medizin sein kann. Denn erstens sind psychiatrische Diagnosen keine medizinisch fundierten Forschungsergebnisse, sondern bestenfalls medizinische Hypothesen. Und zweitens war und

M. Harbusch (✉)
Universität Siegen, Siegen, Deutschland
E-Mail: martin.harbusch@uni-siegen.de

ist die Psychiatrie immer schon eine Disziplin, deren Kategorien höchst interpretativ, fluide, abhängig vom jeweiligen Zeitgeist und auch abhängig vom jeweils herrschenden Verständnis von normalem und von abweichendem Verhalten sind. Mit dem Blick in die Geschichte der Psychiatrie (Shorter, 1997; Foucault, 2016) eröffnet sich der Blick auf eine Disziplin, deren formale Vielschichtigkeit und inhaltliche Uneinheitlichkeit im Wandel der Zeiten es beinahe absurd erscheinen lassen, von nur *einer* Disziplin zu sprechen (vgl. Harbusch, 2022). Stattdessen handelte es sich seit jeher um ein Konglomerat unterschiedlich medizinisch diskutierter, therapeutisch ausgerichteter und/oder psychoanalytisch verorteter Interpretationen menschlichen Verhaltens, für die es historisch immer schon schwierig erschien, gemeinsame paradigmatische Linien zu finden und homogene Innen- wie Außendarstellungen zu produzieren (Houts, 2000; Blashfield et al., 2014, S. 28). Daraus hat selbst die Psychiatrie nie einen Hehl gemacht (APA, 1952, S. vii). Und selbst in gegenwärtigen Zusammenhängen, die sich um und mit psychiatrischen Kategorien gestalten, erscheint die Konstruktion der psychischen Störung paradigmatisch als Chimäre, die sich zuweilen mit psycho-logischen Gesprächsführungen (Illouz, 2009), zuweilen verständnisorientiert in klientenzentrierten Dienstleistungszusammenhängen (Bergmann, 2014) aber auch zuweilen offen machtvoll an die Lebenswirklichkeiten der Menschen heranerzählt (Hunter, 1991; Jutel, 2011).

Besonders bedeutsam für die Erfolgsgeschichte der Psychiatrie und die zunehmende Pathologisierung sozialer Probleme war das Jahr 1980. Eine psychiatrisch bisher multiparadigmatische Ausrichtung der Diagnosekataloge DSM I und II (APA, 1952, 1968) zwischen therapeutischen, psychoanalytischen und medizinisch orientierten Konzepten wich ab dem DSM III einer einheitlichen Darstellung und wurde durch ein Kategoriensystem ersetzt, welches besonders der klinischen Verwendung psychiatrischer Kategorien zuträglich sein sollte. Ziel der Einführung nosologischer Listen gestörter Verhaltensweisen, die im Katalog als Symptome einer Krankheit gewertet werden, war es auf der einen Seite, Innen- wie Außenperspektiven der Psychiatrie zu vereinheitlichen und dem Wildwuchs therapeutischer Akteure und Akteurinnen – deren unkontrollierbaren situativen Auslegungen und Abrechnungslogiken – disziplinär Herr zu werden. Auf der anderen Seite sollte damit zusammenhängend auch stärker als bisher der Eindruck vermittelt werden, es handle sich bei psychiatrischen Diagnosen um einheitliche Ergebnisse wissenschaftlicher Forschung statt um Verhaltensinterpretationen; dass dem nicht so ist, wurde selbst von führenden – selbstkritisch gewordenen – Psychiatern und Psychiaterinnen öffentlich kritisiert.

Für die Soziologie – die mit Annahmen über psychische Befindlichkeiten von Menschen wenig anfangen kann – sind psychiatrische Kategorien besonders als Sinngebungen und Zuschreibungen institutionell, politisch und/oder monetär interessierter Akteure und Akteurinnen oder als Selbstzuschreibungen Betroffener interessant. Mit Blick auf immer weiter fortschreitende Ausweitungen und Ausdifferenzierungen psychiatrischer Krankheitsbilder über die Jahrzehnte, mit Blick auf die sich mit diesen immer weiter verengenden Normalitätserwartungen an *alle* Mitglieder der Gesellschaft ebenso wie mit Blick auf die Folgen, die diese Zuschreibungen für die betroffenen Menschen haben, stehen der Soziologie besonders die Macht, die Kontingenz und der soziale Charakter psychiatrischer Zuschreibungen vor Augen. Sie bemerkt, dass die (Re-)Produktion psychiatrischer Ideen auf situationalen Interpretationsprozessen beruht (Illouz, 2015; Jutel, 2011; Hunter, 1991), dass Labeling- und Stigmatisierungsprozesse für die *Betroffenen* mit alltäglichen Interaktionsirritationen und (Selbst-)Thematisierungskonsequenzen einhergehen (Weingarten, 1980; Goffman, 1975, 1982, 2008; Harbusch, 2019c; Flick, 2019) und damit zusammenhängend, dass der psychiatrische Diskurs im Wesentlichen als politischer und hegemonialer Diskurs verstanden werden muss, der Vernunft von Wahnsinn – zwei im Grunde dialektisch miteinander verbundene Formen innerweltlicher Erfahrung – künstlich voneinander trennt (Foucault, 2016, S. 8 f.). Zielgruppen der Psychiatrie waren und sind schon immer die Schwachen, die Unangepassten, die Widerständigen der Gesellschaft (vgl. Dellwing & Harbusch, 2019), die mit psychiatrischen Zuschreibungen sozial akzeptiert kontrolliert wurden und bis heute werden.

Sozialwissenschaftliche Reflexionen sozialer Prozesse und akademischer wie alltäglicher Sinngebungen können nicht entscheiden, welche dieser Sinngebungen richtig und welche falsch sind, welche vielleicht berechtigt und welche unberechtigt sind, ohne selbst dabei latent normativ zu werden. Sie können jedoch bemerken, dass sich mit der Medikalisierung sozialer Zusammenhänge ein Wandel des Verständnisses sozialer Problemlagen vollzieht. Denn Medikalisierungen gestörten Verhaltens lösen komplexe soziale Probleme (in Familie, Schule, Freundeskreis, Arbeitsort etc.) einseitig auf und reflektieren die politischen, historischen, individuellen und/oder institutionellen Entstehungskontexte vermeintlicher Störungen nicht mit. Die Idee psychischer Störungen ist sozialwissenschaftlich daher als eine Individualisierung, eine Objektivierung und eine Naturalisierung sozialer – wesentlich komplexerer – Zusammenhänge zu verstehen.

2 Pathologisierung in der Sozialen Arbeit – Eine disziplinär paradoxe Angelegenheit

Das Feld der Sozialen Arbeit ist für Prozesse zunehmender Medikalisierung sozialer Probleme heute bedeutsam. Denn Sozialarbeitende sind für rat- und hilfesuchende Menschen in schwierigen Lebenssituationen oft eine erste Anlaufstelle.

Als Beratende in sozialen Einrichtungen, als niedrigschwellige Anlaufstellen im öffentlichen Raum oder als ambulant Helfende in privaten (Familien-)Kontexten stehen Sozialarbeitende den Menschen und ihren Problemen in vielen Fälle näher als die Psychiatrie. Gleichzeitig haben Sozialarbeitende Kontakt zu Einrichtungen des psychosozialen Systems und die Vermittlung von Menschen und sozialen Institutionen gehören zu ihren zentralen Aufgaben. Selbstverständlich haben sie auch Kontakte zu Ärztinnen und Ärzten, Psychologen und Psychologinnen und Psychiaterinnen und Psychiatern. Für Professionelle der Sozialen Arbeit, die sich alltäglich in ganz unterschiedlichen Bereichen zu psychiatrischen Kategorien verhalten (müssen), sind medikalisierende Deutungen eine besondere Herausforderung. Denn sie sind komplexitätsbereinigte Auffassungen sozialer Wirklichkeit, die ihnen den Blick auf eigene, sehr potente, auf problematische soziale Konstellationen abzielende Reflexionsvokabulare (etwa Familienstrukturen, Peers, Ethnische Herkunft/Kulturelle Unterschiede, Migrationserfahrungen etc.) versperren. Der Bezug auf die Medizin und die Psychiatrie mag vielleicht im ersten Moment im Kontakt mit anderen Institutionen und mit der eigenen Klientel klarer und auch professioneller erscheinen als etwa das putativ problematische Verhalten der Hilfesuchenden aus schwierigen sozialen Strukturen heraus zu deuten. Ob sich die Soziale Arbeit als eigenständige Profession mit der Übernahme medikalisierender Konzepte jedoch wirklich einen Gefallen tut, oder ob sie sich damit nicht endgültig als Famulus anderer Disziplinen entwirft, bleibt abzuwarten, darf aber zumindest kritisch in Frage gestellt werden.

Mit dem Blick in die akademische (Selbst-)Beschäftigung der Disziplin fällt zunächst auf, dass psychiatrische Krankheitskategorien hier eine wichtige Rolle einnehmen. Auf der einen Seite werden sie in vielen Handlungsbereichen der Sozialen Arbeit unkritisch zur Konstruktion des eigenen Feldes verwendet. Sie werden etwa zur (disziplinären) Argumentation für alltägliche Unterstützungen und Begleitpraktiken der Sozialen Arbeit (Nissen, 2002, S. 383 f.), zur Interpretation der Geschichte des „Kranken" als Krankengeschichte mit einer typischen Logik des Krankheitsverlaufs (Bosshard et al., 2001, S. 137 f.), zum Verständnis des Umfeldes des „Betroffenen" als sozialer „Risikofaktor" (Textor, 1990, S. 65 f.) oder zur Konstruktion daraus erwachsender neuer Problemkontexte wie der „Familie" (Weinert-Portmann, 2009) oder der „Angehörigen" (Ziegler, 2010, S. 21 f.) herangezogen. Solche oder ähnliche Verwendungskontexte psychischer Störung, die oft von psychiatrischen Diagnosekatalogen (DSM und ICD) vorstrukturiert werden, werden im Sinne einer individuumszentrierten Professionslogik komplexitätsreduzierend zur Bündelung und auch zur Erweiterung der eigenen entwicklungs-, hilfs- und fürsorgeorientierten Leistung in Szene gesetzt; eine Argumentation, die psychiatrische Konstruktionsleistungen auch als Hilfe für einen zuweilen in theoretische Ansätze zerfransenden Diskurs (Baierl, 2008, S. 25; Ahrbeck & Willmann, 2010, S. 153) der Sozialen Arbeit verstehen könnte. Auf der anderen Seite fallen in der zugehörigen Debatte auch kritische Thematisierungen und konstruktivistische Analysen auf (Lutz, 2019; Dollinger, 2019; Anhorn & Balzereit, 2016), die im politisch geprägten (Dollinger, 2006, S. 123) Feld der Sozialen Arbeit, welches immer schon ein Spannungsfeld zwischen individueller Hilfe und gesellschaftlicher Integrationsanforderung war, grundlegende disziplinäre wie professionelle Unsicherheiten ansprechen. Als Disziplin zwischen akademischen Auseinandersetzungen um Inhalte und Formen eigener Professionalität (Blau, 2018; Motzke, 2014; Staub-Bernasconi, 2009; Oevermann, 1996; Harbusch & Pingel-Rathke, 2021) und multidimensionalen Anforderungen der sozialen Praxis befindet sich die Soziale Arbeit im paradigmatischen Spagat zwischen psychoanalytischen und psychosozialen Erklärungen (Ziegler, 2010, S. 16), sozialpolitischen Forderungen und Bedarfen (Schmid, 2007, S. 158), soziologischen Reflexionen (Dörr, 2005, S. 18) und biologistischen Ätiologien; Zusammenhänge und Thematisierungen in denen Uneinheitlichkeiten und Widersprüche des Feldes, seiner Akteure und Akteurinnen und der Disziplin der Sozialen Arbeit zur Geltung kommen.

In der Praxis arbeiten Sozialarbeitende viel näher an den Problemen des Alltags, als die Psychiatrie dies tut und zeigen sich hier als wichtige Akteure und Akteurinnen des psychiatrischen Arguments. Denn sie stoßen in der Begegnung mit ihrer Klientel auf Situationen (oder werden darauf gestoßen), in denen sie entscheiden (müssen/sollen/wollen), welche Zusammenhänge als schwierige, prekäre, problematische – und auch psychiatrische -Zusammenhänge erscheinen können und welche nicht. Sie entscheiden in vielen Fällen, welche Formen sozialer Probleme im jeweiligen Fall vorliegen (könnten) und wie diese Probleme im Verlauf der sozialarbeiterischen Intervention bearbeitet werden müssen (Harbusch & Pingel-Rathke, 2021; Bergmann, 2014). Und auch, wenn Sozialarbeitende nicht selbst nach psychopathologischen Störungsbildern diagnostizieren, helfen sie aktiv alltägliche Situationen als psychiatrische Situationen zu rahmen, Probleme der Klientel als innerpsychische Probleme anzusprechen und/oder den Weg in ein therapeutisches Setting zu ebnen.

Besonders im Hinblick auf Medikalisierungen und Pathologisierungen sozialer Probleme ist diese Anforderung für Sozialarbeitende als höchst paradoxe Situation beschreibbar. Denn auf der einen Seite kommen psychiatrische Kategorien einer um Professionalisierung bemühten Sozialen Arbeit (Schütze, 1992) entgegen. Sie sind Formen der Deutung, die einen vereinheitlichenden und medizinisch wirkenden Eindruck vermitteln. Als eigenes Handlungs- und Professionalisierungsfeld hat sich in den vergangenen Jahren so auch eine klinische Sozialarbeit entwickelt, die sich in ihren Perspektiven eng an den konzeptionellen Anforderungen des klinischen Alltags bewegt (Geissler-Piltz, 2005). Auf der anderen Seite begeben sich Sozialarbeitende damit aber auf ein Parkett, auf dem sie eigene disziplinäre und an sozialen Kontexten orientierte Interpretationsschablonen dezentralisieren und abschwächen. Dies erscheint widersprüchlich, da sich Sozialarbeitende in medikalisierenden und pathologisierenden Deutungen auf diese Weise selbst zu Laien der von Ihnen verwendeten Beschreibungen machen (Liebsch & Manz, 2007). Damit geraten sie nicht nur in eine fachliche Abhängigkeit, sondern verspielen darüber hinaus den sensiblen Blick für die Lebenswelt ihrer Klientel, die sie mit dem eigenen Reflexionsvokabular wesentlich komplexer abbilden und verstehen könnten.

Schwierigkeiten der Sozialen Arbeit zwischen akademischer (Selbst-)Reflexion und (sozial-)politischen wie lebensweltlichen Anforderungen im Allgemeinen werden in den zugehörigen Debatten der Sozialen Arbeit breit abgebildet (Staub-Bernasconi, 2018). Paradoxien einer bescheidenen Profession (Schütze, 1992) werden etwa in der Professionsdebatte ebenso herausgestellt wie Möglichkeiten, mit den Anforderungen der Lebenswelt professionell umzugehen (Motzke, 2014; Dewe & Otto, 2012; Thiersch, 2020). Der Umgang von Experten und Expertinnen der Sozialen Arbeit mit pathologisierenden Konzepten wurde durch die vergangenen Jahrzehnte hindurch als Problem adressiert (Schmitz et al., 1989). Diese und andere sozial(arbeits)wissenschaftliche Kritiken verbleiben – im Geiste soziologischer Kritiken der 1960er- und 70er-Jahre – jedoch häufig bei machttheoretischen und organisationssoziologischen Thematisierungen. Damit sind sie auch heute so aktuell wie je zuvor, sie verfehlen es jedoch auf diese Weise, mikrosoziologisch den kleinen sozialen Situationen nachzuspüren, in denen psychiatrische Konstruktionen – lebensweltlich eingebettet – situational Leistungen erbringen; wie etwa individuelle und soziale Sinngebungen sowohl für die Klienten und Klientinnen als auch für die Sozialarbeitenden zu generieren, Interessen beteiligter Akteure und Akteurinnen durchzusetzen, institutionelle Vernetzungen zu ermöglichen, Professionsverständnisse (der Sozialen Arbeit) im Kleinen mitzubestimmen, Ideen von Gesundheit und Krankheit aktiv mitzugestalten und/oder Selbstverständnisse sowohl von Professionellen als auch von ihrer Klientel zu formulieren. Soziologisch wird die Rekonstruktion der Verwendungskontexte psychiatrischer Kategorien, die Folgen der zunehmenden Medikalisierung der sozialen Welt und die mit diesen einhergehenden Leistungen und Konsequenzen für die Konstruktionen der Situationen und ihrer Menschen die Aufgabe der kommenden Jahr(zehnt)e sein. Und auch in der Sozialen Arbeit hat diese Debatte vor Kurzem begonnen, Fahrt aufzunehmen (Anhorn & Balzereit, 2016).

3 Psychiatrische Krankheitskategorien als *traveling concepts*

Heute können wir unsere Gesellschaft als *pathologisierte Gesellschaft* verstehen (vgl. Dellwing & Harbusch, 2019). Denn auf der einen Seite haben sich psychiatrische Konzepte als breit akzeptierte Deutung sozialer Probleme etabliert. Auf der anderen Seite haben sie das System der Psychiatrie verlassen, kolonisieren zusehends Nachbardisziplinen und werden heute auch alltäglich an Orten zu einer Anwendung gebracht, die keine psychiatrischen Orte mehr sind. Krankenpfleger und Krankenpflegerinnen, Sozialarbeiter und Sozialarbeiterinnen, Lehrerinnen und Lehrer, Anwälte und Anwältinnen, Richterinnen und Richter, Mitarbeiterinnen und Mitarbeiter von Krankenkassen, Kindergärtner und Kindergärtnerinnen, Eltern, Online-Communities usw. sind heute als „psy-professions" (Cohen, 2016, S. 8) und/oder als „Troubled Persons Industries" (Harbusch, 2022) beschreibbar; als professionelle wie lebensweltliche Experten und Expertinnen, „who have over time acquired an authority on the supposed real nature of humans as psychological subjects" (Cohen a. a. O.).

Der in den Kulturwissenschaften, den Literaturwissenschaften und in der Philosophie eingespielte (Bal, 2002; Neumann & Nünning, 2012; Said, 1983; Lammert & Sarkowsky, 2010) aber soziologisch und sozialarbeiterisch bisher noch nicht etablierte Begriff *traveling concepts* bietet zur Reflexion dieser (und anderer) Kontexte der (disziplinären) Verwendung (fach-)fremden Wissens eine Schablone. In seinem Fokus stehen auf der einen Seite die Praktiken der Übernahme fremder Wissenskonzepte in das jeweils eigene Feld. Die Kategorie bespricht auf diese Weise aktive Interpretations- und Anpassungsleistungen von professionellen Akteuren und Akteurinnen, die nötig sind, um paradigmatisch fremdes Wissen in den eigenen Fundus einzuordnen. Auf der anderen Seite fokussiert *traveling concepts* damit zusammenhängend auf die inhaltlichen und formalen Wandlungen und Transformationen, die neu ankommende Konzepte auf ihrer *Reise* durch unterschiedliche Kontexte durchlaufen. Krankheitskategorien gehen in der Verwendung der Sozialarbeitenden als „*Reisendes Wissen*" den Weg durch die kommunikativen Netzwerke des Fachs. Sie stammen aus psychiatrischen Kontexten, werden in akademische und institutionelle Deutungsmuster der Sozialen Arbeit übernommen und übersetzen sich im Kontakt mit der Klientel zu individuellen Narrativen: „This translation changes what is translated and those who translate" (Czarniawska & Sevón, 2005, S. 10).

Diese Übersetzung ist weder disziplinär einheitlich noch situational konsistent. Ebenso interessant wie vielschichtig werden Kontexte der *Reisen von Wissen* besonders dann, wenn man bemerkt, dass Übernahmen akademischen Wissens in die Situationen des (fachfremden) Alltags nicht als einseitig gesteuerte Übernahme- oder Übergabezusammenhänge, oder als einfache Prozesse qualitativer Veränderung dieses Wissens zu verstehen sind. Eine solche Auslegung greift zu kurz und würde so tun, als gäbe es einseitige Bestimmungen oder abstrakt richtigere und falschere Formen des Wissens zur Deutung sozialer Situationen; eine Perspektive, die nicht nur an der Komplexität des Alltags und den Logiken pragmatischer Anwendungssituationen vorbeisehen muss, sondern auch epistemologisch naiv erscheint. *Reisendes Wissen* ist weder vor, noch auf noch nach seiner *Reise* als *besser* oder *schlechter* verstehbar, oder als adäquater und inadäquater verwendet thematisierbar; es ist überall einfach *anders*, wird situational (re-)interpretiert und kontextual „kleingearbeitet" (Beck & Bonß, 1989a, b, S. 9), um für die jeweilige Situation anschlussfähig zu sein. Es verfolgt – auch wenn die ursprüngliche Kategorie namentlich als Bezugspunkt und Verweis an seinen Herkunftskontext bestehen bleibt – in unterschiedlichen Situationen diverse Ziele, erbringt unterschiedliche Leistungen und wird von Akteurinnen und Akteuren – auch durch die Zugzwänge der jeweiligen Situation – ganz unterschiedlich eingesetzt. Will man ein Feld (hier: die Soziale Arbeit) vor dem Hintergrund der Verwendung fachfremden Wissen verstehen, erscheint eine einseitige Auflösung zu einfach und eine positivistische Frage nach Richtigkeit und Falschheit und/oder der Qualität von Wissen zu normativ. In diesem Sinne ist der Begriff der *Reise von Wissen* vielleicht auch etwas irritierend, impliziert die Metapher *Reise* doch eher unspezifisch etwas organisches, fluides, freies, positives, lustvolles. Demgegenüber kommt der Begriff jedoch mit der sozialwissenschaftlichen Aufgabe daher, sehr spezifische Bewegungen sehr spezieller Wissensformationen – die in ihrem situationalen Vollzug durchaus fluide und frei sind – empirisch zu erforschen.

Ein kleines Stück einer solchen *Reise* soll im Folgenden gezeigt werden, indem an exemplarischen Interviewsequenzen die Verwendung psychiatrischer Kategorien in Erzählungen von Sozialarbeitenden über ihre jeweiligen Fälle rekonstruiert wird.

4 Erhebung

Die Komplexität der Ergebnisse des zugehörigen Forschungsprojekts (Harbusch, 2019b), kann an dieser Stelle nicht abgebildet, sondern im besten Fall angedeutet werden. Rein exemplarisch können im Folgenden nur einige wenige Sequenzen aus den erhobenen 15 Experteninterviews gezeigt werden, um die hier vorgestellte Perspektive auf psychiatrische Kategorien als Reisendes Wissen empirisch zu illustrieren. Interviews wurden mit Professionellen der Sozialen Arbeit aus vier verschiedenen Kontexten geführt: aus der ambulanten Jugend- und Familienbetreuung, der Eingliederungshilfe für seelisch behinderte Kinder und Jugendliche, einem Wohnheim für Geflüchtete und aus Beratungsstellen der allgemeinen Lebenshilfe. Interessant sind diese Kontexte besonders deshalb, da es ihnen allen in ihrem Hilfs- und Betreuungsangebot nicht primär um psychiatrische Krankheiten und „Kranke", sondern auch um „besorgte Gesunde" geht, die über diverse Wege in den Einflussbereich von Institutionen der sozialen Hilfe gelangt sind oder sich diese Hilfe selber gesucht haben. Die Interviewten wurden mit einem Gesprächsimpuls gebeten, offen von Ihrer Arbeit und Ihren Erfahrungen mit psychiatrischen Diagnosen in ihrem Arbeitsalltag zu berichten. Die Offenheit des Gesprächsimpulses sollte den Interviewten freistellen, von welchen Settings, Klienten und Klientinnen und auch von welchen Erfahrungen sie in welcher Weise erzählen. Der Interviewer sprach von sich aus keine Störungskategorien an (ADHS, Burnout, Borderline usw.), um dem Interviewten keine psychiatrischen Konzepte für die Erzählung vorzugeben. Spezifische Nachfragen zu einzelnen, konkreten Störungskategorien wurde vom Interviewer ausschließlich dann als „In-Vivo-Code" (Charmaz, 2006, S. 55 f.) eingebracht – also vom Interviewer wieder aufgegriffen und damit in der Erzählung (re)produziert –, wenn diese von den Interviewten in der Erzählung bereits selbst eingeführt worden waren. Entstanden sind auf diese Weise Interviews mit langen Erzählsequenzen, die sich auf diverse Kontexte der Sozialen Arbeit beziehen und zeigen, wie vielschichtig psychiatrische Konzepte in den Interviews vorkommen und zur Konstruktion und Ordnung des eigenen Feldes verwendet werden. Das Interviewmaterial wurde transkribiert und anonymisiert und anschließend entlang der Grounded Theory (Strauss & Corbin, 1996; Charmaz, 2006) ausgewertet.

5 Ein minimaler Einblick ins Material: Unterschiedliche Arten der Verwendung

Rekonstruiert wurden im Projekt 6 trennscharfe Kategorien, die jeweils Subkategorien besitzen (Harbusch & Pingel-Rathke, 2021). Jede dieser Formen war *eine* Möglichkeit für die Sozialarbeitenden, psychische Störungen anzusprechen, institutionell nutzbar und individuell anschlussfähig zu gestalten; oder dies eben gerade nicht zu tun. Interessant war besonders, dass alle Interviewten nicht bloß eine dieser Verwendungsweisen reproduzierten und damit einheitlich diskutierten. Jeder der Interviewten zeigte stattdessen im Verlauf des Interviews unterschiedliche Thematisierungsweisen, je nachdem, welcher Fall, welche Kontexte aber auch welche eigenen Pläne und Handlungsstrategien erzählt wurden. Auf diese Weise zeigten sich die Interviewten – als akademisch ausgebildete Praktiker und Praktikerinnen (Dewe & Otto, 2012) – weniger interessiert an einer wissenschaftlich-paradigmatisch-homogenen Thematisierung psychiatrischer Inhalte und/oder interessiert an einer putativ *richtigen* Form der Verwendung psychiatrischen Wissens, als an konkreten Lösungen der geäußerten Anforderungen des Falls. Zudem kam es in allen Interviews zu diversen Formen der Vermischung der einzelnen Verwendungsweisen, mit denen durch das Ineinanderfließen einzelner Aspekte eine genauere (und durchaus auch strategische) Passung an die Situation angefertigt wurde. Das Material zeigt auf diese Weise ein breites Panorama feldspezifischer Logiken; breiter und vielschichtiger, als dies vom Interviewer anfänglich vermutet wurde und auch wesentlich breiter, als dies in bestehender Literatur der Soziologie und der Sozialen Arbeit besprochen wird.

Nachfolgend werden Sequenzen für drei Verwendungsweisen gezeigt (*fundamentalistische*, *kritische* und *utilitaristische* Verwendung), die bei Weitem nicht die Inhalte des gesamten Materials abbilden, sondern lediglich einführend einen Einblick in die Perspektiven, Denk- und Diskussionsweisen des Projekts zeigen können. Darüber hinaus wird eine Sequenz vorgeführt, die eine *gemischte* Form zeigt. In dieser zeigen sich am ehesten, wie Sozialarbeitende die Wege ebnen, auf denen psychiatrisches Wissen in die Lebenswelten der Klienten und Klientinnen *hineinreisen* kann.

5.1 Fundamentalistische Verwendung

Als *fundamentalistisch* wurde die folgende Verwendungsweise deshalb kategorisiert, da in zugehörigen Sequenzen ein fester Glaube an die Richtigkeit psychiatrischer Kategorien zur Beschreibung und Ordnung (gestörter) sozialer Situationen mitkommuniziert wird. Psychiatrische Diagnosen werden von Professionellen der Sozialen Arbeit zur Ordnung ihrer Erzählung an zentralen Stellen der Fallbeschreibung übernommen und reproduziert. Der Fall, die eigene Rolle und die Perspektive auf eine Lösung vorliegender Probleme wird auf diese Weise mit und um psychiatrisches Wissen herum geordnet.

In den gezeigten Beispielen spricht eine Sozialarbeiterin aus der ambulanten Familienbetreuung über die Rolle psychiatrischen Wissens für ihre Arbeit (Sequenz 1.1.). Daraufhin spricht ein Sozialarbeiter aus dem gleichen Feld über Probleme eines betreuten Kindes (Sequenz 1.2.).

Sequenz 1.1.
> Und die ganzen Krankheiten sind ja auch viel mehr jetzt erforscht worden und du weißt viel mehr zu denen und weißt mehr Symptome, und du weißt mehr Therapiemöglichkeiten und das ist ja/Du guckst ja da schon irgendwie, das und das können jetzt die Symptome sein und die Person könnte jetzt das und das haben. Und deswegen ist das so präsent. Und wir, ich glaube, gehen auch schon mit diesem Blick irgendwie in unsere Arbeit rein. I1: 845–850.

Psychische Erkrankungen gehören – als Forschungsergebnisse verstanden – in der fundamentalistischen Verwendung für die Interviewten zu den wichtigen Themenbereichen und Aufgabenstellungen der eigenen Arbeit. Als Ziel erscheint es, diese Erkrankungen zu verstehen und mit ihnen adäquat umzugehen. Verhaltensweisen der Klienten und Klientinnen werden als mögliche Symptome gedeutet; eine Interpretation, die in dieser Sequenz als zentraler Teil des Kontakts mit Klienten und Klientinnen erscheint. Die Erzählerin betont, dass psychiatrische Konzepte eine große Bedeutung für die eigene Arbeit und die eigenen Ideen über den Fall haben. Im Spagat zwischen den Wissensordnungen der Psychiatrie und eigenen Perspektiven kommt an dieser Stelle die oben beschriebene Paradoxie der Sozialen Arbeit in ihren Professionalisierungsbemühungen zum Tragen, indem Wissen präsentiert wird, für das keine Verantwortung übernommen werden kann. Denn trotz dieses in der vorliegenden Sequenz sehr klaren fundamentalistischen Fokus verbleibt die Erzählerin bei der Darstellung ihrer Inhalte in Konjunktivkonstruktionen (*könnte*).

Sequenz 1.2.
> Jetzt habe ich heute mit ihm kommuniziert, wollte mich eigentlich heute nach dem Interview mit ihm noch treffen, weil ich Zeit habe; möchte er heute nicht. Ich glaube bei ihm hat sich manifestiert, eine Spielsucht am PC. Die ist, glaube ich, der Auslöser für alles. I6: 458–461.

Auch in dieser Sequenz wird eine psychiatrische Konstruktion zur Deutung des Verhaltens des Klienten fundamentalistisch reproduziert. Deutlich wird eine komplexitätsreduzierende Funktion dieses Wissens, indem diverse vermeintlich problematische Zusammenhänge in *einer* gemeinsamen Auslegung zusammenfließen (*Auslöser für alles*). Ursächlich wird die Idee der *Spielsucht* damit auch zur Kategorie, die dem Klienten eine Eigenverantwortung abspricht, komplexe Probleme individualisiert und ihn damit zusammenhängend aktiv in eine Opferposition hineinerzählt; eine medikalisierende Deutung, die der Perspektive des Sozialarbeiters zusätzlich Relevanz verleiht und möglichen Kritiken an der eigenen

Arbeitsweise entgegensteht. Auch wenn das reproduzierte Wissen nicht das eigene ist, übernimmt der Erzähler an dieser Stelle die Vorteile einer positivistischen psychiatrischen/medizinischen Position. Denn „classifications give voice to certain perspectives and silences other" (Jutel, 2011, S. 35).

Fundamentalistisch diskutierte Ideen psychischer Störung legen den Sozialarbeitenden die Lösungsstrategie nah, ihre Klientel an psychiatrische, psychologische, therapeutische Institutionen weiterzuleiten, deren Professionelle nun als einzige Möglichkeit erscheinen, bestehende Probleme zu lösen. Nicht nur die Probleme selbst, sondern auch die Klienten und Klientinnen insgesamt entfernen sich so zusehends aus dem Kategoriensystem der Sozialen Arbeit. Dieses Entfernen aus dem eigenen konzeptionellen Einflussbereich könnten man auch als Strategie Sozialarbeitender deuten, die schwierige Fällen aus diversen Gründen weiterzureichen versuchen.

5.2 Kritische Verwendung

In allen erhobenen Interviews finden sich *kritische* Verwendungsweisen. Im Kontrast zur *fundamentalistischen* Verwendung werden in diesen Formen psychiatrische Kategorien nicht als Wahrheit über die gedachte *Innerlichkeit* der Klienten und Klientinnen thematisiert und auch nicht als medizinische oder psychiatrische Forschungsergebnisse erzählt, die den eigenen Thematisierungsmöglichkeiten der Sozialen Arbeit übergeordnet und/oder unzugänglich wären. Im Gegenteil: In *kritischen* Verwendungen kommt eher der disziplinäre Zweifel zur Sprache, dieses Wissen als gutes, richtiges, erfolgreiches Wissen für die jeweilige Lebenssituation der Klienten und Klientinnen zur Anwendung bringen zu können. Die Interviewten heben hier Prozesse der Zuschreibung und die stigmatisierenden Folgen psychiatrischer Kategorien hervor und zeigen sich eher interessiert, die Deutungen der Situationen für die Klienten und Klientinnen offen, multiperspektivisch und klientenzentriert zu halten und/oder diese vor einseitig interessierten, medikalisierenden Deutungen des psychosozialen Systems zu schützen. Während sich in der ersten gezeigten Sequenz eine Sozialarbeiterin aus der allgemeinen Lebens- und Sozialberatung für diagnostizierte Mütter einsetzt (Sequenz 2.1.), hinterfragt in der zweiten Sequenz ein Sozialarbeiter der ambulanten Jugendbetreuung den Sinn von Medikamenten (Sequenz 2.2.).

Sequenz 2.1.
Wo die Frauen dann sagen: Na ja, das ist irgendwann mal so eine Diagnose, die ich gekriegt habe. Und die haben die Diagnose für sich übernommen. Und das hat für

sie dazu geführt, dass sie wirklich davon ausgehen, sie werden kein normales Leben führen können. Und das fand ich total erschreckend, weil ich gedacht habe, das kann ja nicht der Sinn des Ganzen sein, der Sinn einer Diagnose, dem Menschen zu vermitteln, mit dir stimmt irgendwas nicht. I8: 24–29.

Mit Blick auf die Folgen psychiatrischer Thematisierungen für die Diagnostizierten formuliert die Interviewte einen Zweifel an deren Richtigkeit zur Deutung der Situation. Zum einen erkennt sie, dass punktuell aufkommende Diagnosen weniger zu einer Besserung der Gesamtsituation, sondern stattdessen zu Folgeproblemen im Bereich der Selbstauffassung der Klienten und Klientinnen führen. Weiterhin macht sie damit zusammenhängend auf diese Weise deutlich, dass die eigene disziplinäre Perspektive keine untergeordnete, psychiatrischen Ordnungen folgen müssende Perspektive ist, sondern eine, die den Prozessen des Lebenslaufs der Klienten und Klientinnen deutlicher, komplexer und mit mehr Weitblick Rechnung tragen kann. Kritische Verwendungen psychiatrischen Wissens sind auch als emanzipatorische Verwendungen zu begreifen, die die Soziale Arbeit und deren spezifische sozial orientierte Perspektive gegenüber individualisierenden, objektivierenden und naturalisierenden Erklärungen stärkt. Damit zeigen die Erzählenden in zugehörigen Sequenzen eine fachwissenschaftliche Sensibilisierung ebenso wie eine auf Erfahrungen beruhende Skepsis gegenüber der Pathologisierung sozialer Probleme. In einigen Interviews werden Perspektiven und auch konkrete Autoren und Autorinnen soziologischer Psychiatriekritik explizit angesprochen, eine Tatsache, die die Sozialarbeitenden als Sozialwissenschaftler und Sozialwissenschaftlerinnen verortet, die sowohl theoretisch wie auch lebensweltlich um die Multiperspektivität der sozialen Welt und die Interessiertheit sozialer und akademischer Perspektiven wissen.

Sequenz 2.2.
Ich habe ihr nur gesagt, du sei vorsichtig, lass dir jetzt nicht irgendwie was verschreiben, was du eigentlich gar nicht nehmen möchtest, weil es dein Auftreten total ändert. Und, ja, also man kann das ganz harmlos sehen, okay. Man kann aber auch einfach vorsichtig mit den Sachen sein, so. Weil, ich finde, wir müssen nicht jedes Verhalten problematisieren und medikamentieren, wenn es vielleicht einfach nur ein Verhalten ist, was nicht wirklich super beeinträchtigend ist. I14: 884–889.

Diese *kritische* Sequenz zeigt den Sozialarbeiter als deutend verstehenden (Dewe & Otto, 2012) Professionellen, der seinem Klienten hilft, eintreffendes Wissen zu reflektieren, abzuwägen und in seinen Folgen einzuschätzen. Psychiatrisches Wissen kommt hier als in das Leben (und in den Körper) des Klienten eingreifendes Wissen auf, welches in seiner Diagnose- und Medikationsorientierung mögliche Folgen derselben vernachlässigt. Auch in dieser Sequenz zeigt sich der Sozialarbeiter weniger diagnose- sondern eher klienten-, klientinnen- und prozessorientiert, auch, indem er institutionelle Angebote gemeinsam mit dem Klienten hinterfragt und dessen Selbstbestimmung in den Vordergrund rückt.

5.3 Utilitaristische Verwendung

Im Kontrast zu fundamentalistischen und kritischen Formen geht es den Sozialarbeitenden in der *utilitaristischen* Verwendung nicht um eine abstrakte Richtigkeit oder Falschheit psychiatrischer Konzepte und auch nicht um die Frage, ob und wie diese dazu in der Lage sind, Probleme der Klienten und Klientinnen hinreichend abzubilden. Stattdessen werden Ideen psychischer Störung in der utilitaristischen Verwendung dazu benutzt, institutionelle Anschlüsse für die Klienten und Klientinnen zu generieren und Ziele des sozialarbeiterischen Angebots pragmatisch zu erreichen. In der ersten (Sequenz 3.1.) und in der zweiten Sequenz (Sequenz 3.2.) setzt sich eine Sozialarbeiterin aus der Mütter-Kind-Beratungsstelle mit der Notwendigkeit von Diagnosen zum Eintritt ins Hilfesystem und mit der Kurfähigkeit von Müttern auseinander.

Sequenz 3.1.
Und da spielen die Diagnosen eher eine geringere Rolle. Wann das dann eine Rolle spielen kann ist, wenn es darum geht, dass man feststellt, da ist eine Überforderung da. Die Klienten haben Schwierigkeiten, ihre Sachen zu regeln, kommen dadurch in die Bredouille und das ist nicht auf eine, tja, wie sagt man, auf eine Überforderung zurückzuführen, die sich lösen lässt, ohne vorher eine Katastrophe herbeizuführen. Dann besteht da natürlich die Möglichkeit, ins das Hilfesystem zu kommen, über solch eine Diagnose. Die Möglichkeit, da zum Beispiel eine gesetzliche Betreuung zu erhalten. I9: 37–43.

Auch in utilitaristischen Verwendungsformen zeigen sich die Sozialarbeitenden kontingenzbewusst. Psychiatrische Krankheitskategorien sind weniger Notwendigkeit als Möglichkeit, Lebensprobleme der Klienten und Klientinnen über den Weg institutionalisierter Hilfe zu lösen. Nach latent mitzerzählten Elementen einer eigenen sozialarbeiterischen Falldarstellung (*Überforderung; Schwierigkeiten, ihre Sachen zu regeln; Bredouille*) werden psychiatrische Konzepte als denkbare Strategie ins Spiel gebracht, soziale Prozesse und lebensweltliche Verläufe mitzugestalten (*die sich lösen lässt, ohne vorher eine Katastrophe herbeizuführen*); eine interessante Argumentationsfigur, die perspektivisch die sozial orientierte Rahmung der Sozialen Arbeit beibehält, sich jedoch gleichzeitig das psychiatrische Modell zur Bearbeitung des Falls zu Nutzen macht.

Auch wenn psychiatrische Konzepte eigenen Verständnissen entgegenstehen, kommen sie doch in einer *utilitaristischen* Verwendung mit Möglichkeiten einher, die aus einem rein disziplinären Begriffsangebot nicht so einfach zur Verfügung ständen.

Sequenz 3.2.
Ich habe also alle Antragsformulare, die benötigt werden, hier. Unter anderem auch die Atteste für die Ärzte. Wir gehen mit den Müttern, gehe ich die gemeinsam durch, sage denen, worauf sie zu achten haben. Und interessant ist vielleicht hierfür, dass die Mütter kurfähig sein müssen, ja. Also das bedeutet, es gilt in den Diagnosen der Ärzte, sich so zu formulieren, dass sie noch in Kur fahren können, dass aber auch genug da ist, um ein Recht auf die Maßnahme zu haben. Also wenn da jetzt stehen würde, schwerste Depression mit Suizidgedanken, ist das keine Grundlage mehr für eine Kur […]. I9: 76–94.

Auch in dieser Sequenz erscheinen Diagnosen *utilitaristisch* als Mittel zum Zweck und als denkbarer Weg in ein institutionalisiertes Hilfesystem. Die Sozialarbeiterin zeigt sich als eine Art Managerin sozialer Probleme, die institutionelle Möglichkeiten kennt und diese in ihrer Beratung fallspezifisch zuschneidet. Individuelle Probleme der Klienten und Klientinnen werden so mit institutionell vorstrukturierten Lösungsstrategien vermittelt. Die leichte Handhabbarkeit und Abrufbarkeit psychiatrischer Kategorien in Verbindung mit den – diese spiegelnden – institutionellen Regeln des Zugangs zum Hilfesystem, generiert eine Idee von Sozialer Arbeit, die ihre Wirksamkeit weniger verstehend und mehr aktiv typisierend entwickelt.

Utilitaristische Verwendungen und Argumentationen werden – neben anderen im Projekt aufkommenden Formen – weder in einschlägigen akademischen Beschäftigungen der Sozialen Arbeit (etwa der Professions- oder Subjektivierungstheorie) noch der soziologischen Psychiatriekritik ausreichend abgebildet. Sie zeigen eine Arbeitsweise, die sich, statt sich in akademische Diskussionen nach dem richtigen oder falschen Verhältnis von Theorie und Praxis bei der Konstitution der Sozialen Arbeit als eigene Profession zu verlieren, ressourcenorientiert ausrichtet. Damit wird sie als rationale, ökonomische, politische und auch sehr strategische Unternehmung ersichtlich, die – ganz lebensweltlich – mit Problemen des Alltags inhaltlich wie formal pragmatisch umgehen muss. Die Professionellen der Sozialen Arbeit zeigen sich an dieser (aber auch an anderen Stellen des Materials) als höchst machtvolle Akteure und Akteurinnen gegenüber ihren Klienten und Klientinnen aber auch gegenüber der Psychiatrie und ihren Einrichtungen, da sie – näher an der Klientel stehend als die Psychiatrie – aktiv, strategisch, interessiert entscheiden, welche Klienten und Klientinnen in Kontakt zu welchen Institutionen kommen; oder eben nicht kommen werden. Diese Macht korreliert interessanterweise nicht mit den Selbstreflexionen der Profession innerhalb der zugehörigen Literatur. Ebenso wenig korreliert sie mit den Selbst- und Falldarstellungen in den erhobenen Interviews, in denen sich die Interviewten sehr oft als verstehende, reaktive Akteure und Akteurinnen in Passivkonstruktionen formulieren und die eigenen Leistungen, Strategien, Abhängigkeiten, Gestaltungsspielräume oftmals als Notwendigkeiten inszenieren (Harbusch & Pingel-Rathke, 2021).

5.4 Gemischte Verwendung

Der Blick auf (psychiatrische) Kategorien als *Reisendes Wissen* fokussiert Prozesse des akademischen und lebensweltlichen Austauschs, der kontextuellen Emergenz von Wissen, der situativen Verhandlungen und inhaltlichen Transformationen ebenso wie der kulturellen und historischen Einbettung spezifischer Inhalte und Diskurse. In *gemischten* Verwendungsweisen zeigen sich diese Dynamiken in und zwischen den Wissenskulturen (Keller & Poferl, 2015, 2018; Knorr-Cetina, 2002) der Sozialen Arbeit und der Psychiatrie am besten. Denn diese bringen paradigmatisch unterschiedliche Verwendungsweisen gleichzeitig und ineinandergefächert zur Sprache und ebnen so die Routen, auf denen dieses Wissen interkontextuell *reisen* kann. Sie sind die narrativen Orte, an dem Differenzen überbrückt und Anschlussfähigkeiten zwischen Kontexten und Institutionen aktiv hergestellt werden. Aus einer rein akademisch geführten Debatte heraus können diese Formen der Verwendung vielleicht uneinheitlich, inkonsequent und/oder schwammig wirken (Harbusch & Pingel-Rathke, 2021). Aus einer lebensweltlichen Perspektive allerdings übernehmen die Professionellen der Sozialen Arbeit in diesen Erzählungen eine wichtige Rolle, indem sie Möglichkeiten gemeinsamer systemübergreifender Kommunikation erschaffen. Gerade in ihrem Fremdsein im Lichte der verwendeten Inhalte zeigen sich Sozialarbeitende als Schlüsselfiguren des Kulturkontakts (vgl. Park, 1928) und erscheinen auf diese Weise ebenso peripher wie zentral für soziale wie für psychiatrische Zusammenhänge gleichermaßen. Auch dies ist eine Leistung, die in der Professionstheorie der Sozialen Arbeit bisher nicht abgebildet wird.

Die Sozialarbeiterin aus dem Wohnheim für Geflüchtete reflektiert in der folgenden Sequenz (Sequenz 4.1.), wie sie mit der Gefahr von Abschiebungen umgehen kann.

> Sequenz 4.1.
> B: Also was wir machen können, ist, mit den Ärzten sprechen und sagen, hier steht eine Abschiebung an, wir sehen da aber ein Problem, wir glauben, der hat psychische Probleme oder das Zurückgehen in die Heimat würde diese Probleme verstärken. Und er soll sich das mal angucken und eventuell dann da drüber ein Gut-

achten schreiben. Aber das Gutachten muss der Arzt machen, das machen wir nicht. Und wenn er sagt, ich sehe das nicht, ich halte ihn nicht für so krank, dann können wir auch nichts machen. Aber es gibt natürlich auch Leute, die versuchen, darüber ihren Aufenthalt zu sichern. Also die ihre eigenen psychischen Probleme viel stärker machen, als sie vielleicht sind. Und sich einweisen lassen und da vielleicht auch versuchen, eine Diagnose zu bekommen. Klappt manchmal, aber es klappt natürlich nicht immer. I15: 707–717.

Im Zentrum dieser Deutung steht eine *utilitaristische* Verwendungsweise. Psychiatrische Kategorien werden von der Interviewten als strategische Möglichkeit besprochen, persönliche Ziele des Klienten ebenso wie institutionelle Ziele der Sozialarbeiterin zu erreichen (*Aufenthalt zu sichern*). Unterschiedliche Vertreter und Vertreterinnen weiterer Disziplinen werden als Akteure und Akteurinnen bei der Schaffung sozialer Zusammenhänge ersichtlich, die über psychiatrische Konzepte in Kontakt miteinander treten und kooperieren. Für diesen Kontakt wechselt die Sozialarbeiterin in eine fundamentalistische Argumentation (*der hat psychische Probleme oder das Zurückgehen in die Heimat würde diese Probleme verstärken*), und reproduziert die antizipierte Perspektive des Arztes ebenso wie sie die dessen machtvolle Position im Deutungsprozess legitimiert. Sie selbst generiert sich zunächst fachlich als Laie, dabei weiß sie – so ist zu vermuten – jedoch genau, welche Tasten auf der psychosozialen Begriffsklaviatur anzuschlagen sind, um gewünschte Ziele zu erreichen. Allem voraus geht ihre Entscheidung, ob sie einen Arzt oder eine Ärztin aufsuchen will und damit auch, ob psychiatrisches Vokabular zur Deutung der Situation zur Anwendung gebracht werden soll. Sie ist aktive Mitgestalterin der Situation, indem sie Kontakte aufbaut und Untersuchungen einleitet und den Arzt zum Dienstleistenden macht, der den eigenen Strategien Legitimität verschafft (*er soll [...] mal ein Gutachten schreiben*). Gleichzeitig beschreibt auch sie sich in einer Passivkonstruktion, indem sie die letztgültige Entscheidung von sich abweist. Dies ist mit Tillman Lutz (2019) auch als eine Art der Responsibilisierung zu lesen; als Abgabe der Verantwortung an den Arzt (*das Gutachten muss der Arzt machen*) und/oder an die Klienten und Klientinnen selbst (*Aber es gibt natürlich auch Leute, die versuchen, darüber ihren Aufenthalt zu sichern*). In der Betonung von Selbstaktivierungs- und Selbstsorgeanforderungen an das Subjekt oder in der Verantwortungsabgabe an weitere Professionen verwischt die Erzählende das professionseigene Spannungsfeld von Hilfe und Kontrolle (vgl. Lutz, 2019, S. 87). Mit einer gemischten Verwendung überbrückt sie an dieser Stelle nicht nur die kommunikativen Codes unterschiedlicher Wissenskulturen, sondern auch Fragen nach Zuständigkeit, Definitionsmacht und eigener Verantwortung. In diesem Sinne objektiviert, verallgemeinert, vergemeinschaftet das *gereiste* Wissen den Gegenstand, indem es dessen Genese und Herkunft undeutlich werden lässt.

6   Schluss: *Reisendes Wissen* in der sozialen Arbeit

Sozialarbeitende stehen in ihrem professionellen Alltag an der Schnittstelle diverser Wissensordnungen. Auf der einen Seite sind sie erstens eingebettet in die alltäglichen sozialen Strukturen ihrer Klientel und daran interessiert, diese deutend zu verstehen. Sie agieren aber auf der anderen Seite auch aus einer eigenen institutionell verankerten Ordnung heraus, aus deren Perspektive sie Probleme als Probleme erkennen, ansprechen und zu lösen versuchen. Drittens stehen sie in engem Kontakt mit außenstehenden Institutionen, auf deren Kommunikationsangebot sie sich während ihrer Arbeit beziehen. Beständig haben sie es in diesem Spannungsfeld mit Kategorien zu tun, welche – als *Reisendes Wissen* – Einzug in die Sprachspiele und Denkgewohnheiten der Profession halten und welchen sie in ihrem Alltag handelnd begegnen. Im hier vorgestellten Projekt sind dies die Konzepte der Psychiatrie.

In einigen Beispielen wurde entlang dreier Verwendungsweisen gezeigt, auf welche Arten Sozialarbeitende mit den eintreffenden psychiatrischen Konzepten umgehen. Mit diesen (und anderen) Arten der Verwendung erfüllen sie eine wichtige Überbrückungsfunktion für ihr Klientel, für das psychosoziale System im Allgemeinen, für die Psychiatrie im Speziellen und auch für die eigene Profession. Denn mit ihren Interpretationen, Umdeutungen und/oder Anpassungen dieses Wissens an die Situationen des disziplinären Alltags helfen sie aktiv, soziale Zusammenhänge als psychiatrische zu rahmen. Als Teilnehmer und Teilnehmerinnen eines neoliberalen Diskurses zunehmender Pathologisierung, Therapeutisierung und/oder Medikalisierung des Sozialen (Anhorn & Balzereit, 2016), der die Selbstzentrierung des Individuums und die Anforderungen der Verbesserung der eigenen Psyche als Maxime selbstbewusster, achtsamer, selbstsorgender Individuen zum Interventionsziel sozialer Institutionen stilisiert (vgl. Rau, 2016), avancieren Sozialarbeitende zu grauen Eminenzen und Stichwortgebenden. Und in Bezug auf *Reisendes Wissen* werden sie zu Akteuren und Akteurinnen der Verbindung, die auf komplexe Weise die Arenen konzeptioneller Diversität öffentlichkeitsgerecht überbrücken.

Zunächst überbrücken sie erstens die Lücke zwischen den Klienten und Klientinnen und institutionellen Logiken sozialarbeiterischer, psychosozialer, medizinischer, therapeutischer Einrichtungen, indem sie die Situationen der Klienten und Klientinnen als Bedarfe formulieren und konzeptionell in institutionelle Angebote einbetten. Mit Hilfe pathologisierender Konzepte stellen sie Kontakte her, erstellen Einschätzungen und legen Akten an, interpretieren und ordnen Erzählungen der Klienten und Klientinnen und bereiten diese für weitere institutionelle Interventionen vor. Oder sie tun dies (in einer *kritischen* Verwendungsweise) gerade nicht und werden auch so zu einer wichtigen Instanz bei der weiteren Gestaltung des Falls (ohne psychiatrische Kategorien). Soziale Arbeit erscheint als eine aktive Leistung, die mehr als ein deutendes Verstehen des Falls (Dewe & Otto, 2012) ist und auch mehr als eine Reaktion einer bescheidenen Profession (Schütze, 1992) an die Anforderungen einer professionalisierten Außenwelt. Stattdessen stellt Soziale Arbeit (Ko-)Konstruktionen her, die besonders offensichtlich werden, wenn Sozialarbeitende selbst den Kontakt zu anderen Institutionen des psychosozialen Systems und deren Sprachspielen suchen, um ihre Ideen für ihr Klientel um- und durchzusetzen. *Reisendes Wissen* reflektiert mit dem Fokus auf das Ankommen spezifischer (hier psychiatrischer) Kategorien die Praktiken der Aufnahme und zeigt die Soziale Arbeit auf diesem Zusammenhang als eine aktive handelnde Profession, die sich in den eigenen Sprachspielen sowohl akademisch als auch lebensweltlich jedoch ungerechtfertigter Weise oft als reaktive, passive, bedürfnisorientierte Profession bei der Begleitung ihres Klientels versteht. Mit der Frage nach der *(Ein) Reise* von fremdem Wissen in die Disziplin stellt sich hingegen ebenso die Frage nach dem professionellen (Selbst-)Bild und der Rolle der Sozialen Arbeit im Spannungsfeld diverser Wissensordnungen neu.

Zweitens überbrücken die Interviewten mit Hilfe psychiatrischer Kategorien den diskursiven Spalt zwischen den begrifflichen Möglichkeiten diverser Institutionen, die gemeinsam im Kontakt mit jeweiligen Klienten und Klientinnen stehen. Gemeint sind Schulen, Ärzte und Ärztinnen, Kureinrichtungen, Krankenkassen, Gerichte, Beratungsstellen und/oder Kindergärten. Vor dem Hintergrund des *Reisenden Wissens* psychiatrischer Konstruktionen stimmen sich Sozialarbeitende mit den Professionellen dieser Einrichtungen ab, stärken sich in einer gemeinsamen Perspektive und beratschlagen über gemeinsame weitere institutionelle Vorgehensweise für den Fall. Das gemeinsame Thematisieren paradigmatisch eigentlich unterschiedlicher Wissensordnungen wirkt in den Interviews zuweilen uneinheitlich, schwammig oder gar diskrepant. Im akademischen Diskurs können diese Uneinheitlichkeiten einer Profession im Vollkontakt mit der Lebenswelt als professionelle Schwierigkeiten und Paradoxien auffallen (Schütze, 1992). Rein lebensweltlich betrachtet wäre diese Unschärfe aber auch gerade als Leistung einer Sozialen Arbeit zu verstehen, die Kommunikationsmöglichkeiten zwischen den Codes der einzelnen Systeme und zwischen institutionellen Ideen und lebensweltlichen Perspektiven sichert. Die Soziale Arbeit wird mit Blick auf psychiatrisches Vokabular derart zur aktiven Mitgestalterin psychologisierender Diskurse wie individueller Betroffenheit. Oder sie wird dies (in einer *kritischen* Verwendungsweise) gerade nicht. Das Pluriversum der Lebenswelten (Hitzler, 1999) ist immer vielschichtig, fluide, schwammig, beständig überkomplex und multiperspektivisch. Indem der Begriff *traveling concepts* idealtypisch von unterschiedlichen sozialen

Räumen, sozialen Systemen und/oder „Wissenskulturen" (Keller & Poferl, 2015, 2018) ausgeht und in der *Reise* disziplinären Wissens deren Überschneidungen bespricht, kann er sich der Pluralität und Verstricktheit alltäglicher Kommunikation differenzierter nähern, als eine rein an *einer* Profession ausgerichteten Thematisierung. Die Soziale Arbeit könnte sich – gerade durch ihre Nähe zum Alltag und ihre weiten Kontakte zu anderen Professionen – vor diesem Hintergrund deutlicher als eine Profession *zwischen* den Wissenskulturen positionieren; als eine *Profession sozialer Konnektivität* also, die sich inhaltlich durch ihre Nähe zu diversem institutionellem und akademischen Wissen auszeichnet, jedoch strukturell eher einer lebensweltlichen, von Fluidität und Pluralität gekennzeichneten Ordnung folgt.

Drittens überbrücken Sozialarbeitende – damit zusammenhängend – mit Hilfe psychiatrischer Narrative eigene lebensweltlich und/oder fachlich aufkommende Unklarheiten, Unsicherheiten, Unentschiedenheiten. In allen geführten Interviews zeigt sich, wie die unterschiedlichen Verwendungsweisen psychiatrischer Kategorien Ordnungen des Falls erstellen, eigene Rollen im Feld konstituieren und/ oder Ideen eines antizipierten Verlaufs entwerfen: Oder dies (in einer *kritischen* Verwendungsweise) gerade nicht tun. *Traveling concepts* zeigen sich hier als Chance, sich in im verstrickten Feld der Sozialen Arbeit zwischen Akademie und Lebenswelt situational zurechtzufinden. Die Individualisierung vorliegender Probleme durch die Nutzung psychiatrischer Konzepte könnte an dieser Stelle sowohl als Strategie der Sozialarbeitenden gelesen werden, Status zu generieren. Gleichzeitig wäre jedoch auch ein Setting denkbar, in dem Sozialarbeitende interessiert daran sind, Verantwortlichkeiten des Falls abzugeben und über die Vermutung eines psychischen Problems an andere Disziplinen weiterzureichen.

All diese (und sicherlich noch viele weitere) Formen und Schwierigkeiten des professionellen Handelns im Spiegel der Übernahme fachfremden Wissens werden in den Debatten der Sozialen Arbeit nur unzureichend abgebildet. *Reisendes Wissen* kommt in seinem neuen Verwendungskontext nie automatisch zu seiner Geltung, sondern benötigt immer Akteure und Akteurinnen, die aktiv Anschlüsse vermitteln und sich dieses Wissen aktiv und strategisch zu Nutze machen. Der Begriff *Reisendes Wissen*, der auf die Analyse sozialer Kontexte ebenso wie auf Hintergründe und Praktiken der Aufnahme oder Ablehnung dieses Wissens zielt, kann das zuweilen sehr positivistische, simplizistische Professionsverständnis der Sozialen Arbeit nicht mitgehen und öffnet ein breites Panorama von Thematisierungsmöglichkeiten einer Profession im Spannungsfeld der Wissensordnungen.

Die Herausforderung für eine in diversen Kontexten der Lebenswelt theoretisch zerfransenden Sozialen Arbeit könnte es in Zukunft sein, sich einem deutlicheren begrifflichen Profil zu versichern, entlang dessen eigene konzeptionelle Bezüge zu

Nachbardisziplinen und damit zusammenhängend auch das Verhältnis zum Gegenstand deutlicher besprochen werden kann. Gerade als eine *Profession sozialer Konnektivität*, die mit ihren Leistungen im öffentlichen Raum als Brücke zwischen theoretisch divers verorteten Institutionen agiert, wäre eine deutlichere Selbstpositionierung im (psycho-)sozialen System und eine Klärung der Verhältnisse mit der konzeptionellen *Nachbarschaft* auch für das eigene Professionsverständnis sicher interessant.

Für die Soziologie der Psychiatrie verweist die hier vorgestellte Forschung auf die Psychiatrie als einen Zusammenhang, der sich weniger abstrakt in psychiatrischen Kliniken, sondern vielmehr in alltäglichen Gesprächen und institutionellen Praxen fachfremder Institutionen vermittelt und reproduziert. Dies scheint paradox. Denn die Stärke des psychiatrischen Arguments in den alltäglichen Sprachspielen der Gegenwartsgesellschaft entsteht durch die kontextuelle und begriffliche Untergrabung desselben. Die Erforschung der von psychiatrischen Wissensordnungen kolonisierten sekundären Verwendungsdisziplinen (vgl. Harbusch, 2022), die mit dem Einsatz dieses *eingereisten Wissens* ganz eigene Interessen verfolgen, hat gerade erst begonnen.

Literatur

Ahrbeck, B., & Willmann, M. (2010). *Pädagogik bei Verhaltensstörungen. Ein Handbuch.* Kohlhammer.
American Psychiatric Association. (1952). *Diagnostic and statistical manual of mental disorders.* American Psychiatric Pub Inc.
American Psychiatric Association. (1968). *Diagnostic and statistical manual of mental disorders* (2. Aufl.). American Psychiatric Pub Inc.
Anhorn, R., & Balzereit, M. (Hrsg.). (2016). *Handbuch Therapeutisierung und Soziale Arbeit.* Springer VS.
Baierl, M. (2008). *Herausforderung Alltag. Praxishandbuch für die pädagogische Arbeit mit psychisch gestörten Jugendlichen.* Vandenhoeck & Ruprecht.
Bal, M. (2002). *Traveling concepts in the humanities. A rough guide.* University of Toronto Press.
Beck, U., & Bonß, W. (1989a). Verwissenschaftlichung ohne Aufklärung? Zum Strukturwandel von Sozialwissenschaft und Praxis. In U. Beck & W. Bonß (Hrsg.), *Weder Sozialtechnologie noch Aufklärung? Analysen zur Verwendung sozialwissenschaftlichen Wissens* (S. 7–45). Suhrkamp.
Beck, U., & Bonß, W. (1989b). *Weder Sozialtechnologie noch Aufklärung? Analysen zur Verwendung sozialwissenschaftlichen Wissens.* Suhrkamp.
Bergmann, J. (2014). Der Fall als Fokus professionellen Handelns. In J. Bergmann, U. Dausendschön Gay, & F. Oberzaucher (Hrsg.), *Der Fall. Studien zur epistemischen Praxis professionellen Handelns* (S. 9–37). transcript.

Blashfield, R., Keeley, J., Flanagan, E., & Miles, S. (2014). The cycle of classification: DSM-I through DSM-5. *The Annual Review of Clinical Psychology, 10*, 25–51. https://doi.org/10.1146/annurev-clinpsy-032813-153639

Blau, A. (2018). *Professionsautonomie in der Sozialen Arbeit. Überlegungen zum Selbstverständnis der Profession und dessen Auswirkungen auf die Praxis*. Barbara Budrich.

Bosshard, M., Ebert, U., & Lazarus, H. (2001). *Sozialarbeit und Sozialpädagogik in der Psychiatrie*. Psychiatrie Verlag.

Charmaz, K. (2006). *Constructing grounded theory: A practical guide through qualitative analysis*. SAGE Publications.

Cohen, B. M. Z. (2016). *Psychiatric hegemony. A Marxist theory of mental illness*. Palgrave Macmillan.

Czarniawska, B., & Sevón, G. (Hrsg.). (2005). *Global ideas. How ideas, objects and practices travel in the global economy*. Liber.

Dellwing, M., & Harbusch, M. (2019). *Pathologisierte Gesellschaft?. 12. Beiheft zum Kriminologischen Journal*. Beltz Juventa.

Dewe, B., & Otto, H. U. (2012). Reflexive Sozialpädagogik. Grundstrukturen eines neuen Typs dienstleistungsorientierten Professionshandelns. In W. Thole (Hrsg.), *Grundriss Soziale Arbeit. Ein einführendes Handbuch* (S. 197–217). Springer VS.

Dollinger, B. (2006). Die Pädagogik der sozialen Frage. (Sozial-)Pädagogische Theorie vom Beginn des 19. Jahrhunderts bis zum Ende der Weimarer Republik. Wiesbaden.

Dollinger, B. (2019). Hilfe als Konditionalprogramm: Eine Systematisierung sozialer Kontrolle als Kernaufgabe Sozialer Arbeit. *Kriminologisches Journal, 51*(1), 7–23.

Dörr, M. (2005). *Soziale Arbeit in der Psychiatrie*. UTB.

Flick, S. (2019). Zur Pathologisierung sozialen Leidens. Psychotherapeutische Deutungen von Arbeitsleid. In M. Dellwing & M. Harbusch (Hrsg.), *Pathologisierte Gesellschaft?. 12. Beiheft zum Kriminologischen Journal* (S. 24–49). Beltz Juventa.

Foucault, M. (2016): *Wahnsinn und Gesellschaft*. Suhrkamp.

Geissler-Piltz, B. (2005). *Psychosoziale Diagnosen und Behandlung in Arbeitsfeldern der Klinischen Sozialarbeit*. UTB.

Goffman, E. (1975). *Stigma: Über die Techniken der Bewältigung beschädigter Identität*. Suhrkamp.

Goffman, E. (1982). *Das Individuum im öffentlichen Austausch. Mikrostudien zur öffentlichen Ordnung*. Suhrkamp.

Goffman, E. (2008). *Asyle: Über die soziale Situation psychiatrischer Patienten und anderer Insassen*. Suhrkamp.

Harbusch, M. (2019b). Psychiatrische Krankheitskategorien als traveling objects. *Soziale Passagen, 11*(2), 387–391.

Harbusch, M. (2019c). Eine Tyrannei der Öffentlichkeit. Drei Schritte der subjektiven Aneignung therapeutischer Narrative. *Kriminologisches Journal, 51*(2), 107–125.

Harbusch, M. (Hrsg.). (2022). *Troubled persons industries. The expansion of psychiatric categories beyond psychiatry*. Palgrave Macmillan.

Harbusch, M., & Pingel-Rathke, R. (2021). Diagnosen im Außendienst. Formen der Aneignung und Verwendung psychiatrischen Wissens in der Sozialen Arbeit. *Kriminologisches Journal, 53*(4), 258–274.

Hitzler, R. (1999). Welten erkunden: Soziologie als (eine Art) Ethnologie der eigenen Gesellschaft. *Soziale Welt, 50*(4), 473–482.

Houts, A. C. (2000). Fifty years of psychiatric nomenclature: Reflections on the 1943 War Department Technical Bulletin. *Medical 203. Journal of Clinical Psychology, 56*(7), 935–967.
Hunter, K. M. (1991). *Doctors stories. The narrative structure of medical knowledge*. Princeton University Press.
Illouz, E. (2015). *Die Errettung der modernen Seele*. Suhrkamp.
Jutel, A. (2011). *Putting a name to it. Diagnosis in Contemporary Society*. Johns Hopkins University Press.
Keller, R., & Poferl, A. (2015). Soziologische Wissenskulturen. Zur Generierung wissenschaftlichen Wissens durch die Praxis der Auslegung. In R. Hitzler (Hrsg.), *Hermeneutik als Lebenspraxis* (S. 177–191). Beltz Juventa.
Keller, R., & Poferl, A. (Hrsg.). (2018). *Wissenskulturen der Soziologie*. Beltz Juventa.
Knorr-Cetina, K. (2002). *Wissenskulturen. Ein Vergleich naturwissenschaftlicher Wissensformen*. Suhrkamp.
Lammert, C., & Sarkowsky, K. (2010). *Travelling concepts. Negotiating diversity in Canada and Europe*. Springer VS.
Liebsch, K., & Manz, U. (2007). *Jenseits der Expertenkultur. Zur Aneignung und Transformation biopolitischen Wissens in der Schule*. Springer VS.
Lutz, T. (2019). Wie halt es die Soziale Arbeit mit der Pathologisierung. Kontinuitäten im Wandel. In M. Dellwing & M. Harbusch (Hrsg.), *Pathologisierte Gesellschaft?. 12. Beiheft zum Kriminologischen Journal* (S. 74–90). Beltz Juventa.
Motzke, K. (2014). *Soziale Arbeit als Profession. Zur Karriere „sozialer Hilfstätigkeit" aus professionssoziologischer Perspektive*. Barbara Budrich.
Neumann, B., & Nünning, A. (Hrsg.). (2012). *Traveling concepts for the study of culture*. De Gruyter.
Nissen, G. (2002). *Seelische Störungen bei Kindern und Jugendlichen. Alters- und entwicklungsabhängige Symptomatik und ihre Behandlung*. Klett-Cotta.
Oevermann, U. (2013). Die Problematik der Strukturlogik des Arbeitsbündnisses und der Dynamik von Übertragung und Gegenübertragung in einer professionalisierten Praxis von Sozialarbeit. In R. Becker-Lenz, S. Busse, G. Ehlert, & S. Müller-Hermann (Hrsg.), *Professionalität in der Sozialen Arbeit. Standpunkte, Kontroversen, Perspektiven* (S. 119–148). Springer VS.
Park, R. E. (1928). Human migration and the marginal man. *The American Journal of Sociology, 33*(6), 881–893.
Rau, A. (2016). Die Regierung der Psyche – Psychopolitik und die Kultur des Therapeutischen in der neoliberalen Gesellschaft. In R. Anhorn & M. Balzereit (Hrsg.), *Handbuch Therapeutisierung und Soziale Arbeit* (S. 647–664). Springer VS.
Said, E. W. (1983). *The world, the text, and the critic*. Harvard University Press.
Schmid, M. (2007). *Psychische Gesundheit von Heimkindern. Eine Studie zur Prävalenz psychischer Störungen in der stationären Jugendhilfe*. Beltz Juventa.
Schmitz, E., Bude, H., & Otto, C. (1989). Beratung als Praxisform angewandter Aufklärung. In U. Beck & W. Bonß (Hrsg.), *Weder Sozialtechnologie noch Aufklärung?* (S. 122–148). Suhrkamp.
Schütze, F. (1992). Sozialarbeit als „bescheidene" Profession. In B. Dewe, W. Ferchhoff, & F. O. Radke (Hrsg.), *Erziehen als Profession: zur Logik professionellen Handelns in pädagogischen Feldern* (S. 132–170). Springer.

Shorter, E. (1997). *A history of psychiatry. From the era of the asylum to the age of Prozac.* Wiley.

Statista Research Department. (2022). *Statistiken zu psychischen Erkrankungen.* https://de.statista.com/themen/1318/psychische-erkrankungen/#topicHeader__wrapper. Zugegriffen am 25.01.2022.

Staub-Bernasconi, S. (2009). Der Professionalisierungsdiskurs zur Sozialen Arbeit (SA/SP) im deutschsprachigen Kontext im Spiegel internationaler Ausbildungsstandarts. Soziale Arbeit – eine verspätete Profession. In R. Becker-Lenz, S. Busse, G. Ehlert, & S. Müller-Hermann (Hrsg.), *Professionalität in der Sozialen Arbeit. Standpunkte, Kontroversen, Perspektiven* (S. 23–48). Springer VS.

Staub-Bernasconi, S. (2018). *Soziale Arbeit als Handlungswissenschaft. Handlungswissenschaft. Soziale Arbeit dem Weg zu kritischer Professionalität* (2. Aufl.). Leske & Budrich.

Strauss, A., & Corbin, J. (1996). *Grounded Theory: Grundlagen Qualitativer Sozialforschung.* Beltz Psychologie-Verlag-Union.

Textor, M. (Hrsg.). (1990). *Hilfen für Familien. Ein Handbuch für psychosoziale Berufe.* Fischer.

Thiersch, H. (2020). *Lebensweltorientierte Soziale Arbeit -revisted.* Beltz Juventa.

Weinert-Portmann, S. (2009). *Familie – ein Symbol der Kultur. Perspektiven sozialpädagogischer Arbeit mit Familien.* Springer VS.

Weingarten, E. (1980). Psychische Störung als Verletzung von Alltagsregeln. Zur Frage der Normalisierung von abweichendem Verhalten. In K. Heinrich & U. Müller (Hrsg.), *Psychiatrische Soziologie* (S. 78–93). Beltz Juventa.

Ziegler, E. (2010). *Angehörigenarbeit bei bipolarer Erkrankung. Ein klinisch sozialarbeiterisches Konzept für den Bereich Psychiatrie.* LIT.

Teil III

Psychiatrische Konzepte und Praktiken im Kontext institutioneller und politischer Verwendung

Der tiefgreifende Wandel der Psychiatrie und die Erweiterung psychosozialer Angebote hat in den letzten Jahrzehnten zu folgenreichen Veränderungen bei der institutionellen und politischen Anwendung und Ausgestaltung psychiatrischer Inhalte geführt. Die folgenden Beiträge beleuchten die vielfältigen Facetten dieses Wandels und dessen Auswirkungen auf den öffentlichen Diskurs sowie insbesondere auf die Forschung und den praktischen Gebrauch psychiatrischer Konzepte im Rahmen politischer Prozesse. Die Beiträge verdeutlichen die Spannungsfelder und Herausforderungen, die sich aus der Wechselwirkung von psychiatrischen Konzepten, politischen Rahmenbedingungen und gesellschaftlichen Strukturen ergeben. Die Politik nimmt zwar grundsätzlich die gesellschaftlichen Herausforderungen, wie etwa Suchtmittelabhängigkeit oder Verhaltensauffälligkeiten in der Schule an, folgt dabei aber einem engen Konzept von Evidenzbasiertheit, das auf ein psychiatrisches und medizinpsychologisches Erklärungsparadigma zurückgeht. Mit dieser einseitigen Positionierung verschärft sie nicht nur Probleme in der Praxis, sondern sie beschneidet mit ihrer selektiven Forschungsförderung das Spektrum anderer Erklärungsansätze. Die Artikel des folgenden Teils plädieren für eine stärkere Anwendung (und Umsetzung) von Ansätzen, die den sozialen Charakter des Aufkommens, der Behandlung und der Folgen psychiatrischer Konzepte in den Blick nehmen.

Niklaus Reichle und **Florian Elliker** thematisieren in ihrem Artikel *„Auf einem Auge blind. Wie Forschung den Konsum bewusstseinsverändernder Substanzen medikalisiert"* den Bedeutungswandel bewusstseinserweiternder Substanzen über die vergangenen Jahrzehnte. Die Autoren analysieren zunächst die diskursive Konstruktion von Psychedelika und Cannabis in der Schweiz, die sich in den letzten 20 Jahren stark gewandelt hat; von einer vorherrschenden medizinisch-psychiatrischen Betrachtung mit Fokus auf gesundheitliche Risiken hin zu einer dualen Perspektive, die diese Substanzen sowohl als schädliche Stoffe als auch als potenzielle Heilmittel darstellt. Der Artikel zeigt, dass die Entwicklungen bezüglich bewusstseinserweiternder Substanzen durchdrungen sind von einem Spannungsverhältnis zwischen Medikalisierung einerseits und wirtschaftlichen, politischen und juristischen Betrachtungen andererseits. Reichle und Elliker zeigen daraufhin, wie diese Entwicklungen den öffentlichen Diskurs, den Umgang mit Forschung (insbesondere der Setzung von Forschungsschwerpunkten) sowie allgemein den gesellschaftlichen Umgang mit bewusstseinserweiternden Substanzen prägen. Die beiden Autoren gehen in ihrer Analyse vertieft auf das politische Feld, insbesondere die einschlägigen politischen Debatten der letzten Jahre zur Cannabisnutzung (etwa zur Schmerzlinderung), ein. Sie zeigen dabei auf, dass Studien zum nicht-medizinischen Gebrauch von Cannabis in der Schweiz tendenziell zu stark medizinisch ausgerichtet sind und damit (zu) wenig Platz für weitere wichtige Fragestellungen lassen, die wesentliche soziale Zusammenhänge – wie etwa Konsumrituale oder Konsummotivation – analysieren.

Der Artikel von **Roberto McLeay** „*Counselling Power and Knowledge in Schools*" untersucht die wichtige Rolle, die pädagogische Beratungskräfte in den Schulen bei der Reproduktion und Verbreitung von Psy-Diskursen spielen. McLeay zeigt auf, wie sie dabei die Ideen und das Wissen von medizinischen und psychologischen Fachkräften an die Schülerinnen und Schüler (weiter-)vermitteln, ihnen eine psychiatrisch-medizinische Interpretation ihrer Probleme und Herausforderungen nahelegen bzw. auferlegen und dadurch – ungewollt – den vorherrschenden psychiatrischen Diskurs stützen. McLeay betont daher die Notwendigkeit einer kritischen Untersuchung des Umgangs mit psychischer Gesundheit in Schulen generell, und konkret im Hinblick auf die Arbeit pädagogischer und psychologischer Beratungskräfte. Ihre verstärkte Einbindung und eine Erhöhung ihrer Anzahl stellentrotz eines enormen Problemdrucks, so McLeay, nicht die alleinige Lösung für den Umgang mit psychischer Gesundheit und Krankheit an Schulen dar. Auch wenn sie sich darum bemühen, die psychische Gesundheit und das Wohlbefinden der Schülerinnen und Schüler zu stärken, neigen sie auch dazu, diskursive Machtstrukturen und psychiatrische Narrative zu reproduzieren. McLeay verweist vor diesem Hintergrund auf die Notwendigkeit einer breiteren Debatte ebenso wie auf eine vermehrte interdisziplinäre Forschung, die die Theorien, Diskurse, Perspektiven und (Interventions)möglichkeiten von Schulberatenden zur Sprache bringt.

In Ihrem Beitrag „*Arbeitsleiden in psychosomatischen Settings. Zur (Un)Möglichkeit gesellschaftliche Strukturen zu behandeln*" setzt sich **Sabine Flick** mit der Arbeitswelt auseinander, die sich in den letzten Jahrzehnten bedeutend verändert hat und sich zunehmend in Folgen für die psychische Gesundheit für Arbeitnehmende zeigt. Flick analysiert anhand verschiedener Interviewstudien die fast schon systematisch erscheinende Ausblendung eines zentralen Bereichs gesellschaftlicher Reproduktion – der Arbeitswelt – in psychiatrischen Konzepten und in der professionellen Praxis von Psychotherapeutinnen und Psychotherapeuten. Am Ende ihres Beitrags plädiert Flick für eine „strukturelle Kompetenz", die den Zusammenhang von Leiden und struktureller Gewalt oder Bedingungen als soziales Leiden der Patientinnen und Patienten intersektional reflektiert. Als Beispiel einer solchen „strukturellen Kompetenz" denkt Flick über eine ausserklinische Sprache für soziale Strukturen nach die die vorhandenen Diagnoseinstrumente um die Dimension einer sozialen strukturellen Einbettung beinhaltet.

Arbeitsleiden in psychosomatischen Settings. Zur (Un)Möglichkeit gesellschaftliche Strukturen zu behandeln

Sabine Flick

1 Einleitung

„Die Patienten kommen ja am Arbeitsplatz in einen inneren oder einen äußeren Konflikt oder beides. Aber dieser Konflikt entsteht (…) dadurch, dass der Patient getriggert wird an – mit Situationen, die ihn an seine Biografie erinnern oder an seine Jugend, ja?"[1]

Was die Mitarbeiterin einer psychosomatischen Akutklinik aus dem Sozialdienst hier berichtet, lässt sich stellvertretend für eine ganze Reihe solcher Lesarten voranstellen. In diesen ringen die Beteiligten stets um eine Vermittlung von inneren und äußeren Attribuierungen, um die Frage der Verortung psychischer Leiden. Das Deutungsmuster ist eindeutig: Arbeit kann Konflikte auslösen, doch deren wirkliche Ursache liegt in der Vergangenheit. Können also strukturelle, äu-

---

[1] Alle hier zitierten Passagen aus Interviews entstammen den hier zu Grunde gelegten Forschungen der Autorin.

S. Flick (✉)
Pädagogische Hochschule Freiburg, Freiburg, Deutschland
E-Mail: sabine.flick@ph-freiburg.de

© Der/die Autor(en), exklusiv lizenziert an Springer Fachmedien Wiesbaden GmbH, ein Teil von Springer Nature 2025
E. von Kardorff et al. (Hrsg.), *Zur Gesellschaft der verletzten Seelen*, https://doi.org/10.1007/978-3-658-47031-9_7

ßere Umstände psychische Krisenzustände immer nur auslösen, nie aber verursachen? Psychotherapeutischen Ansätzen ist ein subjektwissenschaftlicher Zugang gemein, der sie zugleich zum methodischen Individualismus verdammt. Sie müssen zunächst an den persönlichen Leidenserfahrungen der Einzelnen ansetzen. Dabei geraten gesellschaftliche Verhältnisse potenziell aus dem Blick. Die Diskussionen kritischer Psychologie, feministischer Psychotherapie und Gemeindepsychiatrie oder auch die Psychoanalyse der Arbeit skandalisieren dies seit langem. (zuletzt Knebel, 2022, 2021; Keupp, 2021; Flick, 2017, 2020; Dejours, 2012). Doch sind es wiederum allein gesellschaftliche Bedingungen, die den Dispositionen stets zu Grunde liegen? Wie gelingt es Fachkräften, die mit Menschen in psychischen Krisen arbeiten stets Inneres und Äußeres, Individuum und Gesellschaft, dialektisch zu vermitteln. Und von was sprechen wir, wenn wir gesellschaftliche Bedingungen meinen?

Um über gesellschaftliche Bedingungen, also „Gesellschaft" und psychisches Leiden nachzudenken, bedarf es jeweils einer Operationalisierung dessen, was wir unter Gesellschaft eigentlich verstehen und vor allem, konkret in den Blick nehmen können. Eine der zentralen Institutionen der Vergesellschaftung ist die Erwerbsarbeit. Unabhängig davon, ob man sie schon oder noch ausübt, ob man dazu gerade gesundheitlich in der Lage ist oder nicht, ob man aus dieser Institution gerade exkludiert wurde oder sich aufgrund von Sorgeverpflichtungen gerade selbst herausgenommen hat: Sie bleibt einer der zentralen Fixpunkte, auf die man sich immer beziehen muss. Auffällig, und dies sei hier vorneweg bereits gesagt, ist, wie wenig sich die sogenannten Psy-Professionen für die Arbeit interessieren. Im Folgenden Beitrag werde ich auf der Grundlage verschiedener abgeschlossener wie laufender Forschungsprojekte zur Thematisierung von Arbeit in klinischen Behandlungssettings der Psychosomatik die Frage erörtern, wie und warum und warum nicht Arbeit dort in den Blick genommen wird. Dazu folgt zunächst ein Abschnitt zu den Pathologien der Arbeit, die das Problem in seiner Virulenz deutlich machen soll. Im Anschluss daran werde ich mein soziologisches Verständnis von „Psychotherapie" darlegen (Abschn. 2) und anschließend eine kurze Skizze der psychiatrischen Versorgung vorlegen (Abschn. 3). Dann zeige ich in einem nächsten Abschnitt auf der Grundlage der Ergebnisse meiner Forschungen, wie eine Thematisierung bzw. Dethematisierung von Arbeit in der klinischen Praxis aussieht (Abschn. 4). Daran anknüpfend verfolge ich ausblickend Spuren, die diese Phänomene in den Griff bekommen können (Abschn. 5).[2]

---

[2] Einzelne Passagen dieses Textes wurden bereits in einem anderen Artikel wiedergegeben (Flick, 2020, 2021).

Dass es Sinn macht, die Frage nach der Arbeit gerade im Zusammenhang mit psychologischen und mentalen, aber auch sozialen, zeitlichen und ökonomischen Dimensionen ins Zentrum einer Betrachtung von Psychiatrie, Psychotherapie und Psychologie zu stellen, wird deutlich, wenn man sich die gegenwärtigen Pathologien der Arbeit anschaut. In den letzten Jahrzehnten hat sich die Arbeitswelt bedeutend verändert, was zunehmend Folgen für die psychische Gesundheit der Arbeitnehmer*innen hat. Für diese Entwicklung zentral sind Arbeitslosigkeit, Prekarität oder Unsicherheit in Bezug auf die Arbeit, hohe Arbeitsanforderungen, die zu Burnout führen können, verschiedene Formen von Respektlosigkeit am Arbeitsplatz und Arbeit, die in moralische Konflikte führen kann, da eigene Wertvorstellungen aufgrund organisatorischer Strukturen nicht verfolgt werden können sind für diese Entwicklung zentral. Die häufigsten Schritte im Rahmen einer New-Work-Einführung sind Home-Office-Möglichkeiten und der Einsatz von digitalen Technologien. Dazu gesellen sich, allerdings seltener, offene Bürokonzepte, wie Flex- und Remote Work, flache Hierarchien und Verstärkung der Teamarbeit (Schermuly, 2019, S. 130). Obwohl diese neuen Weisen zu Arbeiten im Kern auf eine Steigerung der intrinsischen Motivation der Mitarbeitenden zielen und diese somit zu mehr Selbstbestimmung zu befähigen, zeigen erste Studien, dass sich dieses Ziel häufig in eine Zunahme der subjektiv wahrgenommenen Anforderungen verkehrt, wenn die strukturelle Einbettung dieser neuen Arbeitsweisen fehlt und die Arbeitenden weder über die notwendigen zeitlichen Ressourcen noch über Entscheidungskompetenzen verfügen (ebda, S. 137). Schließlich lässt sich auch von dem allerdings nicht neuen, sondern nur für die Arbeitssoziologie neu diskutierten Feld der zunehmenden *sinnlosen Arbeit* sprechen (Honneth, 2023; Dejours et al., 2018; Hardering, 2017). Die meisten Studien zeigen, dass diese Veränderungen die Beziehung des Einzelnen zu seiner Arbeit erheblich verändern. Dies wird aktuell durch die COVID-19-Pandemie bzw. deren Nachwirkungen flankiert, die ebenfalls Effekte auf die psychische Gesundheit der Arbeitnehmer*innen hat (Morawa et al., 2021). Die in der Arbeitssoziologie seit langem diskutierte Entgrenzung von Arbeit und Leben hat sich durch die COVID-19-Pandemie zugespitzt. Home-Office ist für viele Menschen die neue Normalität und es ist noch offen, mit welchen psychischen Herausforderungen dies einhergeht. Zentrales Ergebnis der soziologischen Forschungen zur psychischen Manifestation von Arbeitsleid ist, dass die Bedingungen der Erwerbsarbeit zunehmend intoleranter gegenüber Vulnerabilitäten geworden ist und diese stärker produziert. Die rezenten Veröffentlichungen des

Bundesarbeitsministeriums sowie der Bundesanstalt für Arbeitsschutz und Arbeitsmedizin in Deutschland zeigen eine eindeutige Tendenz, die die eben dargelegten Diagnosen flankieren (Brenscheidt et al., 2019): Mehr Menschen sind aufgrund psychischer Krisen arbeitsunfähig (Schnall et al., 2016). Zwischen 2007 und 2017 ist die Stundenanzahl der Krankschreibungen wegen psychischer Belastungen von 48 Mio. auf 107 Mio. gestiegen (BMAS, 2019). Parallel steigt sowohl die Nachfrage nach Psychotherapien (Strauß, 2015) und der Gebrauch von Psychopharmaka (Handerer et al., 2018). Epidemiologisch ist es also zunächst interessant zu fragen, warum die Arbeitsunfähigkeitszahlen angesichts zunehmender Behandlung nicht sinken. Es lässt sich daher eine noch viel stärkere Zunahme psychischer Krisen vermuten, als sich in den gestiegenen Zahlen der Krankenkassenreporte abbildet (Handerer et al., 2018). Es scheint, als bringe die gegenwärtige Arbeitsgesellschaft zunehmend ein spezifisches psychisches Leiden hervor: *Arbeitsleid*. Die damit einhergehenden psychischen Erkrankungen werfen somit auch die Frage nach der klinischen, therapeutischen Versorgung auf. Wie wird Arbeit dort thematisch und wie wird sie „behandelt", wie also gehen die Beteiligten in solchen klinischen Settings mit dem eingangs geschilderten Dilemma um, den verschiedenen Dimensionen Individuum und Gesellschaft Aufmerksamkeit zu schenken?

In verschiedenen Projekten ging und gehe ich diesen Fragen nach. Forschungspraktischer Hintergrund der hier diskutierten Ergebnisse ist zum einen eine abgeschlossene durch die Hans-Böckler-Stiftung geförderte Studie, die ich mit Kolleg*innen am Institut für Sozialforschung sowie dem Sigmund-Freud-Institut in Frankfurt a. M. durchgeführt habe (Alsdorf et al., 2017; Engelbach et al., 2018; Flick, 2018a, b, 2019a, b)[3] und ein laufendes DFG-Projekt, welches ich derzeit durchführe.[4]

2 Zur Soziologie der Psychotherapie

> „Was machen wir hier eigentlich? Sind wir hier – schmieren wir hier so – die geben mir so ein bisschen Öl ins Getriebe, damit irgendwie das da gut flutscht da draußen unter Bedingungen, die vielleicht ungünstig sind und dass man es einfach so ein bisschen noch machen kann?"

---

[3] Projekttitel „Erwerbsarbeit und psychische Erkrankungen. Therapeutische und betriebliche Bewältigung" (EupE). Projektteam: Nora Alsdorf, Ute Engelbach, Sabine Flick, Rolf Haubl, Stephan Voswinkel.

[4] Projekttitel „Psychotherapeutische Behandlung arbeitsbezogenen Leidens in Deutschland" (PsyWork). Projektmitarbeit: Ina Braune und Alexander Herold. Studentische Mitarbeit: Laura Baade und Luise Besier, sowie Leah Schuhmacher.

Ja was machen „wir" hier eigentlich? Lautet die Frage, die der hier zitierte ärztliche Psychotherapeut einer psychosomatischen Akutklinik im Interview aufwirft (Projekt EuPE). Wie lässt sich psychotherapeutische Praxis soziologisch fassen? Die Analyse medizinischer Deutungen und Behandlungen von Leiden hat in den Sozialwissenschaften eine lange Tradition. Der Begriff ‚Blick' [gaze], als Akt des Sehens (und Gesehenwerdens), beschreibt die Dynamik von Machtverhältnissen und Disziplinierungsmechanismen. Der klinische Blick umfasst dabei nicht nur den Akt des Sehens, sondern auch die Art und Weise, wie medizinische Institutionen Patient*innen behandeln, einschließlich der dazu verwendeten Techniken, Instrumente und Strategien. Ich differenziere im Folgenden drei Varianten des klinischen Blicks, die ich je nach einem Fokus auf den Körper, das Verhalten und die Psyche unterscheide. Foucault betrachtete das medizinische System als entmenschlichende Macht, die als Resultat der Medizinalisierung die Identität der Menschen von ihren Körpern trennt (Foucault, 1965, 1973). Damit entstand ein neues Wissensgebiet des Körpers, und dieses Wissen gewann an Macht, je mehr dieser neue wissenschaftliche Diskurs die Herrschaft des Klerus in Frage stellte. Der *homo medicus* galt fortan als Experte und der klinische Blick, der sich vor allem auf die Funktion und Struktur von Organen richtete, wurde zum Werkzeug zur Wahrheitsfindung. Physiologisches Wissen wurde für medizinische Theorie und Praxis zentral (Foucault, 1973, S. 35). Die Perspektive der Patient*innen und ihre Lebensgeschichten traten in den Hintergrund. Dieser Paradigmenwechsel hat freilich wichtige Entwicklungen in Gang gesetzt und einen Wandel in der medizinischen Ausbildung ausgelöst. Insbesondere der medizinische Blick, der nicht nur den Körper von der Identität der Person trennt, sondern auch die strukturellen und sozialen Umstände des Leidens der Patient*innen vernachlässigt, bleibt in der täglichen Praxis der Ärzt*innen weit verbreitet. Angesichts der zunehmenden Tendenz zur „Biomedizinalisierung", wie Clarke et al. (2003) es beschrieben haben, stellt die *Naturalisierung des Leidens* eine und die erste hier vorgestellte Dimension des klinischen Blicks dar. Eine aktuelle Untersuchung zur Situation von mexikanischen Farmarbeiter*innen aus Oaxaca zeigt, wie die Belastung durch harte körperliche Arbeit mexikanischer Migrant*innen für sie zu einem „kulturellen" und „biologischen" Problem wird und wie im Blick des behandelnden Fachpersonals diese Arbeitsbedingungen, die physisches und emotionales Leiden hervorrufen, vernachlässigt oder gar zum Verschwinden gebracht werden (Holmes, 2013). „Die Oaxacaner bücken sich halt gerne", zitiert Holmes einen Sozialarbeiter, der einen mexikanischen Farmarbeiter wegen Rückenschmerzen behandelt.

Diese Aussage impliziert eine spezifische Perspektive auf die „Kultur" und den spezifischen Lebensstil des Patienten als Ursache seiner Schmerzen und betreibt damit eine *Kulturalisierung des Leidens*. Während Foucault den klinischen Blick noch als das zentrale und gemeinsame Deutungsmuster der Medizin beschrieb, basiert die zeitgenössische medizinische Ausbildung, zumindest im globalen Norden, auf dem sogenannten biopsychosozialen Gesundheitsmodell. In diesem Ansatz werden Patient*innen nicht nur als Körper mit dysfunktionalen Organen, sondern auch als Menschen mit einem bestimmten Lebensstil wahrgenommen. Diese zwar lobenswerte Erweiterung des klinischen Blicks um Verhaltens- und Kulturaspekte, wie von Engel konzipiert (1977), wurde allerdings als Modell weder ausreichend theoretisiert, wie McLaren (2002) für die Psychiatrie zeigen, noch war es in seinen drei Dimensionen „Bio"-, „Psycho"- und „Sozial" gleichberechtigt entwickelt, vor allem mangelt es nach wie vor an der sozialen Dimension. Überdies wurde dieses Modell als Kombination aus biologischem und verhaltensbasiertem Ansatz etabliert, der, wenn womöglich auch nichtintendiert, einem kulturalistischen und oft rassistischen und geschlechtsspezifischen Zugang zur Gesundheit Vorschub leistet. In beinahe allen Bereichen der Medizin, insbesondere in der Psychiatrie, etablieren sich in den letzten Jahren, gerade für die Ausbildung der Fachkräfte, Konzepte zur Vermittlung einer „transkulturelle[n] Kompetenz" (Steinhäuser et al., 2014). Mit dieser soll gewährleistet werden, dass die Professionellen den Zusammenhang von Kultur – und meist stereotypen Merkmalen innerhalb ethnischer Gruppen – und Gesundheitsproblemen reflektieren können (Kirmayer et al., 2017). Die „Kulturen" innerhalb der medizinischen Einrichtungen und der kulturelle Ansatz der medizinischen Fachkräfte selbst werden jedoch in diesen Konzepten nicht berücksichtigt. Auch die sozialen, beziehungsweise strukturellen Dimensionen der vermeintlichen „Kultur", die dort vermittelt werden, bleiben unreflektiert (Metzl & Hansen, 2014). So konzentriert sich der verhaltensorientierte Blick, wie man ihn nennen könnte, auf Gewohnheiten, Ernährungsweisen, Substanzabhängigkeiten und den allgemeinen Lebensstil, und dabei bezieht er nun kulturelle Vorstellungen in diese Perspektive ein, das heißt die „Kultur" der Patient*innen ist in dieser Perspektive, so könnte man sagen, nun für ihr Leiden verantwortlich.

Wie können wir also den klinischen Blick in der Psychotherapie soziologisch fassen? Um diese Frage zu beantworten, helfen zwei theoretische Konzepte: Zum einen verstehe ich Therapie als „Übersetzung" (Callon, 1984) und zum anderen stellt Therapie immer auch eine Praxis des *Othering* dar (Brown et al., 1996; Johnson et al., 2009; Strong & Zeman, 2007; dazu weiter unten). Da im Moment des Aufeinandertreffens von Patient*in und Therapeut*in auch verschiedene Lebenswelten aufeinandertreffen, besteht die Aufgabe der Psychotherapeut*innen zufolge vor allem in der Klärung der Frage, um was es eigentlich geht, was also sozusagen „der Fall ist" (Gildemeister, 1995, S. 31). Zwar gibt es standardisierte Manuale zur Diagnosestellung; die konkrete Interaktion zwischen Therapeut*in und Patient*in bringt den Fall allerdings in diesem Sinne immer erst hervor. Diese Ätiologie, also die konkrete Problemdefinition, setzt dann einen Behandlungsprozess in Gang, der den standardisierten Verfahren entsprechend vorgesehen ist. Der Einzelfall stellt dabei jedoch immer die epistemische Basis der Psychotherapie dar (vgl. Schütze, 1993). Diesen Prozess der Deutung durch Psychotherapeut*innen kann man auch als Praxis der professionellen Aneignung des jeweiligen Falles beschreiben. In der Deutung beziehungsweise Umdeutung der Leiden wird eine Beschreibung des Leidens hergestellt, welche die Behandlung durch Psychotherapeut*innen legitimiert. Diese Um/Deutung liegt allerdings quer zur gemeinhin für die Professionen konstatierten nötigen ‚Übersetzung' der Professionssemantik in die Sprache des Laien, wie dies beispielsweise für die anwaltschaftliche Praxis beschrieben wurde (Cain, 1983). Vielmehr geht es um ein ‚sich zuständig machen' als Profession. Diese Variante der Übersetzung (Callon, 1984) meint auch Kleinman (1989), wenn er die Transformation der Krankheitsgeschichte der Patient*innen in das Konzept einer Diagnose der Expert*innen beschreibt. Dabei handelt es sich immer auch um eine Übersetzung formellen Wissens (*formal knowledge*) in Arbeitswissen (*working knowledge*) (Freidson, 1986). Diese Übersetzung und der darin inkludierte Aneignungsprozess impliziert eine weitere Dimension: das sogenannte *Othering* der Patient*innen bei gleichzeitigem *Selving* der Therapeut*innen (Strong & Zeman, 2007). *Othering* beschreibt als Konzept den Prozess der Homogenisierung durch die Identifizierung von „Selbst" und „Anderen" und wurde durch postkoloniale Theorien in die Debatte eingeführt (Spivak, 1985). Es verweist dabei auch auf Dominanz und Unterordnung, die durch *Othering* und *Selving* verstärkt und reproduziert werden können (Johnson et al., 2009). Darüber hinaus beschreiben *Selving* und *Othering* in therapeutischen Gesprächen den Prozess des Verweises auf das „normale Selbst" oder Subjektivitätsmuster der Therapeut*innen, welches vom „pathologischen Anderen", der „Andersartigkeit" der Patient*innen, abzugrenzen ist (Brown et al., 1996, S. 1573).

3 Zur Praxis der Psychosomatik und der Relevanz von Arbeit

„Naja, die Schwierigkeit ist ja jetzt, dass – also erstmal sind wir nicht, tatsächlich nicht die richtige Stelle dafür; wenn wir das anbieten würden zu sagen: Wir klären hinterher den Konflikt mit ihrem Arbeitgeber, wir mischen uns da strukturell ein., dann sind wir ganz weit weg von der Therapie und machen eigentlich was anderes, ja. Und da ist das gar nicht meine Aufgabe; das ist nicht meine Aufgabe." (Interview mit einer Mitarbeiterin im Sozialdienst einer psychosomatischen Akutklinik, Projekt PsyWork)

Die psychiatrische Versorgung in Deutschland erfolgt hauptsächlich durch ambulante oder stationäre Behandlung. Für letztere gibt es vier Varianten von Kliniken: Krankenhäuser für Psychiatrie und Psychotherapie, Krankenhäuser für psychosomatische Medizin und Psychotherapie, Allgemeinkrankenhäuser mit entsprechenden Fachabteilungen und psychosomatische Rehabilitationskliniken. Im Gegensatz zu den meisten Ländern hat die Psychosomatik in Deutschland eine lange Tradition als eigenständiges Fachgebiet (Strauß, 2015). Seit ihren Anfängen hat die Psychosomatik in Deutschland immer versucht, sich von der Psychiatrie abzugrenzen. Die Psychosomatik beansprucht die Zuständigkeit für somatopsychische Störungen und psychosomatische Erkrankungen, d. h. Störungen mit organischen Symptomen, die durch psychosoziale Faktoren verursacht werden (Alexander, 1950; Zipfel et al., 2016). Die Indikation zur stationären psychosomatischen Behandlung ist gegeben, wenn eine ambulante Behandlung noch nicht oder nicht mehr möglich ist. Die stationäre Behandlung zählt heute zu den Komplexbehandlungen im Katalog der medizinischen Prozeduren der Diagnosebezogenen Gruppe (DRG). Im Jahr 2016 gab es in Deutschland 223 psychosomatische Krankenhäuser mit mehr als 10.000 stationären Betten und einer mittleren Verweildauer von 40 Tagen sowie 141 Zentren für psychosomatische Rehabilitationsmedizin mit rund 16.000 zusätzlichen stationären Betten und einer durchschnittlichen Behandlungsdauer von 37 Tagen (Zipfel et al., 2016). In beiden Arten von Einrichtungen – Akutkrankenhäusern und Rehabilitationskliniken – haben die Patient*innen das Recht, ein Betriebliches Wiedereingliederungsmanagement (BEM) zu beantragen, ein rechtliches Instrument, das den Wiedereingliederungsprozess organisiert und in der Regel auf eine zeitnahe und organisierte Wiedereingliederung in den Beruf abzielt (Schneider et al., 2016).

Psychosomatische *Rehabilitationskliniken* sind trotz des gleichen therapeutischen Ansatzes anders im Gesundheitssystem verortet; ihr expliziter Auftrag ist die Wiedereingliederung in den Beruf (Return to Work), und dieser Auftrag wird von der Rentenversicherung, nicht von der Krankenversicherung getragen. Nach dem deutschen Sozialgesetzbuch (SGB IX) gelten alle negativen Gesundheitszustände, die länger als sechs Monate andauern und mit gegenwärtigen oder drohenden Einschränkungen der sozialen oder beruflichen Teilhabe verbunden sind, als Behinderung und sind Gegenstand der Rehabilitation (SGB IX § 2; Linden, 2014). Rehabilitationskliniken fokussieren daher insbesondere auf arbeitsbezogene Aspekte der Behinderungsprävention. Allerdings stützt die Forschung zu den psychotherapeutischen Ansätzen und Ergebnissen in diesen Einrichtungen auch die Hypothese, dass Arbeit in einer Weise thematisiert wird, die individualisierend ist und Arbeitszwänge privatisiert, anstatt die strukturellen Bedingungen zu berücksichtigen, in die die Patienten eingebettet sind (De Vries et al., 2017; Weikert et al., 2017). Hier zeigt sich womöglich eine Diskrepanz zwischen administrativen Vorgaben, die den jeweiligen Institutionen zu Grunde liegen, und den jeweiligen Professionsverständnissen (und -Interessen) der beteiligten Fachkräfte.

In Anlehnung an die Literatur zur Psychosomatik steht das multiprofessionelle Team im Zentrum der Psychotherapie in psychosomatischen Kliniken (Janssen et al., 1998; Storck, 2016). Im stationären Setting stehen dem Patienten ein interdisziplinäres therapeutisches Team und eine multimodale Therapie zur Verfügung, wobei die Behandlung immer als Gruppen- und Teamtherapie verstanden wird (Janssen et al., 1998). Doch wie wirken sich berufliche Hierarchien auf diesen Teamgedanken aus? Anders als in der Psychiatrie führen in psychosomatischen Kliniken und Abteilungen von Krankenhäusern nicht nur die Ärzteschaft die Therapie durch, sondern auch klinische Psychologen, die über ein abgeschlossenes Psychologiestudium und eine Weiterbildung in einer der drei von den deutschen Krankenkassen anerkannten Psychotherapieverfahren verfügen. Neben diesen Fachleuten gehören zu dem multiprofessionellen Team auch Sozialarbeiter*innen, Krankenschwestern und Komplementärtherapeuten, die nonverbale Ansätze wie Kunsttherapie, Musiktherapie, Physiotherapie und Ansätze der Achtsamkeit anwenden. Auch wenn Einzel- und Gruppentherapie unter der Leitung eines Psychologen oder ärztlichen Psychotherapeuten angeboten wird, ist eine der wichtigsten Institutionen die Fallkonferenz. In Anlehnung an Storck (2016) und Küchenhoff (1998) ist der Prozess des „Verstehens" in Fallkonferenzen entscheidend, was sie und alle Teamsitzungen wiederum zu einem zentralen Ort des Übersetzungsprozesses im therapeutischen Prozess macht. Nach Küchenhoff agiert das Team wie ein „Behandlungssubjekt" (1998, S. 51).

Es gibt belastbare Studien, die zeigen, dass das „psychotherapeutische Team" für den Erfolg der Genesung und der Wiedereingliederung des Patienten in den Beruf wesentlich ist (Janssen, 1987; Janssen et al., 1998). Diesen Studien zufolge spielen der Arbeitsbegriff und die Vorstellungen über den Zusammenhang zwischen Arbeit und dem Leiden des Patienten, die auf institutioneller (Krankenhaus), kollektiver (Team) und subjektiver (einzelne Fachkraft) Ebene identifiziert werden können, nicht nur eine wichtige Rolle bei der Sensibilisierung für die komplexen Beziehungen zwischen Arbeit und psychischer Gesundheit innerhalb der Berufsgruppen, sondern führen auch zu einer besseren Vorbereitung der Rückkehr des Patienten an den Arbeitsplatz (oder eben nicht). Wie wird das Thema Arbeit im Rahmen der psychotherapeutischen Behandlung in psychosomatischen Kliniken behandelt?

4 Arbeitsleiden in psychosomatischen Behandlungssettings

„Das ist ja schon auch irre: zwölf Wochen lang kommen die nicht zur Arbeit; da muss man ja eigentlich auch mal eine Ahnung davon haben, dass das die Kollegen echt annervt, wenn man nicht da ist. Die müssen ja dann die Arbeit mitmachen. – Aber das wird manchmal so ausgeblendet; das ist unglaublich. Aber, ich mein, wir gehen auch jeden Tag arbeiten. Und ich denke mir immer: Warum sehen die das nicht? Dass das ja nicht nur ein Feind ist oder so was. Ich glaube, je kränker man ist, desto feindlicher ist die Arbeit; das würde ich schon sagen". (ärztliche Psychotherapeutin einer psychosomatischen Akutklinik, Projekt EupE)

Die hier nur knapp dargelegten Ergebnisse der abgeschlossenen empirischer Untersuchungen zur Frage, wie von wem in welchen Kontexten Arbeitsleid in klinischen Settings eigentlich adressiert wird, zeigen, dass das Thema Arbeit meist entweder im Rahmen einer Biografisierung (Analyse der frühen Kindheitserinnerungen in psychodynamischen Therapien) oder mit dem Fokus auf ein mögliches Grenzmanagement, wie z. B. die „Fähigkeit, Nein zu sagen" in der Verhaltenstherapie, behandelt wird (zu diesen Ergebnissen der Studie siehe vor allem Flick, 2019a, b, 2020). Fasst man den von mir als biografischen Blick der Psychotherapie bezeichnenden Zugang der klinischen Settings zum Arbeitsleid der Patient*innen zusammen, lässt er sich wie folgt illustrieren: Arbeit wird in diesem Blick unsichtbar, da sie nicht thematisiert oder infrage gestellt wird, häufig wird ihr sogar die Relevanz für das Patientenleiden abgesprochen. Dieses Leiden wird überdies personalisiert und durch die Brille frühkindlicher Beziehungserfahrungen in der Familie als Erklärung für die psychische Belastung betrachtet. Selbst wenn die Arbeit als hochgradig belastend gedeutet wird, ist die therapeutische Konsequenz, so ein Zitat, „Wer dann bleibt, ist krank". Hier spielt das oben benannte Othering und Selving im therapeutischen Prozess eine zentrale Rolle. Wie Arbeit und die Haltung zur Arbeit gedeutet wird, wird, so die Studienergebnisse, hauptsächlich aus der eigenen Haltung abgeleitet. In den Interviews zeigten die Therapeut*innen, dass sie für ihre Arbeit in der Klinik Anerkennung erhalten und sich sehr stark mit ihrem Job identifizieren. Sie haben in diesem Sinne eine spezifische Vorstellung von „Arbeit" als einer Beschäftigung, die nicht nur der Existenzsicherung dient, sondern auch Raum für eine mögliche Selbstverwirklichung bieten sollte. Sie gehen davon aus, dass ihre eigene Einstellung zu ihrer Arbeit normal und gesund ist, und sie interpretieren jede Abweichung von dieser Einstellung als Teil der Patientenpathologie, wie das eingangs genannte Zitat aus dem Gespräch mit D (33 Jahre Projekt EuPE,) zeigt.

Analog lässt sich das auch für Deutungen von Familienerfahrungen zeigen. Die Therapeut*innen folgen in ihren Deutungen einem impliziten Familienideal, das sie aufgrund ihrer eigenen familiären biografischen Erfahrungen entwickeln (Reich, 1984). Diese Perspektive stützt womöglich nicht intendiert eine Normalisierung der Arbeitsbelastung, statt diese Belastung zu thematisieren. Damit wird zugleich einer *Responsibilisierung* Vorschub geleistet, da die Patient*innen nun aufgefordert sind, angesichts ihrer biografischen Disposition Verantwortung für die eigene Selbstsorge zu übernehmen. Grenzziehung wird demzufolge als Königsweg beschrieben, ohne dabei gleichzeitig mögliche Folgen einer Grenzziehung mit zu berücksichtigen. Die zweifache Bedingtheit einer Arbeitssituation – sowohl durch eine womöglich spezifische Vulnerabilität einer Person als auch die aktuellen strukturellen und sozial vermittelten Arbeitsbedingungen und -anforderungen – wird im therapeutischen Setting einseitig zugunsten der biografisch konstruierten und aus dieser kausal abgeleiteten pathogenen Disposition aufgegeben.

Im Gegensatz zu den Narrativen über die Arbeit, werden die Narrative über die Familie nie in Frage gestellt. Mehr noch, sie werden als zentraler Rahmen für das Verständnis der Krankheit der Patient*innen reflektiert. Natürlich spielt die ‚Wahrheit' in diesem Sinne bei der therapeutischen Behandlung nie eine Rolle, denn nur das, was die Patient*innen als relevant ansehen, zählt. Interessanterweise findet diese Haltung allerdings nur Anwendung, wenn es um die Familienbiografie der Patient*innen geht und dieser biografische Blick, der alle Erfahrungen und aktuellen Erlebnisse in das Paradigma der Familienbiografie einordnet, betrachtet dann folgerichtig auch die „Arbeit" als „Familie". Die Daten sprechen von „Geschwisterrivalität", von „mangelnder väterlicher Anerkennung" oder „fehlender mütterlicher Liebe". Ganze Organisationsstrukturen werden durch diese Brille gedeutet und dienen dazu, die Erzählung einer bestimmten Familienbiografie zu etablieren. Moderne Arbeitsbedingungen, die mit erhöhtem Wettbewerbsdruck und dadurch Rivalität und dominanten Hierarchien einhergehen, werden nicht als solche gedeutet, sondern als Merkmal der Biografie dieser Patient*innen im Wettbewerb mit einem Geschwisterkind interpretiert. Zahlreiche Studien zeigen einen Zusammenhang zwischen Gratifikation und Anerkennung und psychischer Gesundheit im

Kontext von Erwerbsarbeit (Wilkinson & Pickett, 2018; Dirlam & Zheng, 2017; Dejours, 2006, 2014, 2015; Dejours & Duarte, 2018). In der Logik des biografischen Blicks wird dies als ‚Sehnsucht nach Anerkennung des inneren Kindes' zurückübersetzt. Das Material zeigt aber noch etwas anderes: Die Therapeut*innen folgen in ihren Deutungen einem impliziten Familienideal, das sie aufgrund ihrer eigenen familiären biografischen Erfahrungen entwickeln (Reich, 1984) und dieses Ideal folgt implizit einer heteronormativen Matrix (vgl. Eribon, 2005). Anerkennung wird stark geschlechtsspezifisch binär codiert und betrifft dann vor allem Väter. Der „väterliche Blick" wird dabei zur zentralen Angelegenheit für die Suche nach Anerkennung in der Kindheit. Die Beschreibung des Therapeuten M. (männlich, 34 Jahre) in einer Supervisionssitzung aus dem Projekt EupE veranschaulicht dies. M. spricht von einem 35-jährigen Patienten, der am Boden für eine Fluggesellschaft in München arbeitet und einen sehr autoritären Vorgesetzten hat, der manchmal sogar körperlich wird. Während der Patient versucht, gedanklich die Gewerkschaft einzubeziehen, ist die Interpretation des Therapeuten anders:

„[…] und es er hat halt gar keine Möglichkeit in dem Moment wo er dann in diese Be-, ich denke mal Vaterübertragung, sehr dominant, er dann so devot rutscht, also da Abstand zu nehmen und das zu betrachten von, von ner anderen Perspektive. Also irgendwie vielleicht zu sehen, dass dieser Mann [der Vorgesetzte] ja vielleicht total überfordert ist und deswegen so dominant. Also das gelingt ihm dann gar nicht. In dem in diesen Momenten hängt er da fest."

M. bezieht sich nicht nur auf seine Vorstellung von einer Vaterübertragung, es schwingen dabei auch Annahmen über idealtypisches altersspezifisches Verhalten mit, die überdies vergeschlechtlicht sind:

„Er kann's halt, ja kann's nicht auf eine erwachsene Art und Weise machen, ne ohne dass er eingeschüchtert wird und sich klein fühlt und einfach sich positioniert, […]. Also er kann's nicht halten, er kann dann schon immer mal wieder und er wehrt sich dann auch mal, ne, aber es ist halt wie so ein kleiner Junge der dann irgendwie mal ein bisschen aufbegehrt und dann aber wieder klein wird."

Hier wird also die organisationale Ebene in eine familiale übersetzt und bleibt dann der Sprache der Familie verhaftet. Strukturelle Aspekte, die die Arbeitssituation prägen, und sich – wie im Zitat illustriert –, in autoritärer Personalführung ausdrückt, werden somit umgedeutet und übersetzt. Diese impliziten Geschlechternormen zeigen sich in weiteren Beispielen, so wird in einem weiteren Fall einem männlichen Patienten, der seine ihn überfordernde Arbeitstätigkeit nicht mehr erbringen kann und möchte, ein pathologischer „Versorgungswunsch" und mangelnde rationale Einsicht diagnostiziert. Demgegenüber wird der gleiche Gedanke –

die überfordernde Arbeit nicht mehr erbringen zu können – bei einer Patientin als erster Ansatzpunkt einer „Besserung" im Hinblick auf zukünftige Abgrenzungsmöglichkeiten gedeutet (vgl. dazu auch die Ergebnisse von Halatcheva-Trapp, 2018). Die therapeutische Deutung folgt hier also implizit dem Model des (männlichen) Normalarbeitsverhältnisses, Wünsche nach Arbeitszeitreduzierung werden für den männlichen Patienten dementsprechend als pathologisch interpretiert, während es für die weibliche Patientin als gesund und ratsam gilt, kürzer zu treten. Überdies wird in dieser Lesart eine Individualisierung betrieben, wie ein weiteres Beispiel von Therapeutin F. (weiblich, 50 Jahre) zeigt:

> „Wenn er sich immer wieder in der gleichen Rolle befindet, dass die gleiche Situation ihn immer wieder belastet, dann schauen wir uns das einfach an. Was macht er da? Was ist seine Rolle dabei? Wie verhält er sich? Welche Gründe gibt er seinem Chef, sich so zu verhalten? Das ist also wirklich oft das Thema [unserer Gespräche]".

F. vermutet also eine Wiederholung familialer Erfahrungen, die den Patienten immer wieder in ähnliche Situationen bringen, die bei seinem Gegenüber, hier beim Vorgesetzten, ein entsprechendes Verhalten auslöse. Der Patient steht im Zentrum der Pathologisierung, seine Arbeitssituation hingegen wird nachgeordnet. Der biografische Blick stellt also hier eine spezifische, psychotherapeutische Variante des medizinischen Blicks dar (Foucault, 1965, 1973). Der biografische Blick setzt dabei eine Biografisierung in Gang. Anders als im Konzept der „Biografisierung" von Kohli (1985), der dies als den Auseinandersetzungsprozess der Individuen mit den an sie herangetragenen gesellschaftlichen Aufgaben versteht und darin der Biografisierung die Aufgabe einer Sinn- und Bedeutungskonstruktion im Sinne eines sozialweltlichen Orientierungsmusters zuweist, stellt mein Biografisierungskonzept stärker die Ausblendung konkreter struktureller und situativer Einbettung der Biografin ins Zentrum. Dies impliziert auch meine Kritik an der nicht nur von den Therapeut*innen, sondern auch den Sozialwissenschaften etablierten, und freilich vielfach kritisierten, Idee einer Normalbiografie (Lutz et al., 2018). Ich sehe drei Probleme, die mit dem biografischen Blick der psychotherapeutischen Praxis einhergehen: Erstens gerät die Idee, eine authentische Biografie zu haben, und hier folge ich den Ideen Taylors (1996), zum monadischen und individualistischen Programm gegenwärtiger Authentizitätsvorstellungen. Zweitens, und das halte ich für gravierender, wird dabei die Illusion aufrechterhalten, man könne sein Leben tatsächlich als individuelle Lebensgeschichte erzählen, die sich überdies ausschließlich aus den Erfahrungen der frühen familiären Erlebnisse speist. Biografie, um es mit Bourdieu zu formulieren, gerät somit zur Ideologie (1990). Drittens, und dies ist das Spezifikum der biografischen Perspektive der psychotherapeutischen Praxis der Arbeitsgesellschaft, wird im therapeutischen Setting eine pathologische und in diesem Sinne kausale Lebensgeschichte entworfen, die sich also im Spannungsverhältnis von Normalität und Abweichung bewegt. Letztere wiederum kreist, analog zu Kohlis viel kritisiertem Konzept einer Normalbiografie, um Vorstellungen von normaler Familie, gesunder kindlicher Entwicklung und ist dabei nicht nur hochgradig heteronormativ, sondern auch einem sowohl empirisch als auch erkenntnistheoretisch fragwürdigen Konzept der familialen Triade verhaftet. Der Fokus therapeutischer Biografisierung richtet sich dabei auf Erinnerungen an frühe Kindheitserfahrungen und geht von einer permanenten Reaktualisierung dieser Erfahrungen in aktuellen Interaktionen aus. Über die Zeit der therapeutischen Behandlung wird eine biografische Erzählung entworfen, die hauptsächlich auf den Deutungen und Übersetzungen der Psychotherapeut*innen basiert. Paradoxerweise trägt diese biografische Erzählung dann mit dazu bei, an sich selbst zu leiden. Der biografische Blick, unabhängig ob stärker psychodynamisch oder verhaltenstherapeutisch gerichtet, folgt der Idee, die Ursachen und relevanten Erklärungen für heutiges Leiden, Verhalten und Gefühle, in der eigenen höchst individuellen biografischen Erfahrung der Herkunftsfamilie zu suchen, nicht in einer je spezifischen aktuellen Arbeitssituation der Einzelnen. Dies drückt sich auch in der eingangs zitierten Aussage der Mitarbeitenden im Sozialdienst einer psychosomatischen Akutklinik aus. Die Herkunftsfamilie wiederum wird dabei ihrer eigenen strukturellen Einbettung entledigt: Die Arbeitsbedingungen der Familienmitglieder sind nicht von Interesse, ebenso wenig wie ihre sozialen Hintergründe, ihr Milieu, ihre möglichen Migrationsgeschichten, ihr potenzieller sozialer Auf- oder Abstieg. Die strukturellen Dimensionen der gegenwärtigen Lebensbedingungen der Patient*innen werden in eine Historiografie der Familienbiografie gerahmt und verschwinden dabei. Dass solcherart strukturelle Bedingungen auch pathogene Effekte haben können, wurde jedoch von Sozialmediziner*innen und kritischen Epidemiolog*innen vielerorts betont (Kleinman, 1989; Waitzkin, 2011; Metzl & Hansen, 2014; Holmes, 2013). Geht man davon aus, dass sich ohnehin eine zunehmende Kultur der Responsibilisierung und in dieser auch der Selbstbezichtigung etabliert, so trägt die gegenwärtige psychotherapeutische Biografisierung von Arbeitsleid zumindest nicht dazu bei, dieser etwas entgegenzusetzen.

Doch wie lässt sich diese Übersetzung der Arbeitsbedingten Leiden in eine Familiengeschichte professionstheoretisch erklären? Dieser Frage widmet sich das laufende von der Deutschen Forschungsgemeinschaft geförderte Projekt „Psychotherapeutische Behandlung arbeitsbezogenen Leidens in Deutschland" (PsyWork, Laufzeit 2021 bis 2024). Vor dem Hintergrund der eben dargelegten Ergebnisse, wird hier nun genauer in den Blick genommen, wie es in actu zu diesem Prozessen der Dethematisierung von Arbeit und ihrer Biografisierung kommt. Aus diesem Grunde werden hier den Erkenntnissen der oben dargelegten Psychosomatikforschung gemäß vor allem die multiprofessionellen Behandlungsteams in den Blick genommen, sowohl mittels Einzel- und Gruppeninterviews als auch vor allem durch ethnografische Beobachtungen. Deutlich wird durch diese verschiedenen Daten bereits, wie ausgesprochen stark Klinikhierarchien das gemeinsame Arbeiten aller beteiligten Professionen bestimmt. Insbesondere die Pflege und die Mitarbeitenden im Sozialdienst stellen, anders als ärztliche und psychologische Psychotherapeut*innen, hier eine Brücke ins Außen dar und werden in dieser Funktion auch als solche adressiert. Die behandelnden ärztlichen und psychologischen Psychotherapeut*innen sowie die sogenannten Komplementärtherapeut*innen, widmen sich aus ihrer je eigenen professionellen Perspektive den Leiden der Patient*innen und in dieser Perspektive verschwindet ein umfassender Blick für das Kontinuum Individuum und Gesellschaft, biografische Dispositionen und Arbeitsbelastung. Das Thema „Arbeit in der echten Welt" wird mehrheitlich an den Sozialdienst delegiert, der wiederum aufgrund von Personalmangel kaum Zeit und Raum hat, das Thema weiter zu erörtern, vielmehr werden hier schlicht notwendige Formalia und Versicherungsfragen adressiert. Die hier aber im Team attribuierte Brückenfunktion verweist allerdings auf eine zentrale Erklärungsfigur, die nun abschließend tentativ in den Blick genommen wird.

5 Abschluss: Zur (Un)Möglichkeit der Vermittlung von Individuum und Gesellschaft

„Ja, also klar. Ich denke natürlich, dass Depression auch eine starke gesellschaftliche Komponente hat; und // Erkrankungen, die wir auch haben und dass das ein ganz wichtiger Faktor ist. Der ist bloß nicht hier in der Klinik zu therapieren, sondern eben woanders; und das denke ich schon, dass das wichtig ist, das immer wieder zu thematisieren. [...] ich denke, dass ein Patient, der, wenn er gute Therapie erlebt hat, – das hoffe ich zumindest, – in der Tendenz dann eine größere Klarheit zu der Frage hat, wie er das eigentlich alleine oder als Gesellschaft haben will und sich da auch positioniert." (ärztlicher Psychotherapeut einer psychosomatischen Akutklinik, Projekt EupE)

Während das Professionsverständnis Sozialer Arbeit sich inzwischen darin begründet, sich an der Schnittstelle von Subjekt und Gesellschaft zu sehen und somit den Soziale Arbeit als „gesellschaftlich institutionalisierte Reaktionen auf typische psychosoziale Bewältigungsprobleme in der Folge gesellschaftlich bedingter sozialer Desintegration." (Böhnisch, 2014, S. 27) zu verstehen, gelingt dies in der Praxis psychosomatischer Behandlungssettings nur bedingt. Im Gegenteil wird hier, wie die vorliegenden Daten zeigen, diese Verhältnisbestimmung einseitig zu Gunsten einer Attribuierung ins Individuum aufgelöst. Das Zitat, das dem abschließenden Ausblick vorangestellt wird, verdeutlicht das Dilemma. Der hier zitierte ärztliche Psychotherapeut macht deutlich, dass er durchaus einen Bezug zu „Gesellschaft" herzustellen vermag, die seiner Ansicht nach sogar ursächlich für Depressionen sein kann, gleichzeitig hat er aber dabei eine klare Vorstellung davon, wie seine Zuständigkeiten hier verortet sind. Für die Gesellschaft ist er nicht zuständig (vgl. auch

Abbott, 1988). So weit, so unterkomplex, schließt er doch zugleich darauf, dass er immerhin, aus Perspektive der klinischen Behandlung seine Patient*innen so entlassen kann, dass sie selbst im Anschluss an die Behandlung in der Lage sind, sich „zuständig zu machen" sich, wie er sagt, sich zu positionieren. Man könnte dies auch als Handlungsfähigkeit übersetzen (Böhnisch, 2014). Handlungsfähigkeit ist wiederum auch zu qualifizieren in eine regressive, einfache und erweiterte Handlungsfähigkeit. Während eine regressive Handlungsfähigkeit bei Böhnisch meint, dass es nicht gelingt, verschiedene Anteile der Person innerlich zu integrieren und diese somit abgespalten und auf äußere Phänomene projiziert werden, beschreibt die einfache Handlungsfähigkeit das Vermögen, den eigenen Alltag zu meistern und die eigene Existenz zu sichern. Die erweiterte Handlungsfähigkeit, die das normativ erstrebende Ziel aller Sozialer Arbeit darstellt, beinhaltet neben den bereits genannten Fähigkeiten Empathie und Gerechtigkeitsempfinden. Diese letzte Handlungsfähigkeit geht also über die rein individuelle Perspektive hinaus und schließt somit auch einen Blick auf Andere ein. Der Ausspruch des eben zitierten Therapeuten „*Der [gesellschaftliche Faktor] ist bloß nicht hier in der Klinik zu therapieren, sondern eben woanders*" verweist hier allerdings auf eine Limitierung in den Zuständigkeitsverständnissen und somit auf eine antizipierte Unmöglichkeit gesellschaftliche Strukturen zu behandeln. Wie ließe sich eine solche „Behandlung" vorstellen? Hier gäbe es zwei Dimensionen, die ich abschließend ausführen möchte.

Erstens sollten die bisher arbeitsteilig organisierten multiprofessionellen Behandlungsteams eine stärkere Enthierarchisierung betreiben und sich nicht auf interne Delegation von Themen stützen. Wenn das Thema Arbeit und somit gesellschaftliche Strukturen allein vom Sozialdienst adressiert werden kann und soll, dann müssen Strukturen geschaffen werden, dem Sozialdienst und seinen Fachkräften mehr Raum und Gehör zu verschaffen. Zweitens zeigen meine Daten einen großen Professionalisierungsbedarf. Gesellschaftliche Strukturen, also soziale Determinanten, die die Gesundheit nicht nur beeinflussen, sondern diese eben auch verhindern können, müssen in sehr viel stärkerem Maße in Aus- und Weiterbildung der behandelnden Fachkräfte berücksichtig werden. Dies würde zu einer Kompetenz führen, die ich an anderer Stelle als „strukturelle Kompetenz" eingeführt habe (Flick, 2021). Strukturelle Kompetenz geht dabei über Ansätze beispielsweise einer transkulturellen Kompetenz (Steinhäuser et al., 2014) hinaus, die sich vor allem mit der eigenen Voreingenommenheit der Fachkräfte und darin begründeten potenziellen Kommunikationsdefiziten in klinischen Settings beschäftigt. Eine strukturelle Kompetenz soll die Fachkräfte in die Lage versetzen, „zu erkennen, dass und wie soziale, wirtschaftliche und politische Bedingungen gesundheitliche Ungleichheiten überhaupt erzeugen" (Metzl & Hansen, 2017, S. 115, eigene Übersetzung). Und zu diesen Strukturen gehört zentral die Arbeit. Verkürzt plädiert diese Perspektive für eine professionelle Kompetenz, die im Anschluss an Galtung (1969) und Farmer (2009) den Zusammenhang von Leiden und struktureller Gewalt oder Bedingungen, also ein soziales Leiden der Patient*innen intersektional reflektiert. Es werden fünf zentrale Dimensionen als Bestandteil dieser „Kompetenz" benannt: Die Dimensionen umfassen erstens eine Reflektion der Strukturen, in die die klinischen Interaktionen eingebettet sind. Dies würde im Falle der Psychotherapeut*innen in psychosomatischen Klinken auch bedeuten, ihre eigenen Arbeitsbedingungen reflexiv zu bedenken und sich somit womöglich vor einem systematischen Ausblenden dieser zu schützen. Da arbeitsplatzbezogene Ängste vor allem vor dem Hintergrund „sozialer Hierarchien und Rivalitäten, Leistungsanforderungen und die Möglichkeit des Scheiterns, Existenzsicherung oder -bedrohung bei Arbeitsplatzverlust, bedrohliche Dritte" (Muschalla & Linden, 2011, S. 12) eine große Rolle für die Patientenleiden spielen, scheint es naheliegend, diese strukturellen Bedingungen auch ernst zu nehmen. Zweitens eine außerklinische Sprache für soziale Strukturen, was nichts Anderes meint als eine Weiterentwicklung vorhandener Diagnoseinstrumente um die Dimension der strukturellen Einbettung. Auch hier wäre für meine die oben dargelegten Forschungsergebnisse die Überlegung anschlussfähig, dass gegenwärtige Psychotherapeut*innen über so gut wie keine diagnostischen Instrumente verfügen, die es ihnen erlauben würden, die strukturellen und arbeitsbezogenen Leiden überhaupt zu benennen, obwohl der Burnout-Diskurs inzwischen im ICD berücksichtigt wird. Drittens wird eine Neuformulierung vermeintlich kultureller Erklärungen für eine Symptomatik in eine stärker sozialstrukturell ausgerichtete Betrachtung des Phänomens gefordert. Viertens sollen auf diese Strukturen bezogene Interventionen entwickelt werden, die fünftens schließlich dazu beitragen sollen, sich in Geduld für einen nur langsamen Veränderungsprozess der Strukturen zu üben. Dazu gehört dem Konzept zufolge auch, sich in der Zusammenarbeit mit marginalisierten Gruppen einer „medizinischen Arroganz" zu entledigen (Metzl & Hansen, 2017, S. 116), man könnte auch sagen, das Othering und Selving kritisch in den Blick zu nehmen. Diese Kompetenz bedeutet allerdings nicht allein, dass die Fachkräfte, wie der hier zitierte ärztliche Psychotherapeut es ja bereits andeutet, darüber im Bilde sind, dass ihre Patent*innen auch aufgrund gesellschaftlicher Bedingungen erkranken, mehr noch bedeutet diese Kompetenz, diesen Tatbestand auch in den Behandlungssettings zum Thema zu machen. Dies ermöglicht dann eine tatsächliche Gleichzeitigkeit der Adressierung von individuellen und gesellschaftlichen Determinanten, vermag es also, diese beiden miteinander zu vermitteln. Es liegt auf der Hand, dass eine psychosomatische Klinik über keine Möglichkeiten verfügt, ganze Gesellschaftssysteme zu reformieren oder die hier in den Blick genommenen Arbeitswelt zu verändern. Diese Erkenntnis sollte aber nicht, wie es bisher empirisch der Fall ist, dann ausgeblendet werden du aus dieser Ohnmacht heraus dann in eine Biografisierung münden. Strukturell kompetent zu sein bedeutet vielmehr, sowohl im Team als auch in der konkreten Arbeit mit den Patient*innen, immer wieder die Gesellschaft hinein in den Behandlungsraum zu holen und zu beleuchten, welchen

Anteil sie hat. Dies käme, so mag die skeptische Leserin einwenden, einer Soziologisierung klinischer Behandlunsgsettings gleich, es wäre aber zumindest so mein Argument, eine Absicherung gegen neoliberale Tendenzen der Responsibilisierung, die der Biografisierung, wie ich versucht habe zu zeigen, innewohnt.

Literatur

Abbott, A. (1988). *The system of professions: An essay on the division of expert labor*. University of Chicago Press.
Alexander, F. (1950). *Psychosomatic medicine*. W. W. Norton.
Alsdorf, N., Engelbach, U., Flick, S., Haubl, R., & Voswinkel, S. (2017). *Psychische Erkrankungen in der Arbeitswelt. Analysen und Ansätze zur therapeutischen und betrieblichen Bewältigung*. transcript.
Böhnisch, L. (2014). *Lebensbewältigung*. Juventa.
Bourdieu, P. (1990). Die biographische Illusion. *BIOS, 3*(1), 75–81.
Brenscheidt, S., Siefer, A., Hinnenkamp, H., & Hünefeld, L. (2019). Dortmund: Bundesanstalt für Arbeitsschutz und Arbeitsmedizin. ISBN: 978-3-88261-255-4
Brown, B., Nolan, P., Crawford, P., & Lewis, A. (1996). Interaction, Language and the "Narrative Turn" in Psychotherapy and Psychiatry. *Social Science & Medicine, 43*(11), 1569–1578.
Bundesministerium für Arbeit und Soziales BMAS. (2019). Antwort der Bundesregierung auf die Kleine Anfrage – Psychische Belastungen in der Arbeitswelt. Drucksache 19/3667.
Cain, M. (1983). The General Practice Lawyer and the Client. Towards a Radical Conception. In Robert Dingwall und Philip Lewis (Hrsg.), The *Sociology of the Professions. Lawyers, Doctors and Others* (S. 106–130.). London, UK: Macmillan.
Callon, M. (1984). Some elements of a sociology of translation: Domestication of the scallops and the Fishermen of St Brieuc Bay. *The Sociological Review, 32*(1, supplement), 196–233.
Clarke, A. E., Shim, Janet, K., Mamo, L., Fosket, J. R., & Fishman, J. R. (2003). Biomedicalization: Technoscientific Transformations of Health, Illness, and U.S. Biomedicine. In *American Sociological Review, 68*(2), 161–194.
De Vries, H., Fishta, A., Weikert, B., Rodriguez Sanchez, A., & Wegewitz, U. (2017). Determinants of sickness absence and return to work among employees with common mental disorders: A scoping review. *Journal of Occupational Rehabilitation, 28*(3), 393–417.
Dejours, C. (2006) Subjectivity, Work, and Action. In *Critical Horizons, 7*(1), 45–62.
Dejours, C. (2012). *Psychopathologien der Arbeit. Klinische Fallstudien*. Brandes & Apsel.
Dejours, C. (2014). Work and Self-development. The Point of View of the Psychodynamics of Work. In *Critical Horizons, 15*(2), 115–130.
Dejours, C. (2015). *Le choix: Souffrir au travail n'est pas une fatalité. Bayard Culture, Montrouge*. France: Bayard Culture.
Dejours, C., & Duarte, A. (2018). La souffrance au travail: révélateur des transformations de la société française. *Modern and Contemporary France, 26*(3), 233–244.
Dejours, C., Deranty, J.-P., Renault, E., & Smith, N. H. (2018). *The return of work in critical theory: Self, society, politics*. Columbia University Press.

Dirlam, J. & Zheng, H. (2017). Job-satisfaction developmental trajectories and health: A life course perspective. In *Social Science and Medicine, 178*, 95–103.

Engel, G. L. (1977). The need for a new medical model: A challenge for biomedicine. In *Science, 196*(4286), 129–136.

Engelbach, U., Flick, S., & Alsdorf, N. (2018). Erwerbsarbeit und psychische Erkrankung: eine soziologisch-psychodynamischen Untersuchung. *Psychotherapie im Dialog, 3*(19), 70–74.

Eribon, D. (2005) *Echapper à la psychanalyse*. Paris/France: Léo Scheer.

Farmer, P. (2009). On suffering and structural violence: A view from below. *Race/Ethnicity: Multidisciplinary Global Contexts, 3*(1), 11–28.

Flick, S. (2017). „Das würde mich schon auch als Therapeutin langweilen." Deutungen und Umdeutungen von Erwerbsarbeit in der Psychotherapie. In N. Alsdorf, U. Engelbach, S. Flick, R. Haubl, & S. Voswinkel (Hrsg.), *Psychische Erkrankungen in der Arbeitswelt: Analysen und Ansätze zur therapeutischen und betrieblichen Bewältigung* (S. 215–238). transcript.

Flick, S. (2018a). Psychotherapie als Profession? Psychotherapeut*innen zwischen Professionalisierung und Deprofessionalisierung. In C. Schnell & M. Pfadenhauer (Hrsg.), *Handbuch Professionssoziologie*. Springer.

Flick, S. (2018b). Arbeitsleid als soziales Leiden: Kommentar zum Teil „Soziologie und Epidemiologie der Überforderung". In T. Fuchs, L. Iwer, & S. Micali (Hrsg.), *Das überforderte Subjekt: Zeitdiagnosen einer beschleunigten Gesellschaft* (S. 279–290). Suhrkamp.

Flick, S. (2019a). Zur Pathologisierung sozialen Leidens: Psychotherapeutische Deutungen von Arbeitsleid. In M. Dellwing & M. Harbusch (Hrsg.), *Pathologisierte Gesellschaft?* (S. 22–47). Beltz.

Flick, S. (2019b). The biographical gaze: Psychotherapeutic practice in psychosomatic hospitals in Germany. *Social Science & Medicine, 230*, 83–90.

Flick, S. (2020). Biographie als Doktrin: der biographische Blick der Psychotherapie. *West-End. Neue Zeitschrift für Sozialforschung, 2*(20), 2–24.

Flick, S. (2021). Strukturelle Kompetenz als neue Handlungsdimension ärztlicher Psychotherapie? *Ärztliche Psychotherapie, 17*(2), 121–124.

Foucault, M. (1965). *Madness and civilization: A history of insanity in the age of reason*. Random House.

Foucault, M. (1973). *The birth of the clinic: An archaeology of medical perception*. Pantheon Books.

Freidson, E. (1986). *Professional powers: A study of the institutionalization of formal knowledge*. University of Chicago Press.

Galtung, J. (1969). Violence, peace, and peace research. *Journal of Peace Research, 6*(3), 167–191.

Gildemeister, R. (1995). Kunstlehren des Fallverstehens als Grundlage der Professionalisierung sozialer Arbeit. In Michael Lanhanky (Hrsg.), *Verständigungsprozesse der Sozialen Arbeit. Beiträge zur Theorie- und Methodendiskussion*. Hamburg: Agentur des rauhen Hauses.

Halatcheva-Trapp, M. (2018). Rationalität und Relationen. Zum Verhältnis von Weiblichkeit und Mütterlichkeit aus wissenssoziologisch-diskursanalytischer Perspektive. In A. Langer, C. Mahs, & B. Rendtorff (Hrsg.), *Weiblichkeit – Ansätze zur Theoretisierung. Jahrbuch Frauen- und Geschlechterforschung in der Erziehungswissenschaft 14* (S. 125–135). Opladen: Barbara Budrich.

Handerer, J., Thom, J., & Jacobi, F. (2018). Die vermeintliche Zunahme der Depression auf dem Prüfstand. Epistemologische Prämissen, epidemiologische Daten, transdisziplinäre Implikationen. In T. Fuchs, L. Iwer, & S. Micali (Hrsg.), *Das überforderte Subjekt* (S.159–209). Berlin: Suhrkamp.

Hardering, F. 2017. Wann erleben Beschäftigte ihre Arbeit als sinnvoll? Befunde aus einer Untersuchung über professionelle Dienstleistungsarbeit. *Zeitschrift für Soziologie, 46*(1), 39–54.

Herzog, W., Beutel, M., & Kruse, J. (2013). *Psychosomatische Medizin und Psychotherapie heute: zur Lage des Fachgebietes in Deutschland*. Schattauer.

Holmes, S. M. (2013). *Fresh fruit, broken bodies: Migrant farmworkers in the United States*. University of California Press.

Honneth, A. (2023). *Der arbeitende Souverän*. Suhrkamp.

Janssen, P. L. (1987). *Psychoanalytische Therapie in der Klinik*. Klett-Cotta.

Janssen, P. L., Martin, K., Tress, W., & Zaudig, M. (1998). Struktur und Methodik der stationären Psychotherapie aus psychoanalytischer und verhaltenstherapeutischer Sicht. *Psychotherapeut, 43*(5), 265–276.

Johnson, J. L., Bottorff, J. L., Browne, A. J., Grewal, S., Hilton, B. A., & Clarke, H. (2009). Othering and being othered in the context of health care services. *Health Communication, 16*(2), 255–271.

Keupp, H. (2021). *Einmischen, es geht nicht anders! Kritisch-gemeindepsychologische Perspektiven*. Dgvt.

Kirmayer, L. J., Gomez-Carrillo, A., & Veissière, S. (2017). Culture and depression in global mental health: An ecosocial approach to the phenomenology of psychiatric disorders. *Social Science & Medicine 183*:163–168. https://doi.org/10.1016/j.socscimed.2017.04.034

Kleinman, A. (1989). *The illness narrative: Suffering, healing and the human condition*. Basic Books.

Knebel, L. (2021). *Psychotherapie, Depression und Emanzipation: Eine subjektwissenschaftliche Studie zur verhaltenstherapeutischen Praxis*. Springer.

Knebel, L. (2022). Depression und Dienstleistung. Zum emanzipatorischen Potential verhaltenstherapeutischer Praxis. *Forum Kritische Psychologie, Neue Folge, 4*, 13–37.

Kohli, M. (1985). Die Institutionalisierung des Lebenslaufs. Historische Befunde und theoretische Argumente. In *Kölner Zeitschrift für Soziologie und Sozialpsychologie, 37*, 1–29.

Küchenhoff, J. (1998). *Teilstationäre Psychotherapie: Theorie und Praxis*. Schattauer.

Linden, M. (2014). Psychosomatic inpatient rehabilitation: The German Model. *Psychotherapy and Psychosomatics, 83*(4), 205–212.

Lutz, H., Schiebel, M. & Tuider, E. (2018). *Handbuch Biographieforschung*. Wiesbaden: Springer.

McLaren, N. F. (2002). The myth of the biopsychosocial model. In *Australian and New Zealand Journal of Psychiatry, 36*(5), 701–703.

Metzl, J. M., & Hansen, H. (2014). Structural competency: Theorizing a new medical engagement with stigma and inequality. *Social Sciences & Medicine, 103*, 126–133. https://doi.org/10.1016/j.socscimed.2013.06.032

Metzl, J. M., & Hansen, H. (2017). Structural competency and psychiatry. *JAMA Psychiatry, 75*(2), 115–116. https://doi.org/10.1001/jamapsychiatry.2017.3891

Morawa, E., Schug, C., Geiser, F., Beschoner, P., Jerg-Bretzke, L., Albus, C., Weidner, K., Hiebel, N., Borho, A., & Erim, Y. (2021). Psychosocial burden and working conditions during the COVID-19 pandemic in Germany: The VOICE survey among 3678 health care workers in hospitals. *Journal of Psychosomatic Research, 144.* https://doi.org/10.1016/j.jpsychores.2021.110415

Muschalla, B., & Linden, M. (2011). Sozialmedizinische Aspekte bei psychischen Erkrankungen. Definition, Epidemiologie, Kontextbedingungen und Leistungsbeurteilungen. *Der Nervenarzt, 82,* 917–931. https://doi.org/10.1007/s00115-011-3305-8

Reich, G. (1984) Der Einfluß der Herkunftsfamilie auf die Tätigkeit von Therapeuten und Beratern. In *Praxis der Kinderpsychologie und Kinderpsychiatrie, 33*(2), 61–69.

Schermuly, C. C. (2019). New Work und Coaching – psychologisches Empowerment als Chance für Coaches. *Organisationsberat Superv Coach, 26,* 173–192. https://doi.org/10.1007/s11613-019-00599-7

Schnall, P. L., Dobson, M., & Landsbergis, P. (2016). Globalization, work, and cardiovascular diseases. *International Journal of Health Services, 46*(4), 656–692.

Schneider, U., Linder, R., & Verheyen, F. (2016). Long-term sick leave and the impact of a graded return-to-work program: Evidence from Germany. *European Journal of Health Economics, 17*(5), 629–643.

Schütze, F. (1993) Die Fallanalyse. Zur wissenschaftlichen Fundierung einer klassischen Methode der Sozialen Arbeit. In T. Rauschenbach, F. Ortmann, & M.-E. Karsten (Hrsg.), *Der sozialpädagogische Blick: lebensweltorientierte Methoden in der Sozialen Arbeit* (S. 191–221). Opladen: Leske und Budrich.

Spivak, G. C. (1985). The Rani of Sirmur: An essay in reading the archives. *History and Theory, 24*(3), 247–272.

Steinhäuser, T., Martin, L., Lersner, U. von, & Auckenthaler, A. (2014). Konzeptionen von »transkultureller Kompeten« und ihre Relevanz für die psychiatrisch-psychotherapeutische Versorgung. Ergebnisse eines disziplinübergreifenden Literaturreviews. In *Psychotherapie, Psychosomatik, Medizinische Psychologie, 64*(09/10), 345–353.

Storck, T. (2016). *Formen des Andersverstehens: psychoanalytische Teamarbeit in der teilstationären Behandlung bei psychosomatischen Erkrankungen.* Psychosozial-Verlag.

Strauß, B. (2015). Chancenungleichheit auf der Suche nach einem Therapieplatz: Schlussfolgerungen für die zukünftigen Aufgaben der Psychotherapieforschung. *Psychotherapeut, 60*(5), 389–396.

Strong, T., & Zeman, D. (2007). "Othering" and "selving" in therapeutic dialogue. *European Journal of Psychotherapy & Counselling, 7*(4), 245–261.

Taylor, C. (1996). *Quellen des Selbst.* Suhrkamp.

Waitzkin, H. (2011). *Medicine and public health at the end of empire.* London, UK: Routledge.

Weikert, B., Fishta, A., & Wegewitz, U. (2017). Overview zur Wirksamkeit von Return to Work: Interventionen bei Beschäftigten mit psychischen Erkrankungen. In Bundesanstalt für Arbeitsschutz und Arbeitsmedizin (BAuA) (Hrsg.), *Psychische Erkrankungen in der Arbeitswelt und betriebliche Wiedereingliederung* (S. 11–17).

Wilkinson, R., & Pickett, K. (2018). *The inner level: How more equal societies reduce stress, restore sanity, and improve everyone's well-being.* London, UK: Penguin.

Zipfel, S., Herzog, W., Kruse, J., & Henningsen, P. (2016). Psychosomatic medicine in Germany: More timely than ever. *Psychotherapy & Psychosomatics, 85,* 262–269.

Counselling Power and Knowledge in Schools

Roberto McLeay

> *I really do believe that we can make change, and it starts at the places where people spend the most time. I mean our youth spends so much time with their friend communities, mainly at school*—Selena Gomez
>
> *We're focused on working on mental health and making it accessible to people, having school counselors, school psychologists*—Joe Biden
>
> *It doesn't matter what age you are, I think mental health is really a crucial issue*—Dr Jill Biden
>
> *You know, all of us are working on making some of the bigger policy changes that will get more counselors into schools*—Dr Vivek Murthy
>
> (The White House 2022, 0:31–0:55)

1 Introduction

The White House conversation (2022) between the President of the United States of America, the First Lady Dr Jill Biden, the Surgeon General Dr Vivek Murthy, and Celebrity Selena Gomez illustrates a common approach taken to address mental health issues in Western societies. Certainly, young people today face a myriad

---

R. McLeay (✉)
Counselling, Human Services and Social Work, University of Auckland, Auckland, New Zealand
E-Mail: roberto.mcleay@auckland.ac.nz

© Der/die Autor(en), exklusiv lizenziert an Springer Fachmedien Wiesbaden GmbH, ein Teil von Springer Nature 2025
E. von Kardorff et al. (Hrsg.), *Zur Gesellschaft der verletzten Seelen*,
https://doi.org/10.1007/978-3-658-47031-9_8

of increasingly complex and complicated challenges, such as climate change, cyberbullying, school shootings, the COVID-19 global pandemic, and many more. Various mental health problems (such as depression or anxiety) are associated with these issues of modern-day living and have been cited as leading to severe consequences, ranging from self-harm and suicide to low academic achievement and anti-social behaviours (United Nations Children's Fund 2021). Further, concerning global predictions of vast numbers of young people facing mental health disorders (see Organisation for Economic Co-operation & Development 2021; United Nations Children's Fund 2021) has added to the widespread alarm for a child and youth mental health crisis. In response to the increasing concern for young people, powerful actors (like those mentioned in the White House discussion) have assembled to advocate for more, as well as better, mental health services and professionals in schools (Colizzi et al. 2020; Quinlan-Davidson et al. 2021). As a result, guidance counsellors have gained increasing recognition as one of the ideal 'solutions' for addressing young people's mental health problems.

Although it is important to support young people with the challenges of modern life, the approach to increase the mental health expertise and numbers of counsellors in schools signals a need to carefully analyse the work of the professional school guidance counsellor. This chapter therefore examines and discusses the important role counsellors may play in reproducing and proliferating psy-discourses that guide young people towards the ideas, knowledge, and understandings promoted by psy-professionals—psychiatrists and other allied professions, like psychologist or counsellors, who draw on their specialist knowledge and discourses (Cohen 2016).

2 Constructing Guidance for Young People

Although guidance counsellors are recognised today as 'scientifically' informed mental health professionals (Villares, Starrett and Limberg 2022; Zyromski and Dimmitt 2022), their position in schools emerged through the construction, promotion and privileging of certain social, cultural, and political ideas about young people. For instance, Ariès' (1962) scholarship on childhood highlights how ideas, such as the 'wickedness of childhood', guided sixteenth century Victorian societies to become increasingly concerned for the vulnerable hearts (or rather morals) of young people. The Enlightenment belief in the "malleability of humans" (Lassonde 2013, p. 214) and championing of the physical body also shaped Victorian thinking about young people, as they came to agree that, given proper guidance, young people could be disciplined towards maintaining the correct morality of society (Ariès 1962). Here, the construction and valuing of childhood morality illustrates (at least in part) the rich social and cultural groundwork that led to the need for schooling in Western societies (also see Durkheim 1973). With the turn of the industrial era—and the increasing focus on capital and commerce—the idea of being morally 'good' for religious salvation shifted towards a 'newer' political objective of appropriate behaviour for greater productivity (Cohen 2016; Sadovnik and Coughlan 2016). Children who refused to work in factories were therefore perceived as morally concerning liabilities that required special mandatory guidance and instruction in order to learn how to become 'good', 'productive', citizens (Lassonde 2013). Consequently, the new economic and political agenda led to the proliferation of compulsory schooling (Cohen 2016; Sadovnik and Coughlan 2016) and, together with the dominant ideas about childhood, foreshadowed particular rationales that would be used to position young people as troubled humans who require specialised guidance professionals in schools.

The contemporary demand for counsellors in schools to hold specialist mental health knowledge also brings to light another important discourse—formulated through other social, cultural and political beliefs: 'mental hygiene'. Although 'mental hygiene' emerged during the late nineteenth and twentieth century, as a newer solution for troubled people in western societies (Freis 2019), its connection to the earlier movement of 'hygiene of the soul' meant a number of familiar twelfth-century ideas accompanied it—such as the belief in prevention of mental diseases rather than cures and the aim to ensure individuals obtain the expected moral conduct of society (Burnham 1932; Parkin 1975; Savitz 1932). Likewise, the first tenant of David Gorton's (1873) essay on *the principles of mental hygiene*— "I. The discipline of the emotions of the mind is a matter which clearly comes within the scope of mental hygiene" (p. 144)—also highlights the continued focus on emotions brought forward from 'hygiene of the soul' physicians (see Savitz 1932; Pollak 1910). However, rather than claiming feelings—such as disappointment, remorse, and grief to excessive joy and anger (also see Sweetser 1850)—as problems of an unhealthy soul (Savitz 1932), Gorton (1873) privileged his belief in the supremacy of biology and physical matter to claim that these emotions may "disorder all the functions of organic life" (p. 144) and produce mentally depressed, diseased, and suicidal individuals. Despite shifting towards a more bio-mechanical view of emotions, mental hygienists sustained the original idea of hygiene of the soul physicians (Savitz 1932) to guide individuals towards certain emotions, like happiness or cheerfulness, as a way to prevent disease and morally deviant conduct (Gorton 1873; Sweetser 1850).

The aim to train and exercise individuals towards certain emotions, morality, and conduct also led practitioners of Mental hygiene to claim the ability to modify and cultivate desirable (morally and socially 'correct') personality traits in people (Southland 1916; White 1919); a point that led to the rise of another central idea for mental hygiene: the 'wholesome personality' (see Burnham 1932). Aaron Rosanoff's *'Manual of Psychiatry and Mental Hygiene'* (1947) provides an earlier account of the ideal wholesome personality for a young person in America:

> If he is of meek and docile temperament, he becomes a 'good' obedient child... If he is a spirited child, he may find ways of pursuing his quest by rebelling, disobeying, outwitting, eluding, dissembling, cajoling... drifting into an attitude of all sorts of disloyalties. (p. 789)

The aim to develop the wholesome—timid, obedient, passive, and compliant—character within young people illuminates the presence of a central political aim shared between psychiatry and Western societies; where cultivating the correct attitudes, thinking, and conduct would help guide individuals towards becoming economically and socially productive (Freis 2019; Rosanoff 1947; White 1919). In light of this shared aim, Rosanoff (1947) advocated for increasing psychological professionals in schools as a way to guide young people en masse towards certain 'healthy' personalities for a better society. The intensification of psy-professionals in schools was not the only achievement of the mental hygiene movement as newer mental hygiene concepts—like social-emotional learning, emotional competence, management and resilience—entered educational policies, guidelines, and national curricula (for example see Gard and Pluim 2014). Consequently, school staff gained the capacity to train students with particular attitudes, skills, and practices—for instance, "identifying ways to calm yourself" or "reflect[ing] on the possible consequences before expressing an emotion" (Gard and Pluim 2014, p. 215). Thus, the mental hygiene movement illuminates the strong historical connection between schooling and public health imperatives (Gard and Pluim 2014), as well as schools' positions as 'docile bodies' (Foucault 1995)—where large populations of young people may be guided, trained and exercised, towards producing and reproducing the dominant moral, cultural, social and political beliefs in Western societies (Durkheim 1973).

Although the twentieth century saw the transformation of 'mental hygiene' into 'mental health' (Freis 2019), training young people to reduce certain emotions and increase others exemplifies how guidance counsellors may sustain the dominant ideas promoted within hygiene of the soul and mental hygiene. However, one other discourse may be recognised for making a significant contribution towards the demand for professional guidance counsellors in schools: psychiatric disorders.

Like mental hygiene, the production of psychiatric (mental health) disorders for young people has emerged through the promotion and privileging of specific political, social and cultural ideas. For example, while the concept of 'normalcy'—which is central to the production of mental pathologies for children (Rose 1999)—is articulated as a purely biological notion, scholars note how the idea of a universally 'normal' young person was heavily shaped by nineteenth century studies that observed and compared the moral conduct of students in schools (Lassonde 2013); contrasting those who behaved according to society's expectations against those who did not (Cohen 2016). Rather than simply examining children's biology, these 'experts' observed students who were less cooperative, less productive, less social, and questioned authority and deemed them as ab-normal, 'moral imbeciles' (see Durkheim 1973), who lacked the 'standard' values, attitudes, and conduct expected of the morally 'good' citizen. Hence, the concept of 'normalcy' not only offered psy-professionals in schools the opportunity to delineate the mentally ill from the mentally well (Gorton 1873; Burnham 1932; American Psychiatric Association 2013) but enabled them to individualise and depoliticise young people's experiences.

Like the earlier movements of 'mental hygiene' and 'hygiene of the soul', psychiatric disorders focus on using emotions and deviant conduct as a key component of their construction. For example, the latest edition of the American Psychiatric Association's (2013) *Diagnostic and Statistical Manual of Mental Disorders (DSM-V)* lists a wide range of emotions for the mental disorders of depression and anxiety—such as unhappiness, blah, guilt, crankiness, humiliation, worry, fear, embarrassment, panic and so on (American Psychiatric Association 2013, pp. 161–163, pp. 189–190)—as neurological, neurocognitive, neurobiological, neurodevelopmental, and neuroanatomical (American Psychiatric Association 2013, p. xiii, 13, 156, 165, 226, 231) issues of the physical body. Similarly, a range of undesirable, deviant, behaviours—for instance, school avoidance, lack of productivity with schoolwork, crying, moving too slowly, being distracted, (American Psychiatric Association 2013, p. 94, pp. 160–164, pp. 189–194)—are also noted as bodily issues and signs of the depressed or anxious child. This bio-medical conceptualisation of young people's conduct and emotions epitomises the 'clinical gaze' (Foucault 1976)—a dehumanising perspective where individuals are reduced to being seen as simply bodies of organs (Petersen and Bunton 1997). As a result, children—and their morals, conduct and emotions—may be produced as tangible, measurable, knowable, and therefore, controllable, objects of health or illness (Tyler 1997) that can then be "subjected, used, transformed and improved" (Foucault 1995, p. 136) by guidance counsellors or other psy-professionals in schools.

However, rather than being a purely physical bio-mechanical issue, the production of emotions in the DSM-V—as 'uncontestable' criteria for mental disorders—also relies largely on psychiatric verdicts of appropriate frequency, duration, and intensity of feeling (American Psychiatric Association 2013). "[H]aving no feelings" (American Psychiatric Association 2013, p. 163) also serves as an important distinction made by psychiatry for the mentally dis-ordered body. Hence, mental disorders have authorised psy-professionals in schools to survey and guide young people towards certain psychiatric standards of how they should feel; what they should feel, when they should feel, for how long they should feel, and with what intensity they should feel. To complicate the social production of psychiatric disorders further, the term "feeling anxious" (American Psychiatric Association 2013, p. 163) has been nestled amongst other emotions listed as unquestionable criteria for the diagnosis of depression; illustrating how psychiatrists have expanded the knowledge of mental disorders—like anxiety and depression—into wider society (also see Cohen 2016, chapter one) by positioning them as everyday emotions.

Despite the concerns regarding the underlying biological claims of mental illnesses and emotions in Western societies (see Brossard and Chandler 2022; McLeay and Powell 2022; Watt Smith 2015), Cohen (2016, p. 121) notes how psychiatric disorders for young people proliferated from eight targeted disorders in the DSM-I (American Psychiatric Association 1952) to 47 in the DSM-V (American Psychiatric Association 2013). Alongside the previously mentioned anxiety and depression disorders, Cohen (2016, pp. 214–220) documents an extensive list of mental illnesses in American Psychiatric Association's DSM I–V that explicitly targeted young people; such as, adjustment disorder with work (or academic) inhibition, runaway reaction of childhood (or adolescence), disruptive behaviour disorder, mathematics disorder, selective mutism, internet gaming disorder, social anxiety and attention-deficit/hyperactivity disorder (ADHD). This rapid expansion of mental disorders not only illustrates how psychiatric categories have morphed and changed over time to seep further into the everyday lives of young people (Harbusch and Dellwing 2019) but illuminates how psychiatric disorders have worked to depoliticise, decontextualise, and individualise young people's experiences. Further, the widespread use of these psychiatric categories in schools (such as depression, anxiety, ADHD, and so on) highlights how difficult it has become for young people to avoid psychiatric verdicts and ways of seeing today (Cohen 2016; Gard and Pluim 2014; McLeay and Powell 2022; Timimi and Timimi 2022).

The production of childhood, mental hygiene, and child psychiatric disorders have been explored in this section to illustrate how various social, political, economic and cultural ideas have merged together in Western societies to shape young people as vulnerable, morally deviant, mentally unwell, humans that then require professional guidance and instruction. Guidance counsellors, who work to reduce mental illness and improve mental health, may draw on these ideas—as well as others, like happiness, optimism, or positivity (see: Cabanas and Illouz 2019; Davies 2015; Hyman 2014; McLeay, Powell and Cohen 2023)—to justify their work, techniques, and approaches in schools. The following section discusses and examines how the professional guidance counsellor may deploy these dominant ideas and beliefs in school to guide young people towards re-producing and further engraining psychiatric discourses.

3 Counselling Young People in Schools

Although guidance counsellors are positioned today as specialist child and youth 'mental health' and 'wellbeing' experts, their first appearance in Western societies illuminates a strong association with social, economic, and political rationale. More specifically, school counsellors emerged during the mid-twentieth century from the industrial drive for *vocational* and *educational guidance* (Agee and Dickinson 2008; Hughes 1971). Like the name suggests, these early vocational and guidance counsellors aimed to support schools by serving knowledge, in the form of advice, to and about young people in schools for their future employment or further education (Hughes 1971). Psychological knowledge formed a central part of their earlier roles, as they were mandated to measure, compare, and categorise young people according to their abilities, attitudes and temperaments for work in schools (Lassonde 2013; Porter 2020). The focus here on ensuring young people are guided towards being economically productive individuals signals a foundations role embedded within the guidance counsellors work; to guide young people towards conforming to the social and moral expectations of the increasingly industrial society. Legislation, policies, and guidelines (see for examples: Besley 2002; Cleveland and Sink 2018; Hughes 1971; McLeay and Powell 2022; Porter 2020) played an important part in sustaining their position; and drew in a vast array of actors (such as politicians, policy makers, psychological and educational experts) who—shaped by the discourses of childhood, mental health and psychiatric disorders—worked to authorise counsellors onto school grounds. With the development of the pastoral care system during this time, counsellors obtained increasingly prominent and diverse roles within the school structural systems (Agee and Dickinson 2008; Hughes 1971). For example, counsellors may take on leading management or consultation roles in schools; opt to work in whole class, large groups or one-to-one with students; they may hold varying levels of visibility within the school community; or work as educators, facilitators and advocators. The increasing focus on preventing mental illness in the vulnerable, deviant, child also guided counsellors in schools to take on more of a 'clinical' role in assessing, treating, and referring young people for mental health issues that interfered with their schoolwork and life (Agee and Dickinson 2008; Knapp, Berghuis and Dimmit 2014). Thus, the work of the guidance counsellor in schools expanded further as issues young people could potentially bring in to counselling broadened (for examples see: Hughes, Barr and Graham 2019; Goldman 2004; Knapp et al. 2014). Further, the production of various child and adolescent theories and approaches (see for examples: Kaul and Wilson 2020; Midgley, Hayes and Cooper 2017; Robson 2010; Zyromski Midgley, Hayes and Cooper Dimmitt 2022)—also led counsellors to deploy differing techniques and interventions base on their belief of what 'best' supports young people in schools.

Although this diversity in the role makes examining the general work of professional school guidance counsellors difficult, one particular element has been widely accepted and identified as essential to the function of counselling in schools: 'relationships' (Hughes 1971; Shuppert West et al. 1991; Snook 2003; Westergaard 2013). Accordingly, the following sections take a critical approach towards the 'counselling relationship' in order to provide a more specific examination into how school counsellors may guide, or rather confine (see Foucault 1988a), young people to reproduce dominant discourses of mental health and psychiatry.

3.1 The governing relationship of guidance counsellors

> I am hypothesizing that significant *positive personality change* does not occur except in a relationship. (Rogers 1957, p. 96, emphasis added)

Despite varying theories—such as, the therapy relationship, therapeutic relationship, or therapeutic alliance (for examples see Midgley et al. 2017), the relationship in counselling has largely been described as the connection (Rogers 1957), bond (Bordin 1994), or interaction (Gelso and Carter 1994) between the counsellor and client. Building upon Rogers' (1957) hypothesis, numerous studies have reported the counselling relationship as the most significant factor, within a counsellor's control, that may lead to 'positive changes' within a young person's conduct and character (Everall and Paulson 2002; Midgley et al. 2017). As a result, guidance counsellors have engaged in a range of practices with young people—such as, communicating on a first-name basis (Kaul and Wilson 2020); engaging in a young person's hobbies or interests; trusting and 'accepting' the young person's perspective (Westergaard 2013), or disclosing relevant personal life experiences appropriately (Broder 1987)—

that focus on building and maintaining their relationships to maximise the likelihood of change for young people. Likewise, the school counsellors' listening skills and use of Rogerian core conditions for therapeutic change (Rogers 1957) have also been identified as vital for the guidance counselling relationship (Crocket, Kotzé and Peter 2015; Kaul and Wilson 2020; Westergaard 2013). Here, the value of the school guidance counselling relationship to produce positive personalities in young people illuminates the contemporary psy-discourse of 'positivity' (see Hyman 2014) and reflects Rosanoff (1947) aim of cultivating wholesome personalities into children for a 'better society. In this regard, the guidance counselling relationship not only utilises dominant ideas of children (as vulnerable, malleable and deviant humans) but supports viewing young people—their personalities, emotions and conduct—as subjects to be continually improved and optimised in schools for society.

The importance of relationship for reformation was not unfamiliar to critical scholar and philosopher Michel Foucault, as his 1981 talk presents: "power is relations... It is a relationship between individuals [such as, children and their parents, teachers, or counsellors], a relationship which is such that one can direct [guide]… or determine the behaviour [conduct] of another" (Foucault 1996, p. 410).

Therefore, the unique connection between the counsellor and student entails an exercising of power (Foucault 1995) that serves to guide a young person's personality and actions. However, rather than viewing power as something negative—that restricts or represses (see Foucault 1980), Foucault (1996) argued that "[P]ower is positive in its effect. Power invents, power creates, power produces" (p. 158). From this perspective, the aim to form a positive relationship—through deploying various skills, relational approaches, and practices—illustrates how school guidance counsellors may work to invigorate a power that creates and encourages change within a young person. The capacity for the counselling relationship to produce change has led numerous studies to examine its components (Westergaard 2013) in order to establish various ways to maximise its positive, creative, and productive effects. In particular, two common themes have been noted by scholars, counsellors and young people as vital to enhancing the relationship in counselling: trust and expertise.

Trust has been identified as central to forming an effective counselling relationship with young people in schools (Broder 1987; Lang 1999; Littrell et al. 1987; Westergaard 2013). The importance of trust in the guidance counselling relationship emerges from the understanding that school counselling is an 'optional' process (Snook 2003), in the sense that counselling requires young people to choose to engage with the counsellor in order to work to any extent (Hughes 1971). Not only does the production of trust help erode and overcome young people's reluctance to connect with school counsellors (Snook 2003; Ministry of Education

2017), it has also been recognised to stimulate young people to disclose their inner most, private lives (Broder 1987). Building and maintaining trust may, therefore, be recognised as a tactic that aims to encourage young people to engage in the counselling relationship and willingly open up their worlds to the 'surveillance' (Foucault 1995), measures, and judgements of the professional school guidance counsellor.

Confidentiality has also been reported as crucial for establishing trust in the school counselling relationship (Crocket et al. 2015; Ministry of Education 2017; Westergaard 2013). More specifically, by clearly communicating confidentiality—and its limitations (see: American School Counsellors Association 2022; British Association for Counselling & Psychotherapy 2018; New Zealand Association of Counsellors 2020)—feelings of safety and trust may emerge for young people that encourages them to speak freely about every aspect of their lives (Le Surf and Lynch 1999; Snook 2003). Hence, confidentiality illustrates how components of the counselling relationship may work to encourage counselling engagement, as well as reduce and fracture any potential resistance to the psy-discourses being exercised within it. Although trust and confidentiality have been presented as central for the school counsellor's work, other components—such as respect, integrity and honesty (Agee and Dickinson 2008; Hughes 1971)—have also been identified as helpful for formulating trust and enhancing the guidance counselling relationship. Most notably, one particular component—that psy-professionals have successfully dominated—has continually been promoted as vital to formulating a strong guidance counselling relationship: 'expertise'.

While school staff and other adults (like parents) access and value counsellors in schools for their expert knowledge on children and adolescents (see Hughes 1971; Robson 2010), young people have specifically voiced their trust and engagement with guidance counselling is largely dependent on the appropriate and successful execution of specialist expertise (Le Surf and Lynch 1999; Manthei et al. 2020a; Lynass, Pykhtina and Cooper 2012). This prizing of expert counselling knowledge by young people has led counsellors in schools towards two distinctive roles. Firstly, young people have commented on how valuable school counsellors can be in a directive, instructive, advisory role (Kaul and Wilson 2020; Education Review Office 2013). Here, the guidance counsellor's expertise are privileged within the counselling relationship, which authorises them to deploy expert knowledge—in the form of direct advice or suggested techniques, such as mindfulness (Manthei, et al. 2020a)—to help young people with their mental health or well-being issues. According to young people, this direct form of guidance is especially helpful for supporting them to obtain happiness, manage emotions, improve anxiety or depression, as well as improve attendance and achievement in school

(Crocket et al. 2015). Alternatively, young people have also expressed appreciation for counsellors who allow them to develop their own solutions for their mental and emotional wellbeing issues in counselling (Crocket et al. 2015). In contrast to the more direct approach, school counsellors deploy a range of listening and motivational interview expertise (see Ivey, Ivey and Zalaquett 2016) to support young people with making decisions about their emotions, attitudes and actions. Here, the counsellor takes on more of a 'facilitators' role and the young person's expertise are privileged in the counselling relationship and recognised as a vital resource for formulating counselling solutions (Midgley et al. 2017). Whether seeking direct advice or guidance 'facilitation', young people's motivation to constantly solve their own emotional wellbeing or mental health issues serves to indicate how extensively psychiatric discourses have been privileged and valued within western societies (also see Harbusch 2022). Thus, in order to sustain and strengthen their expert relations with young people, school counsellors may be guided to exercise various psychological theories, like human development (Kaul and Wilson 2020) or neuropsychology (Robson 2010), approaches—for example, cognitive behavioural therapy (Beck 1976) or play therapies (Knell 2003), and techniques—like mindfulness (Knapp et al. 2014; Manthei et al. 2020a; Reveley 2016) that support and promote associated psychiatric discourses—like bio-medical emotions (McLeay and Powell 2022). This demand for expertise signals how both the counsellor and young person may guide and be guided in schools by the same psy-knowledge of childhood, mental health, and emotions.

The expectations on guidance counsellors to hold expert mental health knowledge has also led them to survey young people via various assessments (Bulkeley 2011; Le Surf and Lynch 1999; Zyromski and Dimmitt 2022) that promote the dominant psy-discourses in order to detect and diagnose student's undesirable emotions and behaviours. For instance, "feeling nervous, anxious, or on edge", "worrying too much about different things", or "being so restless that it is hard to sit still" (Child Outcomes Research Consortium 2022, p. 1) serve as examples of questions asked within a Generalised Anxiety Disorder (GAD) assessment that counsellors may deploy in schools. Likewise, the Patient Health Questionnaire (PHQ-9) provides questions—such as "feeling down, depressed, irritable, or hopeless?" or having "trouble concentrating on things like school work?" (The American Academy of Child & Adolescent Psychiatry 2010, p. 1)—that may help counsellors assess students in schools for depression. School guidance counsellors may also encourage students to attend various programmes (see Mana Ake 2020) or use a range of self-help apps that direct them to continually assess themselves for 'unhealthy' emotions or mental health disorders, like anxiety (see Educational App Store 2022).

Consequently, young people may exercise the dominant psychological ideas about unwell emotions or conduct in order to identify themselves (or their peers) as needing specialist guidance and instruction to 'manage' and 'regulate' their bodies, attitudes, and emotions for 'better' mental health. Guiding young people to understand and identify their conduct and emotions as troublesome bodily issues to be solved epitomises Foucault's (1995) concept of disciplinary power; as young people are trained and exercised—through observation and examinations—to *surveil* and improve themselves against *norms* (Petersen and Bunton 1997). As a result, young people may reproduce the expert knowledge deployed within the counselling relationship and guide their emotions, conduct, and attitudes—as well as others (like their peers)—towards psychiatric standards of normalcy. Hence, school counsellors may work psychiatric knowledge down to the infinitesimal spaces of young people's lives (Foucault 1995) and achieve a capillary functioning of power (see Foucault 1986) that makes escaping psy-discourses virtually impossible. Although counsellors in schools do not punish young people (Ministry of Education 2017), the aim to train and exercise young people towards certain 'positive' emotions, conduct, and personalities illuminates how disciplinary power may be exercised within the guidance counselling relationship to direct young people towards conforming and reproducing psychiatric knowledge and discourses.

While young people are the central part of the school community, school guidance counsellors also work within a web of other key relationships—for example, teachers, principals, parents, school nurses, caretakers, senior management, deans, etc. (Agee and Dickinson 2008; Goldman 2004; Hughes 1971; McLeay and Powell 2022). The demands from this network of relations on counsellors to hold and share specialist expertise (see Cleveland and Sink 2018) exemplifies how counsellors may also be directed to exercise power and expert knowledge within other members of the school community; *disciplining*—training and exercising (Foucault 1995)—them to form a complex system of *surveillance* that functions to consistently guide young people's conduct and emotions according to the dominant psy-norms. The exercising of expert mental health knowledge within this intricate network of relations—between young people, older people and counsellors themselves—illustrates Foucault's notion of Governmentality (Foucault 1995); where power is not necessarily exercised from top-down onto young people but is works itself from the bottom-up through an "ensemble" (p. 102) of individuals, technologies, and tactics that aim to guide young people's conduct towards certain, yet unpredictable, ends. Although guidance counsellors may guide the conduct of others in the school community—by sharing their specialist expertise, formed through discourses of mental health and biomechanical emotions, the expectation place on them to hold certain expertise also highlights how they may be directed to seek, obtain, and adhere to the psychiatric knowledge they purvey to others (Foucault 1995). As a result, counsellors (alongside young people, parents, teachers, principals, and so on) are simultaneously positioned as both governors and the governed in schools (Foucault 1995). This circular process of exercising mental health knowledge to, from, and within young people and others in schools also draws attention to another important Foucauldian concept: "power/knowledge" (Foucault 1980).

According to Foucault's (1980) conceptualisation of power/knowledge, power is not knowledge; however, power and knowledge share a unique reciprocal relationship. Maintaining contemporary mental health expertise to improve the effectiveness of the guidance counselling relationship (and vice-versa) exemplifies a key aspect of this unique connection, as any expansion of power involves an increase in knowledge, and any increase of knowledge involves the intensification of power (Foucault 1980). For Foucault (1978), power and knowledge also share a unique relationship with discourse, as "it is in discourse that power and knowledge are joined together" (p. 100). By promoting certain knowledge (like bio-mechanical emotions or mental disorders) within the counselling relationship (see Knapp et al. 2014; McLeay and Powell 2022), school guidance counsellors illustrate how their work produces, expands and consolidates psychiatric discourses of childhood, morality, mental health, and biomedicine within schools. Foucault (1980) also maintained that the promotion and exercising of dominant discourses in societies, which are inescapably produced through power and knowledge (Foucault 1986), permits certain 'régimes of truths' to emerge—the emotionally and mentally unwell young person is one such regime of truth. By privileging these dominant discourses—and others, like happiness, optimism, and positivity (Cabanas and Illouz 2019; Davies 2015; Hyman 2014), guidance counsellors gain recognition as authorities of knowledge (also see McLeay and Powell 2022) who may then govern school communities in what is sayable, thinkable, and doable (Rose 1988) for young peoples' mental health and emotional wellbeing issues.

3.2 Directing school communities

Through disciplining, producing, and promoting dominant psy-discourses within a therapeutic relationship, school counsellors work to shape the subjectivities (Jardine 2005) of individuals in the school community (like children, parents or teachers); guiding them in how they understand and see young people's "bodies and souls, thoughts, conduct and way of being" (Foucault 1988b, p. 18).

Statements from young people, such as "It [counselling] helped me get my work done right" or "It [counselling] has made me understand myself better, and get me to a place where I feel happy.... I have gotten the help I need to manage my anxiety" (Crocket et al. 2015, p. 34–35) exemplifies the pinnacle of guiding and shaping young people's subjectivities in and through psy-discourses of childhood, mental health and bio-medical emotions. By promoting these psychiatric discourses, knowledge, and norms, counsellors encourage young people to surveil themselves (or their peers), as vulnerable, problematic, bodies that can be guided, moulded, and improved towards being 'well'. Hence, school counsellors who support students with 'managing', 'regulating' or 'curing' their unwell emotions or behaviours are meet by young people's relief and gratitude (see Crocket et al. 2015).

The achievement of certain educational outcomes—such as improving class attendance (Bulkeley 2011; Cleveland and Sink 2018), engaging in schoolwork, higher academic achievement (Ministry of Education 2017; Zyromski and Dimmitt 2022), as well as reducing 'deviant' and disruptive behaviours in class (Hughes 1971; Manthei et al. 2020b; Ministry of Education 2017)—highlights the continual moral focus of psy-professionals to guide young people to conform to the educational outcomes of 'correct' personality for the future workforce. Hence, the 'therapeutic' changes invigorated by guidance counselling relationships may serve the political and economic ends promoted within the dominant discourses of childhood, mental health, and wellbeing.

Although counsellors may govern other members of the school community, they may also, in-turn, be governed to justify and promote their role in schools according to the same discourses; as the New Zealand Association of Counsellors (2022) present: "when students work with counsellors they become happier and more confident in themselves. They perform better academically and their worries reduce" (p. 1). Hence, through promoting and drawing on psy-knowledge of mental health and bio-mechanical emotions in their relationships, guidance counsellors may guide school communities and themselves to disregard certain social, cultural and political contexts and concentrate on strategies and techniques to govern young people towards becoming more docile, productive and 'healthy' citizens for society. The continued focus on guiding young people towards these outcomes—to be 'correct', productive, hardworking individuals—signal how school guidance counsellors have joined the ensemble of actors that work, under the guise of mental health and wellbeing, to support industrial capitalisms and the kinds of neo-liberal societies that support it (Foucault 1986).

4   Conclusion

While the move to intensify mental health expertise and increase the quantity of counsellors in schools (New Zealand Government 2021; The White House 2022) appears to be a straightforward solution, the rise of schooling, mental hygiene, and the production of psychiatric disorders for young people outlined in this chapter brings to light the need to carefully examine the complex and complicated (social, cultural, political, and economic) invention of this solution for supporting young people with the challenges of modern life. Further, the critical analysis provided on the 'counselling relationship' indicates school guidance counsellors' attempts to support young people's 'mental health' and 'wellbeing' may, in fact, serve to invigorate power/knowledge, strengthen psy-discourses, and discipline (Foucault 1995) children and other members of the school community towards reproducing psychiatric ways of seeing young people in schools. Hence, this chapter calls politicians, policymakers, celebrities, and members of school communities to consider how the work of professional school guidance counsellors may serve as an ideal proto-form of policing and social control in Western societies and beyond. In support of this aim, there is an increasing need for inter-disciplinary and multi-disciplinary research—between sociology, counselling and education—that examines the various theories, discourses, and interventions that school guidance counsellors may deploy to 'help' young people with their mental health and emotional wellbeing issues. Furthermore, counselling educators and national counselling associations should direct beginning guidance counsellors to engage with critical research and scholarship on wellbeing, mental health, and emotions; as a way of increasing school counsellors' expertise on how their relationships, approaches, knowledges, and interventions may (or may not) guide young people towards reproducing and conforming to psychiatric norms. Moreover, the political, social, and cultural construction of schooling, childhood, mental hygiene and psychiatric disorders invites school guidance counsellors to seriously examine their work and consider how their benevolent aim to support people's mental health may not simply be about 'mental health' (Brossard and Chandler 2022).

As a result of engaging with critical research and literature, the guidance counselling profession may open up further opportunities to develop their role in schools. For instance, guidance counsellors may assist schools with developing a 'critical mental health' strand to their health and physical education curriculum—which offers students a rich, well-rounded, foundation of knowledge and invites them to carefully examine the social, cultural, and political production of emotions, mental health, and wellbeing. Likewise, school guidance counsellors may host various professional development events that encourages school staff and the wider community to critically examine and discuss the challenges that their young people face. If possible, students should take part in these events and, through their increasing engagement with critical knowledge, share how their experiences may be shaped—depoliticized, individualized, and marginalized—by psychiatry. These examples illustrate how guidance counsellors might develop their role to embody a greater element of social justice in order to guide school communities towards cultivating alternative, non-psychiatric, discourses, ideas, and practices that support young people with the challenges of modern life in western societies and beyond.

References

Agee, M., & Dickinson, P. (2008). It's not an "Either/Or": Pastoral Care and Academic Achievement in Secondary Schools. In C. M. Rubie-Davies & C. Rawlinson (Eds.), *Challenging thinking about teaching and learning* (pp. 357–370). New York: Nova Science.

American Psychiatric Association. (1952). *Diagnostic and statistical manual: Mental disorders* (1st ed.). Washington: American Psychiatric Association.

American Psychiatric Association. (2013). *Diagnostic and statistical manual of mental disorders* (5th ed.). Arlington: American Psychiatric Association.

American School Counsellors Association. (2022). *ASCA ethical standards for school counselors*. https://www.schoolcounselor.org/getmedia/44f30280-ffe8-4b41-9ad8-f15909c3d164/EthicalStandards.pdf. ASCA. Accessed 2 February 2025.

Ariès, P. (1962). *Centuries of childhood: A social history of family life*. New York: Jonathan Cape.

Beck, A. (1976). *Cognitive therapy and the emotional disorders*. New York: Penguin.

Besley, T. (2002). The professionalisation of school counselling in New Zealand in the 20th century. *Contemporary Issues in Education, 21*(2), 94–191.

Bordin, E. S. (1994). Theory and research on the therapeutic working alliance: New directions. In A. Horvath & L. Greenberg (Eds.), *The working alliance: Theory, research, and practice* (pp. 13–37). New York: Wiley.

British Association for Counselling & Psychotherapy. (2018). *Ethical framework for the counselling professions*. BACP. https://www.bacp.co.uk/events-and-resources/ethics-and-standards/ethical-framework-for-the-counselling-professions/. Accessed 2 February 2025.

Broder, S. (1987). Helping students with self-disclosure. *School Counselor, 34*(3), 182–187.

Brossard, B., & Chandler, A. (2022). *Explaining mental illness: Sociological perspectives*. Bristol: Bristol University Press.

Bulkeley, B. (2011). School guidance counsellors and adolescent depression part two: Training needs and a workshop targeted at school counsellors. *New Zealand Journal of Counselling, 31*(2), 35–51.

Burnham, W. (1932). *The wholesome personality a contribution to mental hygiene*. New York: D Appleton & Company.

Cabanas, E., & Illouz, E. (2019). *Manufacturing happy citizens: How the science and industry of happiness control our lives*. Cambridge: Polity Press.

Child Outcomes Research Consortium. (2022). *How are things?* Anna Freud National Centre for Children and Families. https://www.corc.uk.net/media/1211/gad-7-how-are-things.pdf. Accessed 2 February 2025.

Cleveland, R. E., & Sink, C. A. (2018). Student happiness, school climate, and school improvement plans. *Professional School Counseling, 21*(1), 1–10.

Cohen, B. M. Z. (2016). *Psychiatric hegemony*. London: Palgrave.

Colizzi, M., Lasalvia, A., & Ruggeri, M. (2020). Prevention and early intervention in youth mental health: Is it time for a multidisciplinary and trans-diagnostic model for care? *International Journal of Mental Health Systems, 14*(1), 1–14.

Crocket, K., Kotzé, E., & Peter, M. (2015). Young people's perspectives on school counselling: A survey study. *New Zealand Journal of Counselling, 35*(1), 22–43.

Davies, W. (2015). *The happiness industry: How the government and big business sold us well-being*. London: Verso.

Durkheim, É. (1973). *Moral Education: A study in the theory & application of the sociology of education*. New York: Free Press.

Education Review Office. (2013). *Improving guidance and counselling for students in secondary schools*. Education Review Office. https://ero.govt.nz/sites/default/files/2021-05/Improving-Guidance-and-Counselling-for-Students-in-Secondary-Schools-December-2013.pdf. Accessed 24 December 2024.

Educational App Store. (2022, December 4). *Anxiety apps for kids*. EducationalAppStore. https://www.educationalappstore.com/best-apps/5-best-apps-for-helping-kids-with-anxiety. Accessed 24 December 2024.

Everall, R., & Paulson, B. (2002). The therapeutic alliance: Adolescent perspectives. *Counselling and Psychotherapy Research, 2*(2), 78–87.

Foucault, M. (1976). *The Birth of the Clinic: An archaeology of medical perception* (R. D. Laing, Ed.). London: Tavistock. (Original work published in 1963).

Foucault, M. (1978). *The history of sexuality: An introduction, Vol. 1: An Introduction*. New York: Vintage Books.

Foucault, M. (1980). *Power/Knowledge: Selected interviews & other writings 1972–1977* (C. Gordon, Ed.). New York: Pantheon.

Foucault, M. (1986). Disciplinary power and subjection. In S. Lukes (Ed.), *Power* (pp. 229–242). New York: New York University Press.

Foucault, M. (1988a). *Madness and civilization: A history of insanity in the age of reason*. New York: Vintage Books. (Original work published in 1961).

Foucault, M. (1988b). Technologies of the self. In L. H. Martin, H. Gutman, & P. H. Hutton (Eds.), *Technologies of the self: A seminar with Michel Foucault* (pp. 16–49). Amherst: University of Massachusetts Press.

Foucault, M. (1995). *Discipline and Punishment: The Birth of the Prison* (2nd ed.). New York: Penguin. (Original work published in 1978).

Foucault, M. (1996). *Foucault live. Collected interviews, 1961–1984* (S. Lotringer, Ed.). New York: Semiotext(e).

Freis, D. (2019). The rise and fall of mental hygiene. In *Psycho-politics between the World Wars: Psychiatry and society in Germany, Austria, and Switzerland* (pp. 239–330). Cham: Palgrave Macmillan.

Gard, M., & Pluim, C. (2014). Chapter 10: A future without limits. In *Schools and public health: Past, present, future* (pp. 206–223). Lanham: Lexington Books.

Gelso, C. J., & Carter, J. A. (1994). Components of the psychotherapy relationship: Their interaction and unfolding during treatment. *Journal of Counseling Psychology, 41*(3), 296–306.

Goldman, L. (2004). Counseling with children in contemporary society. *Journal of Mental Health Counseling, 26*(2), 168–187.

Gorton, D. (1873). *An essay on the principles of mental hygiene.* Philadelphia: J.B. Lippincott & Company.

Harbusch, M. (2022). *Troubled persons industries: The expansion of psychiatric categories beyond psychiatry.* Cham: Palgrave Macmillan.

Harbusch, M., & Dellwing, M. (2019). Fluid politics: Reclaiming critical studies in psychiatry as a progressive issue. *Symbolic Interactions, 43*(2), 370–373.

Hughes, P. (1971). *Guidance and counselling in schools: A response to change* (1st ed.). Oxford: Pergamon.

Hughes, C., Barr, A., & Graham, J. (2019). Who comes to the school counsellor and what do they talk about? *New Zealand Journal of Counselling, 39*(1), 40–70.

Hyman, L. (2014). *Happiness: Understandings, narratives and discourses* (1st ed.). Palgrave Macmillan.

Ivey, A. E., Ivey, M. B., & Zalaquett, C. P. (2016). *Essentials of intentional interviewing: Counselling in a multicultural world* (3rd ed.). Boston: Cengage Learning.

Jardine, G. (2005). *Foucault & education.* New York: Peter Lang.

Kaul, A., & Wilson, J. (2020). Collaboratively leading the dance secondary school counselling. *New Zealand Journal of Counselling, 40*(2), 37–50.

Knapp, S., Berghuis, D., & Dimmit, C. (2014). *The school counseling and school social work treatment planner, with DSM-5 updates* (2nd ed.). Hoboken: John Wiley & Sons.

Knell, S. (2003). Cognitive behavioral play therapy. In C. Schaefer (Ed.), *Foundations of play therapy* (pp. 175–191). Hoboken: John Wiley & Sons.

Lang, P. (1999). Counselling, counselling skills and encouraging pupils to talk: Clarifying and addressing confusion. *British Journal of Guidance and Counselling, 27*(1), 23–33.

Lassonde, S. (2013). Age, schooling and development. In P. Fass (Ed.), *The Routledge history of childhood in the Western World* (pp. 211–228). Abingdon: Routledge.

Le Surf, A., & Lynch, G. (1999). Exploring young people's perceptions relevant to counselling: A qualitative study. *British Journal of Guidance & Counselling, 27*(2), 231–243.

Littrell, J., Caffrey, P., & Hopper, G. (1987). Counselor's reputation: An important precounseling variable for adolescents. *Journal of Counseling Psychology, 34*(2), 228–231.

Lynass, R., Pykhtina, O., & Cooper, M. (2012). A thematic analysis of young people's experience of counselling in five secondary schools in the UK. *Counselling and Psychotherapy Research, 12*(1), 53–62.

Mana Ake. (2020). *Big emotions.* Mana Ake. https://manaake.health.nz/supporting-your-child/supporting-your-childs-wellbeing/managing-emotions/big-emotions/. Accessed 2 February 2025.

Manthei, R., Gardiner, B., Tuck, B., Agee, M., Crocket, A., & Blanchard, N. (2020a). *Evaluating the effectiveness of counselling in schools.* Wellington: Ministry of Education.

Manthei, R., Tuck, B., Agee, M., Crocket, A., & Gardiner, B. (2020b). The case for increasing the number of counsellors in secondary schools: Rations, research, and recommendations. *New Zealand Journal of Counselling, 40*(2), 3–19.

McLeay, R., & Powell, D. (2022). Governing emotions in school. In M. Harbusch (Ed.), *Troubled persons industries: The expansion of psychiatric categories beyond psychiatry* (pp. 49–76). Cham: Palgrave Macmillian.

McLeay, R., Powell, D., & Cohen, B.M.Z. (2023). Young people's voices on emotions: A narrative inquiry. *International Journal of Qualitative Studies in Education*, 0(0), 1–16. https://doi.org/10.1080/09518398.2023.2233945

Midgley, N., Hayes, J., & Cooper, M. (2017). *Essential research findings in child and adolescent counselling and psychotherapy.* London: Sage.

Ministry of Education. (2017). *Te Pakiaka Tangata: Strengthening student wellbeing for success: Guidelines to assist New Zealand SECONDARY schools and Wharekura in the provision of good practice in pastoral care, guidance and counselling.* Wellington: New Zealand Government.

New Zealand Association of Counsellors. (2020, September 22). *Code of Ethics: A Framework for Ethical Practice.* New Zealand Association of Counsellors. https://nzac.org.nz/document/6629/NZAC-Code-of-Ethics-2002-Revised-2020.pdf. Accessed 2 February 2025.

New Zealand Government. (2021, November 8). *Counselling support to help 24,000 young people thrive at school.* Beehive.Govt.Nz. https://www.beehive.govt.nz/release/counselling-support-help-24000-young-people-thrive-school. Accessed 21 December 2022.

New Zealand Association of Counsellors. (2022, March 25). *New counsellors in schools initiative increases support for students.* New Zealand Association of Counsellors. https://nzac.org.nz/publications/counselling-aotearoa-news/show/163#Content-1335. Accessed 24 December 2022.

Organisation for Economic Cooperation and Development. (2021, November 10). *Mental health and young people.* OECD. https://www.oecd.org/coronavirus/en/data-insights/mental-health-and-young-people. Accessed 24 December 2022.

Parkin, A. (1975). Feuchtersleben: A forgotten forerunner to Freud. *Canadian Psychiatric Association Journal*, 20(6), 477–481.

Petersen, A., & Bunton, R. (1997). *Foucault health and medicine.* London: Routledge.

Pollak, G. (1910). *The Hygiene of the Soul: The memoir of a physician and Philosopher.* New York: Dodd, Mead & Company.

Porter, J. W. (2020). Guidance counseling in the mid-twentieth century United States: Measurement, grouping, and the making of the intelligent self. *History of Science*, 58(2), 191–215.

Quinlan-Davidson, M., Roberts, K. J., Devakumar, D., Sawyer, S. M., Cortez, R., & Kiss, L. (2021). Evaluating quality in adolescent mental health services: A systematic review. *British Medical Journal*, 11(5), 1–16.

Reveley, J. (2016). Neoliberal meditations: How mindfulness training medicalizes education and responsibilizes young people. *Policy Futures in Education*, 14(4), 497–511. https://doi.org/10.1177/1478210316637972

Robson, M. (2010). Therapeutic work with children: A contextual overview. *British Journal of Guidance and Counselling*, 38(3), 247–261.

Rogers, C. R. (1957). The necessary and sufficient conditions of therapeutic personality change. *Journal of Consulting Psychology*, 21, 95–103.

Rosanoff, A. (1947). Mental hygiene. In A. Rosanoff (Ed.), *Manual of psychiatry and mental hygiene* (7th ed., pp. 749–819). Hoboken: John Wiley & Sons.

Rose, N. (1988). Calculable minds and manageable individuals. *History of the Human Sciences, 1*(2), 179–200.

Rose, N. (1999). *Governing the soul: The shaping of the private self* (2nd ed.). London: Free Association Books.

Sadovnik, A., & Coughlan, R. (2016). *The sociology of education: A critical reader* (3rd ed.). New York: Routledge.

Savitz, H. (1932). Maimonides' hygiene of the soul. *Annals of Medical History, 4*(1), 80–86.

Shuppert West, J., Kayser, L., Overton, P., Saltmarsh, R., & Overton, P. (1991). Student perceptions that inhibit the initiation of counseling. *The School Counselor, 39*(2), 77–83.

Snook, I. (2003). Counselling in schools. In I. Snook (Ed.), *The ethical teacher* (pp. 141–154). Palmerston North: Dunmore Press.

Sweetser, W. (1850). *Mental hygiene*. New York: George Putnam.

The American Academy of Child & Adolescent Psychiatry. (2010, March 1). *PHQ-9 modified for teens*. AACAP. https://www.aacap.org/App_Themes/AACAP/docs/member_resources/toolbox_for_clinical_practice_and_outcomes/symptoms/GLAD-PC_PHQ-9.pdf. Accessed 24 December 2022.

The White House. (2022, May 27). *Discussing Mental Health with the President, First Lady, Surgeon General, and Selena Gomez*. The White House. https://www.youtube.com/watch?v=AeZuSEJoagQ. Accessed 24 December 2022.

Timimi, Z., & Timimi, S. (2022). Psychiatrisation of school children: Secondary school teachers' beliefs and practices on mental health and illness. In M. Harbusch (Ed.), *Troubled persons industries: The expansion of psychiatric categories beyond psychiatry* (pp. 23–47). Cham: Palgrave Macmillan.

Tyler, D. (1997). At risk of maladjustment. The problem of child mental health. In A. Petersen & R. Bunton (Ed.), *Foucault health and medicine* (pp. 74–93). London: Routledge.

United Nations Children's Fund. (2021). *The State of the World's Children 2021: On my mind – Promoting, protecting and caring for children's mental health*. New York: UNICEF.

Villares, E., Starrett, A., & Limberg, D. (2022). Exploring school counseling during the first wave of COVID-19. *Journal of Counseling and Development, 100*(4), 386–398.

Watt Smith, T. (2015). *The book of human emotions*. London: Profile Books.

Westergaard, J. (2013). Counselling young people: Counsellors' perspectives on "what works" – An exploratory study. *Counselling and Psychotherapy Research, 13*(2), 98–105.

White, W. (1919). *The mental hygiene of childhood* (1st ed.). Boston: Little, Brown & Company.

Zyromski, B., & Dimmitt, C. (2022). Evidence-based school counseling: Embracing challenges/changes to the existing paradigm. *Professional School Counseling, 26*(1a), 1–10.

Auf einem Auge blind. Wie Forschung den Konsum bewusstseinsverändernder Substanzen medikalisiert

Niklaus Reichle und Florian Elliker

1 Von Teufelsdrogen und Heilmitteln

„Rausch hilft heilen" titelte Geo Wissen im Oktober 2022 (Geo, 2022). Aus verteufelten Pilzen sei „eine Waffe im Kampf gegen Depressionen" geworden. Aktuell zeichnen sich Entwicklungen ab, im Zuge derer Substanzen wie Cannabis und mehrere Psychedelika (u. a. Psilocybin und LSD) – allesamt lange Zeit in der breiten Öffentlichkeit als gefährliche Drogen schlechtgeredet – im Kontext spezifischer Institutionen wie psychiatrischer Kliniken, Retreats oder Apotheken eine gewisse Rehabilitierung erfahren. Dieselben Substanzen werden im Zuge sozialer Prozesse zu etwas ganz anderem. Im betreffenden Geo-Heft wird deutlich, wie zwei unterschiedliche „Rehabilitierungspfade" – Ökonomisierung, d. h. die Substanz als ökonomisch profitables Gut, und Medikalisierung, d. h. die Substanz als Heilmittel – zunehmend gemeinsam thematisiert werden. In der Titelgeschichte ist die Rede von L. Wilde, einem Jungunternehmer, der im Zuge eines schicksalshaften Vorfalls an Panikattacken und Depression zu leiden beginnt. Ohne Erfolg probiert er sich im Verlaufe eines Jahres „durch das ganze Arsenal von Antidepressiva" (Metzger, 2022, S. 28). „Erst ein Pilztrip verschaffte ihm Linderung und die Idee zu seinem Start-up Compass Pathways" (Metzger, 2022, S. 29). Führte Wilde vor

---

N. Reichle (✉) · F. Elliker
Universität St.Gallen, St. Gallen, Schweiz
E-Mail: niklaus.reichle@unisg.ch; florian.elliker@unisg.ch

© Der/die Autor(en), exklusiv lizenziert an Springer Fachmedien Wiesbaden GmbH, ein Teil von Springer Nature 2025
E. von Kardorff et al. (Hrsg.), *Zur Gesellschaft der verletzten Seelen*,
https://doi.org/10.1007/978-3-658-47031-9_9

seiner Depression ein Start-Up, das über das Internet alle erdenklichen Küchenutensilien verkaufte, so betreibt er heute eine „mental health care company". Idealtypisch zugespitzt manifestiert sich hier in der einzelnen Person des Unternehmers der Weg vom Leiden hin zum Geschäft. Bei Cannabis ist diese Entwicklung weit fortgeschritten; längst ist die einst als „Mörderkraut" verteufelte Pflanze in Ländern wie Kanada zum milliardenschweren Geschäft geworden.

Auf einer allgemeineren Ebene zeugt die Geo-Titelgeschichte vom Wandel der Bedeutungen, den bewusstseinserweiternde Substanzen über die vergangenen Jahrzehnte durchliefen und immer noch durchlaufen: von schädlichen Substanzen, die süchtig machen, über vielversprechende Heilmittel hin zu Produkten, die im Zentrum rentabler Geschäftsmodelle stehen. Im Zuge dieses Bedeutungswandels werden die betreffenden Substanzen unter der Verwendung spezifischer Begrifflichkeiten und der Festlegung von institutionellen Zuständigkeiten fortlaufend neu sozial konstruiert. Dieser Beitrag beleuchtet, wie dies aktuell im Kontext der Schweiz von statten geht. Dabei spielen der dominante Sprachgebrauch, die per Gesetz oder Beschluss institutionalisierten Zuständigkeiten, aber auch die Frage, welche Art von Forschung stattfindet und welche nicht, für die Art und Weise wie die betreffenden Substanzen sozial konstruiert werden eine gewichtige Rolle. Mehrheitlich fokussiert sich die Forschung zu bewusstseinserweiternden Substanzen gegenwärtig – nicht zuletzt der aktuellen Gesetzeslage geschuldet – auf ihre medizinische Anwendung und die Identifikation möglicher schädigender Eigenschaften. Über die Bereitstellung von entsprechendem Wissen werden mögliche Rehabilitierungspfade vorgezeichnet. Anderes fällt dabei aus dem Blickfeld. Zwar massenmedial thematisiert, aber kaum wissenschaftlich untersucht ist der weit verbreitete Gebrauch von Cannabis und Psychedelika ausserhalb klinischer Settings, das was landläufig als Freizeitgebrauch bezeichnet wird. Auf einem Auge blind, wird er aufgrund vorherrschender Gesetze, normativer Vorstellungen, politischer Aushandlungsprozesse, der Dominanz medizinisch-naturwissenschaftlicher Forschung und Konzepten wie Sucht, Prävention sowie Gesundheit kaum beforscht. Die Alltagsrealität des ausserklinischen existierenden Konsums bewusstseinserweiternder Substanzen bleibt so gleichsam ‚hidden in plain sight', zwar allgegenwärtig aber dennoch unverstanden. In diesem Beitrag beleuchten wir die diskursiven Muster und institutionalisierten Zuständigkeiten, die dies begünstigen; zudem geben wir ethnografische Einblicke in die Forschungsarbeit eines Cannabis-Pilotprojekts, in dem die Rehabilitierungspfade der Ökonomisierung und Medikalisierung immer wieder aufscheinen und so die eigentliche Forschungsarbeit erschweren.

1.1 Die diskursive Konstruktion bewusstseinsverändernder Substanzen

Wir gehen in diesem Kapitel von der Annahme aus, dass Sprache und das darin sozial vermittelte Wissen nicht nur dafür entscheidend sind, wie wir unser Leben und unsere Gesellschaft gestalten, sondern dass Wissen, Sprache und Bedeutung eine zentrale Rolle spielen, wie in unseren gesellschaftlichen Institutionen und im Alltag mit bewusstseinsverändernden Substanzen umgegangen wird. Es sind die gesellschaftlich dominanten Wissensbestände, manifest in einem spezifischen Sprachgebrauch (Drogen, Illegalität, Sucht, Abhängigkeit, Schaden, Risiko, Prävention, Heilung, Therapie etc.), und die etablierten institutionalisierten Zuständigkeiten (Ämter[1]; Suchtberatungsstellen; Therapiezentren und Suchtkliniken etc.), die den Blick auf das soziale Phänomen Substanzkonsum entscheidend rahmen. Während die lange Zeit dominante Vorstellung von „illegalen Drogen" den Substanzkonsum als deviantes Verhalten umschreibt und definiert, legen Vorstellungen von Sucht und Prävention das Vermeiden des Konsums aus gesundheitlichen Gründen nahe.

Wir richten unseren analytischen Blick auf die etablierten und bis vor kurzem hegemonialen Diskurse, d. h. auf sprachlich konstituierte, sinnhafte Strukturzusammenhänge, die bewusstseinsverändernde Substanzen auf eine bestimmte Art und Weise konstruieren und den gesellschaftlichen Umgang damit massgeblich beeinflussen. Wie wir zeigen werden, besteht zurzeit eine prominente diskursive Perspektive aus einem medizinischen Blick auf die Verwendung der Substanzen im Hinblick auf deren (Aus-)Wirkung auf die menschliche Psyche. Sie kann damit in einem weiteren Sinne als psychiatrischer Blick aufgefasst werden, der in zentraler Weise durch die psychosozialen Disziplinen Neurologie und Klinische Psychologie als auch die Psychiatrie produziert wird. Dieser psychiatrische Blick wird jedoch häufig im Zusammenspiel mit anderen Diskursperspektiven angewendet: so wird einerseits nach wie vor der illegale Charakter zahlreicher illegaler Substanzen betont, insbesondere im Falle von Psychedelika; andererseits wird, im Falle von Cannabis, im Zuge der zunehmenden Akzeptanz und der erwarteten rechtlichen Neuregelung[2] vermehrt auch dessen ökonomisches Profitpotenzial betont. Nach

---

[1] In der Schweiz auf nationaler Ebene zum Beispiel das Bundesamt für Gesundheit.
[2] Auch in Deutschland zeichnet sich seit der Bundestagswahl 2021 eine Neuregulierung des sozialen Phänomens Cannabis ab. Die «Ampel»- Koalition machte die Legalisierung von Cannabis zum erklärten Ziel. Aktuell sind im Rahmen sogenannter Modellvorhaben Testphasen zum straffreien Anbau und Konsum von Cannabis und später auch für das privatwirt-

wie vor sind indes viele Gesellschaftsbereiche asymmetrisch vor allem von Vorstellungen durchdrungen, die den gesundheitlichen und sozialen Schaden sowie die Illegalität sowohl von Psychedelika als auch Cannabis in den Vordergrund stellen und teilweise jegliche Thematisierung ohne Problemfokus im Sinne einer gefährlichen Verharmlosung als „Teil des Problems" betrachten.

Als Sozialwissenschaftler interessiert uns zunächst weniger, wie zutreffend die gesellschaftlich konstruierten und als „objektiv" vermittelten Wissensbestände zu Cannabis und Psychedelika sind; vielmehr interessieren wir uns für die Art und Weise, wie diese Substanzen in öffentlichen Diskursen konstruiert werden, welche Vorstellungen dominant sind – und wie solche Vorstellungen entstanden sind und sich durchgesetzt haben resp. durchgesetzt worden sind. Diese Vorstellungen und damit auch die Bedeutung und der Stellenwert, der den Substanzen zugeschrieben wird, verändern sich über die Zeit hinweg. Immer wieder wurden Gefahren und Risiken beschworen, kleingeredet, Substanzen verboten und wieder rehabilitiert und dabei unter vielgestaltigen normativen Gesichtspunkten beurteilt (vgl. hierzu Nutt, 2012 und Hirschi, 2012). Sozialwissenschaftliche Forschung sollte es unseres Erachtens vermeiden, diese abwechselnden Rahmungen von Substanzen als legal oder illegal, gesundheitsfördernd oder schädlich in ihren Fragestellungen, den theoretischen Annahmen sowie der Konzeption der Forschungsfelder zu reproduzieren. So ist bspw. der Status der Legalität oder Illegalität stets als in politischen Prozessen ausgehandelter Orientierungsrahmen für den gesellschaftlichen Alltag zu berücksichtigen – und nicht etwa als inhärente Eigenschaft des betreffenden Phänomens bzw. der betreffenden Substanz. So verstanden, steht er zunächst immer für spezifisches sozial konstruiertes Wissen, das vom Sozialwissenschaftler nicht als falsch oder richtig (im Sinne einer objektiven Wahrheit) taxiert wird. Vielmehr repräsentiert es mehr oder weniger den „Willen" bestimmter Akteur/-innen oder einen gesellschaftlichen hergestellten „Konsens" (z. B. „der Parteien", „des Stimmvolks", „der Mehrheit", „dem Forschungsstand"). Entsprechend ist die Frage von Bedeutung, wie und weshalb spezifisches Wissen rund um die entgegengesetzten Pole „falsch bzw. gesundheitsschädlich" oder „richtig bzw. förderlich" sozial hergestellt und vermittelt wird. Wir werfen in diesem Kapitel einen Blick auf die aktuelle Diskurslage im deutschsprachigen Raum sowie – punktuell – auf die wesentlichen Meilensteine der vergangenen Jahrzehnte im Kontext der Schweiz.

---

schaftliche Anbieten von Cannabis vorgesehen. Laut dem Bundesministerium für Gesundheit (2023) sollen «Erwachsene künftig Cannabis in bestimmten Mengen privat oder in nicht-gewinnorientierten Vereinigungen anbauen dürfen sowie im Rahmen eines regionalen Modellvorhabens in lizenzierten Fachgeschäften erhalten können.»

1.2 Die vielfältige Verwendung bewusstseinsverändernder Substanzen

Die diskursive Konstruktion von Psychedelika und Cannabis als Sucht- resp. Heilmittel ist eine Engführung. Ein Blick auf die Art und Weise, wie bewusstseinsverändernde Substanzen ihre Wirkung entfalten, hilft, dies nachzuvollziehen. Der Begriff bezeichnet Substanzen, die derart auf das Zentralnervensystem (und insbesondere das Gehirn) einwirken, dass eine deutliche Veränderung des Erlebens der äusseren und inneren Sinne sowie des eigenen Bewusstseins erfolgt (Faupel et al., 2014, S. 69). Zu den bewusstseinserweiternden Substanzen gehören neben Kaffee, Alkohol und Tabak, die alle in der Schweiz legal sind, vor allem solche Substanzen, die in der Schweiz per Gesetz als sog. „Betäubungsmittel" klassifiziert sind und deren Gebrauch in der aktuellen Rechtspraxis de facto verboten ist: darunter u. a. LSD, MDMA („Ecstasy"), Psilocybin (der Wirkstoff in sog. „Zauberpilzen"), Cannabis, Heroin und Kokain. Die Nutzung solcher Substanzen zur vorübergehenden Veränderung der Wahrnehmung und des Bewusstseins reicht weit in die Menschheitsgeschichte zurück (Feustel et al., 2019, S. 1). Zu unterschiedlichen Zeiten und in verschiedenen kulturellen Kontexten wurde der Zugang zu bewusstseinserweiternden Substanzen unterschiedlich freizügig oder restriktiv gehandhabt, wobei immer wieder bestimmte Substanzen – formell oder informell – bestimmten sozialen Schichten oder Akteur/-innen vorbehalten waren. Auch historisch betrachtet ist „Drogenmissbrauch eine Frage der Konvention" (Szasz, 1978, S. 26).

Versuche, die Verwendung bewusstseinserweiternder Substanzen besser zu verstehen, unterscheiden sich von Disziplin zu Disziplin. Während etwa biologische Theorien biochemische Prozesse im Körper resp. dem Zentralnervensystem und Gehirn ins Zentrum der Überlegungen stellen, fassen anthropologische Perspektiven den Gebrauch dieser Substanzen als grundlegend menschliche Eigenschaft auf. Wir orientieren uns an der in den sozialwissenschaftlichen Drogenforschung mittlerweile gebräuchlichen konzeptuellen Triade aus *Substanz* (resp. Droge), *(Mind-)Set* und *Setting*. Zentral für diese Perspektive ist, dass die Wirkung der Substanz nicht nur von der biochemischen Wirkungsweise oder aber der Dosierung abhängt, sondern – in unterschiedlichem Ausmass – ebenso sehr von der mentalen Haltung und Psyche der konsumierenden Person (Set) sowie dem Umfeld, in dem die Substanz konsumiert wird (Setting) – und damit auch den dominanten Normen, Diskursen und Vorstellungen einer bestimmten Gesellschaft.

Der soziologische Blick legt für die hiesigen Gesellschaften, der ethnologische für andere kulturelle Kontexte, eine enorme Bandbreite und Vielfalt von Verwendungsweisen und Erlebnismodalitäten frei. Diese trifft besonders auf Psychedelika zu, die häufig als *unspezifische mentale Verstärker* bezeichnet werden. Im Kontext der psychedelischen „Renaissance" in Alltag und Forschung (die nach einer ersten, mit der psychiatrisch-psychologischen Forschung der 1950er- und 1960er-Jahre sowie der Hippie- und Counterculture-Bewegung in den 60er- und 70er-Jahren verknüpften Konjunktur ab dem Ende der 1990er-Jahre langsam einsetzt; vgl. Pollan, 2018) werden Psychedelika unter anderen eingesetzt für: Erfahrungen der Verbundenheit (mit der Natur, der Umwelt, der Welt); Horizonterweiterungen (neue Einsichten, Erfahrung anderer Perspektiven); spirituelle, religiöse oder mystische Erfahrungen (Erfahrungen der Ich-Auflösung, Erfahrungen der Transzendenz materiell-leiblicher Existenz); Alltagsbewältigung und Reflexion auf alltägliche Probleme; Steigerung der Kreativität (neue Ideen, andere Zusammenhänge, komplexe Denkleistungen); die Erweiterung und den Genuss ästhetischer Erfahrungen; psychiatrisch-medizinische Behandlung und Therapie bestimmter Erkrankungen (bspw. schwere Depressionen); sowie psychologisch-gesprächsorientierte Therapie und Problemlösung (bspw. private oder berufliche Krisen) (vgl. dazu bspw. Comandini (2021) zur diskursiven Konstruktion von Psychedelika sowie Prepeliczay (2019) zu den Motiven des LSD-Konsums). Neben diese Erfahrungen, die sich bei sog. mittleren oder hohen Dosierungen einstellen, werden Psychedelika auch im Rahmen des sog. Microdosings eingesetzt (wobei die Wirkung unterhalb der Wahrnehmungsschwelle der äusseren Sinne bleibt), u. a. zur Stimmungsaufhellung, Motivation und Kreativitätssteigerung. Deutlich wird diese Vielfalt auch in der Psychedelika-Forschung; so führt Prepeliczay (2019, S. 512) unter anderem folgende Bezeichnungen auf, die in der Fachliteratur für diese Substanzkategorie verwendet wurden und werden: Phantastica, Oneirogene; Eidetica, Psychotomimetika bzw. Psychotica, Psycholytika, Entheogene, Mysticomimetika oder Psychoheuristica. Die bekanntesten Begriffe Halluzinogene und Psychedelika verweisen auf „Halluzinationen bzw. Trugwahrnehmungen [resp.] Substanzen, die die Seele bzw. den Geist offenbaren" (Prepeliczay, 2019, S. 512).

Aber auch Cannabis wird, wie unsere qualitativen Interviewstudien zeigen, für ganz unterschiedliche Zwecke eingesetzt und unterschiedlich erfahren. Im Rahmen der Studie „Cannabis im Alltag" sowie mehrerer forschungsorientierter Masterseminare an der Universität St.Gallen untersuchten wir spezifische Aspekte der Alltagsrealität des Cannabiskonsums in der Schweiz mittels problemzentrierter Interviews (vgl. Witzel & Reiter, 2012). Über einen Datenkorpus von insgesamt 69 Interviews identifizierten wir eine breite Palette an Zwecken zu welchen Cannabis eingesetzt wird: „Abschalten"/„Runterfahren" nach der Arbeit; Leistungssteigerung (Motivation, Belohnung, Entspannung, Fokus); Druck am Arbeitsplatz besser aushalten; Kreativitätssteigerung; langweilige Tätigkeiten besser ertragbar machen; besserer Umgang mit schwierigen Emotionen; Kontrolle des eigenen Appetits; Entspannung und Wellness; meditativer Zustand; gesteigertes Interesse an der tiefgründigen Auseinandersetzung mit Themen; Anregung eines vertieften Austauschs (privat und beruflich); gemütliches, entspanntes und unterhaltsames Beisammensein (in privaten und beruflichen Kontexten); grössere Lockerheit beim Knüpfen sozialer Kontakte; Intensivierung und Bereicherung der Erfahrungsqualität bei Tätigkeiten; und schliesslich – unter anderem – auch zur Erfahrung dessen, was klassischerweise als „High" bezeichnet wird.

Insgesamt wird damit deutlich, dass mit den gegenwärtig dominanten Rahmungen (illegal, schädlich, Sucht- oder Heilmittel) von Cannabis und Psychedelika nur ein Bruchteil des möglichen Erlebnis- und Verwendungsspektrum erfasst wird. Wir geben im Folgenden einen Überblick über den aktuellen Stand dieser diskursiven Engführung. Vor diesen Überlegungen wenden wir uns zunächst der Rolle von Wissen, Sprache und Diskursen zu, die bei Substanzen mit derart vielfältigem Wirkungs- und Gebrauchsspektrum zentral sind.

1.3 Sprache, Diskurse und institutionalisierte Zuständigkeit

Aus soziologischer Perspektive sind sowohl Set als auch Setting sozial geprägt: Die Wirkungen und Gebrauchsweisen von Substanzen basieren auf biografisch erworbenen und zu einem grossen Teil sozial abgeleiteten subjektiven Wissensbeständen der konsumierenden Person. Erworbene Wissensbestände prägen das Set: Wie gehe ich mit der Substanz um? Welche Wirkungen kann ich erwarten? Wie sollte ich mich dabei fühlen? Sozial abgeleitete Wissensbestände, beeinflussen aber auch das Verhalten und Handeln jener Personen, die während des Konsums anwesend sind (Konsumsetting) und mit denen über den Konsum gesprochen wird (Thematisierungssetting). Im Zusammenspiel von Set und Setting, der aktuellen Gefühlslage und der Lebenssituation der konsumierenden Person erleben diese Personen dann die Substanzen auf eine spezifische Art und Weise. Der Konsum durch einzelne Personen ist schliesslich in ihre Alltagswelt eingebettet. Er korrespondiert auf unterschiedliche Art und Weise mit dem, was Reinarman et al. (1997, S. 99) als ihren „stake in conventional life" bezeichnet.

Der Einfluss von Set und Setting ist sowohl *konstruktiv* als auch *konstitutiv*: Die Substanzen werden über Wissensbestände in ihrer Wirkung und den entsprechenden Verwendungsweisen als bestimmte Substanzen sozial *konstruiert*, häufig – aber bei weitem nicht immer – manifest im Begriff, der für die Substanz verwendet wird. Diese Wissensbestände rahmen denn auch reflexiv (retrospektiv und antizipatorisch) das, was erlebt wurde und erlebt werden kann. Aus einer solchen Perspektive ist beispielsweise sowohl das Wissen um die Schädlichkeit von Cannabiskonsum, als auch jenes, das auf dessen positive Effekte verweist, zunächst sozial konstruiert (und damit das Resultat einer Vielzahl von Interaktionen und Auswahlentscheidungen). Was Knoblauch (1993, S. 5) im Hinblick auf Tabakkonsum schlussfolgert, gilt im Wesentlichen auch für Cannabis und Psychedelika: „Wie die ‚Objektivität' der Schädlichkeit des Rauchens so erweisen sich auch die Deutungen der kulturellen Verhaltensweise des Rauchens als soziale Konstruktionen" (Knoblauch, 1993, S. 5).

Set und Setting wirken zudem *konstitutiv*, da das Erleben unter Einfluss dieser Substanz mit den entsprechenden Bewusstseinsveränderungen von diesen Wissensbeständen durch das Set geprägt ist und das Erleben zudem in verstärktem Mass durch äussere Einflüsse aus dem Setting beeinflusst wird. Aus einer sozialwissenschaftliche Perspektive bedeutet dies, dass die soziale Konstruktion von Substanzen nicht nur den „gesellschaftlichen Umgang" (u. a. Produktion, Distribution, Gebrauchszwecke, Verwendungskontexte, Legitimitätsvorstellungen) mitbestimmt, sondern auch die substanzinduzierten Erlebnisse – und einen Einfluss darauf hat, wie positiv der Substanzgebrauch im aktuellen Erleben und der Reflexion darauf wahrgenommen wird (vgl. bspw. dazu Howard Beckers (1963) Überlegungen zum Rückgang von Panikattacken beim Cannabiskonsum sowie der damaligen Zunahme von Panikattacken beim LSD-Konsum, die er auf Veränderungen im diskursiven und soziokulturellen Umfeld zurückführt).

Dieses Wissen ist (sub)kulturell verschieden, unterschiedlich weit verbreitet und wird informell in sozialen Interaktionen reproduziert oder in massenmedial verfügbaren Medien materialisiert. Sprache ist dabei von entscheidender Bedeutung: Wie unsere Realität aussieht und was sie bedeutet, ist grösstenteils im sprachlich vermittelten Wissen und in Sinnzusammenhängen aufgehoben.[3] Man sieht den Unterschied sofort, wenn man an die Begriffe Medikament und Rauschmittel denkt: Abhängig vom Begriff sind andere Personen und Institutionen zuständig, werden andere Gesetze angewandt, sind andere Umgangs- und Verwendungsweisen mit der Substanz angesagt – dieselbe chemische Substanz wird kommunikativ vermittelt zu einer anderen. „Ob eine Substanz also als Medikament oder als Genussmittel wirkt, hängt nicht in erster Linie und schon gar nicht allein am Stoff selbst, sondern folgt subjektiven Erwartungen und diskursiven Differenzierungsprozessen" (Feustel et al., 2019, S. 3).

---

[3] Dass Sprache Erleben und soziale Realität entscheidend mitbestimmt und mit beidem eng verwoben ist, soll nicht heissen, dass Erleben auf Sprache reduziert werden könnte. Gerade Rauschmittel sind offensichtlich dafür geeignet, Zustände hervorzurufen, die sich einer treffenden sprachlichen Beschreibung häufig entziehen und dennoch unser Handeln bestimmen. Als Beispiel für die sprachliche Reduktion konkreten Erlebens können bspw. auch szenetypischen Chiffren wie «High sein» gelten (vgl. dazu die klassische Studie von Paul E. Willis (2014): Profane Culture. Aktual. Aufl. Princeton: Princeton Univ. Press.).

Mit Diskursen bezeichnen wir sinnhafte Strukturierungszusammenhänge, welche gesellschaftliche Phänomene – in unserem Fall: Psychedelika und Cannabis – auf eine bestimmte Art und Weise konstruieren. Während die aktive Diskursproduktion vorwiegend diskursiv, d. h. sprachlich geschieht, kann die Diskursverwendung sich durchaus auch materieller, nichtsprachlicher Mittel bedienen. Diskurse konstruieren Phänomene auf bestimmte Art und Weise, sehen gewisse Akteur/-innen in Sprecher/-innen-Positionen vor und weisen anderen bestimmte Subjektivitäten zu, legen Modellpraktiken nahe und schlagen organisationelle Strukturen, institutionelle Regelungen und professionelle Zuständigkeiten vor. Der Blick auf Diskurse macht jedoch auch einen Blick auf die Institutionen, sozialen Felder wie jene der Politik, Wissenschaft oder der Wirtschaft und Akteur/-innen notwendig, da Diskurse über bestimmte Dispositive produziert werden und Institutionen und soziale Felder ein wichtiger Teil dieser Dispositive sind. Akteur/-innen verfügen häufig über gewisse Freiheitsgrade, welche Diskurse sie für welche Zwecke einsetzen.

Exemplarisch zeigt sich dies bei der politischen Problematisierung bewusstseinsverändernder Substanzen, ihrer Effekte und den entsprechenden Praktiken, die – obschon die Praxis des Verwendens bewusstseinsverändernder Substanzen zeitlich weit zurückreicht – erst in der frühen Neuzeit einsetzt (Feustel et al., 2019, S. 2); Begriffe wie „Sucht" und „Drogen" treten erst im 19. und 20. Jahrhunderts ihren Siegeszug an. Die im frühen 20. Jahrhundert einsetzende Welle an Verboten und der Prohibition von Drogen, wozu die klassische Drogenforschung auch Alkohol zählt, zeigt, dass im Zentrum dieser Prozesse nie nur die schädlichen Auswirkungen des Drogenmissbrauchs liegen. Während die Prohibitionsbewegung in den USA unter anderem als feministisches Anliegen, das auch gegen die Gewalt und mangelnde Arbeitsfähigkeit alkoholabhängiger (Ehe-)Männer gerichtet war, interpretiert wird (Rorabaugh, 2018), argumentiert Gusfield (1986), dass es sich dabei um einen „symbolischen Kreuzzug" handelt, in dem bestimmte soziale Milieus – eingebunden in Prozesse des sozialen Auf- und Abstiegs – einen bestimmten Lebensstil zum moralischen Standard erhoben. Auch Knoblauch (1993) zeigt, wie die Entstehung der Rauchverbote in den USA mit dem Lebensstil einer Wissensklasse verbunden ist und wie damit Statuspolitik betrieben wird (Tuggle & Holmes, 1997). Bei Cannabis zeigt unter anderen Mathias Bröckers (2008), wie der Chemie-, Holz- und Ölindustrie in den USA die prohibitiv hohe Cannabisbesteuerung v. a. als Schutz vor einem zunehmend als gewinngefährdend wahrgenommenen Konkurrenzprodukt genützt hat. Interessant ist bei vielen dieser Beispiele, dass der Verstoss gegen bestimmte soziale Normen – also deviantes Verhalten – bzw. die Beurteilung oder aber die Behandlung desselben durch die Vermengung mit Fragen nach der Gesundheit oder des Suchtrisikos in den Kompetenzbereich der Medizin bzw. der Pharmakologie verwiesen wird (vgl. Szasz, 1978), womit wiederum deren Deutungshoheit gestärkt wird.

Wie wir in diesem Kapitel zeigen, werden gegenwärtig Psychedelika hauptsächlich von einem naturwissenschaftlich-medizinischen Diskurs geprägt; die bis vor kurzem dominante Deutung als „Suchtmittel" wird zunehmend ergänzt mit der Vorstellung, dass diese Substanzen als „Heilmittel" für psychische Probleme und Störungen wie u. a. Depressionen, Angststörungen, PTBS und – was nicht einer gewissen historischen Ironie entbehrt – Suchtmittelabhängigkeiten verwendet werden. Dementsprechend kommen vor allem Institutionen und Personen für die aktive Diskursproduktion in Frage, die medizinisch ausgebildet sind und in der psychiatrisch-medizinischen Praxis und Forschung (naturwissenschaftlich orientierte Perspektiven in der Neurologie, Psychologie, Psychiatrie und Medizin allgemein) tätig sind oder in verwandten Professionen wie bspw. Suchthilfe und -prävention. Viele der weiter oben angedeuteten alltäglichen Verwendungsweisen von Psychedelika und Cannabis, die bisweilen unter dem Begriff „recreational use" zusammengefasst werden, kommen damit nicht in den Blick und figurieren entsprechend nicht in der dominanten diskursiven Konstruktion dieser Substanzen: die Konstruktion als Sucht- oder Heilmittel stellt nur einen Bruchteil der im gesellschaftlichen Alltag vorfindbaren Verwendungsweisen und Konsummotiven dar.

Es gilt vorab darauf hinzuweisen, dass sowohl Psychedelika als auch Cannabis in Diskursen nicht ausschliesslich medizinisch gerahmt werden. Unterschiedliche Akteur/-innen in Politik, Wissenschaft, Wirtschaft, im Bildungswesen, in der Medizin, in den verschiedenen subkulturellen Szenen, in denen Psychedelika verwendet werden, sowie Akteur/-innen, die Psychedelika oder Cannabis im Alltag brauchen, benützen Wissensbestände zur Rahmung dieser Substanzen, die sich voneinander unterscheiden. Diese werden teilweise auch von anderen als dem medizinischen Diskurs strukturiert. Auf drei Perspektiven, die in diesen Wissensbeständen abgelagert sind, sei hier hingewiesen: einen profitorientierten Ökonomiediskurs; den Gesundheitsdiskurs, sowie einem Legalitätsdiskurs. Gerade Politiker/-innen argumentieren häufig mit der rechtlichen Klassifikation von Substanzen als illegal und legal, ohne auf das unterschiedliche Schadenspotenzial dieser Substanzen einzugehen. Jegliche Diskussion von illegalen Substanzen in einem positiven Licht erscheint dann als illegitim; legale Substanzen wie Tabak und Alkohol sind aus dieser Perspektive betrachtet (trotz ihrer gesundheitsschädigenden Eigenschaften) nicht vergleichbar mit illegalen Substanzen wie LSD oder Cannabis.[4] Auch diese und andere Perspektiven sind Bestandteil der

---

[4] Grundlegend für diese Perspektive ist unter anderem die Annahme, dass die staatlich-rechtliche Klassifikation der Substanzen als legal oder illegal dem effektiven Schadens- und Suchtpotential der Substanzen entspricht. Wie aber bspw. David Nutt im Falle von Grossbritannien im Kontext der Einstufung von Cannabis zeigt, beruhen solche staatlichen Klassifikationsakte häufig weniger auf einer Risikoeinschätzung, sondern in den Worten der im Jahr 2009 für die

massenmedialen Berichterstattung. Die Kompetenz zur Forschung mit bewusstseinserweiternden Substanzen – und damit zur Generierung legitimen Wissens über deren Wirkung und Verwendung – wird nach wie vor hauptsächlich den medizinisch-naturwissenschaftlichen Disziplinen zugeschrieben. Es lässt sich jedoch hinsichtlich Psychedelika feststellen, dass der oben erwähnte Wandel von einem Sucht- zu einem Heilmittel in letzter Zeit im medizinisch-psychiatrischen Diskurs immer stärker voranschreitet. Das Zusammenspiel von Medizin- und Gesundheitsdiskurs und sowohl die zunehmende Verbreitung dieser Diskurse in immer weiteren Gesellschaftsbereichen als auch deren zunehmende Strukturierung von immer mehr Aspekten des Alltagslebens trägt letztlich zu einer Ausdehnung der medizinisch-psychiatrischen Perspektive auf Psychedelika und Cannabis bei: sei dies direkt über die Legitimierung von beiden als medizinische Substanzen, die in Kliniken zur Anwendung kommen und in Apotheken bezogen werden können oder indirekt über ihre Medikalisierung auch für aussermedizinische und -psychiatrische Anwendungen (bspw. im Rahmen von „Selbstmedikation" und „Selbsttherapie") Anzumerken ist dabei, wie wir unten ausführen, dass durch die Cannabis-Pilotversuche und die Legalisierung von Cannabis in anderen Ländern Cannabis zunehmend auch aus einer profitorientierten Perspektive gerahmt wird. Es wurde in der Schweiz, vergleichbar zu dem was Cyrus Dioun (2017) hinsichtlich Kalifornien geschildert hat, zunächst als Heilmittel legitimiert und steht nun an der Schwelle, auch für nicht medizinische Zwecke als legitim erachtet zu werden.

2 Die soziale Konstruktion von Psychedelika und Cannabis durch den medizinisch-psychiatrischen und naturwissenschaftlichen Blick

Im Frühjahr 2016 stösst in der Schweiz ein parlamentarischer Vorstoss im Nationalrat eine Grundsatzfrage zu den Grenzen der Beforschung von Psychedelika an. Zwar währt die Debatte nur kurz und entgeht der Öffentlichkeit weitgehend, dennoch ist der Vorfall aufschlussreich für den gesellschaftlichen Umgang mit psychoaktiven Substanzen. Die parlamentarische Initiative, die die Nationalrätin Verena Herzog am 27. April 2016 einreichte, sollte „die Ausnahmen für die wissenschaftliche Forschung [mit psychoaktiven Substanzen] im Betäubungsmittelgesetz kon-

---

erneute Einstufung von Cannabis als gefährlichere Substanz zuständige britischen Innenministerin Jacqui Smith, auch «die öffentliche Wahrnehmung» (Nutt 2012, S. 16.). Diese öffentliche Wahrnehmung wird, so die zweite gängige Annahme, so interpretiert, dass als illegal klassifizierte Substanzen generell als ‹moralisch verwerflich› betrachtet werden.

kretisieren" (Herzog, 2016). Während der Vorstoss in der zuständigen Kommission keine Mehrheit fand und die Diskussion rasch wieder abflaute, zeigt das Ereignis exemplarisch, wie die Forschung zu bewusstseinserweiternden Substanzen, ja diese Substanzen selbst, überwiegend normativ medizinisch gerahmt werden.

Mit ihrem Vorstoss beabsichtigte die Abgeordnete der Schweizerischen Volkspartei, den Begriff der „wissenschaftlichen Forschung" „klarer und enger" zu fassen. Es seien – so Herzog – „die Ausnahmen für die wissenschaftliche Forschung im Betäubungsmittelgesetz [zu] konkretisieren" (Herzog, 2016). Was auf den ersten Blick nach einem Detail klingt, lässt sich bei genauerer Betrachtung als Versuch verstehen, die Zuständigkeit bestimmter wissenschaftlicher Disziplinen für die Forschung im Feld der bewusstseinserweiternden Substanzen zu festigen. Herzogs Ansinnen nach sollten künftig „nur noch Ausnahmebewilligungen für naturwissenschaftliche oder klinisch-medizinische Forschungsprojekte unter restriktiveren Bedingungen als heute möglich sein. Insbesondere [sollten] keine Bewilligungen für sozialwissenschaftliche und ökonomische Projekte sowie für nichtklinische Humanforschung erteilt werden" (Herzog, 2016). Die Forschung mit und zu Betäubungsmitteln, so der Grundton der Initiative, sei Sache der Naturwissenschaften und klinisch-medizinischer Forschungsprojekte. Dies begründet Herzog damit, dass „die Ausnahme für wissenschaftliche Forschung dazu [führen könne], dass an sich politische Pilotprojekte und Initiativen mit Forschung verbunden werden". Die Sozial- und Geisteswissenschaften – so die Befürchtung, die in der parlamentarischen Initiative anklingt – seien anfällig auf oder vielleicht sogar inhärent verbunden mit politischen Absichten. Erkennbar ist eine angedeutete Unterscheidung zwischen ‚richtiger' bzw. wertfreier klinisch-medizinischer Forschung und ‚falscher' bzw. normativer oder gar politischer Wissenschaft. Über die parlamentarische Initiative wird eine Idee institutionalisierter Zuständigkeit für ein Phänomen (die Beforschung von Substanzkonsum) nahegelegt, mit potenziell tiefgreifenden Konsequenzen für die weitere soziale Konstruktion von Psychedelika. Gleichzeitig zeugt der Vorstoss von der Angst einer drohenden Liberalisierung und Ökonomisierung von Psychedelika.

Doch nicht nur zielte Herzog darauf ab, die Forschung zu Psychedelika den Naturwissenschaften und der Medizin vorzubehalten, vielmehr sollte es ihre parlamentarische Initiative auch für Forschende in diesen Wissenschaftsgebieten möglichst schwierig machen, eine Ausnahmebewilligung zu erhalten: „Schliesslich [gehe] es um verbotene und nichtregistrierte Substanzen, welche als schädlich gelten" (Herzog, 2016). Forschungsprojekte mit psychoaktiven Substanzen seien entsprechend nur dann zu bewilligen, wenn „bestehende alternative Therapiemöglichkeiten ausgeschöpft [...], nicht vorhanden oder nicht gleichwertig [seien] und andere Substanzen [...] mit dem anvisierten Therapieziel erfolglos eingesetzt worden" seien.[5] Psychedelika werden – derart gerahmt – zur Ultima Ratio. Weil nicht sein kann, was nicht sein darf, erscheint der Einsatz von Psychedelika in der Forschung als verdächtig.

In ihrer Argumentation bezieht sich Herzog diskursiv auf das geltende Recht (‚verboten' und ‚nichtregistriert') sowie auf einen vermeintlichen Forschungs- bzw. Wissensstand (‚schädlich'). Die drei Begriffe rahmen die Substanzen einerseits legalistisch als durch das Recht verboten und andererseits medizinisch als die Gesundheit schädigend – damit sowohl aus rechtlicher wie auch wissenschaftlicher Warte als illegtim und verwerflich. Anders ausgedrückt findet sich auch hier eine „Verschmelzung von Medizin, Psychiatrie und Strafrecht", wie sie Thomas S. Szasz hinsichtlich der US-Drogengesetze der 1970er-Jahre konstatiert hatte (Szasz, 1978, S. 40).

2.1 Das Beispiel Psychedelika: Vom Suchtmittel zum Heilmittel – die ‚neue' Medikalisierung einer Substanzklasse

Ein Überblick über die Forschungsprojekte unter Verwendung von Psychedelika, die in der Schweiz seit 2009 durchgeführt wurden, zeigt indes, wie unbegründet Herzogs Bedenken eigentlich sind. Im Unterschied zur Situation in vielen anderen Ländern war die Forschung mit Psychedelika in der Schweiz grundsätzlich immer möglich (vgl. Drosner, 2021). Sämtliche 41 seit 2009 auf clinical-trials.gov verzeichneten Studien wurden entweder an Universitätsspitälern (38 Studien), in medizinischen Abteilungen von Universitäten (1 Studie) oder aber von Psychiater/-innen in privaten Praxen (2 Studien) durchgeführt.[6] Keine der aufgeführten Studien weist ein sozialwissenschaftliches bzw. geisteswissenschaftliches Studiendesign auf oder wurde durch Sozialwissenschaftler/-innen bzw. Geisteswissenschaftler/-innen durchgeführt. Sowohl die Regelung der institutionellen Zuständigkeit für die Erteilung von Ausnahmebewilligungen – die beim Bundesamt für Gesundheit (BAG) liegt – als auch die in den einschlägigen Rechtsgrundlagen verwendete

---

[5] «In gleichem Masse soll auch die wissenschaftliche Forschung jeweils aufzeigen müssen, inwiefern alternative Forschungsmethoden ausgeschöpft, nicht vorhanden oder nicht gleichwertig waren oder bereits international entsprechende Studien vorhanden sind» (Herzog 2016).

[6] Gemäss telefonischer Auskunft vom beim BAG (Abteilung nicht übertragbare Krankheiten) führt das Bundesamt keine Liste mit durchgeführten Forschungsprojekten bei denen Psychedelika verabreicht werden. Die Mitarbeitern des BAG verwies uns auf clinical-trials.gov. Dort seien sämtliche Studien verzeichnet.

Sprache stellen primär einen Sucht- bzw. medizinischen Kontext her. Im Betäubungsmittelgesetz (BetmG) ist festgelegt, bei welchen Institutionen die Zuständigkeit für diese Substanzen liegt. Bewilligungen für den Anbau, die Herstellung, Verarbeitung oder das Treiben von Handel mit Betäubungsmitteln (Art. 4 Abs. 1 BetmG), aber auch die Ein- und Ausfuhr solcher Substanzen (Art. 5. Abs. 1 BetmG) erteilt das Schweizerische Heilmittelinstitut (Swissmedic). In den Bereichen wissenschaftliche Forschung, Arzneimittelentwicklung sowie der beschränkten medizinischen Anwendung ist das BAG die Bewilligungsinstanz (Art. 8 Abs. 5 a und b):[7] Um Forschung mit Psychedelika zu betreiben, ist ein Gesuch an das BAG zu richten. Einmal eingereicht, wird dieses Gesuch von der Abteilung „Prävention und nicht übertragbare Krankheiten" behandelt.[8] Wer mit Psychedelika forschen will, sei dies hinsichtlich der Motivationen für deren Gebrauch oder beispielsweise für deren Einsatz zur Steigerung von Kreativität, bewegt sich unweigerlich in einem semantischen Feld, in dem die Begriffe „Gesundheit" (Bundesamt für Gesundheit), „Heilmittel" (Heilmittelinstitut) und Krankheit („nicht übertragbare Krankheiten") im Vordergrund stehen. Mittels Sprachgebrauch und institutionalisierter Zuständigkeit werden nicht nur die Substanzen und ihr Gebrauch gerahmt, sondern wird implizit auch der Rahmen des Beforschbaren abgesteckt. Während der Wortlaut im BetmG Forschung zwar nicht auf den medizinischen Bereich einschränkt, kommen auf Ebene der Verordnung „die Voraussetzungen der guten Laborpraxis" hinzu, die eingehalten werden müssen (28 Abs. 2 Bst. b BetmSV): ohne Labor keine Forschung. Dieser medizinischen Grundorientierung entsprechend wurde bislang keine Studie, bei der Psychedelika verabreicht werden, durchgeführt, die nicht primär naturwissenschaftlich-medizinisch gerahmt war.

Wie die gegenwärtige Forschung in die Konstruktion von Psychedelika als sozialem Phänomen involviert ist, erscheint hinsichtlich der Art und Weise der ‚Rehabilitierung' dieser Substanzen von wissenschaftssoziologischem Interesse. Geforscht wird gegenwärtig in der Schweiz u. a. mit LSD, Psilocybin und DMT, aber

---

[7] Art. 8. Abs.5a des Betäubungsmittelgesetzes definiert den Handlungsspielraum wie folgt: das Bundesamt für Gesundheit kann Ausnahmebewilligungen für den Anbau, die Einfuhr, die Herstellung und das Inverkehrbringen von Psychedelika (bzw. Halluzinogene wie es im Gesetz heisst), erteilen «wenn diese Betäubungsmittel der wissenschaftlichen Forschung, der Arzneimittelentwicklung oder der beschränkten medizinischen Anwendung dienen».

[8] Gefordert werden weiter – falls vorhanden – kantonale Betäubungsmittelbewilligungen als auch eine «Swissmedic Betriebsbewilligung zum Umgang mit kontrollierten Substanzen.» (wobei mit «kontrollierten Substanzen» gemäss der Verordnung über die Betäubungsmittelkontrolle (Art. 2 Bst. h BetmKV) «Betäubungsmittel, psychotrope Stoffe, Vorläuferstoffe und Hilfschemikalien nach Artikel 2 BetmG sowie Rohmaterialien und Erzeugnisse mit vermuteter betäubungsmittelähnlicher Wirkung nach Artikel 7 BetmG» gemeint sind).

auch mit MDMA und Meskalin. Diese Forschung findet einerseits im Kontext der Linderung psychischer Krankheiten resp. der Verbesserung der psychischen Gesundheit statt (von den auf clinical-trials.gov aufgeführten 41 Studien wurden 19 mit Menschen durchgeführt, die als nicht gesund gelten). Aufgrund unterschiedlicher Faktoren (bspw. der erhöhten Entropie im Hirn, vgl. Carhart-Harris, 2018) eignen sich verschiedene Psychedelika u. a. dazu, festgefahrene Denk- und Fühlschemata, die psychischen Leiden wie Depressionen und Angstzuständen zugrunde liegen, zu ‚erschüttern' und Offenheit für die Etablierung anderer Denk- und Fühlmuster zu schaffen. Es sind diese Eigenschaften, die in Massenmedien in letzter Zeit vermehrt aufgegriffen werden und im Rahmen derer Psychedelika wieder als legitime Substanzen dargestellt werden: als Medikamente – so, dass viele Forschende zurückhaltend sind öffentlich davon zu sprechen, dass Halluzinogene ‚auch noch' für „the betterment of well people" (Pollan, 2018, S. 45) dienlich sein könnten. Zwar sind 23 der erwähnten 41 Studien mit gesunden Proband/-innen durchgeführt worden. Mit diesen sollen u. a. „Wirkmechanismen" untersucht werden und Wissen zur „klinischen Sicherheit" gewonnen werden (Liechti, 2019, S. 9). Bei LSD liege der Fokus der Forschung mit gesunden Proband/-innen beispielsweise auf der Beschreibung der akuten Wirkung und Verträglichkeit von LSD, der Dosisfindung, der Beschreibung der Pharmakokinetik und auf Untersuchungen zur Wirkung im Gehirn (Liechti, 2019, S. 12). Dabei scheint das Erkenntnisinteresse nicht zuletzt auf die Anwendbarkeit von Psychedelika bei ‚kranken' Personen gerichtet. Davon zeugt die Annahme in einem Expert/-innen-Bericht zuhanden des BAG, „dass die Untersuchungen der akuten Wirkung in Gesunden für die Behandlung von Patienten wichtige weiterführende Informationen bringen kann (Dosisfindung, ideale Dosis mit angenehmer Wirkung aber möglichst wenig unerwünschten Effekten, etc.)." Die Erforschung mit Gesunden gilt also primär dem Verständnis der Wirkungsweise dieser Substanzen sowie zur Bestimmung zentraler Parameter (wie Dosierung etc.). Auf diese Weise trägt die wissenschaftliche Forschung zur Rehabilitierung resp. Legitimierung von vormals als einseitig schädlich und nutzlos klassifizierten Substanzen bei; gleichzeitig wird durch die entsprechende Forschung (allein schon durch die disziplinäre Verortung der betreffenden Forschenden) – im Wechselspiel mit den Diskursen in der Politik und in den Massenmedien – mitgeprägt, wofür und wie diese Substanzen sinnvollerweise zu gebrauchen resp. zu ‚konsumieren' seien. In der medizinischen und klinischen Forschung mit Psychedelika sind diese Substanzen legitim zur Adressierung von (bestimmten) ‚Problemen' (u. a. Depression, Sucht, Kopfschmerzen, Angstzustände, etc.). Aus dieser Sicht sind Psychedelika primär Medikamente.

Auf ähnliche Art und Weise werden Psychedelika gegenwärtig *auch in öffentlichen Diskursen* ‚medikalisiert'. Möglicherweise äussern sich Neurolog/-innen und Neuropsycholog/-innen gerade wegen der massenmedial dominierenden Legitimitätsvorstellungen eher zurückhaltend, wenn es um die Verwendung dieser Substanzen zu anderen als zu medizinischen Zwecken geht. Möglicherweise erinnern sie sich an die moralische Panik der 60er-/70er-Jahre, im Zuge derer Psychedelika illegalisiert wurden, gegebenenfalls auch an die damals ungelöste Streitfrage unter Forschenden, wie diese Substanzen einzuführen seien – popularisierend und offensiv, wie es Timothy Leary propagierte, oder ‚top-down' und zurückhaltend, die von Al Hubbard bevorzugte Strategie (vgl. Pollan, 2018, S. 218–220) – und eventuell an die verhältnismässig geringen Mitbestimmungsmöglichkeiten von Forschenden im Feld der Politik. Es scheint, als wären die betreffenden Akteur/-innen darauf bedacht, die Seriosität, die naturwissenschaftlichen Methoden diskursiv zugeschrieben wird, nicht mit Aussagen zu gefährden, die im Rahmen vorgefertigter Deutungsmuster quasi per Definition als ‚unseriös' erscheinen. Dabei wird übersehen, dass Psychedelika durchaus kompetent und risikoarm ausserhalb psychiatrischer Settings eingesetzt werden können, und zwar auch zur Intensivierung und Diversifizierung ästhetischer Erfahrungen – neben zahlreichen anderen Verwendungsmöglichkeiten (vgl. weiter oben). Während die Forschung in den bezeichneten Disziplinen aktuell eine regelrechte Blüte erlebt, werden Psychedelika und ihre Verwendung von anderen Wissenschaftsgebieten kaum beleuchtet. So konstatiert Prepeliczay (2016, S. 1), dass „der Gebrauch psychedelischer bzw. halluzinogener Drogen wie LSD oder Psilocybin […] ein von den Sozialwissenschaften vernachlässigtes Thema" sei. Zum gegenwärtigen Freizeitgebrauch von LSD in Deutschland sei beispielsweise nahezu nichts bekannt. Dies, „obgleich Erhebungen auf dessen Fortbestehen sowie eine deutliche Zunahme (Comeback) seit den 1990er-Jahren hinweisen, für die keine hinreichenden sozialpsychologischen Erklärungen vorliegen" (Prepeliczay, 2016, S. 2). Entsprechend würde die vorschnelle Verengung des Blick- resp. Untersuchungsfeldes hier eine Vernachlässigung dessen bedeuten, was – im Konsum psychedelischer Substanzen gewissermassen gespiegelt – in der gegenwärtigen Gesellschaft als bedeutsam, relevant und erstrebenswert erachtet wird. Es ist wahrscheinlich, dass solcherart zu Tage geförderten Konsumpraktiken und Lebensentwürfe im Rahmen unterschiedlicher politischer Diskurse und Weltanschauungen unterschiedlich beurteilt würden: einige als eher ‚unerwünscht', andere als ‚erwünscht'. Zentral für eine solche Einschätzung sind häufig die Konzepte der ‚Sucht' und damit verbunden der ‚Prävention', die lange Zeit im Hinblick auf die soziale Konstruktion von Psychedelika und Drogen generell im Vordergrund standen.

2.2 Sucht und Prävention

„Alle Dinge sind Gift, und nichts ist ohne Gift; allein die Dosis machts, dass ein Ding kein Gift sei." (Paracelsus, 1538)

Die geschilderte gesetzliche Rahmung und die effektiv stattfindende Forschung mit bewusstseinsverändernden Substanzen lassen diese – trotz ihres gesetzlichen Status als verbotene „Betäubungsmittel" – zunehmend als Medikamente erscheinen. Gleichzeitig gilt ihr Gebrauch im öffentlichen Diskurs und zahlreichen gesellschaftlichen Institutionen nach wie vor als deviant. Der Grund dafür ist indes nicht nur im bereits erwähnten geltenden Recht, das den Konsum solcher Substanzen grundsätzlich verbietet, zu suchen, sondern auch in der weit verbreitenden Verwendung der Konzepte der ‚Sucht' und ‚Prävention'. Beide Konzepten bilden in der Schweiz seit den 1990er-Jahren zentrale Elemente der öffentlichen Debatte und institutionellen Ordnung, wovon letztlich auch die eingangs geschilderte parlamentarische Initiative von Eva Herzog zeugt. Ein wichtiger Referenz- und Ankerpunkt für die Konzepte Sucht, Gesundheit und Prävention stellt in der Schweiz das Viersäulenmodell der Suchtpolitik dar. In Reaktion auf „grassierende Drogenprobleme und die offenen Drogenszenen in verschiedenen Städten" entwickelte sich ab den frühen 1990er-Jahren eine „nicht mehr auf Abstinenz zielender Ansatz der Drogenpolitik" (Bundesrat, 2015, S. 17). Dieser basiert auf den vier Säulen Prävention, Therapie, Schadensminderung und Repression und wurde 2008 mit der Revision des Betäubungsmittelgesetzes auf Bundesebene gesetzlich verankert. Dieselben vier Säulen stehen auch im Fokus der „Strategie Sucht 2020" des Bundes (vgl. Abb. 1), die wiederum Teil der bundesrätlichen „Strategie Gesundheit 2020" ist. Im Kontrast zur oben beschriebenen Psychedelikaforschung wird hier jedoch anders auf Gesundheit Bezug genommen, nämlich vor allem vor dem Hintergrund der Konzepte Sucht und Prävention: Als Teil der Gesundheitsstrategie sind die Massnahmen der Kategorie Sucht dem Handlungsfeld „Lebensqualität sichern" zugeordnet und sollen der Intensivierung von „Gesundheitsförderung und Krankheitsvorbeugung" dienen. Damit stehen die Strategie Sucht 2020 und das darin zentrale Viersäulenmodell ganz im Zeichen der symbolisch bedeutsamen Rahmung von bewusstseinsverändernden Substanzen als Suchtmitteln und der entsprechenden Abhängigkeiten als Krankheiten (Bundesrat, 2015, S. 19).

Das Würfelmodell verweist einerseits auf verschiedene dominante Diskurse und andererseits auf den Konsum bewusstseinsverändernder Substanzen als etwas grundsätzlich Problematisches da der Konsum der Gesundheit schadet oder dies zumindest potenziell könnte. Es gilt, den bestehenden Konsum mit staatlichen Massnahmen zu unterdrücken (Repression); wer noch keine solchen Substanzen

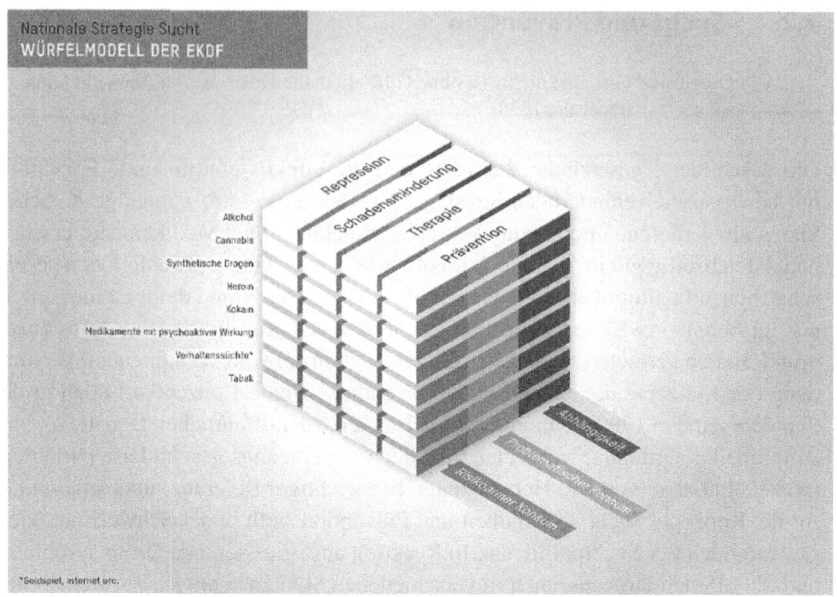

Abb. 1 Das Viersäulenmodell der Suchtpolitik. (Bundesrat, 2015, S. 24)

konsumiert, soll mittels Prävention möglichst davon abgehalten werden. Jene, die am Konsum leiden, werden entweder therapiert oder aber – falls sich dies als nicht aussichtsreich erweist – Ziel sogenannter schadensmindernder Massnahmen (z. B. über den staatlich organisierten und bereitgestellten Zugang zu bestimmten Substanzen für ‚Abhängige'). Auch der „risikoarme" Konsum – der ja bereits in der Bezeichnung die Möglichkeit eines Risikos trägt – ist potenziell Gegenstand dieser vier Massnahmenbereiche. Ein gelingender oder unproblematischer Konsum ist im Würfelmodell nicht vorgesehen bzw. fällt aus der Betrachtung. Auch ist für diese Konsumformen – abgesehen von Angeboten wie Drug-Checking und Hinweisen zur Konsumkompetenz von Suchthilfeinstitutionen – keine Institution zuständig. Zuständigkeiten für bewusstseinserweiternde Substanzen ausserhalb des „Würfelmodells" sind diskursiv nicht denkbar. Im Zentrum des Modells steht der negative Zusammenhang zwischen Sucht und Gesundheit. Bewusstseinsverändernde Substanzen werden in der „Strategie Gesundheit 2020" nur als potenziell und real schädliche Suchtmittel konzipiert. Es fällt auf, dass im Modell mit dem Begriff der Verhaltenssüchte („Geldspiel, Internet etc.") der Suchtbegriff auf eine potenzielle grosse Vielfalt von Verhaltensweisen angewendet werden kann. Auf die immer weiter verbreitete Verwendung des Suchtbegriffs weisen denn auch Dollinger und Schmidt-Semisch (2007, S. 7) hin. Es gebe „kaum eine menschliche Verhaltensweise, die nicht durch das Suffix ‚Sucht' in ein problematisches Verhalten verwandelt werden könnte oder bereits verwandelt worden ist" (Dollinger & Schmidt-Semisch, 2007, S. 7).[9]

Aus der Perspektive der Suchthilfe macht die Haltung, dass man sich auf die vorliegenden Probleme konzentriert, durchaus Sinn (Therapie, Schadensminderung): Man kümmert sich um jene, die am Konsum leiden und erhebt keine anderweitigen normativen Ansprüche an die Lebensführung jener, die ohne Probleme konsumieren – eine im Kern sehr liberale Haltung. Aus einer Suchtpräventionsperspektive sieht das wahrscheinlich schon wieder etwas anders aus, denn die gegenwärtige Abwesenheit von Problemen bedeutet noch nicht, dass es auch zukünftig keine Probleme geben wird. Handlungsleitend werden aus einer solchen Perspektive Risikoabwägungen, die auf die Zukunft gerichtet sind: „Prävention transformiert Gefahren in Risiken, indem sie künftige Zustände an gegenwärtige Entscheidungen koppelt und auf diese Weise Zeit bindet" (Bröckling, 2008, S. 40). Aus möglichen künftigen Gefahren werden gegenwärtig handlungsrelevante Risiken, wobei häufig unbeachtet bleibt, mit wie viel Unsicherheit die Wahrscheinlichkeiten behaftet sind, die solchen Risikovorstellungen zugrunde liegen. Damit werden die Nutzer/-innen individualisierend zum Objekt präventiver Strategien. Und „wo Vorbeugung möglich erscheint, wie begründet oder unbegründet diese Erwartung auch sein mag, wird es riskant, darauf zu verzichten" (Bröckling, 2008, S. 40). Betrachtet man die „unintendierten Effekte der Cannabisprohibition" (Herzig et al., 2019), dann ist davon auszugehen, dass auch Präventionsanstregungen ungewollte Konsequenzen zur Folge haben. Hinsichtlich der Cannabisprohibition halten Herzig, Zobel und Cattacin fest: „Vermutlich müssen wir uns zuerst fragen, wieviel Schaden die Prohibition bewirkt hat, bevor wir uns anderen Fragen stellen" (Penser La Suisse, 2019, S. 7).

Letztlich entstand das Viersäulenmodell im Rahmen einer Gesetzeslage, welche die meisten bewusstseinsverändernden Substanzen als illegal klassifiziert. Im Betäubungsmittelgesetz werden sowohl „Betäubungsmittel" als auch „psychotrope Stoffe" als „abhängigkeitserzeugende Stoffe und Präparate" (Art 2a und b BetmG) definiert und in einer Aufzählung konkretisiert; in diesen Definitionen fehlen jedoch Hinweise auf eine allfällige Schädlichkeit. Das Viersäulenmodell erweitert diese Ausgangslage medizinisch und stellt solche Substanzen als eine Gefahr für die Gesundheit dar. Es gilt, nicht nur den Schaden zu mindern, sondern präventiv den Gebrauch dieser Substanzen zu verhindern. Substanzkonsum wird diskursiv

---

[9] Wie etwa Internet- oder Spielsucht.

als Phänomen konstruiert, das eigentlich möglichst zu verhindern gilt. Während das Viersäulenmodell im BetmG ganz vorne steht (es findet sich in Artikel 1a) und für viele Akteur/-innen (insbesondere in der Suchthilfe) handlungsleitend ist, wird es zumindest hinsichtlich Psychedelika zunehmend durch die oben beschriebene Forschung irritiert und in Frage gestellt. In beiden Fällen werden Psychedelika medikalisiert, wenn auch auf entgegengesetzte Weise: einmal als gesundheitsfördernd und das andere Mal als potenziell gesundheitsschädigend.

Während die Anwendung von Psychedelika in Spitälern und Arztpraxen zunehmend als legitim erscheint, haftet der Verwendung dieser Substanzen ausserhalb klinischer Settings weiterhin etwas illegitimes an. Exemplarisch lassen sich hierfür sogenannte Ayahuasca Retreats betrachten, die gegenwärtig in der Schweiz an verschiedenen Orten durchgeführt werden. „Eine Urwalddroge für die Grossstadtkinder", berichtet das Schweizer Fernsehen über den offenbar zunehmenden Trend (Jäggi, 2017). „Alle trinken plötzlich Ayahuasca" titelt die Neue Zürcher Zeitung (NZZ) und konstatiert, dass die Sehnsucht nach einem achtsamen Leben die Drogen erreicht habe (Schmid, 2018). Im Herbst 2022 beleuchtete schliesslich ein Investigativjournalist in einem Text mit dem Titel „High und ausgenutzt" die Vorgänge in einer „Ayahuasca-Sekte" im Kanton Baselland (SRF, 2022). Während die drei Berichte Tendenzen in alltagsweltlichen Relevanzsystemen hin zu Spiritualität, Achtsamkeit und Ich-Suche in den Vordergrund rücken, reproduzieren sie gleichzeitig Stereotypen im Zusammenhang mit Drogenkonsum. Die Protagonist/-innen in den Texten bleiben anonym, der Durchführung der Retreats haftet etwas Illegitimes an. Zwar sprechen die Anbieter/-innen von Heilung, diese ist aber ausserhalb der institutionalisierten Medizin angesiedelt, da mit Drogen gearbeitet wird. Hier wird sichtbar, was Ivan Illich (1987 [1977]) in den 1970er-Jahren im Klassiker der Medizinkritik „die Nemesis der Medizin" als Enteignung der Gesundheit und Medikalisierung des Lebens beschrieb. Auf einer gesellschaftlichen Ebene manifestiere sich die Tendenz zur Medikalisierung in der Form dessen, was Illich als soziale Iatrogenesis bezeichnet. Diese umfasse unter anderem Situationen in denen, „Leiden, Trauer und Heilung, soweit außerhalb der Patientenrolle geschehend, als Formen der Abweichung abgestempelt werden" (Illich, 1987, S. 49). Gesundheitliche Aspekte, die das Individuum betreffen, würden vornehmlich in organisationalen Kontexten adressiert. Die Begleiterscheinung dieser Beobachtung beschreibt Illich implizit als fortschreitende Institutionalisierung von Zuständigkeiten für spezifische Handlungsprobleme und Phänomene. Man könnte – in Anlehnung an Illich – die These anführen, dass die aktuelle Forschung zu Psychedelika die künftige Zuständigkeit für den Umgang mit bewusstseinsverändernden Substanzen vorwegnimmt. Nach Illich sind professionalisierte Berufsgruppen und Organisationen für immer differenziertere Bereiche des gesellschaftlichen Alltags zuständig und verantwortlich. In seiner früheren Schrift „Deschooling Society" beschreibt er diese Tendenz allgemein für verschiedene gesellschaftliche Felder wie das Lernen (hier führt er die Institution Schule an), das gemeinschaftliche Leben (hier ist die Institution Sozialarbeit gemeint) oder Sicherheit (hier spricht Illich von der Institution der Polizei) (Illich, 1972, S. 3). Die betroffenen Individuen selbst büssten in der Konsequenz über mehrere Generationen hinweg sukzessive an Wissen, Kompetenzverständnis und Verantwortungsempfinden ein. In den vorliegend betrachteten Fällen könnten es bald Apotheker/-innen (im Falle von Cannabis) und in zunehmenden Masse Psychiater/-innen und Psychotherapeut/-innen (im Falle der Psychedelika) sein, die für die Verabreichung dessen, was heute noch als Droge verstanden wird, zuständig sind. In beiden Fällen würden diese Substanzen durch den medizinischen Kontext gerahmt: Psychedelika vornehmlich als Medikamente, die unter ärztlicher Aufsicht oder Anordnung beim Auftreten von Problemen eingenommen werden dürfen, und Cannabis als Produkt, dass nur von medizinisch geschulten ExpertInnen in einem Kontext, in dem vorwiegend Medikamente verkauft werden, erworben werden kann. Andere Konsummotivationen, die beim „Freizeitgebrauch von Psychedelika" (Prepeliczay, 2016) im Vordergrund stehen und nicht direkt mit gesundheitlichen Problemen zusammenhängen wie beispielsweise Selbstexploration, Erkenntnis- und Lustgewinn oder Spiritualität[10] werden durch diese medizinischen Institutionen entweder nicht direkt adressiert oder gar als zu vermeidend konzipiert. Es ist anzunehmen, dass in diesem Falle auch ein Wissenstransfer für den Gebrauch unter anderen als medizinischen Vorzeichen nicht vorgesehen wäre.

2.3 Das Beispiel Cannabis: Die soziale Konstruktion einer Substanz im Kräftefeld von Politik, Verwaltung und Wissenschaft

Die Tendenz zur Medikalisierung des Cannabiskonsums zeichnet sich im Kontext der Schweiz in Schritten ab. 1951 wurde Cannabis mit der Einführung des neuen Betäubungsmittelgesetzes verboten (vgl. Herzig et al., 2019, S. 37). Am 1. Juli 2011 wurde das Viersäulenmodell der Suchtpolitik im Gesetz verankert und zugleich die Möglichkeit geschaffen, verbotene Betäubungsmittel für medizinische Anwendung zu nutzen. Am 1. Oktober 2013 trat das Ordnungsbussenverfahren für Cannabis in Kraft, mit dem der Konsum der Substanz ein Stück weit entkriminalisiert resp. entpönalisiert wurde. Von der Prohibition verschob sich der

---

[10] Die aufgelisteten Konsummotivationen basieren auf Prepeliczay (2016).

Fokus sukzessive in Richtung Prävention und medizinischer Anwendung. Im Sommer 2022 wurde die Substanz dann offiziell zum Medikament: Seit dem 1. August 2022 dürfen Ärzte THC-haltiges Cannabis ohne Sondergenehmigung verschreiben (BAG, 2023a). Ein Jahr davor verabschiedete das Parlament in der Herbstsession der eidgenössischen Bundesversammlung den sogenannten Experimentierartikel. Mit der damit verbundenen Änderung des Betäubungsmittelgesetzes wurde für ein Zeitfenster von zehn Jahren die Durchführung von Pilotversuche möglich. Im Rahmen dieser Pilotversuche kann während zwei bis drei Jahren Cannabis zur nichtmedizinischen Nutzung legal verkauft werden, um diverse Aspekte des nichtmedizinischen Gebrauchs zu erforschen. Der gesetzgebende Akt adressiert eine zunehmend aus der Zeit gefallene Kluft zwischen der rechtlich-institutionellen Realität und der gelebten Alltagsrealität. Cannabiskonsum ist schlichtweg eine gesellschaftliche Alltagsrealität: „In der Schweiz ist [er] weit verbreitet. Ein Drittel der Bevölkerung hat schon einmal Cannabis ausprobiert. 7,6 % der Männer und 3,4 % der Frauen konsumieren regelmässig (innerhalb der letzten sechs Monate). Lediglich 20,8 % der regelmässig Konsumierenden weisen einen problematischen Konsum auf" (Znoj et al., 2020).

Aus der Distanz betrachtet eröffnet der Experimentierartikel ein Zeitfenster zur Vorbereitung der wissenschaftlich fundierten ‚Rehabilitierung' der Substanz Cannabis in einer Variante von sogenanntem *evidence based law making*. Aus der Nähe betrachtet bietet er aber vor allem ein Lehrstück zum Kräftefeld, in dem Forschung vielfach stattfindet. Auf welche Weise die ‚Rehabilitierung' von Cannabis erfolgen wird, ist vor allem Gegenstand des Ringens unterschiedlicher Akteur/-innen Im Vordergrund steht dabei, so möchten wir zeigen, ein impliziter Problemfokus. Der Gesetzesartikel soll Forschung ermöglichen, „Erkenntnisse darüber zu gewinnen, wie sich neue Regelungen auf den Umgang mit diesen Betäubungsmitteln zu nicht medizinischen Zwecken auswirken und wie sich der gesundheitliche Zustand der Teilnehmer entwickelt." Zwar soll also die dadurch ermöglichte Forschung explizit nicht-medizinische Zwecke umfassen, gleichzeitig bleiben die Auswirkungen auf die „physischen und psychische Gesundheit […] sowie […] die Leistungsfähigkeit" ein zentraler Fokus (u. a. neben den Konsumverhalten, sozioökonomischen Aspekten, Drogenmärkten, dem Jugendschutz sowie der öffentlichen Ordnung und Sicherheit; vgl. dazu den Artikel 2 der entsprechenden Verordnung über Pilotversuche nach dem Betäubungsmittelgesetz [BetmV]). Betrachtet man die Rahmenbedingungen, die 2020 für die künftig zu erfolgende Cannabisforschung entwickelt worden sind im Kontext der institutionellen Zuständigkeit, die für die erwähnte Pilotstudien festgeschrieben worden sind, so lässt sich eine Tendenz zur Medikalisierung als auch ein problematisierender Deutungsrahmen erkennen.

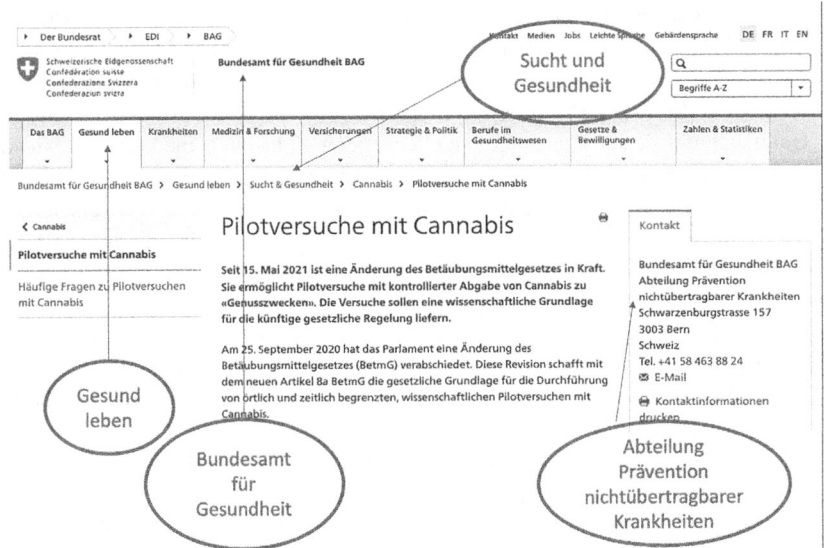

Abb. 2 Medikalisierung durch institutionalisierte Zuständigkeit – das Beispiel der Cannabis-Pilotversuche in der Schweiz. (BAG, 2023b)

Auch für die Pilotversuche ist – wie im Falle der Forschung mit Psychedelika – das BAG die zuständige Bewilligungsinstanz (vgl. BetmG Art. 8a). Auf der Website des Bundesamts sind die Pilotversuche im Bereich „Gesund leben" zu finden. Für die Versuche verantwortlich ist innerhalb des BAG die Abteilung „für nichtübertragbare Krankheiten". Eine gesundheits- und krankheitsorientierte, medizinische Rahmung ist bereits in der institutionellen Verortung der Pilotversuche angelegt (vgl. Abb. 2).

Aber auch die konkreten Ausgestaltungen der einzelnen Pilotstudien zeugen von einer Tendenz zur Medikalisierung (vgl. Elliker & Reichle, 2021). Obschon es explizit um den nichtmedizinischen Gebrauch geht, sind praktisch alle Pilotversuche an der Gesundheitsthematik interessiert und fokussieren v. a. aus medizinischer Perspektive die Frage, ob der Konsum problematischer wird oder nicht. Kaum ein Versuch interessiert sich für die Konsummotive und die gelingenden Konsumrituale, v. a. deshalb, weil das aus medizinischer Sicht nicht im Zentrum steht.[11]

---

[11] Auch dies stellt eine sich aus dem sozialen und diskursiven Kräftefeld ergebende Engführung: Die Pilotversuche der Schweiz bieten beispielsweise unter anderem auch die Möglichkeit zu untersuchen, welche Erwerbssettings resp. Vertriebssysteme sich besonders

Diese Tendenz zur Medikalisierung kommt im Wesentlichen durch zwei Prozesse zustande: einerseits sind es auf Seiten der wissenschaftlichen Untersuchungsteams vorwiegend Forschende der medizinisch und psychologisch orientierten Suchtforschung, die in die Durchführung dieser Pilotversuche involviert sind. Viel der Untersuchungsdesigns und der entsprechenden Forschungsmethoden – wie der vom schweizerischen Konsortium der Pilotversuchsteams ausgearbeitete Fragebogen – sind daher vor allem auf Gesundheitsfragen ausgerichtet. Andererseits sieht die BetmPV vor, dass hinsichtlich gewisser Aspekte die Städte, die lokale Polizei sowie Ärzt/-innen-Institutionen involviert sind. So müssen bspw. die betreffenden Gemeinden die Cannabis-Abgabestellen bewilligen. Da diese Bewilligung zeitlich vor der Gesamtbeurteilung des BAG vorliegen muss, ergibt sich für die entsprechenden Akteur/-innen ein erheblicher Mitentscheidungsspielraum. Die wissenschaftlichen Untersuchungsdesigns entstehen daher auch in Aushandlung mit politischen Akteur/-innen und der jeweiligen lokalen Verwaltung. Aus unserer Arbeit in der schweizerischen Koordinationsgruppe der Forschungsteams der Pilotversuche wissen wir, dass hier nach wie vor die Angst vor möglichen Problemen dominiert und man das Risiko negativer Vorfälle auf ein absolutes Minimum reduzieren will. Die Orientierung der Akteur/-innen, die hier relevant sind, an der etablierten Sucht- und medizinischen Perspektive führt dazu, dass sich über die Mehrheit der gegenwärtig in der Schweiz laufenden und in Planung befindlichen Pilotstudien hinweg die Apotheke als dominantes Erwerbssetting abzeichnet.[12]

Für eines der zwei Pilotprojekte, an denen die Autoren dieses Kapitels beteiligt sind, war zunächst ein Studiendesign mit fünf verschiedene Erwerbssettings für Cannabis zum nicht-medizinischen Gebrauch vorgesehen (u. a. Apotheken, Kioske, Vape Shops und spezialisierte Cannabis-Geschäfte). Der Fokus des Studiendesigns lag nicht primär auf Gesundheitsaspekten, sondern auf der Rahmung der Substanz durch das Erwerbssettings sowie das (Nicht-)Passungsverhältnis unterschiedlicher Erwerbssettings zu den Bedürfnislagen und Lebenssituationen unterschiedlicher Konsumierender resp. Konsumpraktiken. Im Zuge der Verhandlungen mit den lokalen Behörden wurde aber deutlich, dass die Stadtregierung und -verwaltung die lokalen Suchthilfestelle als für den Pilotversuch zuständige Akteurin bestimmt

---

gut eignen als Institutionen, die einem gelingenden Konsum dienlich sind und nicht einen problematischen Konsum fördern. Sie böten zudem die Möglichkeit für eine Untersuchung, welche Erwerbssettings die Leute dazu bewegen, die bereits etablierten Schwarzmarktstrukturen zu verlassen.

[12] Ausnahmen stellen u. a. Genf dar, wo Cannabis in einer Art Cannabinothèque verkauft wird; Zürich, wo neben Apotheken auch sog. Social Clubs als Verkaufsstellen möglich sind; und das Tessin, wo privatwirtschaftliche Abgabestellen geplant sind.

hatte. Diese Wahl zementiert die etablierte institutionalisierte Zuständigkeit, die der Logik der Prävention oder Prohibition folgt. Der Expertise dieser Institution folgend wurde das Studiendesign von der entsprechenden Verwaltungsstelle und den Exekutivpolitiker/-innen hinsichtlich der Abgabenstellen aus Gründen des Gesundheits- und Jugendschutzes nicht akzeptiert und die Bewilligung nur für ein Design erteilt, in welchem die Apotheke die einzige physische Bezugsstelle ist. Das Beispiel zeigt, dass die Ausgestaltung der Studiendesigns für Pilotversuche mit Cannabis letztlich einer gesellschaftspolitischen Logik unterliegen, wonach einerseits Suchtbedenken und Risiken in den Vordergrund geraten (u. a. betreffend die öffentliche Ordnung oder den Jugendschutz) und bei der anderseits die einzigen etablierten Institutionen auf Gemeindeebene, die sich mit bewusstseinserweiternden Substanzen befassen, in der Regel Suchthilfeorganisationen sind – für die Präventionsargumente ausschlaggebend sind. Beides begrenzt letztlich die Forschungsfreiheit entscheidend. In der Apotheke schwingt die Patient/-innen-Rolle stets mit, ist sie doch ein Ort, den man aufgrund gesundheitlicher Beschwerden aufsucht, um Arzneimittel und Beratung zu erhalten. Die Transaktion ist damit medizinisch gerahmt.

3 Schlussbetrachtung

Die diskursive Konstruktion von Psychedelika und Cannabis in der Schweiz hat in den letzten 20 Jahren eine beachtliche Veränderung erfahren. Eine zentrale Rolle für den Wandel der Wahrnehmung unterschiedlicher Substanzen in der Öffentlichkeit spielt die Ausdifferenzierung des medizinisch-psychiatrischen Diskurses. Dieses Kapitel hat einen Überblick über die aktuelle Diskurslage und die damit zusammenhängenden Bedeutungen, die den Substanzen in der Öffentlichkeit zugeschrieben werden, gegeben.

Mit der Einführung des „Betäubungsmittelgesetzes" in den 1920er-Jahren wurde ein spezifischer Blick auf bewusstseinserweiternde Substanzen institutionalisiert, der über längere Phasen die öffentliche Wahrnehmung dominierte. In den Fokus gerieten negative gesundheitliche Auswirkungen auf Körper und Psyche. In diesem Sinne kann von einem psychiatrischen Blick gesprochen werden. Dieser historisch dominante und nach wie vor stark präsente Diskursstrang rahmt psychoaktive Substanzen als gesundheitsgefährdend und risikoreich. Er medikalisiert sie damit auf negative Weise. Entsprechend sind praktisch alle als „Drogen" klassifizierten Substanzen – ungeachtet ihres effektiven Suchtpotenzials – während weiter Teile der vergangenen Jahrzehnte als „Suchtmittel" erforscht und damit grundlegend problematisiert worden. Korrespondierend mit dem dominanten Diskursstrang hat sich – parallel zu Aktivitäten, Akteur/-innen und Netzwerken im illegalen Bereich – ein institutionelles Geflecht an Organisationen entwickelt, deren Zweck v. a. in der Behandlung und Prävention von Sucht besteht.

In letzter Zeit wird der dominante Diskursstrang indes zunehmend irritiert. Während der vergangenen ca. 15 Jahre ist ein weiterer medizinisch-psychiatrischer Diskursstrang hinzugekommen, der dieselben Substanzen als der Gesundheit zuträglich rahmt. Cannabis wird mittlerweile zur Behandlung von Schmerzen verabreicht während Psychedelika zur Therapie von Depressionen, Angststörungen oder Traumata verwendet werden. Dabei knüpfen verschiedene gegenwärtige wissenschaftliche Projekte an die Forschung mit Psychedelika der 1950er- und 1960er-Jahre an.

In den beiden beschriebenen Diskurssträngen werden die betreffenden Substanzen medikalisiert, einmal als schädliche Stoffe und einmal als Heilmittel. Beide Arten der diskursiven Medikalisierung („negativ' wie auch „positiv') sind folgenreich, da sie den „gesellschaftlichen Umgang' mit diesen Substanzen mitbestimmen und auch die gegenwärtige Gebrauchspraxis prägen. In Anbetracht der Vielfalt an Gebrauchsarten und des häufig unproblematischen Konsums kommen sie einer diskursiven Engführung gleich: Die Rezeption des medizinischen Diskurses in öffentlichen Diskursen befördert eine selektive Konstruktion dieser Substanzen, in der zahlreiche alltägliche und teilweise subkulturell geprägte Praktiken, Motivationen und Erlebnisqualitäten nicht aufscheinen. Sowohl der enge Fokus auf medizinische Bedenklichkeit (Sucht- und Präventionsdiskurs) als auch jener auf medizinischen Nutzen (Psychiatriediskurs) erweist sich damit als sehr spezifische soziale Konstruktion der Substanzen und deren gesellschaftlichen Bedeutungsgehalt.

Wir haben weiter gezeigt, dass der medizinisch-psychiatrische Blick auf Psychedelika und Cannabis nicht der einzige ist. Oft wird auch eine legalistische Perspektive angeführt: Weit verbreitet ist z. B. die Argumentation, dass rechtlich als legal klassifizierte Substanzen nicht vergleichbar sind mit illegalen Substanzen – eine Argumentation, die unabhängig vom Schadenspotenzial der Substanzen (das häufig nicht mit der legalen Klassifikation korrespondiert) aufrechterhalten wird. Überhaupt scheint das Schadenspotenzial der betreffenden Substanzen für die gesetzliche Einordnung als Betäubungsmittel nicht zentral zu sein. Vielmehr ist Sucht das entscheidende Kriterium. Der Medikalisierungsdiskurs erscheint damit auch (aber nicht ausschliesslich) als medizinische Legitimierungstheorie dieser moralischen Perspektive auf Sucht. In der Form des sog. Viersäulenmodells der Drogenpolitik (Repression, Schadensminderung, Therapie und Prävention) hat der Diskurs Eingang ins Betäubungsmittelgesetz gefunden. Er strukturiert damit symbolisch und institutionell bedeutsam den institutionellen Umgang mit diesen Substanzen.

Schliesslich haben wir am Beispiel der Pilotversuche zur Erforschung des *nicht* medizinischen Cannabisgebrauchs in der Schweiz gezeigt, wie sich im Zusammenspiel von etablierter Substanzforschung (Drogen- und v. a. Suchtforschung), politischen Akteur/-innen (Stadtverwaltungen und -regierungen) und den dominanten Substanzinstitutionen (Suchthilfe und Suchtprävention, das Bundesamt für Gesundheit) der medizinische-psychiatrische Blick erneut durchsetzt, unter anderem manifest im dominanten Forschungsinteresse vieler Pilotversuche (Gesundheit) und der Ausgestaltung von Abgabe- resp. Bezugsstellen von Cannabis in den meisten Pilotversuchen (als Apotheken). In einem gesellschaftlichen Umfeld, in dem die Legalisierung oder zumindest liberalere gesetzliche Neuregelung des Cannabismarkts zunehmend wahrscheinlich erscheint, taucht in Ergänzung zum wirkungsmächtigen Medizindiskurs ein ebenso etablierter und deutungsmächtiger „Marktwirtschafts"-Diskurs auf. Im Rahmen der Pilotversuche zur Erforschung des *nicht* medizinischen Cannabisgebrauchs wird in der Schweiz mit den Cannabisproduktionsfirmen eine weitere Akteursgruppe relevant, deren Hauptinteresse nicht die Gesundheit der Konsumenten, sondern der ökonomische Profit darstellt. Der Marktwirtschaftsdiskurs lässt in seiner gegenwärtigen neoklassischen Ausrichtung keine Artikulation von anderen als strikt profitorientierten Produktions- und Handelsmodellen zu. Angesichts der ambivalenten und problembehafteten Geschichte der profitorientierten, grossindustriellen Medikamentenentwicklung und -produktion (gewissermassen die institutionalisierte Kombination von Gesundheits- und Profitorientierung) sowie den Praktiken der Tabak- und Alkoholindustrie erscheint auch dieser profitorientierte Fokus als diskursive Engführung – als blinder Flecken in der durch die Pilotversuche prinzipiell ermöglichten, aber kaum realisierten Exploration und Erforschung angemessener Ökonomien bewusstseinsverändernder Substanzen.

Literatur und Quellenverzeichnis

Becker, H. S. (1963). *Outsiders*. The Free Press.
Bröckling, U. (2008). „Vorbeugen ist besser ... Zur Soziologie der Prävention". Behemot. *A Journal on Civilisation* (1):38–48.
Bröckers, M. (2008). Weshalb der Hanf vergessen werden konnte: ein Kapitel Industriegeschichte. In J. Herer (Hrsg.), *Die Wiederentdeckung der Nutzpflanze Hanf, herausgegeben von M. Bröckers* (S. 369–515). Nachtschatten.
Carhart-Harris, Robin L. (2018). „The Entropic Brain – Revisited". *Neuropharmacology 142*:167–78. https://doi.org/10.1016/j.neuropharm.2018.03.010
Comandini, F. (2021). *Psychedelika und Heilung. Zur diskursiven Konstruktion bewusstseinsverändernder Substanzen*. Bachelor-Arbeit, Universität St.Gallen.

Dioun, C. (2017). Making the Medical Marijuna Market. In J. Beckert & M. Dewey (Hrsg.), *The architecture of illegal markets: Towards an economic sociology of illegality in the economy*. Oxford Scholarship Online.

Dollinger, B., & Schmidt-Semisch, H. (2007). „Reflexive Suchtforschung". S. 7–33 in *Sozialwissenschaftliche Suchtforschung*, herausgegeben von B. Dollinger und H. Schmidt-Semisch. Wiesbaden: Springer VS.

Elliker, F., & Reichle, N. (2021). Versuche mit bewusstseinsverändernden Substanzen. Wie Forschung der Gegenwart die Zukunft mitgestaltet. *swissfuture, 03+04*, 7–12.

Faupel, C. E., Weaver, G. S., & Corzine, J. (2014). *The sociology of American drug use* (3. Aufl.). Oxford University Press.

Feustel, R., Schmidt-Semisch, H., & Bröckling, U. (2019). Drogen in sozial- und kulturwissenschaftlicher Perspektive. Eine Einleitung. In R. Feustel, H. Schmidt-Semisch, & U. Bröckling (Hrsg.), *Handbuch Drogen in sozial- und kulturwissenschaftlicher Perspektive* (S. 114). Springer VS.

Geo. (2022). *Rausch hilft heilen*. 78/2022.

Gusfield, J. R. (1986). *Symbolic crusade: Status politics and the American temperance movement* (2. Aufl.). University of Illinois Press.

Herzig, M., Zobel, F., & Cattacin, S. (2019). *Cannabispolitik. Die Fragen, die niemand stellt*. Seismo.

Hirschi, C. (2012). Moderne Eunuchen? Offizielle Experten im 18. und 21. Jahrhundert. In B. Reich, F. Rexroth, & M. Roick (Hrsg.), *Wissen massgeschneidert. Experten und Expertenkulturen im Europa der Vormoderne*. Oldenbourg.

Illich, I. (1972). *Deschooling Society*. Harper & Row.

Illich, I. (1987 [1977]). *Die Nemesis der Medizin*. Rowohlt.

Knoblauch, H. (1993). Vom moralischen Kreuzzug zur Sozialtechnologie. Die Nichtraucherkampagne in Kalifornien. Arbeitspapier Nr. 7 des DFG-Projektes „Formen der kommunikativen Konstruktion von Moral." Konstanz.

Liechti, M. (2019). *Experten-Bericht: Stand und Entwicklungsszenarien in Bezug auf die medizinische Behandlung und klinische Forschung mit Halluzinogenen und MDMA*. Bundesamt für Gesundheit BAG und interessierter Fachgesellschaften/Fachpersonen.

Metzger, J. (2022). Der Trip aus der Depression. *Geo, 78*, 28–39.

Nutt, D. (2012). *Drugs Without the Hot Air. Minimising the Harms of Legal and Illegal Drugs*. UIT. (E-Paper-Ausgabe).

Paracelsus, T. (1538). *Septem Definitiones*. (Zitierte Ausgabe: Theophrast Paracelsus: Werke. Bd. 2, Darmstadt 1965, 508–513). http://www.zeno.org/nid/20009261362. Zugegriffen am 27.04.2023.

Penser La Suisse (2019). Vorwort von Penser La Suisse. In M. Herzig, F. Zobel, & S. Cattacin (Hrsg.), *Cannabispolitik. Die Fragen, die niemand stellt* (S. 7). Seismo.

Pollan, M. (2018). *How to Change Your Mind. What the new science of psychedelics teaches us about consciousness, dying, addiction, depression, and transcendence*. Penguin Press.

Prepeliczay, S. (2016). *Motivationen und Morphologie des Freizeitgebrauchs von Psychedelika (LSD, Psilocybin-Pilze). Eine qualitative Interview-Studie*. Dissertation Universität Bremen. https://nbnresolving.de/urn:nbn:de:gbv:46-00105749-11. Zugegriffen am 04.05.2023.

Prepeliczay, S. (2019). Freizeitgebrauch von LSD und Psilocybin-Pilzen. In R. Feustel, H. Schmidt-Semisch, & U. Bröckling (Hrsg.), *Handbuch Drogen in sozial- und kulturwissenschaftlicher Perspektive* (S. 511–529). Springer VS.
Reinarman, C., Waldorf, D., Murphy, S. B., & Levine, H. G. (1997). The contingent call of the pipe. Bingeing and addiction among heavy cocaine smokers. In C. Reinarman & H. G. Levine (Hrsg.), *Crack in America. Demon drugs and social justice* (S. 77–97). University of California Press.
Rorabaugh, W. J. (2018). *Prohibition: A concise history*. Oxford University Press.
Szasz, T. S. (1978). *Das Ritual der Drogen*. Europaverlag.
Tuggle, J. L., & Holmes, M. D. (1997). Blowing smoke: Status politics and the smoking ban. *Deviant Behavior, 18*, 77–93.
Witzel, A., & Herwig, R. (2012). *The Problem-Centred Interview. Principles and Practice*. SAGE.
Znoj, H., Genrich, G., & Zeller, C. (2020). *Fragebogenstudie: Selbstregulation bei Cannabiskonsum – Zusammenfassender Bericht zuhanden der Öffentlichkeit*. Universität Bern.

Quellen

BAG [Bundesamt für Gesundheit]. (2023a). Medizinische Anwendung von Cannabis. https://www.bag.admin.ch/med-anwendung-cannabis#-976416597. Zugegriffen am 04.05.2023
BAG. (2023b). Pilotversuche mit Cannabis. https://www.bag.admin.ch/bag/de/home/gesund-leben/sucht-und-gesundheit/cannabis/pilotprojekte.html. Zugegriffen am 04.05.2023
Bundesministerium für Gesundheit. (2023). Eigenanbau und Modellversuch – Bundesregierung einigt sich auf Eckpunkte zu Cannabis. https://www.bundesgesundheitsministerium.de/presse/pressemitteilungen/eckpunkte-cannabis-12-04-23.html. Zugegriffen am 25.05.2023
Bundesrat. (2015). Nationale Strategie Sucht 2017–2024. https://www.bag.admin.ch/dam/bag/de/dokumente/nat-gesundheitsstrategien/nationale-strategie-sucht/stategie-sucht.pdf.download.pdf/Nationale%20Strategie%20Sucht.pdf
Clinical Trials. (2023). www.clinical-trials.gov. Zugegriffen am 04.05.2023
Drosner, R. (2021). Schweizer Forschung mit Drogen. Drogen-Experte: „Man durfte hier immer mit Psychedelika forschen". *SRF-Online*. https://www.srf.ch/wissen/gesundheit/schweizer-forschung-mit-drogen-drogen-experte-man-durfte-hier-immer-mit-psychedelika-forschen. Zugegriffen am 04.05.2023
Herzog, V. (2016). Die Ausnahmen für die wissenschaftliche Forschung im Betäubungsmittelgesetz konkretisieren. Parlamentarische Initiative 16.431. https://www.parlament.ch/de/ratsbetrieb/suche-curia-vista/geschaeft?AffairId=20160431. Zugegriffen am 04.05.2023
Jäggi, S. (2017). Eine Urwalddroge für die Grosstadtkinder. *SRF*. https://www.nzz.ch/gesellschaft/ayahuasca-abheben-im-emmental-ld.1423565?reduced=true#:~:text=trinken%20pl%C3%B6tzlich%20Ayahuasca.-,Die%20Sehnsucht%20nach%20einem%20achtsamen%20Leben%20hat%20die%20Drogen%20erreicht,in%20der%20Schweiz%20konsumiert%20wird. Zugegriffen am 04.05.2023
Schmid, B. (2018). Alle trinken plötzlich Ayahuasca. *NZZ*. https://www.nzz.ch/gesellschaft/ayahuasca-abheben-im-emmental-ld.1423565?reduced=true. Zugegriffen am 04.05.2023

SRF. (2022). High und ausgenutzt. Undercover in der Ayahuasca-Sekte. *SRF-Online*. https://www.srf.ch/news/schweiz/ayahuasca-sekte-in-baselland-wie-ein-drogen-guru-in-der-schweiz-nach-anhaengern-fischt. Zugegriffen am 04.05.2023

Gesetze und Verordnungen

Bundesgesetz über die Betäubungsmittel und die psychotropen Stoffe (sog. Betäubungsmittelgesetz (BetmG)). (2022). SR 812.121, Stand vom 1. August 2022. https://www.fedlex.admin.ch/eli/cc/1952/241_241_245/de. Zugegriffen am 04.05.2023

Verordnung über die Betäubungsmittel und die psychotropen Stoffe (sog. Betäubungsmittelgesetz (BetmV)). (2008). SR 812.121.1, Stand vom 12. Dezember 2008. https://www.fedlex.admin.ch/eli/cc/1996/1679_1679_1679/de. Zugegriffen am 04.05.2023

Teil IV
Mikrosoziologische Fallstudien zu Konstruktionen und Selbstzuschreibungen psychiatrischer Diagnosen

In der soziologischen Tradition der Analysen psychiatrischer, psychosozialer und psychotherapeutischer Praxis nehmen mikrosoziologische Studien einen prominenten Platz ein. Dabei finden sich unterschiedliche methodologische Zugänge: (1) hermeneutisch-interpretative Studien, die die subjektiven Sichtweisen und Perspektiven der Patientinnen und Patienten, der Fachkräfte und wissenschaftlicher Expertinnen und Experten analysieren sowie die Prozesse der Krankheitsbearbeitung und die Auswirkungen der gesundheitlichen Beeinträchtigungen auf Selbstbild und die Gestaltung sozialer Beziehungen im Leben mit der Krankheit rekonstruieren; (2) ethnografische Zugänge, die zeigen, wie Betroffene und Professionelle den Umgang mit psychischen Beeinträchtigungen in Alltag, Beruf und im Versorgungssystem „managen", wie sie mit Stigmatisierung und sozialem Ausschluss umgehen und wie sich institutionelle „Karrieren" der Betroffenen in ihren jeweiligen sozialen Kontexten entwickeln; (3) ethnomethodologische und konversationsanalytische Studien, die in Aushandlungsprozessen über Diagnosen die Mikroprozesse der Ko-Konstruktionen von Patientinnen und Patienten und Fachkräften analysieren, in denen sich der interaktive Prozess der Herstellung sozialer Wirklichkeit zeigt; darüber hinaus zeigen sie wie es zu einem „Framing" der durch die jeweiligen (Ver-)Störungen bedingten Problemlagen kommt und wie dadurch die alltäglichen Lebensvollzüge und Selbstdeutungen beeinflusst werden.

Eine Gemeinsamkeit der auf so unterschiedlichen Theorien (z. B. Symbolischer Interaktionismus, Ethnomethodologie), Methodologien (z. B. Grounded Theory, Konversationsanalyse), Erhebungs- (z. B. biografische Interviews, teilnehmende Beobachtung, Aktenanalyse) und Analyseverfahren basierenden Studien liegt in ihrem Fokus auf den (inter-)subjektiven Konstruktionen, die sich in retrospektiven wie aktuellen Deutungen, Selbstpositionierungen und Weltsichten der befragten Personen in ihren Lebenswelten niederschlagen und wie derartige soziale Konstruktionen auf Krankheitskarrieren, soziale Beziehungen und die weitere Lebensgestaltung einwirken.

Die hier vertretenen vier Beiträge folgen dieser Tradition des „Interpretativen Paradigmas" (Wilson, 1970) und greifen das Thema psychiatrischer bzw. psychosomatischer Diagnosen aus unterschiedlichen Perspektiven auf. Damit liefern sie weitere exemplarische Mosaiksteine zu einem vertieften und umfassenderen Verständnis der Wirkungen der psychiatrischen Wissensordnung auf die gesellschaftliche Wahrnehmung seelischer Krisen und auf veränderte Subjektivierungsprozesse. Dabei zeichnen sie die Rolle psychiatrischer Zuschreibungen bei der (Neu-)Konstruktion und einer damit verbundenen Pathologisierung immer weiterer und neuer sozialer Verhaltensweisen nach. Die empirischen Studien rekonstruieren darüber hinaus Prozesse, mit denen soziale Probleme durch Medikalisierung und Individualisierung dem gesellschaftlichen Diskurs entzogen und an Expertinnen und Experten delegiert werden, aber auch wie Betroffene eigenaktiv mit psychiatrischen Diagnosen umgehen und ihr Leben mit psychischen Beeinträchtigungen gestalten.

Karina Korecky geht in ihrer Studie den subjektivierenden Effekten psychiatrischer Diagnosen und Behandlungen von Menschen mit langjähriger Psychiatrieerfahrung nach. Anhand narrativer Interviews zu prägenden Erfahrungen wie Aufnahme in die Klinik, Hospitalisierung und Therapieverläufen sowie der unterschiedlichen Formen des idiosynkratischen Umgangs mit der Diagnose „psychisch krank"/„psychische Krankheit" arbeitet die Korecky heraus, wie diese Erfahrungen das Selbstbild, die Gestaltung sozialer Beziehungen, die Auseinandersetzung mit den Symptomen und die Zukunftsperspektiven der befragten Personen strukturieren. Die Studie zeigt, auf welche Weise sich die Betroffenen die Diagnosen für ihre Auseinandersetzung mit ihrer Krankheit aneignen und für ihre biografische Selbstverortung in der Welt und für die Lebensführung unter erschwerten Bedingungen nutzen. Dabei gewinnt Korecky weiterführende Einsichten zu Prozessen des Arrangements im Leben mit der Krankheit und zur Selbstpositionierung im sozialen Feld. Am Ende ihres Beitrags thematisiert die Autorin die Auswirkungen Sozialer Repräsentationen psychischer Krankheit auf Selbstwahrnehmung und Lebensentwürfe, auf die Wahrnehmung durch Andere und Formen der sozialen Einbindung und verweist damit auf gesellschaftlich verankerte Stereotypisierungen mit denen die Betroffenen konfrontiert sind.

Der Beitrag von **Ernst von Kardorff** und **Stefan Dreßke** thematisiert zunächst Aushandlungsprozesse bei der Diagnose von Schmerzerkrankungen in der psychosomatischen Akutklinik zwischen somatischer und psychiatrischer Klassifikation und deren Auswirkungen auf die Lebensbewältigungsstrategien und die soziale (Selbst-) Verortung der Patientinnen und Patienten; dabei werden Formen einer aktiven strategischen Nutzung der Diagnosen für das Neuarrangement familiärer und beruflicher Rollendefinitionen im Leben mit bedingter Gesundheit sichtbar. Anschließend wird anhand einer Studie zur psychosomatischen Rehabilitation gezeigt, dass es den Patientinnen und Patienten zwar zunächst und vordergründig um die Linderung ihrer konkreten Beschwerden geht; eine vertiefte Analyse von Interviews zeigt weitergehend, dass für die Mehrzahl der Betroffenen jedoch die Klärung und Bearbeitung von Lebensproblemen im Mittelpunkt steht, die sich aus aufgeschichteten biografischen (Fehl-)Entscheidungen, kritischen Lebensereignissen und besonderen Lebenssituationen wie etwa der Pflege Angehöriger ergeben, die von den Befragten für die psychosomatischen Beschwerden verantwortlich gemacht werden; daraus folgt, dass die Irritationen des Lebens durch die Krankheit bzw. Störung Herausforderungen für die Lebensbewältigung mit sich bringen, die weit über eine medizinische oder psychologische Symptomkontrolle hinausgehen und zu einem überwiegenden Teil auf einen sozialpädagogischen und beruflichen Unterstützungsbedarf verweisen.

Die beiden nachfolgenden Beiträge zu *Orthorexia nervosa* und zu *ADHS* zeigen, wie psychiatrische Zuschreibungen einerseits gesellschaftlichen Konjunkturen folgen, andererseits Probleme aufgreifen, die im Bildungssystem und in der Arbeitswelt bedeutsam sind und bei denen es fraglich ist, ob eine individualisierende sei es medizinisch-psychiatrische Behandlungsstrategie oder psychologische Techniken – von ihrer Wirksamkeit und Behandlungsnotwendigkeit im Einzelfall einmal abgesehen – nicht zu einer fatalen Pathologisierung und Individualisierung säkularer Entwicklungstrends beitragen und eine Auseinandersetzung über gesellschaftliche Rahmenbedingungen (z. B. Erwartungen, institutionelle Arrangements, Interessen der Gesundheitswirtschaft, etc.) und die psychosozialen und gesellschaftlichen Folgen einer psychiatrischer Krankheitszuschreibung vorzeitig schließen.

Alison Fixsen, Anna Cheshire und **Panagiota Tragantzopoulou** untersuchen in ihrem Beitrag das in modernen Überflussgesellschaften relativ neue Phänomen von Gruppen, für die gesunde und „richtige" Ernährung aus individuell ganz unterschiedlichen Gründen und Motivlagen zu einem prägenden Element ihrer Lebensführung geworden ist; dabei wird ihre ganze Aufmerksamkeit und psychische Energie beansprucht und kann in ihrer Rigidität auch zu psychischen und körperlichen Schäden führen. Anstatt dieses Phänomen etwa allein als Reaktion auf „healthistische" gesellschaftliche Diskurse und Praktiken über gesundheitliche Selbstverantwortung und -optimierung zu sehen, wird es, wie die Autorinnen zeigen, zunehmend als individuelle Psychopathologie mit der Diagnose „Orthorexie" verkrankt und auf die damit verbundenen und teilweise behandlungsbedürftigen psychischen und körperlichen Folgen reduziert. Auf der Grundlage von vier Befragungsstudien mit Betroffenen und ärztlichen, psychotherapeutischen und sozialpädagogischen Fachkräften analysiert der Beitrag die sozialen und kulturellen

Hintergründe der Bewegung und hier besonders die Rolle der Sozialen Medien und des sozialen und familiären Umfelds. In der Studie zeigen sich zwei Gruppen: die „Identifiers" und diejenigen die dem Healthismus-Diskurs und den Werbestrategien von Nahrungsmittelanbietern folgen. Beide sehen sich einem starken Gruppendruck ausgesetzt, der über die in den Sozialen Medien vermittelten Körperideale noch verstärkt wird. Damit wird deutlich, dass es sich bei dem als Orthorexie bezeichneten Ernährungsverhalten nicht allein um isolierte individuelle Entscheidungen, sondern um ein kollektives Phänomen handelt, das nicht zuletzt als Ausdruck eines zunehmenden „Health-Consumerism" gedeutet werden kann.

Dominik Robin und **Fabian Karsch** beleuchten das Zusammenspiel zwischen ärztlichen und pädagogischen Deutungsmustern zu ADHS bei Schulkindern. Während beide Deutungsmuster („Entwicklungsstörung", „neurobiologische Erkrankung", „mangelnde Impulskontrolle" im Medizinischen im Gegensatz zu „Lernschwierigkeiten") im Erziehungsalltag der Schule miteinander interagieren, setzt sich letztlich die medizinische Deutungshoheit durch. Ärztinnen und Ärzte sind auf die Identifikation der im Unterricht und beim Lernerfolg störenden Verhaltensweisen seitens der Pädagogik angewiesen und deuten diese im Anschluss daran als Ausdruck zugrunde liegender organischer Störungen, auch wenn sie durchaus verstärkende Bedingungen des sozialen Umfeldes einbeziehen. Insofern stellt das *Grenzobjekt* (Bowker & Leigh Star, 2000) ADHS einen komplexen, aber asymmetrischen Prozess der Ko-Konstruktion auf der Grundlage unterschiedlicher Wissensordnungen dar: Die Ergebnisse der Online-Befragung ärztlicher und pädagogischer Expertinnen und Experten zeigen folgendes Bild: während die Pädagogik ADHS teils auf individuelle Defizite, teils auf Erziehungsprobleme und ungünstige Lernarrangements aber auch auf besondere Qualitäten der überwiegend männlichen Schüler wie Sensibilität und Kreativität (Ressourcenmodell) zurechnet, sehen die Pädagoginnen und Pädagogen ADHS im Schulalltag dennoch als medizinisch oder psychotherapeutisch behandlungsbedürftiges Phänomen und ratifizieren damit wiederum die medizinische Deutungshoheit. Mit der Schlüsselrolle, die das Lehrpersonal bei der Problemidentifikation und der diagnostischen Zuschreibung spielt, sind auch soziale Selektionsprozesse verbunden, die soziale Ungleichheit und Bildungsbenachteiligung zementieren.

Literatur

Bowker, G. C., & Star, S. L. (2000). *Sorting things out: Classification and its consequences*. MIT Press.

Wilson, T. P. (1970). Normative and interpretive paradigms in sociology. In J. D. Douglas (Hrsg.), *Understanding everyday life: Towards a reconstruction of sociological knowledge* (S. 57–70). Aldine Publishing.

"Psychische Krankheit" und Subjektivierung im Wandel – ein Forschungsbericht

Karina Korecky

1 Grenzverschiebungen zwischen „normal" und „pathologisch"

Mit der Umstrukturierung und Auflösung der psychiatrischen Anstalten nach dem Zweiten Weltkrieg im Zuge der Psychiatriereformen hat die Schwelle zwischen Psychiatrie und Gesellschaft neue Formen angenommen. Die vormals räumlich abgegrenzte Institution diffundierte in die Gemeinden, in Gestalt von Wohnheimen, ambulanten, psychosozialen Diensten oder Werkstätten für Menschen mit Behinderungen. Auch die Objekte des Handelns der Institution, psychische Krankheiten und als psychisch krank Diagnostizierte, fanden einen neuen gesellschaftlichen Platz. Parallel zu ihrer sozialen Integration öffnete sich das Normale für die einst klar davon unterschiedene Pathologie: Seit der ersten soziologischen Diagnose dieser Entwicklung Ende der 1960er-Jahre (u. a. Rieff, 1966) lassen sich immer wieder unter neuen Bedingungen eine „Psychiatrisierung des Alltags" (Castel et al., 1979), die „Allgegenwart des therapeutischen Ethos" (Illouz, 2008, S. 35) und eine „Pathologisierung und Verkrankung des Normalen" (von Kardorff, 2016, S. 278) beschreiben. Die Soziologie geht dem Eindruck nach, dass Alltagsleben und Psychiatrie zunehmend miteinander verflochten sind (vgl. Rose, 2019, S. 1).

Die ersten Anzeichen dieser Verflechtung lassen sich bereits zu Beginn des 20. Jahrhunderts ausmachen (vgl. Lunbeck, 1994), als die Psychiatrie begann ihre Zuständigkeit von Kranken und Ausgeschlossenen auf die sogenannten Normalen auszudehnen.

K. Korecky (✉)
Universitätsmedizin Göttingen, Göttingen, Deutschland
E-Mail: karina.korecky@med.uni-goettingen.de

© Der/die Autor(en), exklusiv lizenziert an Springer Fachmedien Wiesbaden GmbH, ein Teil von Springer Nature 2025
E. von Kardorff et al. (Hrsg.), *Zur Gesellschaft der verletzten Seelen*,
https://doi.org/10.1007/978-3-658-47031-9_10

Diese Bewegung wurde möglich, weil psychische Normalität ihre realexistierende normative Kraft verloren hat, sie war zur „Idealfiktion" (Freud, 1937, S. 80) geworden. Der Erkenntnis, dass „jeder Normale eben nur durchschnittlich normal [ist]" (ebd.), sich in unterschiedlichen Graden der Pathologie nähert und umgekehrt, entsprachen allerdings immer drastischere sozialpolitische und medizinische Mittel der Aufrechterhaltung dieser Grenze. Der Schock über die nationalsozialistischen Krankenmorde machte nach dem Zweiten Weltkrieg Krankheit und Gesundheit endgültig zu politischen Themen von soziologischem Interesse (vgl. Gerhardt, 1989, S. XXIV) und legte eine Problematisierung von „Normalität" und Norm nahe. Beobachtbar war dabei neben der Aufweichung der Schwelle, insbesondere mit der salutogenetischen Wende der 1970er- und 1980er-Jahre, eine Umkehrung des Verhältnisses von „krank" und „gesund": Nachdem sich das soziale Interesse von der Krankheit als Abweichung vom Normalzustand hin zur Erhaltung und Herstellung von psychischer Gesundheit (Prävention, Resilienz) verschob, ließ sich annehmen, dass Gesundheit nicht mehr fraglos vorausgesetzt werden kann. In einer Gesellschaft, die sich insgesamt als krisenhaft, traumatisiert und mit dem Bedarf nach Resilienz wahrnimmt (vgl. Brunner, 2014), wird Gesundheit zur prekären Kategorie und ihre Gleichsetzung mit „Normalität" fragwürdig. „Psychische Krankheit" wird in diesem Zusammenhang „normaler" und alltäglicher, für Betroffene aber zeitgleich auch unerträglicher, wie die sich seit den 1980ern durchsetzende Kritik von Psychiatrie-Erfahrenen am Begriff „krank" anzeigt (vgl. u. a. Alternative Liste, 1981; Millett, 2007; zur Relativierung des Krankheitsbegriffs im psychiatrischen Diskurs siehe Schramme, 2012). Die gegenseitige Durchdringung von „gesund" und „krank" scheint ihre Gegensätzlichkeit, und die damit verbundenen Wertungen, nicht aufzuheben, jedoch neu zu bestimmen.

Dem historischen Wandel der Institution Psychiatrie zum einen und der soziologischen Analyse ihrer subjektivierenden Effekte zum anderen widmeten sich zwei Forschungsprojekte,[1] auf denen der vorliegende Beitrag aufbaut. Dargestellt werden hier ausgewählte Ergebnisse der Auswertung narrativer Interviews mit Psychiatrie-Erfahrenen, die Selbstwahrnehmungen und -deutungen im Kontext von Psychiatrieerfahrung erhoben haben. Die an die Interviewerzählungen gerichtete Frage war, wie Befragte die mit Diagnose und Hospitalisierung einhergehenden Zweifel von Gesellschaft, Umfeld und Familie an ihren Subjektqualitäten – der Fähigkeit einer Person zu

---

[1] „Aufarbeitung und Dokumentation der Geschichte der Menschen mit Behinderungen und psychischen Erkrankungen in Einrichtungen des Landschaftsverbands Rheinland seit 1945", Heinrich-Heine-Universität Düsseldorf, Laufzeit 2011–2014, gefördert durch den Landschaftsverband Rheinland. „Psychiatrie und Subjektivität im Wandel. Erfahrungen ehemaliger PatientInnen in bundesdeutschen psychiatrischen Kliniken seit 1970", Albert-Ludwigs-Universität Freiburg, Laufzeit 2017–2021, gefördert durch die Deutsche Forschungsgemeinschaft.

Selbstdisziplin, Selbstsorge und vernünftiger, produktiver Teilnahme am Sozialleben – wahrnehmen und wie sie sich dazu verhalten. Während der Auswertung kristallisierten sich drei Themenfelder der Erzählungen heraus, auf denen prononciert Probleme der Subjektivierung verhandelt werden: Die *Selbstbeschreibung als „krank"*, die *Beziehung zu Behandelnden* und das *Verhältnis zur Medikation*. Die Erzählenden positionieren sich dabei erstens in Relation zur sich selbst als soziale Wesen, zweitens in Relation zu denjenigen, die ihnen dabei helfen sollen, die Beschädigung des Subjekts rückgängig oder zumindest handhabbar zu machen, und drittens in Relation zu den bedeutendsten Heilmitteln der Psychiatrie, die als Objekte vielgestaltige symbolische Bedeutungen annehmen können. Mittels der subjektiven Perspektiven der Erzählenden wurden Subjektivierungsweisen Psychiatrie-Erfahrener herausgearbeitet, wobei Subjektivierung als relationale Positionierung im sozialen „Kraftfeld" (Bröckling, 2012, S. 132) des Subjekts verstanden wird. Diese Positionierungen von Psychiatrie-Erfahrenen werfen wiederum Licht auf den Wandel der sozialen Rolle der Institution Psychiatrie sowie auf die gesellschaftliche Ausgestaltung, oder gar Aufhebung, der Differenz von psychischer Normalität und Krankheit.

Im Folgenden werden nach einer Darstellung der Eckdaten der empirischen Erhebungen (Abschn. 2) Teilresultate der noch laufenden Ergebnissicherung vorgestellt und diskutiert: Die wichtigsten Ergebnisse der Interpretation von Selbstdeutungen Psychiatrie-Erfahrener als „krank" bzw. ihrer Zurückweisung des Krankheitsbegriffs (Abschn. 3), werden anhand eines Fallbeispiels vertieft (Abschn. 3.1) und von dort aus Quervergleiche mit anderen Erzählungen des Datenkorpus' angestellt (Abschn. 3.2). Dabei geht es darum, die individuellen Herausforderungen, die mit der Zuschreibung „krank" verbunden sind und die Komplexität des narrativ repräsentierten Verhältnisses dazu zu beschreiben. Anschließend werden die Interpretationsergebnisse zu Subjektpositionen verdichtet (Abschn. 4), deren Diskussion schließlich in den Kontext der soziologischen Befunde einer Neugestaltung der Schwelle zwischen psychiatrischer Institution und Gesellschaft eingebettet wird. Ein besonderes Augenmerk richtet sich dabei auf den Wandel der sozialen und inhaltlichen Bedeutung des Krankheitsbegriffs (Abschn. 5).

2 Eckdaten der Erhebungen

Im ersten Forschungsprojekt stand die Dokumentation historischer Erfahrung, die Zeitzeugenschaft der Befragten im Mittelpunkt, im zweiten die subjekttheoretische Interpretation der individuellen Erfahrungen in und mit psychiatrischen Einrichtungen. Der Unterschied zwischen Oral History und qualitativer Interviewforschung besteht weniger in der methodischen Durchführung, als im Forschungsinteresse und damit in dem, was den Befragten als zentraler Fokus der Zuhörenden vermittelt wird: ihre Erinnerungen oder ihre Gegenwart. In beiden Studien wurden, auch zur Gewährleistung der Vergleichbarkeit, in der Interviewsituation ähnlich strukturierte Leitfäden und derselbe Erzählimpuls verwendet, der eine Aufforderung zur Schilderung eines Werdegangs, darstellt: „Wie kam es, dass Sie mit der Psychiatrie in Berührung gekommen sind?" Denkbar wären auch Fragen nach dem „Warum" der Psychiatrie im Leben der befragten Person, oder nach ihrer „Rolle" gewesen, oder, abstrakt und Meinung abfragend, „was gibt es aus Ihrer Sicht zur Psychiatrie zu sagen?" Der lebensgeschichtliche Charakter der Erzählaufforderung hat aber den Vorteil den Befragten zu Beginn vertraute Erzählmuster anzubieten, nämlich die eigene Geschichte entlang einer Zeitlinie, die von der Vergangenheit in die Gegenwart führt, zu berichten, und zudem die interessierende Erfahrung von Psychiatrie eng an die Erlebnisse der Befragten zu koppeln. Die Erzählenden blicken von einer Position relativer psychischer und sozialer Stabilität zurück auf die Erfahrungen von Verrücktheit und Klinik, die indirekt in eine Gesamtdarstellung ihrer Person gegenüber den Interviewenden, eingeordnet werden.

In den zwei genannten Forschungsprojekten wurden zwischen 2012 und 2018 in zwei Erhebungen insgesamt 37 teil-narrative, Leitfaden-gestützte Interviews mit 34 Interviewpartner:innen durchgeführt, die im Rheinland, in Berlin sowie in Baden-Württemberg leben und meist mehrfach sowie im Laufe mehrere Jahre als Patient:innen in psychiatrischen Kliniken waren oder die in unterschiedlichem Ausmaß von gemeindepsychiatrischen Einrichtungen betreut werden. Der Kontakt zu den Interviewpartner:innen kam mehrheitlich über Mailings an sozial- und gemeindepsychiatrische Einrichtungen und Selbsthilfeorganisationen in den genannten Regionen zustande. Beim Sampling wurde auf eine ungefähre Gleichverteilung von Frauen und Männern geachtet, auf eine Balance von Großstadt, Kleinstädten und Landgemeinden, sowie auf eine einigermaßen ausgeglichene Verteilung von Erstkontakten über die Jahrzehnte seit den 1960er-Jahren. Die Interviewten waren zum Zeitpunkt des Interviews zwischen 20 und 80 Jahre alt, der Median lag zwischen Mitte 50 und 60 Jahren, das heißt die Mehrheit der Befragten blickte von der beginnenden dritten Lebensphase auf ihre Erfahrungen zurück. Die Forscher:innen haben weder in den Aufrufen zur Gewinnung von Interviewpartner:innen, noch während der Interviews selbst nach Diagnosen gefragt. Es stellte sich heraus, dass das Setting – Ansprache von mehrheitlich Klient:innen sozial- und gemeindepsychiatrischer Einrichtungen – einen Schwerpunkt auf das Kernklientel der Psychiatrie legte und damit diejenigen, die ihre Umgebung vor die größten Herausforderungen stellen, nämlich Menschen mit Psychoseerfahrungen. Die Interviewführung folgte den Regeln des sparsamen Nachfragens, um den Erzählenden größtmöglichen Raum für die ihnen wichtigen Themen einzuräumen (vgl. Helfferich, 2021). Die Interviews wurden bis auf Ausnahmen von zwei Interviewer:innen geführt und digital aufgezeichnet. Sie fanden in Privatwohnungen, betreuenden

Einrichtungen und an den Universitäten der Interviewenr:innen statt und dauerten zwischen einer und drei, im Schnitt anderthalb Stunden. Ihre Transkription wurde von dritter Seite angefertigt. Grob- und Feinanalysen der Interviewtranskripte wurden auf Grundlage der Arbeiten von Lucius-Hoene und Deppermann zur Rekonstruktion narrativer Identität (2004) sowie auf der daran anknüpfenden Agency-Analyse (Bethmann et al., 2012) durchgeführt. Die Auswertung stützte sich in den Grobanalysen auf Qualitative Data Analysis-Software, vor allem aber auf die Mitarbeit von Kolleg:innen und Studierenden, die im Rahmen von studentischer Mitarbeit und Studienprojekten an Interpretationsgruppen teilnahmen, und – entweder auf Grundlage anonymisierter Interviewpassagen oder zur Verschwiegenheit verpflichtet – eigene Analysen durchführten.

3 „Psychische Krankheit" in Selbstbeschreibungen von Betroffenen

Die Selbstbezeichnung „(psychisch) krank" wurde von den erzählenden Betroffenen nicht leichtfertig angenommen, zurückgewiesen oder unterlaufen. Sie bezeichneten den Grund für ihre Begegnung mit der Institution Psychiatrie keinesfalls selbstredend mit „Krankheit", genauso wenig, wie „Krankheit" in den ausgewerteten Interviewerzählungen schlicht verworfen wurde. Für das, was ihnen widerfuhr, suchten sie mittels komplizierter, narrativer Konstruktionen nach adäquaten Formulierungen, wobei sie das medizinische Vokabular selten umstandslos übernahmen. So kam beispielsweise der in der diagnostischen Nomenklatur allgegenwärtige Begriff „Störung" in keinem einzigen Interview vor. Aber auch der alltagssprachliche Gebrauch „ich bin (wurde) krank" oder „(m)eine Krankheit" war keine fraglos nahe liegende Wortwahl, wenn es um die Charakterisierung psychischer Vorkommnisse ging, wie bereits oberflächliche Vergleiche zwischen der Selbstverständlichkeit, mit der in Interviewerzählungen thematisierte physische Beeinträchtigungen als Krankheiten benannt wurden, und den bedachten Abwägungen bzw. Problematisierungen der Bezeichnungen psychischer Zustände zeigen. Manche Interviewte vermieden „krank" und seine Wortfamilie bewusst und wählten Stellvertreter („Problematik", „Krise"), in anderen Formulierungen wurden Substantive und entsprechende Adjektive gänzlich umgangen („es" ist geschehen). In wieder anderen Interviews wurde die Bezeichnung dagegen zögernd oder auch nachdrücklich akzeptiert, oder die psychiatrische Sprache übernommen und adaptiert, etwa mittels Wendungen ins alltägliche Vokabular (z. B. „mit Angst zu tun haben" statt „Angststörung"). Kurz, es deutete sich bereits in den Grobanalysen der Interviewerzählungen an, dass „Krankheit" nicht nur mehrere inhaltliche

Bedeutungen annimmt, sondern vor allem ein Zentrum der Selbstwahrnehmung und -darstellung und damit der sozialen Positionierung bildete: Wer man wurde und *ist*, als erzähltes und erzählendes Ich, das den Interviewenden als soziales Wesen und Gesellschaftsmitglied gegenübertritt, wurde maßgeblich durch die Antworten auf die oft unausgesprochen präsente Frage *Bin ich (psychisch) krank?* bestimmt.

In der feinanalytischen Auswertung und im Quervergleich wurde in einem ersten Schritt eine Gruppierung der Interviewerzählungen anhand der Nutzung des Krankheitsbegriffs vorgenommen (rund dreimal mehr Interviewte bezeichnen sich in unterschiedlichen Weisen als „krank" als Interviewte, die das nicht tun), zweitens ein Tableau der Sinngehalte von „Krankheit" erarbeitet (die sich widersprechende Bedeutungsdimensionen aufweist) und drittens die narrativen Verhaltensweisen zu den Sinngehalten beschrieben (Hervorhebungen, Verschiebungen, Strategien der Annahme, Zurückweisung und Veruneindeutigung).

Dabei wurde deutlich, dass Krankheit eine Subjektposition bezeichnete. Im Vordergrund der Interviewerzählungen standen weniger Beschreibungen von Wahnerleben und emotionaler Not, als vielmehr Berichte über familiäre und gesellschaftliche Reaktionen, Klinikerfahrungen und Lebenssituationen. Das Wort „krank" fiel kaum im Kontext der spärlichen Schilderungen von Verrücktheit, dafür aber umso mehr in der semantischen Nachbarschaft der Darstellung sozialer Beziehungen. Damit verwies es nur entfernt auf das psychische Leiden selbst, sondern vielmehr auf seine subjektivierenden Effekte. Hierin liegt ein Unterschied zu anderen, sozialpsychologischen, ethnologischen, kognitions- und gesundheitswissenschaftlichen Studien der letzten Jahrzehnte zu subjektiven Krankheitstheorien,[2] Krankheitsverständnissen oder Krankheitskonzepten,[3] in deren Rahmen „Krankheit" eindeutig dem medizinischen Feld angehört, wenn es darauf auch individuelle, soziale, geschlechtlich oder kulturell differente Perspektiven geben kann. Krankheit, das zeigte die Interviewauswertung, markiert auch in der Selbstwahrnehmung – nicht nur in der soziologischen Meta-Perspektive seit Parsons – eine soziale Position.

---

[2] Für einen Überblick zu Forschungstraditionen und Forschungsstand siehe Faltermaier und Brütt (2009).

[3] Zum Krankheitsverständnis in der Psychiatrie siehe z. B. Leferink (1997, S. 209), zu Krankheitskonzepten Linden (1985).

3.1 „Krankheit" als Erkenntnis. Ein Beispiel aus der Auswertung

Das folgende Beispiel gehört zu den drei Interviewerzählungen des Datenkorpus, in denen „Krankheit" als entlastend und erleichternd gebraucht wurde. Damit stellt es eine Ausnahme dar, denn in den allermeisten Erzählungen auch derjenigen, die den Krankheitsbegriff oder seine Wortfamilie gebrauchten, hatte „krank" für die Erzählenden erkennbar problematische Konnotationen. Aber gerade die Form der Betonung von „Krankheit", die in der Beispielerzählung vorgenommen wird, bildet einen brauchbaren kontrastiven Ausgangspunkt für die Diskussion der Bedeutungen von „krank" im restlichen Interviewmaterial.

Im Unterschied zu einem Großteil der anderen Interviews war der Inhalt der Erzählung von Kerstin Jakumeit*:[4] von der Schilderung der psychischen Verfassung der Erzählerin dominiert, die vergleichsweise detailliert von Zwangsgedanken berichtete, von „Drohungen", „Anklage", Bestrafung und der „Hölle", in der sie lebte (Z. 25–34). In anderen Interviewerzählungen wurden Inhalte verrückter Wahrnehmung zögerlich, manchmal trotz Nachfrage gar nicht erzählt. Es handelt sich dabei um einen hochgradig intimen Bereich, der im psychiatrischen Rahmen üblicherweise rasch und ohne größere Aufmerksamkeit für eine individuelle Ausgestaltung und seine Erzählmodi, unter diagnostische Formeln subsumiert wird.[5] Bei dieser Subsumption verschwinden die spezifischen Aspekte des jeweiligen psychischen Erlebens hinter der Diagnose. Für die psychiatrische Praxis ist es zudem oft unerheblich, ob die Betroffenen ihre innere Welt mit der diagnostischen Klassifikation in Einklang bringen oder nicht. Von ihnen wird im Allgemeinen Einsicht in eine Erkenntnis gefordert, die nicht ihre eigene ist. Diagnostik ist eine Handlung des Arztes und der Ärztin und wurde bis dato nur ausnahmsweise vom Trend des *shared decision makings* erfasst.[6] Aber auch Betroffene selbst haben Gründe für den Gebrauch diagnostischen Vokabulars. Gerhard Riemann beobachtete, dass psychiatrische Termini in biografischen Erzählungen oft die Funktion haben, den individuell verschiedenen, höchst privaten Inhalt verzerrter emotionaler und kognitiver

---

[4] Interview Kerstin Jakumeit* (Int13), 48:26 min, Berlin, 18.06.2018. Direkte Zitate aus dem Transkript erfolgen unter Angabe der Zeilennummer. Namen* und andere potenziell identifizierenden Informationen in den Interviewerzählungen wurden pseudonymisiert.

[5] Siehe etwa Leferinks Beispiel „eines Patienten mit Schizophrenie, der für den letzten Besuch bei seiner Nervenärztin ein enttäuschendes Fazit zieht: «Ich erzähl' der was von Stalin – und die schreibt auf ‚Psychose'.»" (2013, S. 262).

[6] Leferink schlägt alternativ eine „entdeckende Diagnostik" vor, die „eigentlich eine Leistung des Probanden" wäre (2013, S. 280).

Wahrnehmung zu schützen: „Gerade für die *persönlichsten* Erlebnisse, die man mit keinem anderen teilt, werden dann *anonymisierende* professionelle Kategorien gebraucht" (Riemann, 1987, S. 412. Hervorhebung i. O.). „Krankheit" im Allgemeinen stellt einen weiteren Abstraktionsschritt dar, der aus den Kategorien der Medizin ins Soziale führt und auf diesem Weg sich von der jeweiligen inneren Welt fast vollständig zu lösen scheint. In der Erzählung von Kerstin Jakumeit stand das konkrete Wahnerleben im Zentrum ihrer berichteten Erfahrung und alle Themenstränge der Erzählung, wie z. B. die Erfahrungen in und mit Kliniken, in gemeindepsychiatrischen Einrichtungen, mit Betreuenden, bei der Arbeit und im Studium, wurden dazu in Relation gesetzt. Es gelang Jakumeit, den Krankheitsbegriff zu gebrauchen, ohne damit die von ihr beschriebenen innerpsychischen Vorgänge dadurch unkenntlich werden zu lassen. Das ist möglich, weil „Krankheit" am Ende des in der Erzählung performativ nachvollzogenen Erkenntnisprozesses stand, nicht am Anfang. Der Form nach war die Erzählung von sprunghaft erscheinenden Assoziationen geprägt, die sich nach dem ersten Interpretationsschritt als in einen Erzählbogen eingefügt erwiesen, der bei Nicht-Wissen seinen Ausgang nahm, eine dramatische Aufschichtung von Ereignissen passierte und in Wissen mündete: „Jetzt weiß ich" (Z. 612) bildet das Ende des Interviews. Die Aneignung psychiatrischer Begriffe (Psychose, Verfolgungswahn) sowie der „Krankheit" im Rahmen des gewonnenen Wissens hob die Interviewerzählung deutlich von anderen ab.

Im ersten Satz der Erzählung wurde das Geschehen mit dem Pronomen „es" als unpersönliches Subjekt bezeichnet („also es ist 2000 passiert", Z. 3), und erhielt am Schluss des Interviews einen Namen: Verfolgungswahn. Kerstin Jakumeit gebrauchte diesen und andere psychiatrische Begriffe allerdings nicht als beschützende Abkürzung oder als Unterwerfung unter machtvolle Definitionen des eigenen Selbst oder als Partizipation an medizinischer Vernunft, sondern als Erkenntnis am Ende eines Prozesses, der hinter diesen Termini sichtbar bleibt, wie die Schlusspassage des Interviews zeigte:

I: Mh. Ja, dann frag' ich zum Schluss ob Ihnen noch Aspekte einfallen die wir in unserem Gespräch jetzt NICHT behandelt haben, die Ihnen aber noch wichtig erscheinen.
EP: Mh. (5) Nee das ist- das das Schlimmste hab' ich Ihnen gesagt, dass dass dass ich eben Verfolgungswahn hatte. /mhm/Das war so- das war echt schlimm. Wenn ich einkaufen ging, da hatt' ich äh's Gefühl, dass dass jeder mich äh anmachte oder äh dass ich die die Schmerzen/mhm/von den anderen übernehmen müss- müsste. /mhm/Jetzt weiß ich das sind meine eigenen Schmerzen. /mhm/ (10) Dass ich überhaupt darüber reden kann das ist schon-/mhm/das war schon 'ne Arbeit/mhm/das äh- dank meines Psychologen. (8) Ja,

Die Erzählerin hatte sich dazu entschieden, vom „Schlimmsten" zu sprechen, was ihr im Laufe des Interviews auch erhebliche Mühe bereitete (erkennbar an akustischen Signalen der Anstrengung wie seufzen, stöhnen und lautes Ausatmen). Bevor sie das Wort „Verfolgungswahn" aussprach, setzte sie dreimal an („dass dass dass"). Nach der Charakterisierung des Geschehens mittels Statusprädikat („das war echt schlimm"), präzisierte sie im Anschluss was sie mit „Verfolgungswahn" meinte. Die bereits an früheren Stellen des Interviews geschilderten Gefühle der Verantwortung für das Leiden anderer und der Umstand im Zentrum der Aufmerksamkeit ihr fremder Personen zu stehen (bis hin zur Aufmerksamkeit der AutorInnen von Büchern, die sie las), wurden hier, trotzdem der „Verfolgungswahn" bereits benannt wurde, wieder aufgerufen. Die Erzählerin hätte den „Verfolgungswahn" als selbsterklärend stehen lassen können, aber sie entschied sich für eine Spezifikation des für sie damit verbundenen Sinns. Diese Passage endete mit dem Wechsel vom Präteritum ins Präsens: „Jetzt weiß ich das sind meine eigenen Schmerzen." Die Zeit des erzählten Ichs nähert sich jener des erzählenden, das deiktische „jetzt" markierte die zeitliche Position der Sprecherin (vgl. Lucius-Hoene & Deppermann, 2004, S. 222). Ein Tempuswechsel in die Gegenwart verweist auf einen Wechsel zur re-inszenierenden Perspektive (vgl. Lucius-Hoene & Deppermann, 2004, S. 117) und zeigte hier den Erkenntnisgewinn an, der im Interview nacherzählt wurde: Die vermeintlichen Schmerzen der anderen sind *meine*. Diese Inbesitznahme ihrer eigenen Gefühle war für die Erzählerin ein bedeutender Schritt auf dem Weg zu mehr Wohlbefinden, und Resultat harter Arbeit.

Der Gebrauch des Krankheitsbegriffs nahm im Interview eine ähnliche Form an. Zu Beginn sprach die Erzählerin nicht von „Krankheit", sondern sie fasste die Veränderung ihrer Wahrnehmung zusammen als „Leidensgeschichte" (Z. 26). Im Laufe des Interviews verwandelte sich das „Leid" in mehreren Schritten in eine „Krankheit", zunächst über eine Abgrenzung. In der folgenden Passage berichtete die Erzählerin, dass sie einen ersten Kontakt zu einem Psychiater abgebrochen hatte, weil sie ihre wahnhafte Wahrnehmung behalten wollte:

EP: Deswegen bin ich nicht [hingegangen. Wär' wär']
I: [Sie sind gar nicht hingegangen.]
EP: gut gewesen ((lachend) wenn/ja/ich's getan hätte,)/ja/aber ähm ja; hätt' ich mir wahrscheinlich ((leicht lachend) viel Leid er-)aber s- ich konnt' das das nicht SEhen. Ich konnte- ich ich war nicht krankheitseinsichtig. Ich hab' das nicht als Krankheit s- sondern als etwas Besonderes empfunden.

Das erzählende Ich kommentierte, evaluierte in erzählerisch-berichtender Form, dass sich das erzählte Ich „viel Leid" [vermutlich: ersparen] hätte können, hätte es *gesehen*. Der jahrelange, langwierige Prozess der Entwicklung des Sehens, wurde rückblickend zeitlich gerafft, inhaltlich zusammengefasst und unter dem in der Gegenwart und im Moment der Erzählung zentralen Aspekt, bewertet. Damals hat die Erzählerin „das nicht als Krankheit empfunden", denn – das weiß man aus der Eingangspassage – die telepathischen Kontakte zu einem bekannten deutschen Sänger versprachen Schutz und Auszeichnung: „Das" war „etwas Besonderes", d. h. außergewöhnlich, für sich stehend, ausnehmend gut,[7] während die Krankheit das Gegenteil davon meinte. Antonyme zu „besonders" sind normal, gewöhnlich, banal, langweilig – womit ein uninteressantes Defizit, ein Mangel, bestenfalls Durchschnittlichkeit beschrieben ist. Ich fragte an dieser Stelle im Interview nach, wann sich die Position der Erzählerin „dazu" änderte und sie antwortete, dass dies damit zu tun hatte, dass es ihr „immer schlechter ging" (Z. 204). Der Schutz der bekannten Persönlichkeit verwandelte sich in Drohungen und die Anforderungen an die Gedankenkontrolle wurden unerfüllbar. Ab diesem Moment wurden die interpretativen Angebote psychiatrischer Einrichtungen, die der Erzählerin bereits vorher bekannt waren, die sie jedoch ablehnte, insofern interessant, als sie ihr ein brauchbares Instrumentarium im Ringen mit den inneren Mächten boten. In einer betont im Präsens (dreimal „jetzt") gehaltenen Beschreibung ihrer aktuellen psychischen Verfassung betonte Frau Jakumeit, dass es ihr mittlerweile viel besser gehe:

> Ich kann jetzt Gedanken einfach DURCHlassen. /mhm/Ich korrigiere sie jetzt/mhm/ nicht mehr. /mhm/Ich lass/mhm/jetzt einfach durch.spiepr Par22

Einen Klinikaufenthalt schilderte die Erzählerin als hilfreich, da sie dort nicht nur die Einzelbetreuung eines gemeindepsychiatrischen Trägers vermittelt bekam, sondern auch lernte, ihre Erfahrung mit einer psychiatrischen Bezeichnung zu verknüpfen: „Ich wusste nicht dass ich Ps- Psychosen hatte" (Z. 304). Die damit verbundene Gewöhnlichkeit, Durchschnittlichkeit, Normalität, zunächst noch holprig angesteuert, eröffnete Handlungsmöglichkeiten und Wissen darüber, „was man gegen diese Psychosen tun kann" (Z. 306). Im Kontext dieser Lernerfahrung bot der vormals zurückgewiesene Krankheitsbegriff Erleichterung, weil er mit anderen Betroffenen eine Verbindung herstellte und darüber der Bezeichnung mehr Gewicht verlieh. Für die Erzählerin war es „schön zu sehen, dass ich nicht die einzigste bin die jetzt das- das 'ne- wirklich 'ne Krankheit ist." (Z. 420–422). Die Vergleichbarkeit von „Psychosen" erlaubte das Teilen der Erfahrung mit anderen, machte aus dem Besonderen zwar Banales, aber auch Ernstes und Reales: „wirklich" eine Krankheit. Zugleich blieben trotz des adoptierten Krankheitsbegriffs, ähnlich wie

---

[7] Vgl. die Wortfeldanalyse im Digitalen Wörterbuch der deutschen Sprache, https://www.dwds.de/wb/besonders, Abruf am 01.08.2021.

oben anhand des „Verfolgungswahns" beschrieben, die individuellen Züge des Leidens von Frau Jakumeit in der Erzählung erhalten. Hypothetisch ließe sich daraus schließen: Die Erkenntnis wird ein psychischer Gewinn, wenn ihre Genese bewusst bleibt. Kerstin Jakumeit konnte an einem gewissen Punkt „sehen" (Z. 420), dass das „es" der Anfang einer Krankheit ist, wobei sie darunter keine äußere Entität verstand, die einen Überfall auf ihr Bewusstsein oder ihre Gefühle verübte, sondern zwar reale („wirklich"), aber eigene, schmerzhafte, psychische Produktion. Wie zu sehen war, kam im Prozess der Anerkennung des Eigenen, die in dieser Erzählung mit der Annahme des Krankheitsbegriffs verbunden war, zwar ein Psychologe vor (Z. 615), aber im Wesentlichen wurde die Erkenntnis als Einsicht im Sinne von Gedanken, Offenbarung oder Einfall, nicht im Sinne von Einsehen oder Einverständnis, beschrieben: Kein Glaube an einen Arzt, keine durch Machtverhältnisse erzwungene Akzeptanz der Diagnose, sondern Wissen qua eigener Arbeit. „Krankheit" ging in dieser Erzählung mit Agency einher, mit Verantwortungsübernahme, nicht mit der Verlagerung des Ursprungs des Leidens nach außen. Diese Verantwortungsübernahme manifestiert esich weniger in Aktivität als darin, Dinge *nicht* zu tun. Gedanken wurden „durchgelassen", statt „korrigiert". Der Freiheitsgewinn der Erzählerin bestand in der Aufhebung der Kontrolle, im Unterlassen.

3.2 Quervergleiche „Krankheit"

Im Datenkorpus gibt es zwei weitere Interviews, in denen „krank" als Entlastung fungierte. In diesen Erzählungen ging „Krankheit" narrativ allerdings weniger mit Selbsterkenntnis einher, als mit einer sozialen Schutzfunktion, die Rückzugsräume und solidargemeinschaftliche Unterstützung ermöglichte. In der Mehrheit der Erzählungen (13 Interviews), in denen der Krankheitsbegriff gebraucht wurde, hatte er entweder ausschließlich degradierende Effekte (4 Interviews), die abgelehnt wurden, oder Erzählende referierten auf die für sie entlastenden Momente, bei gleichzeitiger Zurückweisung der sozialen und familiären Abwertung, die mit „psychisch krank" einherging (9 Interviews). In einer dritten Gruppe von Erzählungen (9 Interviews), in denen der Krankheitsbegriff gebraucht wurde, fand sich die Bedeutung von „Krankheit" als Teil der eigenen Identität und als – auch ironisch gebrochene – Gruppenzugehörigkeit, beispielsweise im, heute veralteten „wir psychisch Kranke" der Selbsthilfe.

Die Erzählung von Kerstin Jakumeit hob sich hinsichtlich des Gewinns, den „Krankheit" für die Erzählende im Moment des Berichtens darstellt, deutlich von den anderen Interviewerzählungen des Datenkorpus ab. Eine Erklärung für die Position von Frau Jakumeit könnte sein, dass ihre soziale Lage sich als weniger bedrückend als die von anderen Interviewten darstellte. Der Erzählerin stand aufgrund der Unterhaltszahlung ihres geschiedenen Mannes monatlich ein, verglichen mit anderen Interviewten höheres Einkommen zur Verfügung, das unabhängig von ihrem Krankenstatus war. Sie hatte Kontakt zu ihrem erwachsenen Sohn, einen neuen Partner und ging ihren Hobbies nach. Sie lebte alleine in einer (kleinen) Wohnung. Etwa die Hälfte aller Interviewten (16 Personen) warenhingegen, was ihre Wohnsituation betraf, unmittelbar von gemeindepsychiatrischen Trägern abhängig, andere wurden in eigenen Wohnungen sozialarbeiterisch betreut. Träger und Betreuende forderten die Akzeptanz bestimmter Regeln ein (etwa: kein Alkohol, kein Cannabis-Konsum, regelmäßige Einnahme von Medikamenten) und ihr Engagement hing vom Krankenstatus bzw. einem festzustellenden Betreuungsbedarf der Betroffenen ab. Diese Erzählenden wurden von ihrer unmittelbaren Umgebung als (ehemalige) „Kranke" adressiert, während in der Erzählung von Frau Jakumeit die degradierenden Aspekte dieser Adressierung keine Rolle spielten, da sie über den sozialen Raum verfügte, sich anders, aufgrund eigener Erkenntnisse und daher freier, zum Krankheitsbegriff zu verhalten. Im Kontext der vorliegenden Erhebung verweist dieses Beispiel auf den Zusammenhang von sozialer Lage und Selbstverortung als „krank".[8]

Im Großteil der anderen Interviewerzählungen wurden der Krankheitsbegriff und seine Wortfamilie entweder deutlich ambivalenter oder negativer als im hier geschilderten Beispiel gebraucht. Eine Gruppe von Erzählenden (4 Interviews) lehnte „Krankheit" rundheraus ab, ohne allerdings das eigene psychische Leiden zu verschweigen, ganz im Gegenteil. Diese Erzählungen zeigten, dass die Alternative zu „krank" nicht „gesund" oder „normal" lautet, sondern eine Bandbreite von Termini, Formulierungen und Erzählstilen umfasst, die als Versuche verstanden werden können Leiden zu verbalisieren ohne auf die sinnstiftenden Angebote psychiatrischen Denkens zurückzugreifen oder gar Urteil und Strafe hinzunehmen. In diesen Erzählungen wurde die Definitionsmacht der Psychiatrie über das eigene Selbst zurückgewiesen und die Totalität der Krankheit als Grundlage gesellschaftlichen Ausschlusses kritisiert. In einer weiteren Gruppe von Interviewerzählungen (4 Interviews) war der Krankheitsbegriff ebenfalls abwesend, aber aus anderen Gründen: In zwei Erzählungen hatte die Abwesenheit ihre Ursache offenbar im gesellschaftlichen Diskurs um Sucht und in zwei weiteren Erzählungen zeigte sich eine derart starke Dominanz der psychiatrischen Anstalt über die berichteten Lebensläufe, dass die Differenz zwischen

---

[8] Siehe auch das von Sue Estroff geschilderte Beispiel eines Psychiatriepatienten und Studienteilnehmers, dessen Familie sich entschied, nicht mehr mit ihm zusammen zu leben und ihn damit „in eine andere soziale Welt zwang, in der andere Kategorien und Regeln für den Personenstatus gelten" (Estroff et al. 1997, S. 110). Die qualitative und quantitative Studie von Estroff et al. belegt, dass es einen signifikanten Zusammenhang zwischen der Selbstwahrnehmung als „krank" und ethnischer Herkunft, Geschlecht und Familienstand gibt.

krank und gesund, drinnen und draußen, für die Erzählenden keine entscheidende Rolle spielte. Sie waren im sozialen Sinne derart „krank", dass das Kranksein mangels einer Kontrastfolie in den Erzählungen nicht verhandelt wurde.[9] Darin waren sie einer anderen Gruppe von Erzählungen (3 Interviews) ähnlich, in denen „krank" ebenfalls fraglos gesetzt war, allerdings durchaus und selbstverständlich als Begriff verwendet wurde. Dabei handelte es sich um Erzählungen von Personen, die als Jugendliche diagnostiziert oder in eine Klinik bzw. Anstalt eingewiesen worden waren (mit 11 oder 12, mit 15 und mit 18 Jahren), d. h. sie waren bereits „krank" erwachsen geworden. In diesen Erzählungen wurde „krank" weder angeeignet, noch als diskriminierend zurückgewiesen. Der Begriff und seine Wortfamilie erschienen als schlicht gegeben, daher zunächst neutral, und die Konflikte, um die sich die Erzählungen drehten, hatten mit der erfahrenen Behandlung als Kranke zu tun, jedoch nichts mit der Krankheit oder dem Kranksein selbst. „Krank" markierte darin keine Wendung auf der Ebene von Selbstbild oder sozialer Position, weder zum Besseren noch zum Schlechteren und man kann vermuten, dass die narrative Gleichgültigkeit dem Begriff gegenüber daher stammte, dass die reale Entsprechung von „nicht-krank", geschweige denn „gesund" im Leben der Erzählenden gar nicht vorkam. Die Entgegensetzung von krank und gesund wurde in beiden Fällen zugunsten der Krankheit (sowohl narrativ repräsentiert als auch in der fehlenden Repräsentation) aufgelöst.

4 Subjektpositionen: Zusammenfassung der Ergebnisse

Auf Basis der Interviewauswertung zeichnen sich drei soziale Bedeutungsdimensionen „psychischer Krankheit" ab: Krankheit *entlastet* (Selbsterkenntnis, sozialer Schutz), sie *degradiert* (Verlust, Ausschluss) und sie *identifiziert* (Merkmal, Zugehörigkeit). Diese drei Bedeutungsdimensionen ähneln jenen von Claudine Herzlich, die in den

---

[9] Das erinnert an Goffmans Beschreibung des demoralisierenden Effekts der Anstalt, die „eine Art kosmopolitische Weisheit, eine Apathie hinsichtlich des eigenen bürgerlichen Status" (Goffman 1973, S. 163) hervorbringt. Gemeint war damit das Resultat der konstanten Überprüfung von Fehlverhalten und Fortschritten, die zu „einer besonderen Form der Anpassung" führte, „die nicht gerade als eine moralische Auffassung von Ich-Idealen anzusprechen ist" (ebd., S. 162). Die Bedingungen der Anstalt erzeugten die Annahme eines fluktuierenden, dezentrierten, von äußeren Faktoren abhängigen Selbst, das auch erleichternde Effekte kannte, nämlich wenn Patient:innen ihr soziales Ansehen aufgrund seiner Instabilität und Unkontrollierbarkeit begann gleichgültig zu werden. Auf den Gegenstand der „Krankheit" als Selbstbeschreibung übertragen, kann man annehmen, dass eine völlig unwichtige oder aussichtslose Bemühung um die Selbstdarstellung als „normal und gesund", auch die Selbstwahrnehmung als „krank" unwahrscheinlicher werden lässt.

1960er-Jahren im alltagsweltlichen Diskurs von Krankheit als sozialer Repräsentation ebenfalls drei Momente ausgemacht hat: Krankheit als „Destruktion" der sozialen Position, Krankheit als „Befreiung" von den Anforderungen dieser sozialen Position, sowie Krankheit als „Aufgabe", die sich als Herausforderung und als Prozess permanenter Anpassung darstellt (vgl. Herzlich, 1969).[10] Obwohl die hier beschriebenen Sinngehalte auf ähnliche Weise zusammengefasst werden, gebrauche ich andere Begriffe, die besser auf den Kontext der psychischen Krankheiten passen und die den Prozess der Annäherung von Normalität und Pathologie reflektieren. Während „Destruktion" Vernichtung oder Verwüstung meint, wird mit der „Degradierung" zwar auch der Strafcharakter der Zuschreibung erfasst, aber der Bruch mit dem Subjektstatus ist nicht vollständig (siehe Goffmans „spoiled identity", 1963). Der Subjektstatus, lässt sich daraus folgern, wird Degradierten nicht komplett entzogen, sondern er wird sowohl ausgesetzt als auch eingefordert: „Der Wahnsinnige ist bestimmt ein Gleicher, aber ein heruntergekommener Gleicher, ein Degenerierter" (Ehrenberg, 2004, S. 34). Aufgehoben werden die Vorteile der Subjektivierung, nämlich als unauffälliges, über sein Leben mehr oder weniger bestimmendes und daher vertrauenswürdiges Mitglied der Gesellschaft zu gelten. Erhalten bleiben jedoch die Ansprüche an Disziplin und Kontrolle, denen auch als „psychisch krank" Verstandene unterliegen, die sich in die Patientenrolle dergestalt selbstbestimmt fügen sollen, dass sie als verantwortliche PartnerInnen im Behandlungsprozess adressiert werden können. Dementsprechend wird auch die spiegelverkehrte Bedeutung von Krankheit hier nicht als „Befreiung" verstanden, d. h. als Erlösung oder Errettung, sondern als „Entlastung", womit die Abnahme von Arbeit und Verantwortung gemeint ist, aber nur eines Teils davon. Der Subjektstatus wird hier ebenfalls sowohl suspendiert als auch adressiert, denn der oder die Kranke gilt als schuldunfähig und daher gesellschaftlicher Pflichten ledig, aber zugleich wird er oder sie aufgefordert, an der Beendigung dieses Zustands mitzuarbeiten. Die Bezeichnung „Aufgabe", die Herzlich mit Blick auf die chronischen körperlichen Krankheiten gebrauchte, passt hingegen auf die dritte Bedeutungsdimension der psychischen Krankheiten, wie sie sich aus der Interpretation des Datenmaterials ergibt. Die Entlastung durch die Aufgabe besteht darin, dass sich die „Krankheit" dabei von einer potenziellen Wesenseigenschaft der Betroffenen, die mal verurteilt, mal bedauert wird, die sich aber auf alle Fälle zu verändern hat, in etwas dem Subjekt scheinbar neutral Gegenüberstehendes verwandelt, sei es als „Beruf" (wie das in einem Interview genannt wird) oder als „meine Erkrankung" (wie in einigen Interviews die äußere Entität markiert wird). Diese dritte Bedeutungsdimension von Krankheit hat einen indirekt entlastenden Effekt für Betroffene, der allerdings einen Preis kennt, nämlich den Aufruf zur aktiven Identi-

---

[10] Flick übersetzte Herzlichs „maladie-métier" mit „Krankheit als Aufgabe" (Flick 1998, S. 22).

fikation bzw. dazu, sich Krankheit immer wieder neu anzueignen. Sie kann daher auch als Variante der Degradierung verstanden werden, jedoch mit dem Unterschied, dass sie die Möglichkeit von sozialer Teilhabe *mit* Krankheit beinhaltet. Darin ist die Krankheit entweder weitestgehend losgelöst von der Person gedacht (als äußere Entität, die einen Überfall verübt) bzw. hat mit ihr kaum etwas zu tun (gesellschaftliche Bilder von Sucht) oder ist so sehr mit ihr verwoben (z. B. durch frühe Diagnose oder durch die Dominanz der psychiatrischen Institutionen über den Lebenslauf), dass die Differenz zu Gesundheit und Normalität fast aufgehoben scheint. „Psychische Krankheit" ist hier eine mal selbst gewählte, mal selbstevidente Aufgabe, ein Identifikationsangebot, das unabhängig von den jeweiligen Reaktionen und Positionierungen dazu als Aufforderung bestehen bleibt – eine Art Verstetigung des Krankseins, da es sein Gegenteil, das Gesundwerden nicht gibt. Gänzlich neutral wird „Krankheit" dabei also nicht, sie behält ihren appellativen Charakter. In derjenigen Erzählung, in der von Krankheit als Beruf berichtet wurde, wurden beispielsweise „Motivationsschwierigkeiten" angesprochen und in Erzählungen, in denen die Krankheit die Form einer äußeren Entität annahm, bereitete sie Probleme, sie ins eigene Leben zu integrieren oder sie störte die Beendigung einer Ausbildung. Krankheit als Aufgabe entlastet, weil sie dem Subjekt äußerlich bleibt, sie degradiert hingegen, weil das davon eventuell innerlich befreite Subjekt auf sie bezogen bleibt. Diese Position lässt sich als Subjekt unter permanentem Verdacht beschreiben.

Keine dieser Subjektpositionen – das degradierte, entlastete oder verdächtige Subjekt – wurde von den Erzählenden tatsächlich narrativ *eingenommen*. Vielmehr bildeten diese Positionen Flucht- oder Abstoßungspunkte für die erzählerische Verhandlung der eigenen Person, ihrer Erfahrungen und ihres gesellschaftlichen Status' hinsichtlich der „Krankheit". Sie standen in keinem gleichmäßigen, geometrischen Verhältnis zueinander, was sich an den narrativen Formen ablesen ließ, mittels derer die Erzählenden sich den Subjektpositionen näherten oder sich von ihnen zu entfernen suchten. Eine der im Datenkorpus entdeckten narrativen Strategien der Abwehr von Degradierung bestand beispielsweise im argumentativen Appell an den sozialen Schutzraum, der Kranken gewährt werden sollte, der aber in den Erfahrungen der Erzählenden ganz und gar nicht selbstverständlich gewährt wurde. Die häufigere narrative Strategie der Zurückweisung von Krankheit als Degradierung bestand aber, wie sie auch im Beispiel der Interviewerzählung von Kerstin Jakumeit zum Tragen kommt, in der szenischen Erzählform, die die Handlungs- und Erlebensperspektive gerade nicht verallgemeinerte, sondern qua direkter Rede und anderen expressiven Sprechformen re-inszenierte. Ihr kommunikatives Ziel war nicht die Überzeugung der Zuhörenden mit Hilfe von Argumenten, sondern die Einladung zum Miterleben (vgl. Lucius-Hoene & Deppermann, 2004, S. 146). Passagen in Interviewerzählungen, in denen „krank" auf eine längst gestellte und akzeptierte Aufgabe verwies, zeichneten sich hingegen durch berichtende und chronologische Erzählstile aus, die Ereignisse kategorisierend verarbeiteten oder als zeitliche Aufeinanderfolge aufzählten.

5 Subjekt und „psychische Krankheit" im Wandel: Diskussion

In den 1990er-Jahren trat die Psychiatriereform in Deutschland aus dem Stadium der Experimente und Modelle heraus in das der Festigung neuer regelhafter Strukturen und Routinen psychosozialer Versorgung (vgl. zur Nieden & Korecky, 2018). Mit dem vermehrten psychiatrischen Interesse an der subjektiven Perspektive Betroffener und dem wachsenden Einfluss der besser vernetzten Selbsthilfeorganisationen, bahnte sich im Feld der Psychiatrie ein „subjektorientierter Paradigmenwechsel" (Brückner, 2015, S. 144) an. Innerhalb der Institution wurde aus dem idealtypischen passiven Patienten der Anstalt der weitestgehend selbstbestimmte Nutzer und die Nutzerin psychiatrischer Angebote, deren fallweise Zwangsbehandlung zunehmend problematisiert wurde. Im gesellschaftlichen Diskurs zeichnete sich ein Wandel vom qua Krankheit Beschädigten zum kreativen Individuum ab, das die Anforderungen moderner Subjektivität nicht nur trotz, sondern sogar wegen seiner Krankheit erfüllte. Alain Ehrenberg machte diesen Übergang vom defizitären Kranken zum Partner und Individuum in den 1980er-Jahren am Auftauchen der Figur des hochfunktionalen Autisten fest, dessen Krankheit zur Begabung wird: Er war nicht nur krank, sondern verfügte über „verborgenes Potenzial" (Ehrenberg, 2019, S. 83). Vom neuen Blick auf den Autismus aus, kulturindustriell breit das erste Mal verarbeitet im Film *Rain Man* (USA, 1988), wurden nach und nach mehr psychiatrische Diagnosegruppen vom Feld der Krankheit und Behinderung in das von Lebensstilen und -weisen verschoben: „Das verborgene Potenzial ist die soziale Form, mittels derer Verhaltensgestörte, Kranke oder Behinderte zu modernen Individuen geworden sind (zu Subjekten, wenn man einen Hang zur Philosophie hat), indem sie sich von den totalen Institutionen als Bezugspunkte frei gemacht haben. Genauer gesagt, es ist die soziale Form, mittels derer sie als Individuen instituiert werden" (Ehrenberg, 2019, S. 86). Ehrenberg sah im Übrigen eine Parallele zwischen der sozialen Form des verborgenen Potenzials einst psychisch Kranker und den Paradigmen der kognitiven und sozialen Neurowissenschaften (Plastizität und Lernfähigkeit, neuronale Resonanz, Einzigartigkeit individueller Gehirne), die beide der Ausweitung des gesellschaftlichen Ideals der Autonomie auf breite Bevölkerungsgruppen entsprachen, wobei sich die Autonomie dabei nicht mehr an Vernunft und Willenskraft bewies, sondern an Originalität und Unternehmergeist. Die vormals bemitleideten Kranken wurden zwar nicht „normal" im Sinne von unauffällig, konventionell oder gewöhnlich, aber ihre vergleichsweise spektakulären Symptome wurden nun als dem Imperativ unverwechselbarer Kreativität gehorchend wahrgenommen, der zum Merkmal spätmoderner Subjektivierung geworden war (vgl. Bröckling, 2007, S. 152–179; Reckwitz, 2012). Damit wurd zwar der seit der Romantik interessierende Zusammenhang von Wahnsinn und Genie, Kunst und Krankheit, aktualisiert, aber die soziale Figur des verborgenen Potenzials meinte nicht bloß die Anerkennung denkbarer konkreter, künstlerischer Leistungen (wie das z. B. in der Diskussion um Hölderlins in beginnender Umnachtung verfasste Werke der Fall ist), sondern wurde Vehikel einer Ästhetisierung einst beschädigter Subjektivität selbst. Das für Betroffene aber genau die umgekehrte Bewertung von „Krankheit", nämlich ihre Vergleichbarkeit, Schlichtheit, Nüchternheit und Glanzlosigkeit, befreiend sein kann, zeigt das diskutierte Beispiel des Interviews mit Kerstin Jakumeit.

Diese Entwicklung einer diskursiven Lockerung der starren Polarität von Krankheit und Gesundheit erklärt zum einen die Relativierung des normativen Gehalts der „Krankheit", wie sie seit der Kritik von Betroffenenbewegung und Antipsychiatrie beobachtet werden kann, die sich auch in der psychiatrischen Debatte um „Krankheit" (vgl. Heinz, 2014) niederschlägt. Psychiatrische Forschung interessiert sich primär für spezifische Krankheiten, aber auch *die* Krankheit war stets Gegenstand der Überlegungen praktizierender Psychiater, da damit ein Moment und Zustand markiert wird, der die Zuständigkeit der Psychiatrie als sozialer Institution aufruft: „*Der Begriff der Geisteskrankheit* (wie er ist, nicht wie er sein soll) *ist eben kein medizinischer, sondern ein sozialer.* Geisteskrankheiten sind ursprünglich Abweichungen von der geistigen Norm, die ihren Träger sozial untüchtig machen oder ihm erhebliche Schwierigkeiten bereiten" (Bleuler, 1921, S. 54, Hervorhebung i. O.). Bleuler, Schöpfer der Diagnose Schizophrenie, benannte das Äquivalent des sozialen Konzepts Geisteskrankheit in einer Fußnote mit „Anstaltsbedürftigkeit" (ebd.). Ist Krankheit aber keine Untüchtigkeit und Schwierigkeit mehr, sondern Verweis auf ein individuierendes, verborgenes Potenzial – und haben sich die abgelegenen Anstalten in gemeindenahe Einrichtungen sowie mobile, aufsuchende, stationsäquivalente Behandlungsteams verwandelt – ist die Psychiatrie nicht mehr zuständig für die paternalistische Heilung von Krankheit, sondern für die kooperative Organisation des Genesungsprozesses als Leben mit größerer psychischer Vulnerabilität.

Man könnte meinen, dass ein solches psychiatrische Selbstverständnis Stigmatisierung mildert und zum Abbau von Hierarchien beiträgt. Studien zur öffentlichen Einstellung gegenüber der Institution und der von ihr Behandelten zeigen jedoch, dass sich in den westlichen Ländern seit 1990 zwar die Akzeptanz gegenüber den psychiatrischen Kliniken erhöht hat, die Haltungen gegenüber Personen mit psychischen Krankheiten allerdings gleich distanziert geblieben sind, und sich im Fall der Diagnose Schizophrenie sogar deutlich verschlechtert haben (vgl. Schomerus et al., 2012). Die Wahrnehmung von Krankheit als Begabung findet ihren Platz außerhalb des sozialpsychiatrischen Kontexts offenbar eher in kulturellen Repräsentationen wie Filmen, Büchern und sozialen Medien als im persönlichen Nahbereich und am Arbeitsplatz. Das könnte darin begründet sein, dass „Krankheit" als Aufgabe, wie oben gezeigt, die Bedeutungsdimensionen der Entlastung und der Degradierung nicht aufhebt, sondern genau genommen eine spezifische Art ihrer Verknüpfung darstellt, die beide Pole beibehält. Sie ermöglicht eine zumindest teilweise gesellschaftliche Integration, aber nur *als* Kranke bzw. Diagnostizierte. Die Auswertung der Interviewerzählungen legt daher eine paradox erscheinende Schlussfolgerung nahe: die Differenz zwischen psychischer Krankheit und Gesundheit, Abweichung und Normalität, wird sowohl schwächer als auch stärker. Die Schwelle wandelt sich von der festen Grenze mit klar definierten Übergängen zur semipermeablen Membran, die durchlässig und unpassierbar zugleich ist.

Ihre Durchlässigkeit besteht in der moralischen Relativierung psychischer Krankheit, die einer Forderung der Betroffenenbewegung entspricht; ihre Unpassierbarkeit und Trennschärfe manifestiert sich in der Kehrseite des Identifikationsangebots „psychische Krankheit". Der Untertitel einer Studie von Riemann aus dem Jahr 1984 legt nahe, dass die Feststellung „psychischer Krankheit" zu einer „übermächtigen Theorie" betreffend „das eigene Selbst" geworden ist. Das Identifikationsangebot besteht demgegenüber darin, die abwertende Fremdzuschreibung abzuwehren, positiv zu besetzen („verborgenes Potenzial") und sich anzueignen. Das erlaubt zwar soziale Teilhabe, bringt aber eine Verinnerlichung der Zuschreibung und eine Erneuerung der Differenz mit sich. Auf Basis von Krankheit Identität zu gewinnen, heißt das psychische Leiden zum eigenen Wesen erklären zu müssen, das Kontinuität und Konsistenz der Person stiften soll. Wie die totale Institution in den Analysen Goffmans nach innen die Grenzen zwischen getrennten Bereichen von Privatleben, Arbeit und Öffentlichkeit aufhebt (vgl. 1973) und die Grenzen von Anstalt und Außenwelt schärft, nimmt die „Krankheit", Bezeichnung der Differenz, Besitz vom gesamten Individuum und definiert es qua Identität. Dieser Umstand erklärt, warum die Verhandlung der Frage *Bin ich (psychisch) krank?* überhaupt Medium der Subjektdarstellung sein kann (und nicht nur z. B. die Qualität und den Schweregrad psychischer Krisen oder die Notwendigkeit ihrer ärztlichen Behandlung auslotet). Das Angebot der Individuierung qua Krankheit ist der Appell, dieselbe zur Grundlage der Person zu erklären, und ihr damit nicht mehr entkommen zu können. Die Selbstidentifizierung mit der „Krankheit" hebt zwar das bedrohliche und ausgrenzende Existenzialurteil auf, re-institutionalisiert es jedoch in der Unausweichlichkeit und der Totalität der Identifikation. Die Wahrnehmung von „Krankheit" als Identität und Lebensstil beruhigt auch die sogenannten Gesunden und Normalen, anstatt zur Reflexion des Umgangs mit psychisch Leidenden einzuladen. Wünschenswert wäre aber eine tatsächliche Erosion der Differenz: Krankheit sollte nicht zur Identität werden müssen, um mit ihr so gut als möglich leben zu können oder sich von ihr und dem damit einhergehenden Stigma zu befreien.

Literatur

Alternative Liste [Irrenoffensive]. (1981). *Anti-Psychiatrie. Zur Achtung und Wahrung unserer Persönlichkeiten, Programm für die Wahl zum Berliner Abgeordnetenhaus im Mai 1981*. https://www.antipsychiatrie.de/io_01/antipsy_programm.htm. Zugegriffen am 12.01.2021.

Bethmann, S., Helfferich, C., Hoffmann, H., & Niermann, D. (Hrsg.). (2012). *Agency. Qualitative Rekonstruktionen und gesellschaftstheoretische Bezüge von Handlungsmächtigkeit*. Beltz/Juventa.

Bleuler, E. (1921). *Das autistisch-undisziplinierte Denken in der Medizin und seine Überwindung* (2. Aufl.). Springer.

Bröckling, U. (2007). *Das unternehmerische Selbst. Soziologie einer Subjektivierungsform*. Suhrkamp.

Bröckling, U. (2012). Der Ruf des Polizisten. Die Regierung des Selbst und ihre Widerstände. In R. Keller, W. Schneider, & W. Viehöver (Hrsg.), *Diskurs, Macht, Subjekt. Theorie uns Empirie von Subjektivierung in der Diskursforschung* (S. 131–144). VS-Verlag für Sozialwissenschaften.

Brückner, B. (2015). „Nichts über uns ohne uns!" Psychiatrie-Erfahrene im Prozess der deutschen Psychiatriereform, 1970–1990. In J. Armbruster, A. Dieterich, D. Hahn, & K. Ratzke (Hrsg.), *40 Jahre Psychiatrie-Enquete. Blick nach zurück nach vorn* (S. 138–147). Psychiatrie Verlag.

Brunner, J. (2014). *Die Politik des Traumas. Gewalterfahrung und psychisches Leid in den USA, in Deutschland und im Israel/Palästina-Konflikt*. Suhrkamp.

Castel, F., Castel, R., & Lovell, A. (1979; dt. 1982). *Psychiatrisierung des Alltags*. Suhrkamp.

Ehrenberg, A. (1998; dt. 2004). *Das erschöpfte Selbst. Depression und Gesellschaft in der Gegenwart*. Campus.

Ehrenberg, A. (2018; dt. 2019). *Die Mechanik der Leidenschaften. Gehirn, Verhalten, Gesellschaft*. Suhrkamp.

Estroff, S. E., Lachicotte, W. S., Illingworth, L. C., & Johnston, A. (1997). „Jeder ist ein bisschen psychisch krank." Die Krankheits- und Selbstdarstellungen von Menschen mit schweren, langwierigen psychischen Krankheiten. In M. C. Angermeyer & M. Zaumseil (Hrsg.), *Verrückte Entwürfe. Kulturelle und individuelle Verarbeitung psychischen Krankseins* (S. 102–165). Ed. „Das Narrenschiff" im Psychiatrie-Verlag.

Faltermaier, T., & Brütt, A. L. (2009). Subjektive Krankheitstheorien. In D. Schaeffer (Hrsg.), *Bewältigung chronischer Krankheit im Lebenslauf* (S. 207–221). Hans Huber.

Flick, U. (1998). Subjektive Vorstellungen von Gesundheit und Krankheit. Überblick und Einleitung. In U. Flick (Hrsg.), *Wann fühlen wir uns gesund? Subjektive Vorstellungen von Gesundheit und Krankheit* (S. 7–30). Juventa.

Freud, S. (1937). Die endliche und die unendliche Analyse. In ders. (Hrsg.), *Gesammelte Werke Bd. XVI* (4. Aufl., 1972) (S. 59–99). S. Fischer.

Gerhardt, U. (1989). *Ideas about illness. An intellectual and political history of medical sociology*. Palgrave Macmillan.

Goffman, E. (1963). *Stigma: Notes on the management of spoiled identity*. Prentice-Hall.

Goffman, E. (1961; dt. 1973). *Asyle: Über die soziale Situation psychiatrischer Patienten und anderer Insassen.* Suhrkamp.

Heinz, A. (2014). *Der Begriff der psychischen Krankheit.* Suhrkamp.

Helfferich, C. (2021). *Die Qualität qualitativer Daten. Manual für die Durchführung qualitativer Interviews* (5. Aufl.). Springer.

Herzlich, C. (1969). *Santé et maladie. Analyse d'une représentation sociale.* École Pratique des Hautes Études/Mouton.

Illouz, E. (2008; dt. 2018). *Die Errettung der modernen Seele. Therapien, Gefühle und die Kultur der Selbsthilfe* (5. Aufl.). Suhrkamp.

von Kardorff, E. (2016). Zur Transformation der Therapeutisierung und Psychiatrisierung des gesellschaftlichen Alltags. Auf dem Weg der (nicht ganz) freiwilligen Selbstoptimierung. In R. Anhorn & M. Balzereit (Hrsg.), *Handbuch Therapeutisierung und soziale Arbeit* (S. 263–300). Springer.

Leferink, K. (1997). Die Person und ihre Krankheit. ‚Mangelnde Einsicht' als Identitätsstrategie von Menschen mit chronischer Schizophrenie. In M. C. Angermeyer & M. Zaumseil (Hrsg.), *Verrückte Entwürfe. Kulturelle und individuelle Verarbeitung psychischen Krankseins* (S. 206–261). Ed. „Das Narrenschiff" im Psychiatrie-Verlag.

Leferink, K. (2013). Diagnostik von Subjektivität. Spracherweiterung und Restriktion. In K. Brücher & M. Poltrum (Hrsg.), *Psychiatrische Diagnostik. Zur Kritik der diagnostischen Vernunft* (S. 261–285). Parodos.

Linden, M. (1985). Krankheitskonzepte von Patienten. *Psychiatrische Praxis, 12,* 8–12.

Lucius-Hoene, G., & Deppermann, A. (2004). *Rekonstruktion narrativer Identität. Ein Arbeitsbuch zur Analyse narrativer Interviews* (2. Aufl.). Springer.

Lunbeck, E. (1994). *The psychiatric persuasion. Knowledge, gender, and power in modern America.* Princeton University Press.

Millett, K. (1992; dt. 2007). Psychische Krankheit – ein Phantom? In P. Lehmann & P. Stastny (Hrsg.), *Statt Psychiatrie 2* (S. 26–36). Antipsychiatrieverlag.

Reckwitz, A. (2012). *Die Erfindung der Kreativität. Zum Prozess gesellschaftlicher Ästhetisierung.* Suhrkamp.

Rieff, P. (1966). *The Triumph of the Therapeutic. Uses of faith after Freud.* Harper & Row.

Riemann, G. (1984). „Na wenigstens bereitet sich da wieder was in meiner Krankheit vor". Zum Umgang psychiatrischer Patienten mit übermächtigen Theorien, die ihr eigenes Selbst betreffen. In M. Kohli & G. Robert (Hrsg.), *Biographie und soziale Wirklichkeit. Neue Beiträge und Forschungsperspektiven* (S. 118–141). J.B. Metzlersche Verlagsbuchhandlung.

Riemann, G. (1987). *Das Fremdwerden der eigenen Biographie. Narrative Interviews mit psychiatrischen Patienten.* Wilhelm Fink.

Rose, N. (2019). *Our psychiatric future. The politics of mental health.* Polity Press.

Schomerus, G., et al. (2012). Evolution of public attitudes about mental illness. A systematic review and meta-analysis. *Acta Psychiatrica Scandinavica, 125*(6), 440–452. https://doi.org/10.1111/j.1600-0447.2012.01826.x

Schramme, T. (2012). Die Eigenständigkeit des Krankheitsbegriffs in der Psychiatrie. *Deutsche Zeitschrift f Philosophie, 60*(6), 955–970.

zur Nieden, A., & Korecky, K. (2018). *Psychiatrischer Alltag. Zwang und Reform in den Anstalten des Landschaftsverbands Rheinland 1970–1990.* Metropol.

Lebensprobleme und psychiatrisch-psychosomatische Diagnosen an den Schnittstellen von Lebenswelt, Medizin und Sozialem Sicherungssystem

Ernst von Kardorff und Stefan Dreßke

1 Einleitung

Psychosomatische Akutbehandlung und Rehabilitation sind zentrale Orte, an denen Menschen mit psychischen Beeinträchtigungen, Anpassungs- und Somatisierungsstörungen und Lebensproblemen in biografischen Krisen verdichtet aufeinandertreffen. Hintergründe des seelischen Leidens werden dort in ihren biografischen und milieuspezifischen Bezügen exemplarisch sichtbar und lassen sich auch in ihren aktuellen gesellschaftlichen Dimensionen, etwa angesichts der Zu-

---

E. von Kardorff (✉)
Berliner Werkstatt für Sozialforschung (BWS UG), Berlin, Deutschland
E-Mail: kardorff@bws-institut.de

S. Dreßke
Otto-von-Guericke Universität Magdeburg, Magdeburg, Deutschland
E-Mail: stefan.dresske@ovgu.de

© Der/die Autor(en), exklusiv lizenziert an Springer Fachmedien Wiesbaden GmbH, ein Teil von Springer Nature 2025
E. von Kardorff et al. (Hrsg.), *Zur Gesellschaft der verletzten Seelen*,
https://doi.org/10.1007/978-3-658-47031-9_11

nahme der sogenannten *Common Mental Disorders*[1] (Handerer et al., 2018) soziologisch deuten. Anhand der Ergebnisse zweier qualitativ ausgerichteter Studien – die eine an psychosomatischen Akutkliniken (Dreßke, 2022), die andere an psychosomatischen Rehabilitationskliniken (von Kardorff et al., 2021) – beleuchten wir im Folgenden beispielhaft einige Probleme und Paradoxien, die sich aus der Transformation von Lebensproblemen in psychiatrische bzw. psychosomatische Diagnosen für die betroffenen Menschen selbst und für den gesellschaftlich organisierten Umgang mit biografisch wie sozial bedingten psychischen Krisen ergeben und fragen danach, was dies für die disziplinäre und professionelle Konstruktion pathologisierender Kategorien bedeutet.

2 Psychiatrischer Krankheitsbegriff und subjektive Lebenswirklichkeit

Die *klassische soziologische* Kritik am psychiatrischen Krankheitsbegriff, die mit den Stichworten Medikalisierung, Psychiatrisierung und soziale Kontrolle, mit der Einleitung von Patientenkarrieren, Stigmatisierung und Individualisierung skizziert werden kann, wird inzwischen auch um eine *innerpsychiatrische* Kritik an mangelnder Validität und Evidenzbasierung psychiatrischer Diagnosen ergänzt (z. B. Katschnig, 2010). Während insbesondere die bio-genetisch und neuropsychiatrisch forschende Psychiatrie die Wilhelm Griesingers Mitte des 19. Jh. zugeschriebene These „Geisteskrankheiten sind Gehirnkrankheiten" (1845) heute als erwiesen betrachtet[2] und daher den Begriff „mental illness" durch „brain illness" ersetzen möchte (Baker & Menken, 2001) – vordergründig um Stigmatisierung zu vermeiden –, folgt die Praxis der psychiatrischen und psychosomatischen Routineversorgung mehrheitlich den aus klinischen Beobachtungen und patientenseitig

---

[1] Common Mental Disorders umfassen Depressionen, Angst-, Anpassungs- und somatoforme Störungen; sie werden von den Severe Mental Disorders (z. B. Psychosen wie Schizophrenien, bipolare Störungen, major depression, Borderline-Störungen) unterschieden. Letztere sind in unseren beiden Studien ebenso wenig vertreten wie Patienten mit Suchterkrankungen als Hauptdiagose. Diese grobe Klassifikation ermöglicht allerdings keine validen Prognosen mit Blick auf den Schweregrad und Umfang der Beeinträchtigungen in Alltag und Beruf (Gühne und Riedel-Heller 2015, S. 6 ff.): so kann eine als schizophren diagnostizierte Person in ihren Alltagsvollzügen weniger stark beeinträchtigt eine als eine Person mit starken sozialen Ängsten oder einem Burn-out.

[2] Diese Einschätzung seitens der Grundlagenforschung ist selbst innerhalb der Psychiatrie umstritten (z. B. Fuchs 2017); zur soziologischen Kritik: Baecker (2014) sowie Cohen und McLeay in diesem Band.

berichteten Beschwerden entwickelten Klassifikationen der Psychopathologie wie sie im DSM-V (in Deutschland: DSM IV) und in der ICD-10 bzw. 11 festgelegt sind. Damit werden Formen des von durchschnittlichen gesellschaftlichen Erwartungsnormen abweichenden psychischen Wahrnehmens, Erlebens und Handelns (= in medizinscher Terminologie: *Symptome*) in Krankheitsdiagnosen überführt. In historischer Perspektive wie auch in der Gegenwart zeigt sich, dass neue diagnostische Bezeichnungen nicht allein, wie man vermuten könnte und wie es die Psychiatrie für sich beansprucht, vorrangig auf neue wissenschaftliche Erkenntnisse und verfeinerte diagnostische Instrumente zurückgehen, sondern zumindest ebenso sehr gewandelten gesellschaftlichen Normvorstellungen folgen: Psychiatrie und Psychosomatik reagieren auf neue Verhaltensweisen, die von der Gesellschaft als abweichend stigmatisiert und auf Sensationen, die subjektiv als psychisch belastend erlebt werden mit der Konstruktion neuer „Krankheiten" wie Orthorexie (vgl. Fixsen u. a. in diesem Band) oder verwandeln neu auftretende Belastungen etwa aus der Arbeitswelt (Siegrist 2015), individualisierend in psychiatrische Diagnosen wie *Burnout* (Heinemann & Heinemann, 2017; Flick i. d. Band; Harbusch i. d. Band).[3] Mit Klassifikationen, die (gewandelte) alltagsweltliche Phänomene aufnehmen, reagiert die Psychiatrie auch auf die Erfahrung in ihrer alltäglichen Praxis, weil die Suche nach eindeutigen biologischen Ursachen daran scheitert, Symptome, die auf Traumata, biografische (Fehl-)Entscheidungen, Belastungen am Arbeitsplatz, familiäre Krisen, etc. und/oder erhöhte psychische Vulnerabilität zurückgehen, kausal zu erklären[4] und zu „heilen". Die in ihrem subjektiven Erleben und ihren sozialen Folgen gleichwohl behandlungsbedürftigen Leiden – so unsere These – verweisen mehrheitlich auf eine psychische Überforderung durch nicht bewältigte Lebensprobleme und nicht auf „Krankheiten des Gehirns". Zum medizinisch-naturwissenschaftlichen Verständnis psychischer

---

[3] Für Menschen, die unter den psychischen Auswirkungen belastender Arbeitsbedingungen leiden, dient Burnout als Projektionsfolie; mit der Aufnahme von Burnout als Krankheit in die ICD-11(QD 85) wird das „Leiden an der Gesellschaft" (Dreitzel 1972) als individuelles Problem adressiert, weil Beschäftigte auf identische Belastungen mit subjektiv unterschiedlichem Beanspruchungserleben reagieren. Bei Vorliegen von Burnout folgen psychosomatische Behandlungen daher meist der Strategie eines person-environment-fit; gesellschaftlich ginge es aber mindestens ebenso sehr um einen environment-person-fit, also um eine Veränderung der Arbeitsbedingungen (von Kardorff 2021; Flick in diesem Band).

[4] Auch wenn alle seelischen Äußerungsformen ein materielles, z. B. neurochemisches Korrelat besitzen, erweisen sie sich im Erleben als emergente und eigenständige Formen sozial gerahmter Sinnbildung und lassen sich nicht kausal aus den zugrundeliegenden und begleitenden biologischen Gegebenheiten, Hirnströmen oder Aktivitätsmustern in bildgebenden Verfahren ableiten.

Krankheit tritt zunehmend das normative Konstrukt *psychische Gesundheit*[5] hinzu, welches u. a. seelisches Wohlbefinden, Resilienz, die Verwirklichung eigener Potenziale, gelingende Beziehungsgestaltung und soziale Einbindung sowie Arbeitsfähigkeit umfasst. In der konkreten Ausgestaltung der Diagnosen kommt es nicht nur zu einer medizinischen Normierung zeitgebundener Anforderungsprofile z. B. im Bereich von Erwartungen an Leistungen in Bildung und Beruf (von Kardorff, 2016) oder an Selbststeuerung-, -verantwortung und -sorge sowie an Selbstdarstellungskompetenz (Bröckling, 2017); vielmehr wird mit jeder Neufassung von Klassifikationssystemen wie der DSM-Serie der Raum für die Identifikation immer neuer (potenziell) abweichender Verhaltensweisen erweitert, die im Sinne des Konzepts „psychische Gesundheit" zum Gegenstand präventiver Intervention werden.

In der psychosomatischen Alltagspraxis müssen die berichteten Symptome in psychiatrisch-nosologische Kategorien übersetzt werden, um die ärztliche Zuständigkeit mit Hilfe der Krankheitszuschreibung zu legitimieren und die Refinanzierung durch die Kostenträger sicherzustellen. Abgesehen von medikamentöser Behandlung zur Symptomreduzierung und einer verfeinerten Diagnostik auf der Basis längerfristiger Beobachtung im stationären Setting, besteht der überwiegende Teil der psychiatrischen und psychosomatischen Interventionen nicht in ärztlichen, sondern in psychotherapeutischen, gruppenpsychologischen, physio-, ergo- und sporttherapeutischen Angeboten sowie in Psychoedukation und sozialpädagogischer Beratung, die vorwiegend von Psychologinnen, Sozialarbeitern, Pflegekräften und anderen nicht-ärztlichen Gesundheitsberufen erbracht wird. Behandlung und Rehabilitation zielen vor allem auf Hilfen zu einer verbesserten (An-)Passung der Betroffenen an die Anforderungen ihrer jeweiligen gesellschaftlichen Umwelten, was sich durchaus oft mit den Wünschen und Hoffnungen vieler Patientinnen auf eine Rückkehr in die (vorherige oder in eine neue) „Normalität" deckt; weniger eindeutig ist dies bei Empfehlungen zur Lebensstiländerung.

---

[5] Allen teils kontrovers diskutierten Konzepten und Definitionen von Seelischer Gesundheit/ Mental Health (z. B. Heinz 2016; WHO 2019; Palumbo und Calderisi 2020) ist ihr starker normativer Bias gemeinsam, der gesellschaftlichen Anforderungskonjunkturen als Referenzgrößen folgt. Damit überschreitet die Psychiatrie das Feld der Therapie und weitet ihre Deutungshoheit und Praxis auf die Beurteilung und Förderung erwünschter und die Früherkennung unerwünschter Verhaltensweisen aus – eine Entwicklung hin zu einer mit dem positiv besetzten Begriff Gesundheit verdeckten gesellschaftlichen Anpassungslehre. Diese Ausweitung der psychiatrischen Deutungshoheit entfaltet praktische Wirksamkeit dabei nicht so sehr durch die psychiatrische Versorgungspraxis selbst als vielmehr durch die Aufnahme dieser Vorstellungen von psychischer Gesundheit/Krankheit durch die „Psy-Professionen" (z. B. Sozialarbeitern, Lehrerinnen, etc.) wie Harbusch dies in diesem Band darstellt.

Gesellschaftliche Ursachen und Interventionen zur Veränderung der gesellschaftlichen Bedingungen zur Entstehung und Aufrechterhaltung von Störungen geraten dabei selten in den Blick, auch weil die Psychiatrie darauf nur geringen Einfluss hat und weder sie selbst noch die Gesellschaft dies als deren Aufgabe betrachten (vgl. von Kardorff, 2021). Vorrangig geht es daher um die Wiederbefähigung der Betroffenen zur selbstständigen Lebensführung und um die Wiederherstellung von Arbeitsfähigkeit auch wenn psychische Beeinträchtigungen oder Vulnerabilitäten bestehen bleiben. Daher stehen die Förderung von Symptomkontrolle und eigenverantwortlicher gesundheitlicher Selbstsorge im Vordergrund, ggf. verbunden mit der Empfehlung zum Arbeitsplatzwechsel oder zu einer beruflichen Neuorientierung. Zusammen mit dem Ziel der Sicherung gesellschaftlicher Teilhabe, wie sie im Gefolge der UN-Behindertenrechtskonvention sozialpolitisch gefordert ist, verändert all dies den Charakter der Psychiatrie. So schreiben die Sozialpsychiater Priebe, Burns und Craig (2013, S. 319/20): „The future of Academic Psychiatry may be social", eine Diagnose, die auch auf die Psychosomatik zutreffen dürfte.[6] Besonders bei den sogenannten *Common Mental Disorders* (NICE, 2011) und psychosomatischen Krankheitsbildern ist die Abgrenzung zwischen einer psychischen Dekompensation durch Traumata in Kindheit und Jugend, aufgeschichteten Lebensproblemen und kritischen Lebensereignissen auf der einen und einer „genuinen" psychischen Krankheit auf der anderen Seite anders als bei vielen „severe mental disorders", die in der Akutpsychosomatik und der psychosomatischen Rehabilitation nur vereinzelt auftauchen, nur schwer möglich. Bei den *Common Mental Disorders* verschwimmen die Grenzen zwischen „Krankheit" und komplexen Lebensproblemen mit psychischen und sozialen Belastungen und damit auch die Zuständigkeiten für Behandlung und Unterstützung zwischen Psychiatrie, Psychosomatik, Psychotherapie, Sozialarbeit und Lebensberatung. Mit dem im Analogieschluss auf psychische Probleme übertragenen und im Alltagsbewusstsein vertrauten Krankheitsbegriff und den dazugehörigen sozialen Rollenskripten werden Patientinnen wie Angehörige zunächst zwar entlastet (Bury 2009), zugleich aber auch mit einem neuen Status versehen, der zu (Selbst-)Stigmatisierung, zur Infragestellung des bisherigen Selbstbilds und zu Abstiegskarrieren führen sowie mit erzwungenem wie selbst gewähltem Rückzug ins gesellschaftlichen Abseits und schrumpfenden Lebenshorizonten und Kontakten einhergehen kann.

---

[6] In der Sozialpsychiatrie hat sich schon seit den 70er Jahren der Begriff „Lebensschule" (Finzen 1977) als therapeutisch-pädagogisches Konzept zum Umgang mit komplexen Lebensproblemen des Klientels entwickelt.

2.1 Konzeptionelle Überlegungen zum Untersuchungsfeld

Die in der Psychosomatik und der psychosomatischen Rehabilitation dominierenden Common Mental Disorders (NICE, 2011 und FN 1) einschließlich der somatoformen Störungen korrespondieren stark mit unbewältigten Lebensproblemen und Erfahrungen des Scheiterns im Umgang mit biografischen Brüchen. Dies führt u. a. dazu, dass Betroffene kulturell verankerten Verpflichtungen in Alltag und Beruf sowie Erwartungen an übliche soziale Kommunikations- und Beziehungsformen nicht mehr nachkommen können (Dreßke, 2022). Viele Beschwerden[7] haben meist eine jahrelange Vorgeschichte, die durch Anforderungen von außen, Selbstüberforderung und Konflikte in Familie und Beruf ausgelöst und verstärkt wird. Zwar können die Symptome durch kräfteraubendes Überspielen im Privaten und Präsentismus (Lohaus & Habermann, 2018) in der Arbeitswelt über lange Zeit latent gehalten werden: aber nicht zuletzt die Mühen, den Anschein von Normalität zu wahren, überlasten Betroffene und ihr soziales Umfeld. Körperliche Symptome, Schmerzen, Erschöpfung, Niedergeschlagenheit, Unruhe, Konzentrationsschwäche oder Ängste lassen spätestens bei einem krisenhaften Zusammenbruch die Inanspruchnahme professioneller Hilfe unausweichlich werden. Die schon vorher im sozialen Umfeld „küchenpsychologisch" interpretierten Symptome erhalten durch die ärztliche Diagnose eine neue und offiziell bestätigte Bedeutung („Krankheit"): die Alltagsdeutungen werden – zumindest nach außen hin – durch die Deutungshoheit der Medizin ersetzt bzw. ergänzt. Die im ärztlichen Gespräch geschilderten und leidvoll erlebten körperlichen und psychischen Irritationen werden medizinisch als Ausdruck einer zugrunde liegenden Pathologie gelesen. Mit ihrer Rahmung durch die psychiatrisch-psychosomatische Diagnose geht ein neuer Status einher, der mit Erwartungen wie der Übernahme der Rolle als psychisch Kranker verbunden ist: der geforderten Adhärenz zu medizinischen Behandlungsregimes stehen verringerte Anforderungen in Familie und Beruf gegenüber. Für Betroffene bedeutet dies nicht nur (temporäre) Entlastung, sondern kann auch mit Autonomie- und Statusverlust und Inkompetenzunterstellungen einhergehen, in deren Folge sich eingespielte Beziehungsmuster und Rollen in Familie und Beruf verändern und neu ausgehandelt werden müssen.

---

[7] Beschwerden werden im ärztlichen Vokabular als Ausdruck von Symptomen gelesen, die unter eine möglichst klar abgrenzbare Krankheitseinheit (Syndrom) subsumiert werden können. Der Begriff Symptom ist im Zuge der Verwissenschaftlichung in die Alltagssprache eingewandert und wird auch von den Patienten/innen selbst zur Benennung von Irritationen, Beschwerden, Befindlichkeitsstörungen, etc. verwendet.

In der ärztlichen Begegnung stehen Alltagswissen und Alltagspraxen der Patientinnen den Deutungsangeboten der Fachleute gegenüber. Bei der Darstellung ihrer Beschwerden versuchen die Patienten auf die ärztliche Nachfrage hin, ihre eigenen idiosynkratischen Deutungsangebote mit den medizinischen zusammen zu bringen, wobei sie ihre bisherigen Lebensentwürfe auf der Folie ihrer biografischen Erfahrungen reflektieren. Soweit strategische Kalküle für sie eine Rolle bei der (Nicht-)Nutzung psychologischer und psychosomatischer Angebote spielen, lässt sich dies als habituelle Disposition der jeweiligen Klassen- und Lebenslage zuordnen, die den spezifischen „Gebrauch des Körpers" (Boltanski, 1976; Bourdieu, 1982) dirigiert und die Wahrnehmbarkeit (alternativer) Handlungshorizonte beeinflusst. Der Versuch alltagsweltliche und institutionelle Sinnwelten mit einander zu vereinbaren kann wiederum selbst zu Irritationen oder neuem Leiden führen, wenn Patientinnen nicht in der Lage sind, die jeweiligen „Logiken" für sich selbst und in sozial akzeptabler Weise miteinander kompatibel zu machen.

2.2 Theoretische und methodologische Ausgangspunkte der beiden Studien

Mit der Entscheidung, die *subjektiven Perspektiven* der Studienteilnehmerinnen in den Mittelpunkt zu stellen und im Kontext der gesamten Lebensgeschichte zu rekonstruieren, fokussieren wir auf die Bedeutung, die die jeweilige Sicht auf Krankheit und Gesundheit, auf Gesundheits- und Selbstwirksamkeitsüberzeugungen, auf die Bedeutung der Erwerbsarbeit und des erlernten Berufs für die Lebensgestaltung haben und, ganz generell, wie darin die Art und Weise, wie sich die Einzelnen in der Welt sehen zum Ausdruck kommt. Dabei fragen wir danach, wie diese Perspektiven und darauf basierende Haltungen den Umgang mit der Krankheit in Familie und Freundschaftskreis, die Rückkehr in den Beruf und das Arbeiten mit bedingter Gesundheit bestimmen und vor der Folie ihrer eigenen Bezugsnormen gelingen oder scheitern lassen und welche Faktoren dafür verantwortlich sind.[8]

---

[8] Die Rolle subjektiver Gesundheits-, Selbstwirksamkeits-, und Kontrollüberzeugungen, der Salutogenese, des dispositionellen Optimismus und positiver Zukunftserwartungen für Gesundung und Rückkehr und Verbleib in Arbeit ist vielfältig belegt (vgl. Bengel und Mittag 2021). In der Soziologie werden die in kulturelle Deutungsmuster eingebetteten subjektiven Sichtweisen als Ergebnis der fortlaufenden, an den Anderen orientierten und mit ihnen gemeinsam hergestellte Konstruktionen sinnstiftender Welt- und Situationsdeutungen als Konstituens für Handlungsentwürfe und Entscheidungsprozesse und deren Verständnis betrachtet (Berger & Luckmann 1969).

In der Perspektive der *biografischen Orientierung* rücken zugleich der *Prozesscharakter* des Lebenslaufs (Schütze, 1983) und die Verlaufsformen (*Trajekte*; Corbin et al., 2009) im Übergang von Krankheit in Gesundheit und im Krankheitsverlauf in den Fokus; dort zeigen sich die aufgeschichteten Einstellungen und Haltungen und, weiter gefasst, die bisherigen Formen der Lebensbewältigung. Dazu gehören auch Gesundheitssorge, der Umgang mit dem eigenen Körper, mit Schmerzen und mit Beeinträchtigungen in Alltag und Beruf ebenso wie die in Habitus und Hexis (Bourdieu, 1979)[9] verkörperten idiosynkratischen Formen der Selbstpositionierung in den unterschiedlichen Sozialen Welten gesellschaftlicher Interaktion. Im Verlauf der biografischen Entwicklung verfestigen sich die von familialer Sozialisation, Bildungsgang und Milieu geprägten Selbst-, Situations- und Weltdeutungen und die dabei ausgebildeten biografischen Handlungsschemata zu einer Realität sui generis, die in Krisensituationen auf die Probe gestellt werden. In den eingeschliffenen Praktiken der Lebensführung lassen sich retrospektiv sowohl „fatale" Entscheidungsmuster, die zu einer weiteren Problemaufschichtung beitragen, aber auch Strategien eines kreativen Umgangs mit den Beeinträchtigungen finden. Deren Rekonstruktion erlaubt es, das Spannungsverhältnis zwischen den äußeren Merkmalen der individuellen Lebenskonstellation und den subjektiven Sichtweisen und Handlungsstrategien im Umgang mit persönlichen Krisen und Krankheit im Bedingungsgefüge der jeweiligen familiären und beruflichen Kontexte aufzuschlüsseln. Krisen, chronische Erschöpfungszustände, Zusammenbrüche und Arbeitsunfähigkeit zeigen sich dann als Ergebnis kumulierter und miteinander verflochtener Problemkonstellationen in Familie, Arbeits- und Sozialwelt in ihrem Zusammenspiel mit einer konstitutionellen oder biografisch erworbenen psychischen Vulnerabilität und den habitualisierten Formen der Lebensbewältigung. Die von psychischen Problemen und Krankheitssymptomen ausgelösten Krisen treffen die Menschen in *verschiedenen Lebenslagen* (strukturell: z. B. Einkommens-, Arbeits- und Wohnsituation), in *unterschiedlichen Lebensphasen* (z. B. Ausbildung, Familiengründung, Kindererziehung, Rente im Blick) in einer *spezifischen Generationenlage* (z. B. Verlust des Arbeitsplatzes nach der Wende), der *sozio-geografischen Lage* (z. B. strukturschwache Region) und in *konkreten Lebenssituationen* (z. B. Trennung/Scheidung, Pflege oder Tod einer Familienangehörigen, Verlust des Arbeitsplatzes). Das Zusammenspiel dieser strukturellen und prozessualen Aspekte trägt dazu bei, dass jeder individuelle Fall

---

[9] Im Unterschied zum lexikalischen Gebrauch versteht Bourdieu Habitus als klassen-, milieu-, professions-, etc. -spezifische innere Haltung in einem gesellschaftlichen Handlungsfeld; mit dem Begriff Hexis werden die erworbenen beobachtbaren körperlichen Haltungen und Bewegungsmuster bezeichnet (vgl. Bourdieu 1979).

eine *einzigartige Konstellation* darstellt, was sich nicht zuletzt in einer großen Heterogenität der Fallkonstellationen ausdrückt; zugleich ist *die Anzahl möglicher Konstellationen aber auch dadurch begrenzt,* dass sich erstens *charakteristische Konstellationen* und damit verbundene sehr ähnliche Aufgaben und Herausforderungen (Schaeffer & Haslbeck, 2016) und Bearbeitungsmuster sowie (Abstiegs-)Karrieren identifizieren lassen, die *generalisierende Aussagen* ermöglichen. So müssen alle chronisch kranken Menschen eine Reihe charakteristischer Aufgaben alleine und mit ihren Angehörigen entlang miteinander verknüpfter „Arbeitslinien" (z. B. Biografiearbeit, Alltagsarbeit, Krankheitsarbeit) bewältigen (Corbin & Strauss, 2004[2]). Nach außen hin treffen sie dabei auf gewachsene Strukturen und Routinen in der Arbeitswelt und im Gesundheitswesen, die im Falle von Krisen und Krankheit typische Versorgungs- und Behandlungspfade innerhalb der institutionellen Angebote vorzeichnen und damit Handlungsoptionen begrenzen und „Karrieren" homogenisieren.

In unseren beiden Studien bilden individuelle Attributionen und Sinngebungsprozesse, der Umgang mit Beschwerden und Einschränkungen, Aushandlungsprozesse bei der Krankheitszuschreibung und das „Weiterleben Lernen" (Corbin & Strauss, 2004[2]) nach einer psychischen Krise die Analyseschwerpunkte. In den in unseren narrativen Interviews hervorgelockten Erzählungen der Betroffenen werden der lebensweltliche Zusammenhang zwischen Symptombelastung und ihrer Verarbeitung und die durch die psych(ososomat)ischen Leiden herausgeforderten biografischen Perspektiven auf Leben und Arbeit zum Thema. Dabei werden u. a. Formen der Selbstpositionierung im weiteren Lebensverlauf und Formen der Aneignung von Therapieangeboten sichtbar. Theoretisch gehen wir der Frage nach der Rolle psychiatrischen Diagnosen für die Krankheitskarrieren und neue Lebensentwürfe nach.

3 Psychosomatische Akutbehandlung und Rehabilitation: zwei Studien

Während in der zuerst vorgestellten Studie 3.1 (Dreßke, 2022)[10] aus der psychosomatischen Akutklinik Aushandlungsprozesse bei der Transformation von Lebensproblemen in psychiatrisch-psychosomatische Diagnosen und deren Aneignung durch die betroffenen Menschen im Verlauf ihrer weiteren „Karriere" im

---

[10] Die Studie entstand im Rahmen des DFG-geförderten Projektes „Schmerzhandeln und Identitätsmanagement von Kopfschmerzpatienten in der medizinischen Versorgung und in Partnerschaften" an der Universität Kassel von 2012 bis 2014.

Vordergrund stehen, geht es in der anschließend vorgestellten Studie 3.2 (von Kardorff et al., 2021) um die vom Zeitpunkt in der Verlaufskurve abhängigen Nutzungserwartungen und aktiven Aneignungsprozesse der Angebote in der psychosomatischen Reha-Klinik unter der Perspektive einer Rückkehr in eine neu zu gestaltende Normalität des Alltagslebens und Arbeitens.

3.1 Ärztliche Diagnosen und Selbstzuschreibungen in der psychosomatischen Akutbehandlung

Die Studie untersucht Patienten/innen, die in einer psychischen Krise in eine akutpsychosomatische Abteilung der Regelversorgung aufgenommen wurden. Die Aufnahme erfolgte, weil sie vorübergehend nicht zu einer eigenständigen Lebensführung im Stande waren, aber nach Einschätzung der Ärzte keine Behandlung in der Psychiatrie benötigten (Dreßke, 2022, S. 176–234). Die Aufenthaltsdauer betrug etwa drei bis sechs Wochen. Interviewt wurden elf Patientinnen und zwei Patienten, die angaben, an Kopfschmerzen zu leiden, die allerdings nur als Nebendiagnosen vorlagen. Behandelt wurden sie hauptsächlich wegen unklarer Schmerzen, Angststörungen und Depressionen. Wegen unterschiedlicher somatischer Beschwerden befanden sich alle Befragten schon länger in ambulanter und stationärer Behandlung und waren krankgeschrieben. Das Ziel des multidisziplinären Behandlungsprogramms der Klinik (medikamentöse Behandlung, psychotherapeutische Einzel- und Gruppentherapie, Physio- und Ergotherapie, Patientenedukation, Tagesgestaltung) ist die Stabilisierung der Lebenssituation, wobei im weitesten Sinne mit einem rehabilitativen Verständnis gearbeitet wird.

Auf der Basis des Karrieremodells (Goffman, 1973) wurde die Sozialisation von Patienten im psychologisch-psychosomatischen Komplex untersucht. Das „Trajekt des Lebens" der Patientinnen (also der im zeitlichen Horizont erfahrene Gesamtlebensvollzug) lässt sich als ein Ineinanderspielen von Familien-, Erwerbs-, Körper- und Krankenkarrieren begreifen, die jeweils eigenen Mustern folgen. Körper, Familie, Erwerbsleben und Medizinsystem sind die Arenen (Strauss, 1993), deren Handlungslogiken die Betroffenen ineinander übersetzen und in Kongruenz bringen müssen. Diese Übersetzungsarbeit ist kontingent, das heißt sie spielt sich in einem Möglichkeitsraum ab, der durch institutionelle Zwänge, die aktuelle Lebenssituation und die Lebenslage begrenzt ist sowie durch situative Aspekte (Wechsel der Chefin, Auseinanderbrechen von Beziehungen, etc.) beeinflusst wird. In der Regel müssen die Patienten/innen eine komplexe Balancearbeit leisten, um die miteinander konkurrierenden und widersprüchlichen Anforderungen zu bewältigen; gelingt ihnen dies nicht, kann die Entwicklung in eine Karriere des Leidens münden. Die Gesamtlebensvollzüge nach der Diagnose verändern sich nicht zuletzt aufgrund der spezifischen Nutzung des psychologisch-psychosomatischen Komplexes, der selektiven Aneignung von Expertenwissen und empfohlenen Praktiken, den Chancen, sie im Alltag anzuwenden, persönlichen und sozialen Ressourcen, den habituellen Dispositionen, den verbleibenden symptombedingten Belastungen und ihrer Bewertung.

3.1.1 Lebensprobleme und Krankenkarriere

Die Krankenkarriere der untersuchten Patienten begann meist nicht mit einer psychischen Störung, sondern mit einer akuten Körpererkrankung oder einer unfallbedingten Verletzung. Einige Beispiele sollen das verdeutlichen: Bei Herrn Hendrich[11] (45 Jahre alt, Koch) wurde eine umfangreiche Zahnsanierung durchgeführt, wofür er mehrere Wochen krankgeschrieben wurde, Frau Peters (37 Jahre alt, Kassiererin) hatte sich vor fünf Jahren bei einem Haushaltsunfall den Fuß gebrochen, Herr Brendner (43 Jahre alt, selbstständiger Steuerberater) und Frau Reiser (50 Jahre alt, Lagerarbeiterin) hatten jeweils einen Autounfall, Frau Wert (56 Jahre alt, Altenpflegerin) hatte nach einem Reitunfall eine Schulterverletzung. Die Verletzungen und Krankheiten waren zwar schmerzhaft, aber nie lebensbedrohlich (z. B. keine Krebs- oder Herz-Kreislauferkrankungen). In der zunächst aufgesuchten ärztlichen Regelversorgung wurden sie nach einem „Akutmodell" behandelt, das mit den Rechten und Pflichten der konventionellen Krankenrolle (Parsons, 1965) verbunden ist, mit Krankschreibungen für den Arbeitgeber und dem Dispens von familiären Pflichten. Im Laufe der Behandlung verringerten sich die Schmerzen allerdings nicht, mitunter traten neue Symptome auf und die Beschwerden chronifizierten sich zunehmend. Mit dem Übergang zum „Modell der chronischen Krankheit" (Corbin & Strauss, 2004[2]) weiteten die Patientinnen ihren Rückzugsraum aus. Versuche, die Erwerbsarbeit wieder aufzunehmen, wurden entweder nicht unternommen oder scheiterten.

Blickt man auf die Zeit *vor der Erkrankung* bzw. vor dem Unfall, lässt sich ein komplexes Problembündel von Enttäuschungen oder Überforderungen identifizieren, das sich über einen längeren Zeitraum angehäuft hat:

> „Frau Peters konnte aufgrund eines schlechten Abschlusses in ihrem Ausbildungsberuf als Apothekenhelferin nicht Fuß fassen und arbeitete zunächst im Lager, später als Kassiererin in einem Baumarkt. Dort verschärften sich die Arbeitsbedingungen, zudem verschlechterte sich das Betriebsklima durch den Einsatz von Aushilfskräften sowie den Weggang ihr lieb gewordener Kolleginnen. Frau Peters hat drei Kinder, das jüngste war zum Zeitpunkt des Unfalls vor fünf Jahren ein Jahr alt, sie selbst war da-

---

[11] Bei allen Namen in allen folgenden Falldarstellungen handelt es sich um Pseudonyme.

mals 32 Jahre alt. Wegen ihres Übergewichts wird sie von der Schwiegermutter, der Ehefrau eines Försters, kritisiert. Darüber hinaus fühlt sie sich von den Schwiegereltern nicht anerkannt, die sich für ihren Sohn, den stellvertretenden Leiter eines Elektromarktes, eine Ehefrau mit einem standesgemäßen Beruf und keine einfache Kassiererin erwartet hatten."

Da sich die somatischen Beschwerden oftmals nicht komplett heilen lassen, weisen die Ärztinnen den Symptomen psychische Komponenten hinzu – eine Zuschreibung, die von den Patientinnen zunächst abgelehnt wird. So vermutet Frau Reiser, dass sie von einer Ärztin der Simulation verdächtigt wird; Frau Peters und Herrn Brendner unterstellen ihren Ärzten, ihre Schmerzsymptome als übertrieben hinzustellen oder zu bagatellisieren. Daher schlagen sie psychotherapeutische bzw. psychosomatische Behandlungsangebote zunächst aus. Wenn sie auf ihrer somatischen Krankheitsdefinition bestehen, kommt es zur Konfrontation, bei der die Ärztinnen eine psychiatrische Diagnose sozusagen als Stoppschild in Anschlag bringen, dass es so nicht mehr weitergehe. Herr Hendrich, Frau Peters und Frau Wert schildern Episoden der psychischen Dekompensation, wodurch sich die Ärztinnen in ihrer Vermutung bestätigt sehen. Unter der Androhung eines Behandlungsabbruchs belegen sie ihre Patienten erfolgreich mit einer psychiatrischen Diagnose und verordnen parallel zur biomedizinischen Behandlung Psychopharmaka und Psychotherapie bzw. überweisen an ambulante oder stationäre psychiatrische Behandler. Am (vorläufigen) Endpunkt dieser teilweise erratischen Passagen steht die Aufnahme in die psychosomatische Akutklinik.

Mit dem folgenreichen Pfadwechsel von der biomedizinischen Versorgung in den psychologisch-psychosomatischen Komplex verändern sich auch die Problemsichten: In der psychosomatischen Klinik stehen die Patientinnen den psychosomatischen Behandlungsvorstellungen zunächst skeptisch gegenüber. Zum einen sind sie durch die biomedizinische Behandlung, insbesondere durch chirurgische Eingriffe (z. B. in der Schmerzbehandlung) auf diesen Behandlungspfad abonniert (Göckenjan et al., 2013), zum anderen sind psychologisch informierte Deutungsmuster bei den Befragten nicht habituell verankert. Trotzdem eignen sie sich die psychosomatischen Expertensichten (z. B. Stresstheorie, Verhaltens- oder Tiefenpsychologie) an, die sie gewinnbringend auf sich anwenden. Die Symptome werden nun auf die belastende Umwelt (Arbeitsstelle, aber auch Teile der Familie sowie vielfältige Überforderungen) und auf die schlechten Bedingungen des Aufwachsens (etwa biografische Kränkungen in Kindheit und Jugend) hin attribuiert. Die psychosomatischen Theorien gehen als „Populärsynthesen" (von Kardorff, 1984) in die Laienätiologien ein und die alltagsweltlichen Selbstzuweisungen verlieren an Erklärungskraft. Dabei wird die Orientierung an der Biomedizin nicht durch die an der Psychosomatik ersetzt, es kommt vielmehr zu einer laienätiologischen Bricolage. Die körperlichen Symptome werden nun zusätzlich dem psychischen Komplex zugeschlagen und erhalten einen zusätzlichen Krankheitswert. Die Kranken können damit das somatische (für sie respektable) und das psychosomatische Krankheitsetikett gleichermaßen für sich beanspruchen und situativ einsetzen.

3.1.2 Die Verquickung von Krankenkarrieren mit Erwerbs- und Familienkarrieren

Verallgemeinernd zeigt sich in den untersuchten Fällen ein *charakteristischer Verlaufstypus*: Nach der Anhäufung von Lebensproblemen bringt ein Unfall oder eine Erkrankung das Fass zum Überlaufen. Für einige der Beschwerden konnte die Biomedizin Behandlungsmöglichkeiten zur Verfügung stellen, für andere hingegen nicht. Die Krankheit bedeutet zwar Leiden, aber auf der Basis der ärztlichen Ratifizierung können die Patientinnen einen Teil ihrer Probleme auffangen: Auf der Arbeitsstelle gehen sie Konflikten und Überforderungen durch Abwesenheit oder Teilzeit aus dem Weg, in der Familie reorganisieren sie die familiäre Arbeitsteilung und die partnerschaftliche Gefühlswelt. Trotz der Schmerzen und anderer Symptome bietet diese Konstellation auch Vorteile, wenn sich die Patienten mit ihren Familien darin einrichten. Die Interviewten versuchen, eine neue respektable Position zu finden und ihr durch Krankheit und Überforderung beschädigtes Selbstbild zu reparieren. In diesem Prozess verliert Erwerbsarbeit an Attraktivität, wobei sie als Lebensinhalt und Behandlungsziel nicht komplett aufgegeben wird: Zum einen wenden sie sich stärker der Familie zu. Frauen übernehmen entsprechend ihrer Geschlechterrolle akzeptierte und positiv bewertete Sorgeaufgaben, die die Familien entlasten. Diese Rollenfiguration steht den Männern in geringerem Ausmaß zur Verfügung: Herr Brendner sucht die Aktualisierung seiner Identität trotz (oder wegen) seiner Schmerzerkrankung in der Fußballherrenmannschaft; Herr Hendrich hat keine Partnerin und befindet sich in der Obhut seiner Mutter. Zum anderen befinden sich alle Befragten in sozialrechtlichen Verfahren zum Erhalt gesetzlicher Unterstützungs- und Absicherungsleistungen im Krankheitsfall. Dies kann dazu beitragen, die Motivation zur Gesundung und zur Rückkehr in Arbeit zu unterminieren, was als *Rehaparadox* auch bei somatischen Erkrankungen bekannt ist (z. B. Gerhardt, 1999). Eine Rückkehr an die alte Arbeitsstelle wird in einigen Fällen auch blockiert, wenn sich die Erkrankten mit ihrem alten Arbeitgeber überworfen hatten (Herr Hendrich, Frau Peters).

Im Ergebnis ergibt sich ein zweischneidiges Darstellungskalkül des Handlungs(un)vermögens: Den familiären Pflichten wird weitgehend nachgekommen, wobei der Krankenstand von den Angehörigen akzeptiert wird, nicht zuletzt, weil damit eine Entzerrung der Problemsituation erreicht werden kann. Die Kranken spielen ihren Krankenstand in der Familie aber nicht vollständig und nur bei Bedarf aus. Gegenüber Medizin, Arbeitgebern und Sozialversicherung müssen dagegen Symptome dauerhaft und authentisch als schwerwiegend präsentiert werden. Symbolisch und finanziell werden die Chancen der jeweiligen Lebenssituation optimiert: Vorteile auf der Arbeitsstelle (z. B. Nachteilsausgleiche und Arbeitsplatzsicherung) oder bei der Arbeitssuche, neue Rollenverteilungen in Familie und Partnerschaft (häusliche Arbeitsteilung, Respektabilität von Rückzügen, Zuwendung) oder die Möglichkeit zu einer späteren Rente wegen Erwerbsminderung bzw. -unfähigkeit. In dieser Situation wird ein Strategiewechsel des Lebensentwurfs auf der Basis des Krankenstandes erprobt. Da der Krankheitsstatus zunächst nur befristet zugewiesen ist, sind die Patientinnen und ihre Familien in einer Warteschleife gefangen und von der (sozial)medizinisch legitimierten Arbeitsunfähigkeit abhängig. In „Ärzteodysseen" erhält der Diagnosekomplex für sie eine zunehmende Wirkungsmacht, wenn Symptome weiter vorgetragen und in weitere Diagnosen (einschließlich der psychosomatischen) überführt werden, sodass sich der Krankenstand „sich selbst erfüllend" zunehmend verstetigt.

Die Diagnosen werden gleichsam auf ein Konto eingezahlt, um sie dann bei Bedarf auszuspielen. Auch wenn die Diagnose einer chronischen Krankheit den Betroffenen anhaften bleibt, wird sie jedoch nicht immer ins Spiel gebracht und kann, je nach Erwerbssituation, Soziallage, Lebensentwurf und Optimierungsinteresse, auch latent bleiben – d. h. gewissermaßen angespart werden. Dabei ist das Lebensalter entscheidend: Je jünger die Befragten sind, desto geringer sind die Gewinne eines auf einer Krankheit fußenden Lebensentwurfs, wenn es bessere Alternativen zu einer Erwerbsunfähigkeit gibt, die nur auf einem unteren Niveau existenzsichernd ist. Die Einzahlungen auf das Diagnosekonto sind trotzdem eine Art langfristiger und sicherer Fonds, der bei Konfliktlagen auf den Arbeitsstellen und in der Familie aktuell oder auch in Zukunft abrufbar ist; dabei können sich psychosomatische und somatische Diagnosen addieren oder abwechselnd ins Spiel gebracht werden.

Die Beispiele zeigen, dass die Interviewten nicht nur mit *einem* Problem konfrontiert sind, sondern aufgestaute Problemlagen sich in den unterschiedlichen Lebensbereichen gegenseitig durchdringen und verstärken. All dies wirkt sich auch auf die Gesundheit aus und verschärft die Probleme nicht nur in der Arbeit, sondern auch in der Familie. Die gesundheitlichen Probleme wirken allerdings nicht nur verschärfend; sie können auch zu einem Rettungsanker werden, weil mit der Krankenrolle innerhalb des medizinischen und sozialen Versorgungssystems die Chance besteht, eine soziale Abwärtsspirale aufzuhalten.

3.1.3 Das gebrochene Versprechen des Ideals der alten Mittelschicht: Statusängste

Neben den biografischen Dimensionen der Krankenverläufe gibt es noch eine sozialstrukturelle Lesart für den Umgang mit den Beschwerden und Störungen. Die von uns Befragten sehen sich selbst der „alten Mittelschicht" (Reckwitz, 2019) zugehörig, deren Erwartungen und Aspirationen sie allerdings nicht erfüllen (können). Zentral sind dafür die normativen Orientierungen eines für die Interviewten (bzw. deren Eltern) generationentypischen „Normallebenslaufs" (Kohli, 1994) als idealisiertes Muster: Die Männer sehen sich als Hauptenährer ihrer Familie in einem lückenlosen Erwerbsverlauf, wobei sie sich mit zunehmender Erwerbsdauer in statushöhere Verantwortungspositionen hocharbeiten. Der weibliche Normallebensentwurf leitet sich von dem der Männer ab: Nach Ausbildung und kurzer Erwerbsphase übernehmen sie die positiv besetzten Verpflichtungen der Sorgearbeit für die Kinder (und für ihre Männer) bei einer auf Dauer angelegten Ehe, mit der eine Teilzeitarbeit als Zuverdienst gut zu vereinbaren ist, wenn die Kinder die Schule verlassen haben. Dieses Ideal sieht vor, dass das Ehepaar gemeinsam an ökonomischer Sicherheit und Wohlstandsgewinnen arbeitet, etwa durch Sparen und den Erwerb von Wohneigentum. Die Perspektiven für die Kinder sind ein gut dotierter Ausbildungsberuf oder ein akademischer Beruf wie ein Lehramt oder ein Ingenieurberuf mit sicherer Anstellung.

Anhand ihrer Berichte vom Aufwachsen in den mittelständischen Herkunftsfamilien des Kleinunternehmertums und der gehobenen Facharbeiterschaft lässt sich erkennen, dass sich die von uns Befragten deren traditionelle Normen und Erwartungen etwa die Pflichtethik als biografisches Muster angeeignet haben. Das Vorwärtskommen im Leben beruht demnach auf Familienorientierung, Fleiß, Stetigkeit, Ehrenhaftigkeit, Sparsamkeit, Maßhalten und Verlässlichkeit. Von diesem Normalentwurf mit seinen Lebensstrategien sind die Befragten allerdings abgewichen: Die Ehen scheitern (Herr Hendrich, Herr Brendner, Frau Wert); es kommt zu finanzieller Überforderung durch Erwerbslosigkeit, Hauskauf, Scheidung oder Kinder (Frau Wert, Frau Peters, Herr Hendrich, Herr Brendner) oder die Interviewten sind durch unerwartete familiäre Sorgeaufgaben auf prekäre Verhältnisse zurückgeworfen (Frau Reiser, Frau Wert); die Verantwortung für die eigenen Kinder wird als defizitär erlebt (Herr Brendner, Frau Peters, Frau Reiser) oder man hat keine Kinder oder keine Partnerin (Herr Hendrich); die Karriere (der Männer) kommt nicht voran oder wird abgebrochen (Herr Hendrich, Herr Brendner); die Frauen finden sich ungewollt in der Position der Hauptenährerin wieder – jedoch auf prekären beruflichen Positionen, wobei sie zusätzliche familiäre Anforderungen erfüllen müssen (Frau Reiser, Frau Wert). Allen Befragten mangelt es an Aufstiegsmöglichkeiten und Gratifikationen in der Erwerbsarbeit.

Aus der Perspektive der interviewten Frauen und noch mehr der der Männer sind die an einen älteren mittelständischen Habitus geknüpften Geschlechterbilder gekränkt, was als moralisches Versagen erlebt wird. Von außen betrachtet, ist der sozioökonomische Abstieg (gegenüber der bisher erreichten bzw. avisierten Position oder der der Herkunftsfamilie) und der Anerkennungsverlust entweder bereits eingetreten oder steht als reale Gefahr im Raum. Jedenfalls kann das Wohlstandsversprechen auf der Basis des Normalentwurfs nicht eingelöst werden bzw. es ist bedroht. Die Kränkung der subjektiven Klassenlage und der Aufstiegsaspirationen führt in eine dauerhafte „Gratifikationskrise"[12]. Der biografische Bruch durch die Krankheit (Bury, 2009) geht mit dem Bruch der soziokulturellen Erwartungen der alten Mittelschicht einher und wirkt sich auf das Gesamtleben verschärfend aus.

3.2 Von der Rehabilitation zur Rückkehr in Arbeit bei psychischen Beeinträchtigungen

In unserer Studie (von Kardorff et al., 2021)[13] haben wir untersucht, in welcher Weise sich die Rehabilitandinnen die Angebote der stationären psychosomatischen Rehabilitation aktiv, ihren subjektiven Bedarfen entsprechend angeeignet haben und inwiefern dabei aus der retrospektiven Sicht die Erwartungen an die Maßnahme von der Lebenssituation bei Klinikaufnahme geprägt waren. Dazu haben wir die berichteten Erfahrungen des Klinikaufenthalts mit den Verlaufskurven von Biografie und Krankheitsgeschichte in Beziehung gesetzt; zusätzlich wurde das Klinikpersonal zu seinen Einschätzungen befragt.

Im Folgenden werden nur Ausschnitte aus dem *qualitativen* Studienteil vorgestellt:[14] aus unserer Fragebogenerhebung in drei psychosomatischen Reha-Klini-

---

[12] Das in der medizinsoziologischen Forschung entwickelte Modell der Gratifikationskrise (Siegrist 2015) ließe sich hier auch auf die trotz subjektiver Anstrengung an kontingenten Bedingungen gescheiterten Lebensentwürfe der Interviewten übertragen, die den Hintergrund für eine erhöhte gesundheitliche Vulnerabilität bilden kann (Siegrist 2015).

[13] Die Hauptergebnisse der von der Rentenversicherung Berlin-Brandenburg geförderten und an der Humboldt-Universität zu Berlin durchgeführten Studie „Von der medizinischen und der beruflichen Rehabilitation zur nachhaltigen Wiedereingliederung in Arbeit bei psychischen Beeinträchtigungen" finden sich in: von Kardorff, E., Meschnig, A. & Klaus, S. (2021). Der Gesamtbericht ist abrufbar unter: https://bws-institut.de/wpcontent/uploads/2020/01/Abschlussbericht.pdf.

[14] Die Studie wurde an drei psychosomatischen Kliniken in Brandenburg und einem ambulanten Zentrum für psychosomatische Rehabilitation in Berlin durchgeführt.

ken und einem ambulanten Zentrum für psychosomatische Rehabilitation wurden 28 Personen nach Kriterien des *theoretical sampling* ausgewählt, die im Anschluss an eine stationäre psychosomatische Rehabilitation zu drei Zeitpunkten (sechs, zwölf und 18 Monate) mit episodisch-narrativen Interviews befragt wurden. In den als „biografische Gesamtformung" (Schütze, 1983) verdichteten Fallstudien wurde sichtbar, wie die Interaktion von belastenden Umweltbedingungen mit biografischen (Fehl)Entscheidungen die Entwicklung der psychischen Beeinträchtigungen bis zur Klinikaufnahme bestimmt hat. Im systematischen Fallvergleich zeigten sich charakteristische Muster von *Erwartungen* an und *Nutzungsformen von* psychosomatischen Rehabilitationsmaßnahmen.

3.2.1 Psychische Beeinträchtigungen zwischen Krankheit und Lebensproblemen

Nach einer Krise stehen die Betroffenen vor der Herausforderung, sich in ihrer neuen Rolle als Kranke in der Welt zurecht zu finden und den „gekränkten" Lebensentwurf zu einem neuen „Ganzen" zusammenzusetzen (Corbin & Strauss, 2004[2]). Fast drei Viertel der Rehabilitanden aus der Fragebogenerhebung weisen zusätzlich zu ihren psychischen Beschwerden zum Teil erheblich beeinträchtigende körperliche Komorbiditäten auf; daher wehrten sich auch einige Rehabilitandinnen anfänglich gegen eine „psychische" Diagnose. Interviewte Klinikärztinnen wiesen darauf hin, dass sich die Zuweisungsdiagnose während des in der Regel fünf Wochen dauernden Aufenthalts in der Klinik häufig verändere. Trotz einer präziseren Diagnostik zeigte sich in den Interviews aber nur ein sehr loser Zusammenhang zwischen den Diagnosen und den konkret erfahrenen Beeinträchtigungen des Alltags und der Arbeitsfähigkeit und den von den Betroffenen geschilderten Problemen. Auch mit Blick auf die Zuweisung zu den klinikinternen Therapieangeboten schien die Diagnose aus Sicht der Rehabilitanden nur eine marginale Rolle zu spielen. Zwar geht es für sie zunächst um Symptomfreiheit, die durch Medikamente und Psychotherapie begrenzt erreicht werden kann. In den Narrationen geht es allerdings weniger um die Krankheit selbst als vielmehr um den durch ihre Symptome irritierten Lebenszusammenhang (vgl. auch: Schaeffer, 2009) und die Lösung der darin (symbolisch) verdichteten Lebensprobleme. Zentrale Aspekte für die Befragten sind z. B. die Unterstützung bei der Krankheitsbewältigung und Perspektiven für das weitere Leben, Fragen der Sinngebung und Selbstpositionierung, die Reflexion belastender biografischer Erfahrungen und aus dem Rückblick gesehen falscher oder unter äußerem Druck erfolgter Entscheidungen (z. B. Berufswahl) oder Fragen, wie mit bleibenden Beeinträchtigungen von Lebensqualität und Leistungsfähigkeit dennoch ein befriedigendes (Arbeits-)Leben gelingen kann. Als „befriedigend" werden von den Interviewten neben der materiellen Existenzsicherung und der Teilhabe am Arbeitsleben – für die sie sich selbst verantwortlich fühlen – vor allem soziale Teilhabe und Anerkennung sowie das Gefühl der Zugehörigkeit zu den „Normalen" (vgl. auch Goffman, 1967) gesehen. In einer erweiterten Interpretationsperspektive geht es damit nicht mehr allein um die diagnostizierte psychische Krankheit, die einer psychosomatischen Behandlung bedarf, sondern mindestens ebenso sehr um die gesellschaftlich erwartete und geforderte psychische Gesundheit – die von der Fachmeinung wie auch im Alltagsverständnis als Arbeits- und Leistungsfähigkeit, Fitness, Fähigkeit zur Selbststeuerung und Selbstverantwortung verstanden wird (vgl. FN 5).

Die von den Rehabilitanden als psychisch belastend, verstörend und beeinträchtigend geschilderten Probleme führen auch zu Unsicherheiten in der Diagnosestellung bei Ärztinnen und Psychologen: Zunehmend greifen sie auf die Verlegenheitskategorie der Z(usatz)-Diagnosen der ICD-10 zurück (Gensichen & Linden, 2013) wie etwa auf z-73 *„Schwierigkeiten in der Lebensbewältigung"*, was auch als nicht-intendierte praktische Kritik an der psychiatrischen Diagnosesystematik gelesen werden könnte.

3.2.2 Idealtypische Verlaufskurve: von den ersten Symptomen über Krise, Behandlung und Rehabilitation zurück in Arbeit mit bedingter Gesundheit

In Anlehnung an (Schütze, 2006) konnte aus dem Material eine idealtypische Verlaufskurvenstruktur entwickelt werden, die charakteristische Phasen im Prozess der Aufschichtung von krisenträchtigen Verlaufskurvenpotenzialen abzubilden erlaubt: von der ersten Symptomwahrnehmung und ihrer Einordnung über Phasen der Selbstbehandlung und des Präsentismus in der Arbeitswelt bis zur Zuspitzung der Krise, über Phasen der Ängste vor sozialem Abstieg und Verlust des Arbeitsplatzes bis zur Nutzung der psychosomatischen Rehabilitation bis zur anschließenden Rückkehr in Arbeit, in erneute Arbeitslosigkeit oder in eine Erwerbsminderungsrente. Dieses aus empirischen Beobachtungen abstrahierte Modell dient dazu, die befragten Rehabilitanden entsprechend ihres Krankheitsverlaufs und den dabei retrospektiv artikulierten Unterstützungsbedarfen zu positionieren. Aus der Positionierung jeder/s Befragten auf der Kurve zum Zeitpunkt der Aufnahme in die Klinik lassen sich retrospektiv Kernelemente des Unterstützungsbedarfs herausarbeiten, die mit den im nächsten Abschnitt geschilderten Formen der individuellen Aneignung der Angebote der psychosomatischen Rehaklinik korrelieren (Abb. 1).

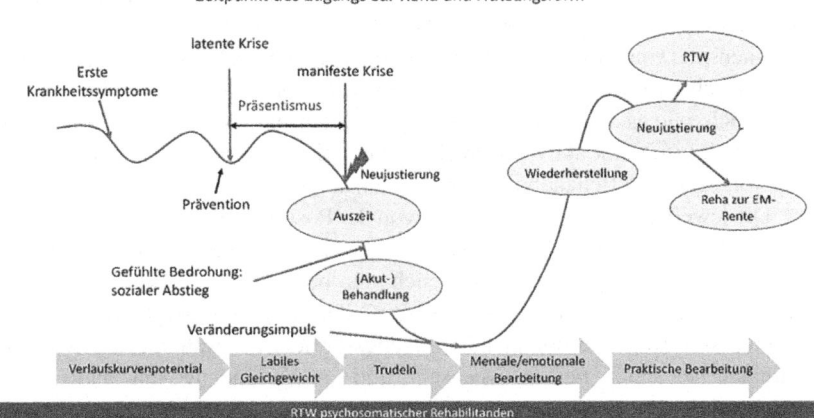

Abb. 1 Idealtypische Verlaufskurve und Nutzungsformen psychosomatischer Rehabilitation. (Quelle: von Kardorff, Meschnig und Klaus (2021), S. 267)

3.2.3 Unterschiedliche Nutzungsformen der stationären psychosomatischen Rehabilitation

Ziele und Inhalte der Rehabilitation werden meist zu Beginn der Rehabilitation in einem Vortrag von der ärztlichen Leitung vorgestellt (Kuczyk, 2013): dazu gehören neben der Erklärung psychosomatischer Krankheitsbilder und Behandlungsansätze vor allem motivationale und psychoedukative Hinweise, die die Zuversicht auf einen verbesserten Umgang mit den Symptomen und Perspektiven zur Rückkehr in die Arbeit stärken sollen. Für einige Rehabilitandinnen stellt dies eine erstmalige Konfrontation mit dem Thema dar, einige von ihnen sehen sich in ihren Erwartungen und aktuellen Wünschen/Bedarfen bestätigt, andere sind enttäuscht und fühlen sich in ihrer aktuellen Situation unverstanden. Die Erwartungen an den Klinikaufenthalt sind daher sehr unterschiedlich, in den Worten eines Klinikleiters:

„… manche wollen auftanken, Lebensfreude wiedergewinnen, sich regenerieren; manche wollen sich im Erlebens- und Verhaltensmuster verändern; viele denken auch daran, dass sie diese Station absolvieren müssen, um EM-Rente zu bekommen".

In den vergleichenden Interviewanalysen zeigte sich, dass die Erwartungen und die konkreten Nutzungsformen der Angebote in den psychosomatischen Rehakliniken vom subjektiv eingeschätzten (Hilfe-)Bedarf und der konkreten Lebenssituation (z. B. kurz vor der Altersrente stehend; direkt nach einem Zusammenbruch) zum Zeitpunkt des Zugangs in die Klinik bestimmt werden. Mit dem Reha-Antrag war bereits der erste Schritt zur Wiedergewinnung der symptombedingt eingeschränkten (relativ) autonomen Lebenspraxis vollzogen. Das je individuelle Zusammenspiel von zeitlicher, struktureller, situativer und individuell aufgeschichteter biografischer Konstellation bestimmt dann die Formen der Angebotsnutzung; darin zeigt sich, wie es den Betroffene gelingt, sich einzelne Angebote wie den Klinikaufenthalt insgesamt aktiv entsprechend ihrer aktuellen Situation selbst innerhalb der vorgegebenen Behandlungsschemata anzueignen.

Die jeweilige Nutzungsform hängt von der Position der Rehabilitanden auf der idealtypisch gedachten Verlaufskurve (vgl. Abb. 1) und von ihrer subjektiven Situationsbewertung ab und lässt sich nur bedingt auf Persönlichkeitseigenschaften oder die Zugehörigkeit zu einer Risikogruppe zurückführen. Typisierend zeigten sich folgende dominante Nutzungsformen, die während des Klinikaufenthalts bei einer Person wechseln und in Verbindung mit anderen auftauchen können.

Erfolgt der Zugang in die psychosomatische Reha direkt im Anschluss an eine Krise steht oft die Nutzungsform *Auszeit/Erholung* im Vordergrund; dies trifft auch gehäuft für langjährig in Sozial- und Gesundheitsberufen beschäftigte Personen zu, die angeben aufgrund psycho-physischer Erschöpfung in ihrem Beruf nur durch wiederholte Rehas bis zur Altersrente durchhalten zu können. Für Personen, die erst in der Krise eine Behandlungsbedürftigkeit („Krankheitseinsicht") für sich erkannt haben, stellt sich die Rehabilitationsklinik eher als *Ort der Akutbehandlung* dar. Rehabilitandinnen mit einem eher instrumentellen Verhältnis zu ihren Problemen, sehen die Rehaklinik als *Ort zur Wiederherstellung* des status quo ante und erwarten sich praktikable „Rezepte". Für Menschen, die sich noch in einer Orientierungsphase befinden, wird die Klinik als Raum der Selbsterfahrung genutzt, die den Veränderungsimpuls zur *biografischen Neuorientierung* unterstützt. Von Personen, die in ihrer Symptom- und Problembearbeitung schon weiter fortgeschritten sind und persönliche Ziele formuliert haben, wird die Rehabilitation retrospektiv oft als Bereicherung gesehen. In der in unserem Sample nur marginal vertreten Gruppe *Reha zur Rente* finden sich vor allem ältere und auch körperlich stark beeinträchtigte Menschen, die sich von der Reha die Bestätigung für ihren bereits bei Aufnahme vorhandenen Wunsch auf Erwerbsminderungsrente sowie eine offizielle Anerkennung ihres Leidens erhoffen.

Zwei Nutzungsformen („Behandlung" und „Neujustierung") aus unseren Fallstudien werden im Folgenden exemplarisch dargestellt:

Frau Herbert, 52 Jahre alt, alleinerziehend mit drei Kindern im eigenen Haushalt gelangt mit einer Depressionsdiagnose in die Rehaklinik und steht für die Nutzungserwartung *Behandlung*. Nach jahrelanger beruflicher Überlastung bei gleichzeitig geringer Wertschätzung ihres Engagements entwickelt sie ein Burnout Syndrom und muss zudem feststellen, „*dass so mein ganzes privates Umfeld halt weggebrochen ist durch die viele Arbeiterei*" *(Frau H. I, Z. 231 ff.)*. Sie entschließt sich zu einer Auszeit zu Hause, während der sich ihre Symptome aber verstärken:

> „Ich dachte auch, ich bleib ein, zwei Monate zu Hause schlaf mich aus und dann such ich mir 'n neuen Job und fang irgendwo neu an, aber aus (1) diesen ein, zwei Monaten (1) bin ich nicht mehr rausgekommen, ne (.)" (Frau H. I, Z. 662 ff.).

In die bewilligte stationäre psychosomatische Reha-Maßnahme geht sie mit einer eher passiven Erwartungshaltung:

> „Mir fehlt einfach die Führung (.) mir fehlt jemand der mich so 'n Stück weit an die Hand nimmt ab und zu mal sagt: pass auf so und so, das sind jetzt die nächsten Schritte, bleib auf der Geraden oder so(.) das hab ich nicht (.)" (Frau H. I, Z. 60–63).

Am Ende des Klinikaufenthalts – „*die haben ebend auch gesagt äh, alleine krieg ich, krieg ich's nicht*" *(Frau H. I, Z. 895 f.)* – wird ihr geraten, im Anschluss in Psychotherapie zu gehen. Dieser Anstoß, der ihren Erwartungen an das „*an die Hand genommen werden*" entspricht, eröffnet für sie die Chance zur Selbstveränderung. Nach einem halben Jahr Erwerbslosigkeit im Anschluss an die Reha, findet Frau Herbert eine neue Stelle in ihrem angestammten Berufsfeld; dort hat sie eine größere Selbstständigkeit und erfährt Anerkennung durch Vorgesetze und Kolleginnen. Damit kann Frau Herbert die für ihr Selbstverständnis wichtige Berufsorientierung beibehalten.

Herr Weh, 41 Jahre alt, alleinlebend ohne Kinder hat eine schwere rezidivierende Depression und steht hier für die Nutzungserwartung und -form der Neujustierung. Nach einer schwierigen Kindheit (u. a. kein Kontakt zum Vater nach dessen Scheidung, fühlte sich vom neuen Partner der Mutter nicht anerkannt), einer Lehre im großväterlichen Betrieb und anschließendem Studium mehrerer Fächer ohne Abschluss (mit starken Schuldgefühlen gegenüber seiner Familie) sowie einer späteren schmerzhaften Trennung von seinem Lebenspartner, arbeitet Herr Weh in der Systemgastronomie. Nach einem erfolgreichen Berufsabschluss erhält er dort zunehmend mehr Verantwortung, der er aber psychisch nicht gewachsen ist. Nach einem Suizidversuch und einer Kündigung aus familiären Gründen folgt eine Phase der Arbeitslosigkeit. Während einer längeren Psychotherapie rückt das Thema Beruf in den Vordergrund und Herr W. beantragt eine medizinische Reha, in die er mit folgender Erwartung hineingeht:

„das war meine Vorstellung von der, von der Reha, dass ich es schaffe, da für mich selbst eine Struktur in meinem Leben zu finden, meinen Alltag zu strukturieren und wieder zu lernen, dass ich auch soziale Kontakte aufbauen und pflegen kann" (Herr W I, Z. 520 ff.).

In der Reha gelingt es Herrn Weh, sich für eine Neuorientierung zu öffnen; nach dem Klinikaufenthalt nimmt er an einer Berufsfindungs- und Arbeitserprobungsmaßnahme teil und absolviert anschließend eine Umschulung zum Fachinformatiker, was zur Stabilisierung seiner gesamten Lebenssituation beiträgt, ein Beispiel für eine „kreative Transformation" (Hildenbrand, 2009), also einen Neuanfang, bei dem Herr Weh seine (liegengebliebenen) Bildungsressourcen und Aspirationen mit dem Angebot der Umschulung verknüpfen und zu einem neuen Lebensentwurf zusammenfügen kann.

3.2.4 Psychosomatische Rehabilitation: Wege der Lebensführung mit bedingter Gesundheit

Obwohl fast drei Viertel der befragten psychosomatischen Rehabilitanden die Rückkehr in Arbeit unspektakulär gelingt, bleibt die Bearbeitung der psychischen Beeinträchtigungen für etwas mehr als ein Viertel der Betroffenen ein krisenanfälliger Prozess, der auch von strukturellen Gegebenheiten wie dem regionalen Arbeitsmarkt abhängt. Besonders für Menschen mit geringer sozialer Einbindung oder für Alleinlebende, für Personen mit der Rehabilitation lange vorausgehenden Perioden krankheitsbedingter Arbeitsunfähigkeit oder Erwerbslosigkeit und für Menschen, die in ihrer Biografie auf feste „Leitplanken" des Lebens angewiesen sind, bleibt die Gefahr des Scheiterns auch nach einer positiv erlebten stationären Reha bestehen. Auch bei denjenigen Personen, die sich von der psychosomatischen Klinik eine „Behandlung" erwarten bzw. sie als Ort für eine Therapie nutzen, spielen im engeren Sinne medizinische Aspekte eine untergeordnete Rolle: so werden eher Techniken des Selbstmanagements gesucht, Tipps erwartet oder der Wunsch geäußert, „an die Hand genommen zu werden", Orientierung zu erhalten, einen Therapieplatz zu bekommen, zu lernen mit der Krankheit zu leben, sich mit Gleichbetroffenen auszutauschen oder einfach mal zur Ruhe und auf andere Gedanken zu kommen. Für andere wiederum dient die Reha auch dazu, stark belastende Arbeitssituationen „durchzuhalten" – all dies sind eher lebenspraktische Anliegen für psychotherapeutische und sozialpädagogische Hilfen, die – von einer symptomreduzierenden Medikation einmal abgesehen – nicht im Zentrum der Psychiatrie bzw. Psychosomatik stehen und kaum im Ausbildungsspektrum der ärztlichen Profession liegen. Vor diesem Hintergrund wird verständlich, warum selbst Psychiater (Priebe et al., 2013) die Zukunft ihres Fachs verstärkt im Bereich des Sozialen verortet sehen.

4 Synopse: Unterschiede und Gemeinsamkeiten in den Ergebnissen beider Studien

Während der Zugang in die psychosomatische Akutversorgung meist aus einer massiven, die Selbstversorgungsfähigkeit der Betroffenen beeinträchtigenden Krise heraus erfolgt, hat der Weg in die psychosomatische Rehabilitationsklinik in der Regel einen längeren Vorlauf. Von der ärztlichen Empfehlung bis zur administrativen Bewilligung und Zuweisung zu einer Klinik kann es einige Monate dauern. Zudem setzt er die eigenständige Entscheidung der Betroffenen voraus, die in der Regel die Behandlungsbedürftigkeit ihrer psychischen Symptome bereits anerkannt und teilweise bereits konkrete Erwartungen an das Angebot haben. Die Aufnahme in die Akutpsychosomatik erfolgt meist in einer Krisensituation, die nicht mehr alleine bewältigt werden kann. Bei vielen akutpsychosomatischen Patientinnen stehen oft schon lange bestehende körperliche Symptome, wie starke Schmerzen, im Vordergrund, während es in der psychosomatischen Rehabilitation vorrangig psychische Beeinträchtigungen wie Burnout, chronische Erschöpfungszustände, Ängste und Depressionen sind, die zu einer temporären Arbeitsunfähigkeit geführt haben. In der Akutpsychosomatik stellt sich der Pfadwechsel von der somatischen Erkrankung zur Diagnose einer psychosomatischen Erkrankung als ausgeprägter Konfliktherd im Aushandlungsprozess der Diagnosefindung dar: die Zuschreibung einer *Psychosomatischen Krankheit* bedeutet für die Patientinnen einen Wendepunkt, der sie und ihre Angehörigen mit einer zusätzlichen Gefahr ihres teilweise hart erkämpften Status als „respektable" körperlich Kranke mit Stigmatisierung(sängsten) bedroht und zu einer Neudefinition ihres Selbstbildes und ihrer sozialen Rolle zwingt. Mit dem Kompromiss eines unfreiwilligen Arrangements mit der im Vergleich zur einer psychiatrischen Diagnose „sanfteren" psychosomatischen Zuschreibung können die Patienten ihren Status als „Kranke" aufrechterhalten und ggf. strategisch einsetzen. In der psychosomatischen Reha hingegen scheint die Diagnose für die Befragten nicht im Zentrum zu stehen; vielmehr eignen sie sich die Angebote der Klinik, soweit der institutionelle Ablauf dies zulässt, entsprechend ihrer aktuellen Bedarfslage an und rüsten sich damit für die Zeit danach.

Die Fallanalysen zeigen bei beiden Gruppen eine große Bandbreite und Heterogenität: Probleme der Lebensbewältigung (z. B. Scheitern an selbst- und fremdgesetzten Normen, ungelöste Konflikte im Arbeitsleben wie im Privaten), biografische Hypotheken (z. B. Traumata aus Kindheit und Jugend; Fehlentscheidungen z. B. bei der Berufswahl), belastende Arbeitsbedingungen (z. B. mangelnde Anerkennung im Beruf; Verlust des Arbeitsplatzes durch Rationalisierung), sozialer

Wandel (z. B. Veränderungen durch die „Wende"), Belastungen in der Familie (z. B. Pflege Angehöriger) oder Schicksalsschläge (z. B. Unfälle). Während für die untersuchten Patientinnen in der Akutklinik aufgrund der Vorgeschichte der somatischen Erkrankung das Neuarrangement mit der auch schützenden Krankenrolle eher im Vordergrund steht, geht es in der Reha-Klinik stärker um Fragen des (Weiter-)Lebens- und Arbeitens mit bedingter Gesundheit. Innerhalb des Versorgungssystems bildet die psychiatrisch-psychosomatische Diagnose die Voraussetzung zur Leistungsgewährung; für die betroffenen Menschen hat sie entlastende Funktionen, für die Behandlung weist sie die Richtung für Medikation und Psychotherapie. Zu Fragen nach angemessenen Formen der Unterstützung bei der Bewältigung biografischer Brüche, der Klärung der Gründe gescheiterter Lebensbewältigung und der Strategien zu ihrer Bearbeitung tragen die psychiatrisch-psychosomatischen Diagnosen ebenso wenig Wesentliches bei wie zur Beurteilung der konkreten Arbeitsfähigkeit, zum Umgang mit Symptomen im Alltag oder zu Perspektiven für einen Neubeginn unter Nutzung bislang nicht genutzter oder „übersehener" biografischer Ressourcen. Stattdessen leiten sie vielfach soziale Abstiegskarrieren ein und verfestigen sie, blockieren Eigenaktivität und verstellen den Blick auf notwendige Veränderungen in der Umwelt. In durchaus ambivalenter Weise bieten sie den Patienten neben Schutz und Entlastung auch Ausflüchte für das Verharren im sicheren Abseits der Krankenrolle, die ihrerseits Selbst- und Fremdbild bedroht und mit der Gefahr von Stigmatisierung und sozialer Isolation einhergehen kann. Psychiatrische Diagnosen fungieren lebensweltlich wie im medizinischen Behandlungsregime als interpretationsbedürftige „Krücken": Für die Ärztinnen dienen sie der fachgebundenen Zuweisung der Kranken und der Abrechnung der Dienstleistungen; für die Kranken fungieren sie als Eintrittskarte in das medizinische und sozialstaatliche System – sie legitimieren die Symptome und Rollenzuweisungen und eröffnen Zugänge zu Behandlungen sowie symbolische Anerkennung und finanzielle Transferleistungen; zugleich können sie der Beginn einer „Karriere" in die Sonderwelt chronisch Kranker mit der Gefahr sozialen Abstiegs und sozialer Ausgrenzung vorzeichnen.

5 Ein soziologisches Résumé

Ein Großteil der umfangreichen medizinsoziologischen Literatur zu chronischer Krankheit thematisiert Lebensprobleme meist nur mit Blick auf die Krankheits*folgen*, um für die psychosozialen Herausforderungen im Leben mit chronischer Krankheit zu sensibilisieren (z. B. Bury, 2002 und 2009; Corbin & Strauss, 2004[2]). Ein vollständiges Bild entsteht aber erst in der Betrachtung des Zusammenspiels von „biografischer Gesamtformung" (Schütze, 1983) und ihren Trajekten, dem sozialem Umfeld sowie der Bearbeitung der Krankheiten/Störungen durch das Gesundheitssystem, wenn die Verlaufskurven in einer long dureé analysiert werden, die den Lebensverlauf vor der Erkrankung und die Lebensperspektiven nach der Behandlung/Rehabilitation berücksichtigen. Gerade für das Verständnis des gesellschaftlichen Umgangs mit psychischen Störungen ist es erforderlich, die komplexen Entwicklungsprozesse zwischen Störung, Lebensproblemen und sozialen Abhängigkeiten als Prozess wie als Resultat beständiger Ko-Konstruktion in Alltagsinteraktionen *und* innerhalb des medizinischen Systems zu analysieren. Weil psychische Störungen nicht objektiv messbar sind (wie etwa Bewegungsradien von Gelenken) und für die Psychiatrie/Psychosomatik erst dann handlungsrelevant werden, wenn körperliche und seelische Irritationen von den Betroffenen selbst oder der Umwelt an sie delegiert und dann in die Sprache der Klassifikationssysteme übersetzt werden, stellt sich die Diagnose einer psychischen Störung als Aushandlungsprozess dar. Dabei versuchen die Betroffenen ihre Leiden mit ihren Interessen, ihren Ressourcen, Haltungen und Zukunftsperspektiven und das heißt auch: mit ihren „kulturellen Modellen" (Shorter, 1999) in Bezug auf die medizinische Deutung abzugleichen und akzeptabel zu machen. Auf einer abstrakteren Ebene deuten die Ergebnisse auf einen gesellschaftlichen Wandel im Verständnis von Gesundheit und Krankheit: so verschwimmen die Grenzen zwischen Gesunden und Kranken (Schnabel 2001),[15] wie auch die Grenzen zwischen Gesundheit und Krankheit zunehmend weniger greifbar werden. Gerade mit Blick auf psychische Beeinträchtigungen zeigt sich aber gleichsam als Gegenbewegung der in der Praxis oft vergebliche Versuch, komplexe, oft durch Herkunft und soziale Lage, durch Arbeitsbedingungen, einander widersprechende und gestiegene gesellschaftliche Erwartungen mitbedingte Lebensprobleme mit neuen Krankheitskonstruktionen in den Zuständigkeitsbereich der Psychiatrie/Psychosomatik hinein zu holen. Parallel dazu steigt die Sensibilität gegenüber Störungen des Wohlbefindens. Dieser scheinbare Widerspruch löst sich bei einem Blick auf die Zielvorstellungen der psychosomatischen Akutbehandlung und Rehabilitation auf: neben der Behandlung der als *psychische Krankheit* diagnostizierten Beeinträchtigungen und

---

[15] Akashe-Böhme und Böhme (2005) sprechen hier von „gesunden Kranken" und „kranken Gesunden"; mit Blick auf chronisch kranke Menschen stellt Schnabel (2001) jedoch heraus, dass sich die Welt der Kranken von der der Gesunden u. a. aufgrund unterschiedlicher Relevanzperspektiven, Alltagsabläufe und sozialer Kontaktwelten deutlich unterscheidet. Diese anhand chronischer körperlicher Krankheiten entwickelten Überlegungen gelten auch für Menschen mit chronischen/chronifizierten psychischen Beeinträchtigungen, allerdings mit anderer Akzentsetzung: hinter der Krankheitszuschreibung stehen allgemeine Lebensprobleme.

Hilfestellungen zum Leben mit bedingter Gesundheit gewinnt die an (gewandelten) gesellschaftlichen Normvorstellungen orientierte Zielsetzung einer Förderung *psychischer Gesundheit* an Bedeutung; in der psychosomatischen Rehabilitation geschieht dies z. B. durch eine Stärkung der Widerstandsfähigkeit gegenüber Stress und Belastungen, der Flexibilität, des Durchhaltevermögens und der Selbstsorge, usw. um den Anforderungen und Zumutungen in privaten Leben einer pluralisierten Gesellschaft sowie den veränderten Anforderungen und Zumutungen der modernen Arbeitswelt individuell besser entgegentreten zu können. Da es dafür keine im engeren Sinne wissenschaftlich begründbaren medizinischen Normen gibt, treten Konzepte wie Resilienz, Salutogenese, Selbstwirksamkeit, Verhaltenskontrolle und Behandlungskonzepte wie Selbstsicherheits- und Achtsamkeitstrainings etc. an deren Stelle, unterstützt durch Smartphone-APPs, die bei der Verstetigung der Rehabilitationserfolge helfen und als Rückmeldung dienen sollen. Insofern zielt die psychiatrisch/psychosomatische „Kur" weniger auf „Heilung", als vielmehr auf die Passung ihres beeinträchtigten Klientels für die nur selten von ihr in Frage gestellten normalistischen Anforderungen ihrer Umwelt oder – falls das nicht gelingt – auf eine sozialmedizinisch begründete Legitimierung eines unterstützungswürdigen sozialrechtlichen Status wie Schwerbehinderung oder Erwerbsminderung.

Die vorliegenden Untersuchungen ermöglichen nicht nur Aussagen über Biografien und Karrieren, die in die medizinische Versorgung führen; darüber hinaus erlauben sie auch einige Aussagen über die Schnittstellen von Lebenswelt, Medizin und Sozialbürokratie: In der postindustriellen Gesellschaft wird das Individuum zum Verhandlungsort vielfältiger Ansprüche und Erwartungen aus unterschiedlichen lebensweltlichen und institutionellen Bereichen (z. B. zwischen Familie, Erwerbsarbeit und Gesundheit). Aufgrund ihrer Widersprüchlichkeit und Reichweite können sich diese Ansprüche zu Lebensproblemen aufschichten, für die oft nicht genügend Bewältigungsressourcen (z. B. ökonomisches, kulturelles oder soziales Kapital) vorhanden sind. Belastungen zeigen sich dann in psychophysischen Symptomen, mit denen Betroffene in das medizinische System gelangen, wenn die informellen Hilfesysteme überfordert sind. Medizin und Psychiatrie/Psychosomatik sind aber nur sehr begrenzt für die Bewältigung von Lebensproblemen ausgelegt. Vielen Praktikerinnen scheint dies zumindest unterschwellig bewusst zu sein. Um ihre Deutungs- und Handlungshoheit trotzdem aufrechtzuerhalten und den gleichwohl erforderlichen Unterstützungsbedarf bereitstellen zu können, werden die Lebensprobleme in komplexen Aushandlungsprozessen in Diagnosen überführt. Tatsächlich fungieren diese aber nur als Eintrittskarten in die psychosomatische Versorgung; im konkreten Behandlungsgeschehen sind sie

zweitrangig, weil die ungelösten Lebensprobleme nach wie vor im Vordergrund stehen.
Anders dagegen arbeiten die Sozialstaatsbürokratien, z. B. die Renten- und Krankenversicherungen, Arbeitsagenturen und Jobcenter oder die Sozialämter, die für die Grundsicherung zuständig sind. Hier bleiben die Diagnosen (und nicht die Lebensprobleme) weitgehend die Grundlage, auf der die maßgeblichen Entscheidungen über die Zuweisung von finanziellen Transfers und institutionelle Hilfen getroffen werden. Die individuell-idiosynkratisch verfassten Lebensprobleme hingegen gehen nicht im Kalkül bürokratischer Organisationen mit ihren formalisierten Kriterien auf. Während also in der Psychosomatik versucht wird, Probleme zu normalisieren, werden Ansprüche an soziale Leistungen auf der Basis der Diagnosen (und nicht der Lebensprobleme) gestellt und zugeteilt. Die Betroffenen sind auf ein diagnostisches Etikett und damit auf Krankheitsidentitäten festgelegt, womit unter Umständen die psychosomatischen Normalisierungsbemühungen konterkariert werden. Hinzu kommt, dass Kranke und Rehabilitanden eigene Lebenspläne verfolgen, und dabei von der Medizin (für die Förderung der Genesung) und von den Sozialbürokratien (für ihre Existenzsicherung) abhängig sind. Sie stehen also unter dem Druck, sich den jeweiligen institutionellen Kalkülen anpassen zu müssen, um ihre lebensweltlichen Ziele zu verfolgen. Auch das kostet Kraft und gelingt unterschiedlich gut.

Literatur

Akashe-Böhme, F., & Böhme, G. (2005). *Mit Krankheit leben: Von der Kunst, mit Schmerz und Leid umzugehen*. C.H. Beck.
Baecker, D. (2014). *Neurosoziologie. Ein Versuch*. Suhrkamp.
Baker, M., & Menken, M. (2001). Time to abandon the term mental illness. *British Medical Journal, 322*, 937.
Bengel, J., & Mittag, O. (Hrsg.). (2021). *Psychologie in der medizinischen Rehabilitation. Ein Lehr- und Praxishandbuch* (2. Aufl.). Springer.
Berger, P. L., & Luckmann, T. (1969). *Die gesellschaftliche Konstruktion der Wirklichkeit*. S. Fischer.
Boltanski, L. (1976). Die soziale Verwendung des Körpers. In D. Kamper & V. Rittner (Hrsg.), *Zur Geschichte des Körpers* (S. 138–183). Hanser.
Bourdieu, P. (1979). *Entwurf einer Theorie der Praxis*. Suhrkamp.
Bourdieu, P. (1982). *Die feinen Unterschiede. Kritik der gesellschaftlichen Urteilskraft*. Suhrkamp.
Bröckling, U. (2017). *Gute Hirten führen sanft. Über Menschenregierungskünste*. Suhrkamp.
Bury, M. (2002). Sociological Theory and Chronic Illness: Current Perspectives and Debates. *Österreichische Zeitschrift für Soziologie (ÖZS), 27*, 7–22.

Bury, M. (2009). Chronische Krankheit als biografischer Bruch. In D. Schaeffer (Hrsg.), *Bewältigung chronischer Krankheit im Lebenslauf* (S. 75–90). Huber.

Corbin, J., & Strauss, A. L. (1988/dt. 2004). *Weiterleben lernen. Verlauf und Bewältigung chronischer Erkrankung* (2. Aufl.). Huber.

Corbin, J., Hildenbrand, B., & Schaeffer, D. (2009). Das Trajektkonzept. In D. Schaeffer (Hrsg.), *Bewältigung chronischer Krankheit im Lebenslauf* (S. 55–74). Huber.

Dreitzel, H.-P. (1972). *Die gesellschaftlichen Leiden und das Leiden an der Gesellschaft: Vorstudie zu einer Pathologie des Rollenverhaltens*. dtv.

Dreßke, S. (2022). *Empfindliche Körper: Kopfschmerzpraktiken zwischen Alltag und Medizin.* transcript.

Finzen, A. (1977). *Die Tagesklinik. Psychiatrie als Lebensschule*. Piper.

Fuchs, T. (2017). Zwischen Psyche und Gehirn. Zur Standortbestimmung der Psychiatrie. *Nervenarzt, 88*(2), 520–528.

Gensichen, J., & Linden, M. (2013). Psychische Gesundheit: Gesundes Leiden – die „Z-Diagnosen". *Deutsches Ärzteblatt, 110*(3), A70–A72.

Gerhardt, U. (1999). *Herz und Handlungsrationalität: Biographische Verläufe nach koronarer Bypass-Operation zwischen Beruf und Berentung. Eine idealtypenanalytische Studie.* Suhrkamp.

Göckenjan, G., Dreßke, S., & Pfankuch, O. (2013). Pfade in der orthopädischen Schmerzversorgung. Soziologische Untersuchungen zum Schmerzhandeln. *Der Schmerz, 27*, 467–474.

Goffman, E. (1961/dt. 1967). *Asyle: Über die soziale Situation psychiatrischer Patienten und anderer Insassen.* Penguin/Suhrkamp.

Goffman, E. (1963/dt. 1973). *Stigma: Über Techniken der Bewältigung beschädigter Identität.* Penguin/Suhrkamp

Griesinger, W. (1845). *Die Pathologie und Therapie der psychischen Krankheiten, für Ärzte und Studierende.* Adolph Krabbe-Verlag.

Gühne, U., & Riedel-Heller, S. G. (2015). *Die Arbeitssituation von Menschen mit schweren psychischen Erkrankungen in Deutschland.* DGPPN.

Handerer, T., Thom, J., & Jacobi, F. (2018). Die vermeintliche Zunahme der Depression auf dem Prüfstand: Epistemologische Prämissen, epidemiologische Daten, transdisziplinäre Implikationen. In T. Fuchs, L. Iwer, & S. Micali (Hrsg.), *Das überforderte Subjekt: Zeitdiagnosen einer beschleunigten Gesellschaft* (S. 159–209). Suhrkamp.

Heinemann, L. V., & Heinemann, T. H. (2017). Burnout Research: Emergence and Scientific Investigation of a Contested Diagnosis. *Sage Open.* https://journals.sagepub.com/doi/10.1177/2158244017697154. Zugegriffen am 24.01.2020.

Heinz, A. (2016). *Psychische Gesundheit. Begriff und Konzepte.* Kohlhammer.

Hildenbrand, B. (2009). Die „Bewältigung" chronischer Krankheit in der Familie – Resilienz und professionelles Handeln. In D. Schaeffer (Hrsg.), *Bewältigung chronischer Krankheit im Lebenslauf* (S. 133–157). Huber.

von Kardorff, E. (1984). Soziale Kontrolle durch Psychologie und Psychologen: einige Vorüberlegungen. *Psychologie und Gesellschaftskritik, 8*(3), 87–105.

von Kardorff, E. (2016). Zur Transformation der Therapeutisierung und Psychiatrisierung des gesellschaftlichen Alltags: auf dem Weg der (nicht ganz) freiwilligen Selbstoptimierung. In R. Anhorn & M. Balzereit (Hrsg.), *Handbuch Therapeutisierung und Soziale Arbeit* (S. 263–298). Springer VS.

von Kardorff, E. (2021). Zum Zusammenspiel von Biografie und Arbeitswelt bei Beschäftigungssicherung und Wiedereingliederung gesundheitlich beeinträchtigter Menschen. *Sozialer Fortschritt, 70*(4), 207–225.

von Kardorff, E., Meschnig, A., & Klaus, S. (2021). Nutzungsformen psychosomatischer Rehabilitation. Eine Studie zur Bedeutung der individuellen Situation beim Eintritt in die medizinische Rehabilitation. *Die Rehabilitation, 60*(4), 263–271.

Katschnig, H. (2010). Are psychiatrists an endangered species? Observations on internal and external challenges to the profession. *World Psychiatry, 9*(1), 21–28.

Kohli, M. (1994). Institutionalisierung und Individualisierung der Erwerbsbiographie. In U. Beck & E. Beck-Gernsheim (Hrsg.), *Riskante Freiheiten* (S. 219–244). Suhrkamp.

Kuczyk, S. (2013). Der Arzt als Wissensvermittler: Eine Analyse ärztlicher Vorträge vor Brustkrebspatientinnen. In D. Nittel & A. Seltrecht (Hrsg.), *Krankheit: Lernen im Ausnahmezustand?* (S. 469–479). Springer.

Lohaus, D., & Habermann, W. (2018). *Präsentismus. Krank zur Arbeit – Ursachen, Folgen, Kosten und Maßnahmen.* Springer.

NICE. (2011). *Common mental health disorders identification and pathways to care*. National Clinical Guideline Number 123. National-Institute of Mental Health.

Palumbo, D., & Galderisi, S. (2020). Controversial issues in current definitions of mental health. *Archives of Psychiatry and Psychotherapy, 1*, 7–11.

Parsons, T. (1965). Struktur und Funktion der modernen Medizin. *Kölner Zeitschrift für Soziologie und Sozialpsychologie, Sonderheft, 3*, 10–57.

Priebe, S., Burns, T., & Craig, T. (2013). The future of Academic Psychiatry may be social. *The British Journal of Psychiatry, 202*(5), 319–320.

Reckwitz, A. (2019). *Das Ende der Illusionen: Politik, Ökonomie und Kultur in der Spätmoderne.* Suhrkamp.

Schaeffer, D. (Hrsg.). (2009). *Bewältigung chronischer Krankheit im Lebenslauf.* Huber.

Schaeffer, D., & Haslbeck, J. (2016). Bewältigung chronischer Krankheit. In M. Richter & K. Hurrelmann (Hrsg.), *Soziologie von Gesundheit und Krankheit* (S. 243–256). Springer.

Schnabel, P.-E. (2001). *Familie und Gesundheit. Bedingungen, Möglichkeiten und Konzepte der Gesundheitsförderung.* Beltz.

Schütze, F. (1983). Biographieforschung und narratives Interview. *Neue Praxis, 13*(3), 283–293.

Schütze, F. (2006). Verlaufskurven des Erleidens als Forschungsgegenstand der interpretativen Soziologie. In H.-H. Krüger & W. Marotzki (Hrsg.), *Handbuch erziehungswissenschaftliche Biografieforschung* (2. Aufl., S. 205–237). Springer-VS.

Shorter, E. (1999). *Von der Seele in den Körper. Die kulturellen Ursprünge psychosomatischer Krankheiten.* Rowohlt.

Siegrist, J. (2015). *Arbeitswelt und stressbedingte Erkrankungen. Forschungsevidenz und präventive Maßnahmen.* Urban & Fischer.

Strauss, A. L. (1993). *Continual permutations of actions.* Routledge.

WHO (Hrsg.). (2019). *Faktenblatt: Psychische Gesundheit.* https://www.euro.who.int/data/assets/pdf_file/0006/404853/MNH_FactSheet_DE.pdf. Zugegriffen am 24.01.2020.

Orthorexia Nervosa: The Emergence of a Psychiatric Illness. Lay People and Professionals' Constructions of Extreme Healthy Eating

Alison Fixsen, Anna Cheshire and Panagiota Tragantzopoulou

1   Introduction: Preoccupation with Food Purity

A preoccupation with food purity has not until recently been viewed as posing any individual physiological or psychiatric risk. In the latter decades of the twentieth century this situation changed, when through the efforts of a handful of practitioners and researchers, excessive preoccupation with the consumption of healthy foods moved quite rapidly to the verges of mainstream psychiatry. This chapter uses a social construction approach to examine the emergence of a new eating disorder, orthorexia nervosa (ON)— a fixation with food purity and cleanliness leading to rigid dietary patterns and feelings of anxiety and guilt after eating foods perceived as unhealthy (Cheshire et al., 2020; Zickgraf, 2019). This reexamination of ON seems especially urgent in the light of on-going and highly polarised debates around such things as 'right' food consumption, critiques of 'healthism' the intricacies of health maintenance, the place of social and cultural context in illness prevention and health promotion (Kickbusch, 1986; Tragantzopoulou et al., 2024; Van den Broucke, 2014) and the reconfiguration of ‚normality' due to an ever- expanding of illness categories (Fixsen, 2024; Sweet & Decoteau, 2018). Although yet to be formally recognised by the Diag-

---

A. Fixsen (✉) · A. Cheshire · P. Tragantzopoulou
University of Westminster, London, UK
E-Mail: a.fixsen@westminster.ac.uk; a.cheshire@westminster.ac.uk; g.tragantzopoulou@westminster.ac.uk

© Der/die Autor(en), exklusiv lizenziert an Springer Fachmedien Wiesbaden GmbH, ein Teil von Springer Nature 2025
E. von Kardorff et al. (Hrsg.), *Zur Gesellschaft der verletzten Seelen*,
https://doi.org/10.1007/978-3-658-47031-9_12

nostic and Statistical Manual for Mental Disorders (DSM) and/or International Classification of Diseases (ICD), ON has been the subject of extensive news coverage (Cheshire et al., 2020; Ross Arguedas, 2020) and much academic research. It is also of interest to researchers such as us who are concerned with the wider cultural shifts linked to the political ideology of neoliberalism, including the marketisation of healthcare and its focus on individual psychic and mental processes at the expense of structural social change (Fixsen, 2024; Fixsen et al., 2020; Fixsen & Cheshire, 2022).

The trend known as 'healthism' emerged in middle-class America from the late 1960s as a form of neoliberal individualism whereby personal health becomes a metaphor for all that is good in life (Crawford, 1980; Kristensen et al., 2016). Health is no longer a means to live, it is the one legitimate goal in life (Hehlmann et al., 2018). Certain forms of healthism have been declared dangerous, for instance Wooley and Wooley went so far to name the California based Beverly Hills Diet the "first time that an eating disorder, anorexia nervosa has been marketed as a cure for obesity"(Wooley & Wooley, 1982, p.57). Some of those in the medical profession have also referred to healthism in a derogatory way, pointing out the problems doctors face in having to deal with the 'anti-scientific' demands of their articulate, health-aware middle-class patients (Greenhalgh & Wessely, 2004).

Viewed by some as an off-shoot healthism, 'clean eating' involves the consumption of solely foods regarded as high quality, natural and unadulterated. Critics of the clean eating movement regard it as part of a 'post-fact' world riddled with anti-scientific messages for the gullible (Marshall & Campbell, 2016; McCartney, 2016), encouraging a kind of "healthy anorexia" (Musolino et al., 2015). For lay persons the messages concerning clean eating and other forms of healthism can be very hard to disentangle. A recent analysis of newspaper stories on clean eating and orthorexia nervosa by Ross Arguedas (2020) demonstrates how the media alternatively promotes and vilifies healthism and uses playful but ambiguous language to catch audience's attention, such as, "can naughty be healthy?" The author cites this as an example of what Kroll-Smith (2003) calls "redescription," that is the painting of a qualitatively different picture of something in a new way.

1.1 Medicalisation and the Emergence of ON

Medicalisation refers to the process by which social phenomena or problems come to be perceived and treated as illnesses and ascribed names. To be medicalised, a problem or behaviour must be "defined in medical terms, described using medical language, understood to the adoption of a medical framework, or treated with a medical intervention" (Conrad, 1992, p. 211). Conrad and Schneider proposed three levels of medicalisation which have retained their relevance; the conceptual, institutional, and doctor-patient level (1980). The conceptualisation of social problems as medical problems begins with the ways in which people are identified and talked about as having deviant/abnormal characteristics and behaviours, allowing them entry into a system of medical governance voluntarily or via compulsory detention (i.e., institutional). This part of the medicalisation process has remained largely unchanged; final diagnostic authority continues to reside with committees made up of medical professionals and other interested parties. The traditional doctor-patient relationship has, however, altered, and it frequently falls on other medical personnel or so-called "psy-professionals" (Cohen, 2016), such as therapists, dieticians, teachers and social workers, to conduct the preliminary psychological and emotional work that brings people into the psycho-medical fold.

The process of medicalisation does not end here; through an active process of interactions and negotiations between groups, medical labels take on their own life and become plausible everyday narratives (Harbusch, 2022). The growing role of the consumer in the medicalisation process has led some to question whether Conrad and Schneider's original (Conrad & Schneider, 1980) hierarchal levels of medicalisation still apply (Charland, 2013). This equity argument falters however in the light of medicine's legislative powers to take over control of people's bodies if their behaviours are considered to pose a threat to personal or social safety[1]; limits remain as to how far people can exercise their personal rights of freedom, even in the seemingly innocuous realm of 'pro-health' behaviours.

The medicalisation of eating has been a gradual process, however the creation of a separate section on Eating and Feeding disorders in DSM-III (1980) marked a major transition in the history of disordered eating, sealing their fate as psychogenic rather than biological or social phenomena (Wilson, 1993). *DSM-5* (2013) now includes a protracted list of eating and feeding disorders, and new or modified categories are frequently suggested or added to this and its sister volume, *ICD* (Claudino et al., 2019). The expansion of eating disorders has led to profound changes, not just in terms of defining more and more persons as psychiatrically ill—with all the stigma implications this carries for individuals (Corrigan & Rao, 2012; Sikorski et al., 2011)—but in transforming acts of eating into activities which require careful psychological scrutiny. While widely adopted, the DSM approach to eating disorders has been criticised for its focus on limited lists of behavioural criteria (Frances, 2013; Vanheule, 2012), when epidemiological studies of eating disorders clearly point to their multi-factorial nature (Santomauro et al., 2021).

The book *Health Food Junkies* by Bratman and Knight was the first to describe extreme healthy eating as a 'disease' and assign it the name orthorexia nervosa (Bratman & Knight, 1997, p. 8). According to the authors, this deviant eating trend

---

[1] Compulsory in-patient treatment is enforceable in the UK under the Mental Health Act 2007 and the Children's Act 1989.

begins quite innocently, usually through a desire to avoid or overcome chronic illness, lose weight, or to 'correct the many bad habits of the American diet' (p. 9). According to Bratman, what makes orthorexia a "true" eating disorder is the transference of all of life's value onto the act of eating, with those with orthorexia displaying "a grim sense of self-righteous that comes to consume all other sources of joy and meaning" (Bratman & Knight, 1997, p. 10). Most of the day for the 'orthorexic' is taken up with meal planning, food purchase, preparation, and consumption, leaving little opportunity to engage in other interests. Social gatherings are avoided due to worry and guilt about food transgressions, leading to physical and emotional isolation. The book included a self-test, so that individuals can evaluate whether they too have become 'food zealots' (Ross Arguedas, 2020).

ON has subsequently attracted considerable academic and media interest, and is accepted 'medical' vocabulary on websites, such as healthline.com and NEDA (National Eating Disorders Association). Bratman himself became part of an international ON taskforce, which has proposed DSM recognition for ON (Bratman et al., 2017). Psychologists have been keen to work out the psychological/pathological profile of the ON sufferer, and to establish its relationship with personality traits such as perfectionism (Oberle et al., 2017), body dysmorphia (Bo et al., 2014; Musolino et al., 2015) and obsessive-compulsive disorder (Brytek-Matera, 2012; Valente et al., 2020). ON has also been increasingly studied in conjunction with sport and exercise (Håman et al., 2015, 2017), an area that psychiatry has already claimed through body image disorders such as muscle dysmorphia (lay term: "bigorexia") (Behar & Arancibia, 2015). However, considerable debate remains regarding the status of ON as a discreet eating disorder, and its place within a spectrum of 'established' disorders such as anorexia nervosa.[2] No universal diagnosis criteria exist for ON (Missbach et al., 2015), while prevalence in studies varies from 1% (Dunn et al., 2017) to over 90% in one Instagram study of ON in an online community (Turner & Lefevre, 2017). The failure of scales such as ORTO-15 to distinguish between 'normal' and pathological healthy eating (Missbach et al., 2015) has led some researchers to propose a categorical distinction between 'healthy orthorexia' (HeO) and orthorexia nervosa as an eating pathology (Valente et al., 2020; Zickgraf, 2019), shifting the boundaries worryingly toward a pathologizing of healthy eating itself.

Given the widespread concerns about present food quality, ON may be best understood as a socio-cultural trend. Nicolosi's (2006) concept of the 'orthorexic society' describes the various factors implicated in western society's hyper-reflexivity around food choices. Along with social and demographic factors such as the distancing of the consumer with food producer and the breaking up of traditional communi-

---

[2] A DSM defined disorder characterised by (among other things) restricted intake of energy requirements leading to substantial reduction in body weight; intense fear of becoming fat even though underweight: disturbed perception of one's body weight.

ties (Nicolosi, 2006), the decidedly negative impacts associated with processed food consumption including ecological consequences, worker exploitation, a staggering rise in heart disease, type two diabetes, and cancer (Santomauro et al., 2021) are common knowledge to the audiences increasingly alarmed and confused about how best to preserve their health (Cheshire et al., 2020; Nicolosi, 2006; Rangel et al., 2012). Critics have also pointed out the stark contradiction between the neoliberal norms of corporal citizenship and the forms of consumption that market-based food systems promote (Pirie, 2016; Puhl & Suh, 2015). On the one hand, neoliberal public health policies advocate individuals take responsibility for their own bodies, on the other hand deregulated markets sell foods, products and lifestyles which encourage consumption patterns which, from a medical perspective at least, run distinctly counter to sensible self-management of health and wellbeing. Far from being nonsensical, participant studies suggest that pro-health behaviours like clean eating constitute reasoned action based on factors including health consciousness, environmental concern, sense of control and risk aversion (Smith & Paladino, 2010). A qualitative study by Rangel et al. (2012) sought to explore the idea of an 'orthorexic society' empirically by analysing the food choices and reasoning of female Canadians. The constant search for accurate information within an increasingly contradictory food system, alongside changeable expert advice, left participants feeling anxious about food choices, while efforts to navigate available information felt futile (Rangel et al., 2012).

2 Methods

To investigate our research topic, we combined and analysed interview data collected in four separate qualitative research studies, conducted at different times and places, using an interpretive secondary analysis process to explore two research questions not specifically examined in the original work. We employ the term secondary analysis in the sense that, while original researchers from three of the studies were involved in the current study, the research topic itself is distinctive (Ridge et al., 2015). The first author acted as primary investigator for the study on professionals and was supervisor on two of the studies, author two directed and supervised two of the studies, and author three collected some of the data and commented on the final study. Data from thirty-eight interviews were analysed: twenty-five with people who self-identified as highly preoccupied with healthy eating ("Identifiers") and thirteen with professionals with experience of working with eating disorders including 'orthorexic' behaviours ("Professionals").

"Identifiers" were recruited through poster advertising, social media, snowball sampling and through the platform Prolific. As there is no formal orthorexia diagnosis, inclusion criteria were anyone over 18 years and self-reporting an excessive preoccupation with healthy eating. Those with a diagnosed psychiatric disorder or who were having inpatient treatment for an eating disorder were excluded from the study, otherwise no differentiation was made between Identifiers in terms of eating behaviours and food choices. Eleven identifiers were based in the UK, two in the United States, and six in Greece. Recruitment of "professionals" was purposive and aimed at those with diverse and in-depth expertise in eating disorders, and specifically ON. Three of the professionals were based in USA, the rest in the UK. All participants were emailed a copy of the participant information sheet and consent form and given an opportunity to ask questions about the study. Interviews were arranged face-to-face or via telephone/video link according to the following participant preferences and Covid rules. All parts of the study were approved by the Ethics Committees within the same university.

Secondary inductive thematic analysis, focusing on patterns, themes and categories of analysis that emerged out of the data, was combined with a 'constant comparison' approach to achieve rigor (Dey & Teasdale, 2013). The analysis was based on a different question from the original studies, which is: what are the views and stances of different (non-psychiatric) parties concerning the scientific and moral narratives around 'healthy' and 'unhealthy' choices and behaviours? By constant comparison, we refer to combining inductive category coding with simultaneous comparison of all social incidents applicable to each category, integrating categories and properties, and theory building. A manual coding system was developed to apply across the four sets of interviews. Manual coding continued until we were confident that all the main themes had been captured. To retain the conceptual and interpretative focus we have assumed a narrative approach in the writing of our findings.

3   Findings

3.1   Social Causations

Participants in this study cited a whole range of cultural and social factors (family, food, fashion, fitness, social media and more) they regarded as being influential in shaping eating practices in contemporary society. Few if any pointed to one single factor, but rather emphasised the multifactorial nature of social ills. Professionals concurred with the dominant narrative concerning eating disorders; that they are a widespread and deeply concerning social problem (Nagl et al., 2016). In the extract below, teacher Anya describes the list of issues she thinks are affecting young people and contributing to the rise in eating disorders as analogous to a "perfect storm":

We have actually reached a perfect storm because if you look at the impact of globalisation, if you look at the impact of the internet… of parental pressure or parental makeup, whether that is divorce, or just even a move for work, a separation… dysfunctional parenting in the wider sense of abuse…added to the fact that there is an encouragement for young people, all people, to admit – to come out- with their mental illness….So we are actually hitting a perfect storm.

Two key narratives were widely discussed by participants as a body. The first—largely talked about by Identifiers—concerned traditional forms of food consumption and their negative impact on peoples' health. The excessive consumption of high calorie, sugary and processed foods in contemporary societies, and its link with morbidity, has been widely discussed in the media and literature (Tremmel et al., 2017; Walls et al., 2011). In Lucia's opinion, most people kidded themselves into thinking that they were pursuing a healthy diet. *They put for example 5 tablespoons of mayonnaise on their plate and they'll say that they eat healthy…!"* Other Identifiers used personal stories to illustrate how such foods were the standard fare of British family meals, as described by the British participant below:

So, Nana (grandmother) used to make meals from corn beef ah, really, really bad food … We used to eat fish and chips every Friday and we'd always have a cooked dinner with meat and vegetables and puddings…not very good ingredients. (Janet, Identifier).

Identifiers from Greece spoke positively about the typical Mediterranean diet, but also about the conservative nature of Greek society and the emotional importance of food in Greek culture. The sharing of food in Greece was symbolic of loving one's family and generosity of spirit, but this encouraged over-eating. Stelios spoke of how, growing up, emotions memories of poverty and hunger had led families to encourage children such as himself to overeat. This idea was echoed by Identifier Ana, who regarded it as a reason why public health messages such as "Eat your 5 a day" had never take off in Greece:

Greek kids always used to be chubby…that's a sign of health and it goes back to the days of poverty when you were skinny because you didn't have enough to eat so…you know it is not that many decades.

A second discourse concerns the growth of healthism and its use of mixed and often unscientific messages. Professionals who worked in the US spoke of a growing panic over the health crisis there, with major food companies exploiting concerns and competing for sales, e.g., *"Let's make sugar look bad, let's make dairy look bad."* These messages were everywhere but were especially visible in California; *"There's billboards with, 'oh let's freeze off your fat', or 'try this juice cleanse.'"* Aided by marketing and social media, the ideas of healthism have been taken on board in the other countries particularly among 'troubled' young women, as UK family therapist Harriet explained:

> [They cut out] sugar, carbohydrates, and then they sort of hide it by drinking lots of low calorie, fizzy stuff, because it fills them up. And then it works its way down to, white meat rather than red meat, then it gets down to, sort of, vegetables or, and then they cut out fruit as well, because that's got sugar in it…

While originally associated with middle class America, healthism in the form of purchasing diet aids and vitamins is now observable worldwide; some Identifiers from lower income backgrounds had spent years following different slimming and nutritional programmes. Annie had grown sceptical about the miraculous cures promised by diet and weight loss companies but admitted; *"I've done so many diets, got slim pills, lost a lot of weight but you got to the point that you wanted to say, 'yeah I can eat what I want now.'"*

3.2 Influence of Family

Much has been made about the influence of family on eating practices, and the subsequent development of eating disorders, including 'orthorexic' behaviours (Cheshire et al., 2020; Nicolosi, 2006). In professional stories, family dysfunction was seen as generally starting with the parents, who; "pass these thoughts and tendencies [such as the obsession with healthy eating and diets] on to adolescents who take them a step too far." Mothers were singled out as particular source of the problem, in particular mothers who were "always on a diet." Clinical psychologist Alison felt that mothers *"get a lot of the rap,"* but typically found that a mother of a child with an eating disorder had her own issues with mental health and eating and presented as "fragile yet demanding." In dietician Carol's experience, family strife was a universal arc to explain disordered eating; *"I can't remember any family [with an eating disorder] that's not in a difficult position of any sort,"* she stated, which throws up questions about what constitutes a 'normal family' in present day society.

The widespread view of contemporary eating is that it has become more of atomised and solitary event (Dell'Osso et al., 2016). Parents of children with an eating disorder were portrayed by professionals as spending too little time with their offspring, especially around mealtimes. Family therapist Miriam explained how she encouraged parents to start preparing their children's food and eating together as a family. Eating disorder patients and their parents were also portrayed as more articulate and demanding of practitioners themselves, than others with mental health issues, as clinical psychologist Kaye explained; *"You do need to know* [what you are talking about] *because they're quite exacting."*

Identifiers in our study also spoke about how families had positively or negatively influenced their eating practices as a child and their subsequent emphasis on healthy eating. Family eating practices had, for some, set a trend that they had subsequently followed, for example how the Greek orthodox religious practice of fasting had played a central role in traditional family life. Some Identifiers continued to practice fasting and thought it had given them greater self-control over food. Others such as Maria took a different view, she wondered if her later issues with food could be related to the guilt she had felt after 'secretly' breaking a fast: *"It affected me a lot because the way my mom made me feel guilty... I must have a lot of psychological problems in terms of food."*

After receiving comments at home and being bullied at school for her weight, Janet had been on some diet plan ever since. Stella's mum had bulimia, while her grandmother (a "yo-yo dieter") had been on numerous slimming pills and dieting programmes. Despite her attempts to rationalise such behaviours, overeating continued to provoke feelings of disgust within herself and toward others:

> I don't know if it's because when, when I quit swimming, I went from 60 kg to 82 fucking kilos, right, I was disgusted in myself. So now I have an even more skewed opinion of fat people, I think it's disgusting.

Once Identifiers had experienced the benefits of the healthy living, any opposition from family and acquaintances tended to reinforce rather than weaken resolve. Some had chosen to eat separately from family, others like Leila and Tom had led by example and changed the eating practices of their families; *"I chose to follow a different lifestyle which at some point my mother followed"; "My sister and her husband started following my diet after I had started it, and also my brother."* The attention paid to food preparation in comparison with others, served to reinforce their status as enlightened consumers:

> At home...well I cook my own food which I bring to my work in contrast to other colleagues of mine that buy their meals.... they eat cheese pies... I don't eat cheese pies because I don't know how harmful they are for my health. (Lucia, Identifier).

3.3 Social Pressures Around Appearance

The social pressures on people to conform to body trends have been widely studied, and this emphasis on appearance was seen as strongly evident in trend-setting California. Preoccupation with body appearance was not however confined to the United States. UK Identifier Annie similarly spoke about the problematic nature of seeing weight loss adverts in the media, and how it impacted on your own self-image and self-esteem: *"Obviously, you see people in magazines and how they've lost their weight and stories like that and your clothes aren't fitting and you've found that you're struggling at the gym."*

Social media was singled out by both Identifiers and Professionals of all nationalities as highly effective in purveying images and messages about ideal body shapes and promoting diet and fitness programmes for people to achieve them. Identifiers spoke of the ways in which social media had influenced their own self perceptions and eating practices, while portraying their views and behaviours as well-informed and controlled. Nina explained the negative feelings she experienced when looking at images on Instagram, but had taken a stance to mentally resist these imposed beauty standards:

> I have observed that when I log into Instagram, I see all these influencers with their flawless bodies and I feel that my own self is being attacked. However, this is my own insecurity. We see it everywhere and it's like the society expects us to be skinny, beautiful, and flawless. When someone tries to force me to do something, I usually resist…It's a reaction.

Both Identifiers and Professionals had mixed views about the influence of social media on healthy eating practices. Teacher Sheila thought that social media had raised people's awareness of the problematic use of the term 'clean eating,' with celebrity cooks like Nigella Lawson saying that "there is no such thing as clean." On the other hand, she thought that young people remained highly susceptible to more extreme messages about health and diet. "Kids" were tending to *"build their own bodies"* and, in her opinion the influence of social media was unstoppable. Identifier Stelios, who was also a professional psychologist, spoke philosophically about the way in which social media had replaced religion as the main influence on eating habits on young Greeks: *"I see adolescents struggling with eating disorders because they see all these ideal promoted…the images of thin women and fit guys."* He later qualified this by explaining that the crucial point is how a person receives society's information and turns them into eating habits about *"what is good and what is bad."*

Speaking "as a male" with an interest in fitness, Professional Tom (social worker) drew attention to the marketisation of health in the form of imagery and messages, that has resulted in volumes of photoshopped images of muscular men on social media platforms. While admitting to wearing a fitness app, Tom accredited apps developers with fuelling obsessive weight loss. Noting the popularity of the social media platform *Tik Tok* among the South Asian community, Identifier Shaiva, a fitness advocate, explained how while randomly looking at videos, he had discovered one which turned out to be helpful. Subsequently he had become hooked on 'transformational' videos:

> I wasn't really searching for it, which is a little hilarious but body transformation videos, workout videos, "Top 10 things to do to improve your diet" and stuff like that. So, I went from, you know, making me feel bad about myself to making me feel good, it helped me.

3.4 Health Consumerism

To support their ideologies and lifestyle aspirations, Identifiers had partaken in different forms of health consumerism, such as going to organic markets, joining diet clubs and gyms, and finding people on and offline who could advise them about exercise and diet. High on the list of benefits of pursuing a healthy lifestyle (especially—but not exclusively—for the younger cohort) was having a more attractive body, e.g., *"My appearance… I literally wanted to change myself. ~,,*Some Identifiers had their own business ventures within the health and fitness market and looking good was seen as an essential part of their business promotion. This was regarded as achievable through a mixture of strict dietary adherence and daily exercise. For those involved in professional and amateur body building, sticking to a high protein-low carb eating was regard as essential to achieve their muscle tone goals, e.g.," *I'm about to do a competition in the next seven weeks. So … I'm on like a, a strict diet, and right now."*

Some Identifiers had managed their lifestyle changes alone, but most at some point had sought the assistance of non-medical 'experts', such as slimming advisors, dieticians, and fitness instructors. Annie spoke of how, prompted by bad feelings about her weight, she had invested in the help of a gym and weight-loss company:

> I joined a fitness group…that involves you being able to go to the gymnasium and swimming whenever you like basically… I have the help of a company called x. They make food…I don't know if you know them. They keep the calories down but they give you all the nutrition that you need.

3.5 Benefits and Drawbacks of Extreme Healthy Eating

Whatever their original motivations, all identifiers spoke of feeling better from healthy eating, including having more energy, clearer mental thinking, e.g., *"So, for me the main thing is feeling good….it is partly what you eat but it is also the consciousness of eating what you want and when you want it."* Clare was convinced that her 'clean' diet was having positive health benefits and preventing her from having to go down the pharmaceutical medical route: *"I'm 61 years old, I'm almost 62, my last check-up was great. I feel good, I don't have to take a lot of medications and ultimately, the proof's in the pudding."* A few identifiers spoke of a pre-existing digestive disorder or food intolerance, and how this had first navigated them toward healthy eating. Treating food as form of medicine aligned with what they had learned concerning the benefits of eating in a biologically pure way, for example, *"It's a preventative measure to eat well and to eat good produce now rather than loads of herbicides, pesticides, all that kind of stuff."*

The framing of healthy eating as a kind of moral citizenship has been spoken about in our own and other studies (Cheshire et al., 2020; Kristensen et al., 2016). Among our sample, a subgroup of Identifiers (largely vegan or vegetarian) cited ethical and environmental reasons for their food choices, and some had come to identify themselves with a particular ethical trend stating for example, *"I'm a pescatarian"; "I'm guess I eat mostly a paleo-ish [diet]"; "I was always environmentally conscious."* However, only a subset focused on the ecological benefits of adopting a pure food diet, and this contrasted with those whose extreme 'healthy' eating practices consisted of eating raw meat.

One frequently cited negative consequence of ON and its rigid, restrictive eating is that it leads to social isolation. Most Identifiers could recall social scenarios in which adhering to their usual dietary choices had proved awkward or impossible, however most had found ways to maintain their social contacts away from food venues. Identifiers were also aware of drawbacks to their diet in terms of mental preoccupation, cost, and time spent purchasing and preparing their food. Some Identifiers allowed themselves 'cheat days', but most experienced feelings of disappointment or guilt after having deviated from their diet and might decide to skip the next meal or fast for a day after an indulgence. Liam admitted that he felt worse "mentally" if he did not eat healthily for some time, *"because I feel like I am not developing toward my goals."* Stella spoke of the internal diatribe that might go on in her mind when faced with dietary temptations:

If I were like, "Oh I can't go get an ice-cream because I just had one yesterday or last week ... then it starts up mental monkeys, of 'this is bad, I'm going to feel bad, I'm going to hurt, I'm going to get out of control and eat all the ice-cream in the universe.' That kind of thing."

3.6 Professional Views on Pathologizing Extreme Healthy Eating

Professionals in our study were apt to regard censorious and moralised thinking about food and eating in their clients as unhealthy and saw it as their role as to challenge extreme and rigid attitudes to food. In the opinion of clinical psychologist Sue, they only served to reinforce their resistance to treatment:

With vegetarians and vegans, you get this added layer and you might ask…"Do people with orthorexia come and ask for help?" and the answer is, they're exactly the same as people with anorexia….no one comes for treatment for orthorexia and says "I'm orthorexic, I want to change," because in their view that would mean eating the stuff which disgusts them.

Clinical Psychologist Anna explained how she would sometimes take these clients out for an ice cream: "*I mean it's much easier it's like, we're going to do it [eating ice-cream] together and then we can talk about it after.*" Nina would try to encourage a more playful attitude to food and eating, and the use of neutral language rather than derogatory terms such as "junk food." Mary described trying to get a client to move away from their 'orthorexic' patterns was "absolute murder," because the client is secretly thinking; "'*I don't want to eat like you and you're trying to make me eat like you.*'" These portrayals of eating disorder clients as impervious to the advice of practitioners align with other accounts in the eating disorder literature.

Most professionals considered extreme healthy eating to be associated with anorexia and bulimia nervosa, with many clients sharing the obsessive, perfectionist traits of anorexics, e.g.,

"Neat and tidy. Conscientious. High achievers in sports. They've got healthy eating and they go to the local grammar school, that's another flag." Unlike anorexia nervosa and bulimia however, "healthy eating" restrictive eating was "so validated…rewarded in our society." You had to point out to clients their "underlying fear [around food] and call them in on that."

Professionals also spoke about physical and/or emotional trauma underlying many cases of eating disorders, including those with ON traits. These traumatic events could, in clinical psychologist Jean's opinion, lead to problems such as dissatisfaction with the self or the physical body; a need to obsessively control; or, in the case of sexual abuse, body shame and the need to feel 'clean;'

> I do have a number of cases where it's been brought on by trauma and stress; so, a loss of a parent early on or horrific sexual abuse or sexual assault cases…Orthorexia becomes a way of almost trying to treat that dirtiness like, if I eat clean then maybe I'll feel clean.

At the same time, Professionals were divided in their opinions about the usefulness of the term "orthorexia nervosa." Pippa was part of a working group on orthorexia, who were keen to get ON formally classified as a discreet eating disorder. Nina, on the other hand, was concerned that, were it to become an official diagnosis, it could be used in schools to single out picky eaters, such as her child with Asperger's syndrome. Sue saw no virtue in "pathologizing" healthy eating unless it was causing gross nutritional deficiencies or creating excessive paranoia about food. Having recovered from a short-lived eating disorder herself, Sue considered expanding the DSM to include clinically non-significant symptoms and behaviours to be a dangerous trend. Instead, treatment should be aimed at *"understanding patterns…and how we think of them in terms of a person's ability to function."*

4 Discussion

We set out to explore constructions and negotiations around healthy eating narratives, where no obvious agreement exists concerning the boundaries between pro-health discourses and those ascribing pathology to food pre-occupation and restriction. Our empirical findings point to the variety of familial, milieu-specific, and individual trajectory aspects (backgrounds, self-attributions etc.) relevant to the emergence of ON, as well as to other already known eating disorders such as anorexia nervosa and bulimia nervosa. Both cohorts blamed society and particularly marketing pressures on problems such as obesity and body anxiety, but nevertheless proposed or sought out individualised or personalised solutions to health problems. Professionals, some of whom had personal investment in promoting healthy eating, voiced disapproval for society's obsession with healthy eating and saw it as their responsibility to protect clients presenting with an eating disorder, a cohort that clinical accounts depict as notoriously non-compliant (Halmi, 2013), and as subject to high rates of mortality (Arcelus et al., 2011; Nagl et al., 2016). These viewpoints align with other studies that point out the dangers of extreme healthism and the problems arising when vulnerable consumers feel impelled to take health matters into their own hands (Juarascio et al., 2010; Zickgraf, 2019). Coming from the different backgrounds, Professionals were divided on the importance of attaching a specific diagnosis to complex patient issues, and some were unhappy with the future inclusion of orthorexia nervosa in the DSM. These differences in opinion derive in part from the fact that professionals are also health consumers, and some who identify as extreme healthy eaters also work in health and therapy professions.

The aim of Identifiers was to achieve a level of health such that they could function well, look, and feel better about themselves and in some cases avoid medical intervention. Contrary to what has been stated concerning the isolating nature of 'orthorexic' practices, most Identifiers did not regard their pro-health activities as lone pursuits. Certainly, their diets might entail resisting traditional family and local community foods and values, but they also provided a means of linking them into pro-health networks which represented to them more socially relevant forms of health consumerism. By seeking out venues and platforms where healthy eating was highly normative, such as diet clubs, gyms, or bodybuilding forums, Identifiers could consolidate their identity as 'smart' consumers. It was not an aim of this study to consider whether or not the characteristics of ON applied to study participants; that said, at least some of the pro-health behaviours described in the literature as characteristic of orthorexia (Zickgraf, 2019) or 'bigorexia' (Håman et al., 2017) emerged in the study. These behaviours could equally be framed as the actions of a growing section of the younger public who are being encouraged to create new identities and find meaning in their actions which align with neoliberal norms concerning 'productive' leisure and work activities and body aesthetics.

Overall these varied responses reflect the complex ambiguity that exists between people's recognition that many problems are at least partly sociocultural in origin (Nasser et al., 2001) and neoliberalism's insistence that individuals find their own solutions to problems (Rose, 1998). Privatisation is one of hallmarks of neoliberalism, which claims to allow for the emergence of markets to match the growing needs of consumers, unfettered by central government (Harvey, 2005). Faced with a gap between health expectations and health care and the lack of availability of affordable services (Rizq, 2019), more and more people are seeking out a kind of halfway solution to self-care, such as purchasing personalised health plans from fitness or slimming organisations, Internet blogs or video platforms. Many have used their accumulated experience and acquired expertise to set up their own businesses as 'complementary' health providers, often on Internet platforms.

Our study illustrates how healthism, and ideas about it, get reinterpreted and reappropriated in different times and contexts. As they become more popular and prevalent, the psychiatric repertoire expands to include new forms of health consumerism. For example, the fashion among young men from different countries and background to adopt extreme 'pro-health' eating regimes as part of their efforts to achieve a well-toned, sexually desirable body which has associated with orthorexia nervosa (Håman et al., 2017), contrast with 1990s predominantly white and middle class "health food junkies" discussed in Bratman and Knight's study (Bratman & Knight, 1997), from which the characteristics of ON derive. Not only does this new emphasis on body aesthetics runs counter to earlier theories implicating alimentary or ecological anxiety as lying at the epicentre of orthorexia-type eating (Nicolosi, 2006), it also undermines early theories about healthism as being a middle-class pre-occupation (Crawford, 1980). We suggest that much of the healthy food fixation in young men and women is founded on new capitalist ethics around self-cultivation (Boltanski & Chiapello, 2005) and the apparent essentiality of making bodies fit and presentable for work (Cederström, 2011). Any apparent tensions between goals of the psychiatry and those of the capitalist healthism sector are probably illusory. Both are subject to the rules of the market in which points of weakness and mistakes are to be therapeutically eliminated in the name of heightened performance and efficiency (Han, 2017).

5 Conclusions

For a long time, psychiatry has been making further alterations to the boundaries between normality and psychological deviance, including by colonising aspects of the life world associated with 'deviant' lifestyles. Whatever the other arguments for and against these classifications, there is no doubt that they represent a way of thinking about mental health disorders that it is an over-simplification of complex human behaviours with an emphasis on specific sets of human failings (Cohen, 2022). Our conclusions drawn from this and our previous studies is that the phenomenon known as orthorexia nervosa or ON does not require the construction of a new psychiatric category. Rather, it should be understood as a tension between individual biographical-familial constellations on the one hand, and on neoliberal norm-driven attempts at self-optimisation on the other, which are linked to the formation of identity and a search for meaning. This is not to shed doubt on the fact that restricted healthy eating behaviours, along with other personal and eating problems, may not constitute serious disorders requiring treatment; rather we suggest that to categorise healthy eating and other lifestyle trends psychiatrically is erroneous. As formulated in this and other studies, these behaviours are generated by social expectations, such as pressure to feel healthy, be fit, and to present oneself as good-looking, which are reinforced and amplified by advertising and social media. In the light of these issues, we ask for a serious reappraisal of psychiatric diagnosis as labels that encompass 'lifestyle syndromes.' It is highly possible that this surfeit of 'psycho-information' could lead to the ignoring of serious illness and is almost certainly contributing to health anxiety among the general population. We particularly question the inclusion of behaviours with which a large sector of population can readily self-identify, such as maintaining a lean and healthy body, amid a growing tide of chronic physical illness.

References

Arcelus, J., Mitchell, A. J., Wales, J., & Nielsen, S. (2011). Mortality rates in patients with anorexia nervosa and other eating disorders: A meta-analysis of 36 studies. *Archives of General Psychiatry, 68*(7), 724–731. https://doi.org/10.1001/archgenpsychiatry.2011.74

Behar, R., & Arancibia, M. (2015). Body image disorders: Anorexia nervosa versus reverse anorexia (muscle dysmorphia). *Revista Mexicana de Trastornos Alimentarios., 6*(2), 121–128. https://doi.org/10.1016/j.rmta.2015.10.005

Bo, S., Zoccali, R., Ponzo, V., Soldati, L., De Carli, L., Benso, A., Fea, E., Rainoldi, A., Durazzo, M., Fassino, S., & Abbate-Daga, G. (2014). University courses, eating problems and muscle dysmorphia: Are there any associations? *Journal of Translational Medicine, 7*, 12–221. https://doi.org/10.1186/s12967-014-0221-2

Boltanski, L., & Chiapello, E. (2005). The new spirit of capitalism. *International Journal of Politics, Culture and Society, 18*(3–4), 161–188.

Bratman, S., & Knight, D. (1997). *Health food Junkies: Orthorexia Nervosa: Overcoming the obsession with healthful eating*. Random House.

Bratman, S., Cuzzolaro, M., Depa, J., Dunn, T., Missbach, B., Setnick, J., Varga, M., Cena, H., García, C. S., & Donini, L. M. (2017). The Orthorexia Nervosa Task Force (ON-TF): Objectives and key strategies. *In Eating and Weight Disorders, 22*, 563–598. https://link.springer.com/content/pdf/10.1007/s40519-017-0388-7.pdf

Brytek-Matera, A. (2012). Orthorexia nervosa—An eating disorder, obsessive-compulsive-disorder or disturbed eating habit? *Archives of Psychiatry and Psychotherapy, 14*(1), 55–60. https://doi.org/10.1016/S0924-9338(14)77967-2

Cederström, C. (2011). Fit for everything: Health and the ideology of authenticity. *Epherema: Theory and Politics in Organisations, 27*(3), 27–46.

Charland, L. C. (2013). Why psychiatry should fear medicalization. *The Oxford Handbook of Philosophy and Psychiatry, 1*(April 2019), 1–21. https://doi.org/10.1093/oxfordhb/9780199579563.013.0013

Cheshire, A., Berry, M., & Fixsen, A. (2020). What are the key features of orthorexia nervosa and influences on its development? A qualitative investigation. *Appetite, 155*, 104798. https://doi.org/10.1016/j.appet.2020.104798

Claudino, A. M., Pike, K. M., Hay, P., Keeley, J. W., Evans, S. C., Rebello, T. J., Bryant-Waugh, R., Dai, Y., Zhao, M., Matsumoto, C., Herscovici, C. R., Mellor-Marsá, B.,

Stona, A.-C., Kogan, C. S., Andrews, H. F., Monteleone, P., Pilon, D. J., Thiels, C., Sharan, P., et al. (2019). The classification of feeding and eating disorders in the ICD-11: Results of a field study comparing proposed ICD-11 guidelines with existing ICD-10 guidelines. *BMC Medicine, 17*(1), 93. https://doi.org/10.1186/s12916-019-1327-4

Cohen, B. M. Z. (2016). *Psychiatric hegemony: A Marxist theory of mental illness*. Palgrave Macmillan. https://doi.org/10.1057/978-1-137-46051-6

Cohen, B. M. Z. (2022). Psychiatric expansion and the rise of workplace mental health initiatives. In M. Harbusch (Ed.), *Troubled persons industries: The expansion of psychiatric categories beyond psychiatry* (pp. 129–147). Palgrave Macmillan./Springer Nature. https://doi.org/10.1007/978-3-030-83745-7_6

Conrad, P. (1992). Medicalization and social control. *Annual Review of Sociology, 18*, 209–232.

Conrad, P., & Schneider, J. W. (1980). Looking at levels of medicalization: A comment on Strong's critique of medical imperialism. *Social Science & Medicine, 14*(1), 75–78.

Corrigan, P. W., & Rao, D. (2012). On the self-stigma of mental illness: Stages, disclosure, and strategies for change. *Canadian Journal of Psychiatry, 57*(8), 464–469. https://doi.org/10.1177/070674371205700804

Crawford, R. (1980). Healthism and the medicalization of everyday life. *International Journal of Health Services, 10*(2), 363–387.

Dell'Osso, L., Abelli, M., Carpita, B., Pini, S., Castellini, G., Carmassi, C., & Ricca, V. (2016). Historical evolution of the concept of anorexia nervosa and relationships with orthorexia nervosa, autism, and obsessive-compulsive spectrum. *Neuropsychiatric Disease and Treatment, 12*, 1651–1660. https://doi.org/10.2147/NDT.S108912

Dey, P., & Teasdale, S. (2013). Social enterprise and dis/identification. *Administrative Theory & Praxis, 35*(2), 248–270. https://doi.org/10.2753/ATP1084-1806350204

Dunn, T. M., Gibbs, J., Whitney, N., & Starosta, A. (2017). Prevalence of orthorexia nervosa is less than 1%: Data from a US sample. *Eating and Weight Disorders – Studies on Anorexia, Bulimia and Obesity, 22*(1), 185–192. https://doi.org/10.1007/s40519-016-0258-8

Fixsen, A. (2024). *The Construction of Eating Disorders*, Springer Nature.

Fixsen, A., & Cheshire, A. (2022). Orthorexia nervosa: The medicalization of extreme healthy eating practices. In M. Harbusch (Ed.), *Troubled persons industries: The expansion of psychiatric categories beyond psychiatry* (pp. 147–170). Palgrave Macmillan.

Fixsen, A., Cheshire, A., & Berry, M. (2020). The social construction of a concept—Orthorexia nervosa: Morality narratives and psycho-politics. *Qualitative Health Research, 30*(7), 1101–1113. https://doi.org/10.1177/1049732320911364

Frances, A. (2013). *Saving normal: An insider's revolt against out-of-control psychiatric diagnosis, DSM-5, Big Pharma, and the medicalization of ordinary life*. William Marrow and Co.

Greenhalgh, T., & Wessely, S. (2004). 'Health for me': A sociocultural analysis of healthism in the middle classes. *British Medical Bulletin, 69*, 197–213.

Halmi, K. A. (2013). Perplexities of treatment resistance in eating disorders. *BMC Psychiatry, 13*(292). https://doi.org/10.1186/1471-244X-13-292

Håman, L., Barker-Ruchti, N., Patriksson, G., & Lindgren, E. C. (2015). Orthorexia nervosa: An integrative literature review of a lifestyle syndrome. *International Journal of Qualitative Studies on Health and Well-Being, 10*. https://doi.org/10.3402/qhw.v10.26799

Håman, L., Lindgren, E. C., & Prell, H. (2017). If it's not Iron it's Iron f*cking biggest Ironman': Personal trainers's views on health norms, orthorexia and deviant behaviours. *International Journal of Qualitative Studies on Health and Well-Being, 12*(1), 1364602. https://doi.org/10.1080/17482631.2017.1364602

Han, B.-C. (2017). *Psychopolitics: Neoliberalism and new technologies of power*. Verso.

Harbusch, M. (Hrsg.). (2022). *Troubled persons industries: The expansion of psychiatric categories beyond psychiatry*. Springer International Publishing. https://doi.org/10.1007/978-3-030-83745-7

Harvey, D. (2005). *A brief history of neoliberalism*. Oxford University Press.

Hehlmann, T., Schmidt-Semisch, H., & Schorb, F. (2018). *Soziologie der Gesundheit*. UTB GmbH.

Juarascio, A. S., Shoaib, A., & Timko, C. A. (2010). Pro-eating disorder communities on social networking sites: A content analysis. *Eating Disorders, 18*(5), 393–407. https://doi.org/10.1080/10640266.2010.511918

Kickbusch, I. (1986). Lifestyles and health. *Social Science and Medicine, 22*, 117–123.

Kristensen, D. B., Lim, M., & Askegaard, S. (2016). Healthism in Denmark: State, market, and the search for a "Moral Compass". *Health: An Interdisciplinary Journal for the Social Study of Health, Illness and Medicine, 20*(5), 485–504. https://doi.org/10.1177/1363459316638541

Kroll-Smith, S. (2003). Popular media and 'excessive day time sleepiness': A study of rhetorical authority in medical sociology. *Sociology of Health & Illness, 25*, 625–643.

Marshall, S., & Campbell, D. (2016, October). Clean eating trend can be dangerous for young people, experts warn. *The Guardian*. https://www.theguardian.com/society/2016/oct/01/clean-eating-trend-dangerous-young-people-food-obsession-mental-health-experts

McCartney, M. (2016). Clean eating and the cult of healthism. *BMJ (Online)*. https://doi.org/10.1136/bmj.i4095

Missbach, B., Hinterbuchinger, B., Dreiseitl, V., Zellhofer, S., Kurz, C., & König, J. (2015). When eating right, is measured wrong! A validation and critical examination of the ORTO-15 questionnaire in German. *PloS one, 10*(8), e0135772. https://doi.org/10.1371/journal.pone.0135772

Musolino, C., Warin, M., Wade, T., & Gilchrist, P. (2015). 'Healthy anorexia': The complexity of care in disordered eating. *Social Science and Medicine, 139*, 18–25. https://doi.org/10.1016/j.socscimed.2015.06.030

Nagl, M., Jacobi, C., Paul, M., Beesdo-Baum, K., Höfler, M., Lieb, R., & Wittchen, H. U. (2016). Prevalence, incidence, and natural course of anorexia and bulimia nervosa among adolescents and young adults. *European Child and Adolescent Psychiatry, 25*(8), 903–918. https://doi.org/10.1007/s00787-015-0808-z

Nasser, M., Katzman, M. A., & Gordon, R. A. (2001). *Eating disorders and cultures in transition*. Brunner-Routledge.

Nicolosi, G. (2006). Biotechnologies, alimentary fears and the orthorexic society. *Tailoring Biotechnologies, 2*(3), 37–56.

Oberle, C. D., Samaghabadi, R. O., & Hughes, E. M. (2017). Orthorexia nervosa: Assessment and correlates with gender, BMI, and personality. *Appetite, 1*(108), 303–310. https://doi.org/10.1016/j.appet.2016.10.021

Pirie, I. (2016). Disordered eating and the contradictions of neoliberal governance. *Sociology of Health & Illness, 38*(6), 839–853. https://doi.org/10.1111/1467-9566.12408

Puhl, R., & Suh, Y. (2015). Stigma and eating and weight disorders. *Current Psychiatry Reports, 17*(10). https://doi.org/10.1007/s11920-015-0552-6

Rangel, C., Dukeshire, S., & MacDonald, L. (2012). Diet and anxiety. An exploration into the Orthorexic Society. *Appetite, 58*(10), 124–132. https://doi.org/10.1016/j.appet.2011.08.024

Ridge, D., Kokanovic, R., Broom, A., Kirkpatrick, S., Anderson, C., & Tanner, C. (2015). 'My dirty little habit': Patient constructions of antidepressant use and the "crisis" of legitimacy. *Social Science and Medicine, 146*, 53–61. https://doi.org/10.1016/j.socscimed.2015.10.012

Rizq, R. (2019). Introduction: The modern myths of IAPT. In *The industrialisation of care: Counselling, psychotherapy and the impact of IAPT* (S. 1–17). PCCS Books.

Rose, N. (1998). *Inventing ourselves: Psychology, power and personhood.* Cambridge University Press.

Ross Arguedas, A. A. (2020). "Can naughty be healthy?": Healthism and its discontents in news coverage of orthorexia nervosa. *Social Science & Medicine, 246*, 112784. https://doi.org/10.1016/j.socscimed.2020.112784

Santomauro, D. F., Melen, S., Mitchison, D., Vos, T., Whiteford, H., & Ferrari, A. J. (2021). The hidden burden of eating disorders: An extension of estimates from the Global Burden of Disease Study 2019. *The Lancet Psychiatry, 8*(4), 320–328. https://doi.org/10.1016/S2215-0366(21)00040-7

Sikorski, C., Luppa, M., Kaiser, M., Glaesmer, H., Schomerus, G., König, H. H., & Riedel-Heller, S. G. (2011). The stigma of obesity in the general public and its implications for public health—A systematic review. *BMC Public Health, 23*(11), 661. https://doi.org/10.1186/1471-2458-11-661

Smith, S., & Paladino, A. (2010). Eating clean and green? Investigating consumer motivations towards the purchase of organic food. *Australasian Marketing Journal, 18*(2), 93–104. https://doi.org/10.1016/j.ausmj.2010.01.001

Sweet, P. L., & Decoteau, C. L. (2018). Contesting normal: The DSM-5 and psychiatric subjectivation. *BioSocieties, 13*, 103–122. https://doi.org/10.1057/s41292-017-0056-1

Tragantzopoulou, P., Fixsen, A., Cheshire, A., & Ridge, D. (2024). 'You are not alone, we've got you': Powerplays, devotion and punishment on healthy eating and pro-eating disorder websites. Qualitative Health Research. https://doi.org/10.1177/10497323241238628

Tremmel, M., Gerdtham, U. G., Nilsson, P. M., & Saha, S. (2017). Economic burden of obesity: A systematic literature review. *International Journal of Environmental Research and Public Health, 14*(4), 435. https://doi.org/10.3390/ijerph14040435

Turner, P. G., & Lefevre, C. E. (2017). Instagram use is linked to increased symptoms of orthorexia nervosa. *Eating and Weight Disorders – Studies on Anorexia, Bulimia and Obesity, 22*(2), 277–284. https://doi.org/10.1007/s40519-017-0364-2

Valente, M., Syurina, E. V., Muftugil-Yalcin, S., & Cesuroglu, T. (2020). "Keep Yourself Alive": From healthy eating to progression to orthorexia nervosa: A mixed methods study among young women in the Netherlands. *Ecology of Food and Nutrition, 59*(6), 578–597. https://doi.org/10.1080/03670244.2020.1755279

Van den Broucke, S. (2014). Needs, norms and nudges: The place of behaviour change in health promotion. *Health Promotion International, 29*(4), 597–599. https://doi.org/10.1093/heapro/dau099

Vanheule, S. (2012). Diagnosis in the field of psychotherapy: A plea for an alternative to the DSM-5.x. *Psychology and Psychotherapy: Theory, Research and Practice, 85*(2), 128–142. https://doi.org/10.1111/j.2044-8341.2012.02069.x

Walls, H. L., Peeters, A., Proietto, J., & McNeil, J. J. (2011). Public health campaigns and obesity—A critique. *BMC Public Health, 11*, 136. https://doi.org/10.1186/1471-2458-11-136

Wilson, M. (1993). DSM-III and the transformation of American psychiatry: A history. American Journal of Psychiatry, 150, 399–399.

Wooley, W. O., Wooley, S. C. (1982). The Beverly Hills eating disorder: The mass marketing of anorexia nervosa. *The International Journal of Eating Disorders, 1*(3), 57–69.

Zickgraf, H. F. (2019). Chapter 2—Treatment of pathologic healthy eating (orthorexia nervosa). In E. A. Storch, D. Mckay, & J. S. Abramowitz (Eds.), *Advanced casebook of obsessive-compulsive and related disorders conceptualizations and treatment* (pp. 21–40). Academic Press. https://www.sciencedirect.com/science/article/pii/B9780128165638000024

Die professionelle Konstruktion von ADHS: eine vergleichende Inhaltsanalyse der Einstellungen von pädagogischen und medizinischen Fachpersonen

Dominik Robin und Fabian Karsch

1 Einleitung

Die öffentlichen und fachlichen Debatten um die ursprünglich kinder- und jugendpsychiatrische und mittlerweile auch auf Erwachsene angewandte Diagnose der Aufmerksamkeitsdefizit-/Hyperaktivitätsstörung (ADHS), folgen zu großen Teilen der Frage, ob es sich bei der ADHS tatsächlich um eine Krankheit handelt, oder ob wir es nicht mit einem neuen, anders gearteten Phänomen zu tun haben, dessen Symptome und Häufigkeit Ausdruck (und vielleicht auch eine Ursache) gesellschaftlicher Entwicklungen sind. Die Sozialwissenschaften im Allgemeinen und die Soziologie im Besonderen haben zu dieser Debatte beigetragen, indem sie einen argumentativen Hintergrund dafür lieferten, die Diagnose und die gängigen Formen medikamentöser Therapie von ADHS als eine Form sozialer Kontrolle zu betrachten (Bailey, 2010; Conrad & Schneider, 1980; Frigerio et al., 2013; Malacrida, 2004; Robin et al., 2022; Singh, 2005). Überdies hat die Soziologie auf die soziale Konstruiertheit des Krankheitsbildes (Conrad & Barker, 2010; Conrad &

D. Robin (✉)
Gesundheit, Ecoplan, Bern, Schweiz
E-Mail: dominik.robin@ecoplan.ch

F. Karsch
Soziale Arbeit, Katholische Stiftungshochschule München, München, Deutschland
E-Mail: fabian.karsch@ksh-m.de

Bergey, 2014; Karsch, 2018; Rafalovich, 2013; Singh, 2002) und die Transformation von Wissensordnungen (Karsch, 2011, 2012) hingewiesen, in deren Kontext sich diese Konstruktionsprozesse vollziehen. Dabei wird klassischerweise auf die im Zuge der Modernisierung zunehmende Deutungsmacht des medizinischen Blicks Bezug genommen, aber auch auf neue Medikalisierungsdynamiken hingewiesen, die entscheidend von Betroffenengruppierungen vorangetrieben werden (Karsch, 2019). Diese zumeist wissenssoziologisch und sozialkonstruktivistisch informierten Perspektiven sind, anders als Argumentationen der gängigen Psychiatriekritik, zwar weitestgehend deskriptiv angelegt, haben aber dennoch immer wieder zu normativen Ableitungen geführt, indem sie den medizinischen Objektivitätsanspruch durch die soziale Kontextualisierung relativieren. Allerdings lässt sich aus der Feststellung der sozialen Bedingtheit einer medizinischen Diagnose keine Aussage über den Krankheitswert des Symptomkomplexes ableiten. Eine soziologische Beschreibung der ADHS ist zunächst die Beobachtung eines medizinischen Phänomens von außen. Als medizinisch verstehen wir das Phänomen der ADHS jedoch nicht im Sinne eines ontologischen Krankheitsverständnisses, sondern als eine medizinische (respektive psychiatrische) Klassifikation von Verhaltensweisen, die den Erwartungen an alters- und situationsgerechtes Verhalten zuwiderlaufen. Betrachtet man das Phänomen ADHS durch die Brille einer Soziologie sozialer Probleme, wird deutlich, dass die Soziologie keine Deutungshoheit in medizinischen Fragen beansprucht, sondern die gesellschaftlichen Problematisierungsweisen zum Gegenstand hat, welche im Zusammenhang mit der sozialen Konstruktion der Diagnose entstehen.

Mit dem Verständnis von ADHS als soziales Problem, richtet sich die Aufmerksamkeit auf Prozesse der (Ko-)Konstruktion unterschiedlicher beteiligter Akteurskonstellationen, die in Auseinandersetzung um eine gültige Bestimmung der ADHS zwar den Eindruck eines umstrittenen Krankheitsbildes hervorbringen, dieses aber immer wieder von neuem hervorbringen. Wie wir zeigen werden, beanspruchen unterschiedliche Professionen Mitsprache hinsichtlich der Bearbeitung des sozialen Problems ADHS. Zwar ist das Framing dominant medizinisch, dennoch leitet sich die Diagnose aus Verhaltensweisen ab, die primär in sozialen Settings wie der schulischen Lebenswelt aber auch in der Arbeitswelt und im Alltag relevant und bearbeitungsbedürftig erscheinen. Lebensweltliche und schulische Probleme – beispielsweise Lern- und Konzentrationsschwierigkeiten – werden problematisiert, pathologisiert und damit medikalisiert; zugleich werden pädagogische Maßnahmen in den „Wissensbestand" medizinischer Praktiken (z. B. der Diagnosestellung) aufgenommen (Cohen, 2016; Morel, 2014). Daher liegt der Fokus dieses Beitrags auf der Analyse derartiger Prozesse der Ko-Konstruktion des Krankheitsbildes ADHS zwischen einerseits pädagogischen und andererseits medizinischen Deutungsansprüchen, die sich teilweise widersprechen und teilweise gegenseitig stützen und aufeinander beziehen. Auf der Grundlage einer qualitativen Befragung von pädagogischen und medizinischen Fachpersonen zur Beurteilung und Einordnung des Phänomens ADHS, erörtern wir Prozesse der Reifizierung professionsbezogener Wissensgegenstände und deren Bedeutung für die soziale Konstruktion der ADHS. Dabei geht es uns auch um eine theoretische Verortung auf der Basis empirischer Daten, um damit einen Beitrag zu der im Kern wissenssoziologischen Fragestellung zu leisten: welche Einstellungen gegenüber der ADHS lassen sich in den Äußerungen pädagogischer und medizinischer Professioneller rekonstruieren?

2 Der medizinische Blick auf ADHS

Mangelnde Aufmerksamkeit oder Verhaltensauffälligkeiten in alltäglichen Interaktionen und bei der Bearbeitung alltäglicher Aufgaben können in Konflikten resultieren, die zunächst intra-familiär oder in schulischen Settings problemhaft erscheinen und dort funktional durch etwa erzieherische, (sonder-)pädagogische, psychotherapeutische Maßnahmen oder Sanktionierungen bearbeitet werden. Das soziale Problem ungehorsamer und verhaltensauffälliger, widerständiger und konzentrationsgestörter Schulkinder erscheint dann zunächst als ein pädagogisches Problem. Im Kontext säkularisierter und medikalisierter Gesellschaften (Conrad, 2007) tritt uns das Phänomen ADHS (sowie andere psychiatrische „Störungsbilder") allerdings primär als ein medizinisches Problem gegenüber. Erst der medizinische Blick auf diese Problemzusammenhänge in der Form einer klassifizierten Krankheitsdiagnose entfaltet die Perspektive auf ADHS als ein Problem, das sowohl innerhalb sozialer Settings wie Familien oder Schulen, institutionalisierten Einrichtungen und unterschiedlichen Professionen (z. B. Soziale Arbeit, Sonderpädagogik, Medizin), aber auch als epidemiologisches Phänomen eine gesamtgesellschaftliche Relevanz erhalten hat. Das epidemiologische Ausmaß wird in den Prävalenzzahlen verdeutlicht: ADHS gilt als die häufigste psychiatrische Störung im Kindes- und Jugendalter, mit einer weltweiten Prävalenz zwischen 5 und 8 % (Polanczyk et al., 2007, 2014; Thomas et al., 2015). Seit den 1990er-Jahren ist zudem auch die Zahl der diagnostizierten Kinder mit ADHS, die mit Stimulanzien behandelt werden, weltweit gestiegen, insbesondere jedoch in westlichen Ländern (Prosser, 2014; Thomas et al., 2015). Dazu kommt der Umstand, dass ADHS bei Jungen deutlich häufiger als bei Mädchen diagnostiziert wird: In der repräsentativen KIGGS-Studie beispielsweise im Verhältnis 4 zu 1 (Göbel et al., 2018). Kritisch diskutiert wurde die epidemiologische Entwicklung vor allem im Zusammenhang mit den sprunghaft angestiegenen Diagnosezahlen in den letzten 20 Jahren. Beispielsweise hat in Deutschland die Diagnoserate zwischen 2006 und 2011 geschlechts- und altersübergreifend um 49 % zugenommen (Grobe et al., 2013). Es ist davon auszugehen, dass diese, auch weltweit zu beobachtenden Tendenzen, auch mit einer verstärkten öffentlichen Aufmerksamkeit sowie einer Vereinheitlichung der Diagnoserichtlinien in Zusammenhang stehen, denn der medizinische Zugriff auf Aufmerksamkeitsprobleme hat derweil einen langen Entstehungsprozess durchlaufen. Ein anderer möglicher Grund sind die immer normierteren Anforderungen im Bildungssystem, die dazu führen, dass Verhaltensauffälligkeiten stärker in Erscheinung treten.

Im Folgenden richten wir die Betrachtung zunächst auf diesen sich formierenden medizinischen Blick auf die ADHS und auf den aktuellen Stand der medizinischen Beschreibung. Eine ausführliche Wissenschaftsgeschichte der ADHS findet sich etwa bei Rothenberger und Neumärke (2005) oder Barkley (2015).

Als eine kinder- und jugendpsychiatrische Störung, deren herausstechendes Merkmal die mangelnde Impulskontrolle ist, pendelt sich die historisch formierende medizinische Beschreibung zunächst zwischen sozialen und biologischen Erklärungsmustern ein. Still (1902, S. 1008) dazu:

> The particular psychical conditions with which I propose to deal in these lectures are those which are concerned with an abnormal defect of moral control in children. Interesting as these disorders may be as an abstruse problem for the professed psychologist to puzzle over, they have a very real practical – shall I say social? – importance which I venture to think has been hardly sufficiently recognized.

Die Unfähigkeit zu moralischer Kontrolle stellt in dieser Lesart ein soziales Problem dar, welches gleichsam durch einen krankhaften körperlichen Zustand (ebd., S. 1009) bedingt ist. Mit Foucault lässt sich dieser Handlungsmodus als ein Zugriff auf „das korrektionsbedürftige Individuum" (Foucault, 2007, S. 424) beschreiben, welches durch den medizinisch-therapeutischen Zugriff jedoch nicht mehr als „unkorrigierbar" verstanden wird, sondern deren „Zurichtung" anhand pathologischer Normkategorien erfolgt: „Die Psychiatrie entdeckt die Kindheit", so Foucault (2007, S. 399). Im Verlaufe des medizinischen Diskurses des 20. Jahrhundert entwickelt sich dieser Zugriff einerseits über die Beobachtung des Zusammenhangs des kindlichen Verhaltens und neurologischen Beeinträchtigungen, sowie andererseits durch die sich ausweitende Psychopharmakologie im Kindesalter (Rothenberger & Neumärke, 2005, S. 11), mit der sich die somatische Deutung und eine Therapieoption zu einer Handlungsstrategie verdichten, durch die die Auseinandersetzung von ADHS bis heute geprägt ist. Mit der Veröffentlichung des DSM-III (American Psychiatric Association, 1980) wurde die bis dahin als Minimal Brain Damage Syndrom (MDB) kategorisierte Störung als ADD (Attention Deficit Disorder) klassifiziert und in der revidierten Fassung DSM-III-R (American Psychiatric Association, 1987) schließlich als ADHD (Attention Deficit Hyperactivity Disorder) umbenannt. Die weltweite Etablierung des Krankheitsbildes ADHS vollzieht sich in den Folgejahren in einem Modus der Globalisierung von Krankheitsdiagnosen (Bergey et al., 2018; Conrad & Bergey, 2014). Global zeigen sich daraufhin auch vergleichbare Prozesse öffentlicher Kontroversen in Bezug auf den Krankheitswert und die medikamentöse Therapie der ADHS, der prekären gesundheitspolitischen und gesellschaftlichen Akzeptanz, sowie der Einflussnahme von Stakeholdergruppierungen wie Patient_innen-Vertretungen und der Industrie (Conrad & Bergey, 2014). Gleichzeitig ist trotz der öffentlichen Kontroversen auf globaler Ebene eine Etablierung der Diagnose zu beobachten, mit der sich der medizinische Blick auf das abweichende Verhalten primär Kinder und Jugendlicher zum dominanten Deutungsmuster verfestigt (Rothenberger & Neumärke, 2005; Singh, 2002). Doch was ist nun aktuell der „state of the art" des medizinischen Blicks auf die ADHS? Der pathophysiologischen Einordnung folgend, handelt es sich bei der ADHS um eine neurologische Störung auf Basis eines Defizits auf Neurotransmitterebene, bei dem ein Dopaminmangel zu einer Impulshemmungsstörung führt (Müller et al., 2011). Die Diagnostik der ADHS ist im Anschluss daran insofern limitiert, als sie keine Biomarker heranziehen kann, die sich aus der pathophysiologischen Beschreibung ableiten lassen (Rose, 2016; Thomas et al., 2015). Die Diagnostik stützt sich daher in der Anamnese in erster Linie auf lebensweltliche Beobachtungen, Befragungen und klinische Interviews mit Betroffenen, Eltern, bzw. Akteuren_innen des sozialen Umfelds. Hinzugezogen werden Beschreibungen von pädagogischen Fachkräften, beispielsweise von Lehrer_innen, Erzieher_innen und Sozialpädagog_innen. Ergänzend werden in der Diagnostik computergestützte Tests zur Messung der kognitiven Aufmerksamkeitsleistung durchgeführt, welche jedoch aufgrund von methodischen Schwierigkeiten und Messproblemen als zu ungenau für eine objektive Diagnostik eingeschätzt werden (ebd., S. 15). Die ätiologische Forschung zur AHDS nimmt multifaktorielle Ursachen an: genetische Prädispositionen, die mit unterschiedlichen Umweltfaktoren und sozialen Einflussfaktoren zusammenwirken können, um die Entstehung und Ausbildung des Krankheitsbildes zu begünstigen (El-Faddagh et al., 2004; Faraone & Larsson, 2019). Dennoch werden auch hier bislang die zugrunde liegenden neuroanatomischen und funktionellen Korrelate noch unzureichend verstanden (Curatolo et al., 2010).

Die systematische Nosologie des so umrissenen Störungs- bzw. Krankheitsbildes erfolgt anhand von Klassifikationssystemen wie dem bereits benannten ICD oder dem DSM, die, neben den Leitlinien der Fachgesellschaften, auch zur Diagnosestellung herangezogen werden. Hierbei werden Kategorien wie Aufmerksamkeitsverhalten oder Impulsivität abgefragt, die Setting übergreifend (z. B. in der

Schule und zu Hause) und über einen längeren Zeitraum persistieren müssen. Gemäß dem DSM werden etwa Kriterien wie „beachtet häufig Einzelheiten nicht oder macht Flüchtigkeitsfehler bei den Schularbeiten bei der Arbeit oder bei anderen Tätigkeiten" als alltagsnahe diagnostische Items angewendet, die von Betroffenen, Eltern oder Lehrkräften gleichermaßen beurteilt werden können und die grundsätzlich pädagogisch informiert sind. Insgesamt aber, und trotz der pädagogischen Anschlussfähigkeit, dominiert der medizinische Blick auf ADHS weitgehend den Diskurs. Dies ist unter anderem an der interdisziplinären evidenz- und konsensbasierten (S3) Leitlinie „Aufmerksamkeitsdefizit-/Hyperaktivitätsstörung (ADHS) im Kindes-, Jugend- und Erwachsenenalter" (Arbeitsgemeinschaft Wissenschaftlich Medizinischer Fachgesellschaften AWMF, 2017) abzulesen, in der der Pädagogik lediglich die Funktion einer zusätzlichen Familienberatung angedacht wird.[1]

3 Der soziale Blick auf ADHS

Romanos und Jans (2014, S. 118) weisen darauf hin, dass sich ADHS an der „Nahtstelle von Medizin und Pädagogik" befinde, und, „den Lehrern oftmals eine besondere Rolle in der Identifikation, aber damit auch in der Bewältigung von ADHS-Symptomen zukommt". Dennoch entfalten die Autoren keinen genuin pädagogischen Zugang, sondern reproduzieren die medizinische Problematisierungsweise, indem Ätiologie, Diagnostik und Therapie anhand des medizinischen Forschungsstandes dargestellt werden. Ein anderer Zugang findet sich etwa bei Becker (2007, 2014), die eine mangelnde eigenständige Auseinandersetzung mit der ADHS in den Erziehungswissenschaften konstatiert. Ihre Rekonstruktion von pädagogischen Funktionen im Umgang mit ADHS ist für die vorliegende Darstellung instruktiv, da sie dem medizinischen Modell einen ergänzenden Blick aus einer anderer beteiligten Handlungsdisziplin gegenüberstellt. Becker (2007) kann anhand einer Analyse von pädagogischen Fachzeitschriften zeigen, dass sich die pädagogischen Debatten in Bezug auf ADHS zwar teilweise an medizinischen Deutungsmustern orientieren und diesen folgen, sich teilweise aber auch kritisch daran abarbeiten oder den medizinischen Zugang zu der Problematik gänzlich ablehnen. Dennoch lässt sich summieren, dass die Diskussion durch eine „Auseinandersetzung mit biologischen Erklärungsmodellen und eine pragmatisch ausgerichtete

---

[1] Die eigenständige Rolle der Psychologie kann an dieser Stelle nicht ausführlich dargestellt werden. Vor allem aber die klinische Psychologie steht im Schulterschluss mit der Psychiatrie und ergänzt den medizinischen Zugriff vor allem in der Therapie um verhaltenstherapeutische Angebote, die als zentraler Bestandteil einer multimodalen Therapie gelten.

Rezeption verhaltenstherapeutischer Maßnahmen geprägt [ist]. Sie folgt damit dem „Mainstream" der ADHS-Debatte, bei dem diese Aspekte ebenfalls im Vordergrund stehen." (ebd., S. 197). Den bislang wenig substanziellen, genuin pädagogischen Zugriff auf ADHS, stellt die Autorin in einen – mit dem Blick auf die Funktionsweise des Wissenschaftssystems – nachvollziehbaren Zusammenhang: es mangle der Pädagogik bislang an substanzieller empirischer Forschung zum Thema (ebd., S. 199). Die Pädagogik, so Becker (2014, S. 273) erfülle in den Settings der Praxis daher primär eine *Entdeckungsfunktion*. Da Kinder und Jugendliche in keinem Setting außer der Familie mehr Zeit verbringen als in Betreuungseinrichtungen und Schulen und dort einer konstanten Beobachtung durch pädagogisch geschulte Professionelle unterschiedlicher Fachgruppen unterliegen, liegt es nahe, dass Pädagog_innen und Lehrer_innen bei verhaltensauffälligen Kindern einen Prozess anstoßen, an dessen Endpunkt eine Diagnose stehen kann. Die Entdeckungsfunktion sei aber insofern unpräzise, als es zu einer Diskrepanz zwischen pädagogischem Urteil und medizinischer Diagnostik komme (ebd.). Dabei sehen Lehrer_Innen im Verhalten der Schulkinder sogar noch öfters eine medizinische Diagnose als diese dann tatsächlich durch die medizinischen Akteur_Innen vorgenommen wird (Becker, 2014, S. 274). Demnach wird das abweichende Verhalten der Kinder und Jugendlichen als potenziell Behandlungsbedürftig gedeutet und definiert. Damit delegiert die Pädagogik ihre Funktion der *Entdeckung* an eine positivistische, medizinisch-naturwissenschaftliche Deutung, welche in das pädagogische Feld diffundiert, deren Sichtweise überlagert und, mindestens partiell auch relativiert. In einer anderen Leseart kommt Becker (2014) zum Schluss, dass man der Pädagogik nicht notwendig eine Entdeckungsfunktion zusprechen muss, sondern zunächst die Funktion der *Definition*. Damit stellt sich der positivistischen Lesart („Entdeckung") eine konstruktivistische Lesart („Definition") zur Seite, die betont, dass auch pädagogische Fachkräfte aktiv an der sozialen Konstruktion von ADHS beteiligt sind. Dies nicht zuletzt auch deshalb, weil bereits die Kernsymptomatik in den Klassifikationssystemen einen „pädagogischen Bias" aufweisen (ebd.). Zusammenfassend können wir anhand der Diagnose der ADHS also beobachten, dass die Krankheitsbeschreibung und die definierte Symptomatik durch die pädagogische Praxis und das zu beobachtende abweichende Verhalten im Setting geprägt ist und, dass andererseits die Beobachtung des abweichenden Verhaltens durch pädagogische Professionelle zunehmend dem medizinischen Blick folgt. Beide Professionen sind durch ihr jeweiliges Wissen an der Herstellung von ADHS beteiligt; beide Gruppen treten damit sowohl als Problematisierungs- als auch als Problembearbeitungsinstanz auf. Wie eingangs dargestellt, sollen diese Prozesse der *Ko-Konstruktion* Gegenstand der nachfolgenden Analyse sein.

In der Literatur finden sich hinsichtlich des soziologischen Blicks auf die ADHS unterschiedliche Zugänge, die ebenfalls weitestgehend entweder einem positivistischen oder einem konstruktivistischen Lager zuzuordnen sind. Die Gesundheitssoziologie, verstanden als einer Teildisziplin der Gesundheitswissenschaften, nimmt dabei das medizinische Modell zum Ausgangspunkt, indem sie als Bezugsdisziplin im Kontext eines bio-psycho-sozialen Krankheitsmodells agiert.

In einer mittlerweile weitreichend etablierten Dreiteilung der Zielsetzungen der Gesundheitssoziologie (Germov, 2019; Richter & Hurrelmann, 2016), werden die *soziale Produktion*, die *soziale Organisation* und schließlich drittens, die *soziale Konstruktion von Krankheitsphänomenen* unterschieden. Die Frage nach der *sozialen Produktion der ADHS* will einerseits sozialbedingte Risikofaktoren für die Entstehung aufdecken und andererseits auf einen sozialen Gradienten in der Prävalenz und Diagnostik hinweisen (Lawson et al., 2017). Die Frage nach der *sozialen Organisation von ADHS* betrachtet ADHS aus der Perspektive der Versorgungsforschung und der Epidemiologie gleichsam aus der Makroperspektive (Schlack et al., 2014). Hier agiert die Gesundheitssoziologie als Teil der Versorgungs- oder Public-Health-Forschung und fragt wie kollektive Akteur_innen im Gesundheitssystem das Krankheitsbild organisieren und eine angemessene Patient_innenversorgung sicherstellen. Die *soziale Konstruktion von ADHS* schließlich fragt nach den historischen, kulturellen, politischen und diskursiven Verschiebungen und Auseinandersetzung um den Gegenstand ADHS auf einer Wissens- und Bedeutungsebene. Aus diesem eher konstruktivistischen Blickwinkel kann die Soziologie eine wissens- und wissenschaftssoziologische Perspektive einnehmen und dadurch gleichsam hinter den durch die medizinische Perspektive vorgegebenen Blick treten und auf die gesellschaftliche Konstruktion des Phänomens fokussieren. Wir schließen in diesem Beitrag an den Forschungsstand zur sozialen Konstruktion der ADHS an, der in den 1970er-Jahren in den USA entstanden ist und seitdem kontinuierlich weiterentwickelt wurde (Conrad, 1975; Conrad & Schneider, 1980; Karsch, 2018; Rafalovich, 2013). Dabei fokussieren wir auf Prozesse der professionellen Ko-Konstruktion des Wissensgegenstands ADHS und stellen damit auf die Diskursivierung des Phänomens ab: ADHS wird demnach als Wissensgegenstand in intra- und inter-professionellen Diskursen hervorgebracht, reifiziert und möglicherweise auch transformiert. Die so stattfindende Objektivation der ADHS speist sich aus der dem Gegenstand immanenten Überschneidung der pädagogischen Problematisierung abweichenden Verhaltens und des medizinischen Diagnostik- und -problembearbeitungsangebots. Daraus resultiert die im folgenden dargestellte Untersuchung der verschiedenen Einstellungen von pädagogischen und medizinischen Fachpersonen gegenüber der ADHS und der Frage, nach der Reifizierung unterschiedlicher professionsbezogener Wissensbestände, die ADHS als Grenzobjekt (Bowker & Star, 1999) zwischen Pädagogik und Medizin konstituieren.

4 Studiendesign

Die qualitative Analyse stützt sich auf in der Schweiz erhobene Daten aus einem interdisziplinären Projekt, bei dem das Wohlbefinden von Kindern im Alter von 6 bis 13 Jahren, die mit einer ADHS diagnostiziert wurden, fokussiert wurde. Dabei wurde aus der Perspektive verschiedener involvierter Akteur_innen (Schulpersonal, medizinische Fachpersonen, betroffene Familien) die Bedeutung von ADHS in Alltagssituationen – in der Schule und zu Hause – untersucht. Konkret wurden dazu Narrative von pädagogischen und medizinischen Fachpersonen auf eine offene Frage („wie würden Sie jemandem, der noch nie von ADHS gehört hat, das Wort ADHS beschreiben?"), die in einem standardisierten Online-Fragebogen beiden Berufsgruppen gestellt wurden, qualitativ ausgewertet.

Das Studiensample besteht aus einer „gezielten Stichprobe" (Marshall, 1996) von 125 pädagogischen und 81 medizinischen Fachkräften wohnhaft in der Deutschschweiz, die zwischen 2017 und 2018 an der Studie teilnahmen. Die meisten befragten Fachpersonen waren weiblich (80 %, *N = 100*), ein Fünftel (*N = 25*) männlich, außerdem waren die Teilnehmenden zwischen 27 und 69 Jahren alt (*Mittelwert = 52 Jahre*). Die Hälfte (50 %) arbeitete zum Zeitpunkt der Befragung als Sonderschullehrer_innen, ein knappes Drittel (31 %) als Primarlehrer_innen und ein knappes Fünftel (19 %) gab eine andere Berufsbezeichnung an (z. B. Sekundarschullehrer_in). Die meisten der befragten medizinischen Fachpersonen (86 %, *N = 70*) waren als Pädiater_innen tätig oder anderweitig auf dem Gebiet der Kinder- und Jugendmedizin spezialisiert; knapp die Hälfte (43 %, *N = 35*) war weiblich und ca. zwei Fünftel (37 %, *N = 30*) männlich; ein weiteres Fünftel (20 %, *N = 16*) machte keine Angabe über das Geschlecht.

Die Narrative wurden computergestützt (MAXQDA) mit dem vergleichenden Ansatz der Inhaltsanalyse, wie ihn Margrit Schreier (2012) vorschlägt, analysiert. Schreier (ebd., S. 42) plädiert dafür, (deskriptive) Forschungsfragen vergleichend anzulegen: „*Was sagt eine Gruppe von Personen zu einem bestimmten Thema im Vergleich zu einer anderen Gruppe?*". Ziel war es also, die Ansichten beider (Experten-)Gruppen im Kontext der ADHS zu kontrastieren.

Während der anfänglichen Kodierungsphase der Daten wurde primär induktiv vorgegangen, wobei die Erzählungen der Fachpersonen segmentiert und kategorisiert (Schreier, 2012) wurden, um daraus schliesslich Deutungsmuster herauszuarbeiten zu können. Im nächsten Schritt wurde ein 3-stufiges Kodierschema (Hauptkodes, Sub-Kodes, Dimensionalisierungen) erstellt, wobei zur Veranschaulichung des Datenmaterials ebenso entsprechende „Ankerzitate" aus den Narrativen der Befragten herangezogen wurden. Die bereits erstellten Kodes wurden außerdem während des ganzen Kodierungsprozesses im Team besprochen, wiederholt überarbeitet und partiell wiederholt geändert, hinzugefügt oder erneut exkludiert bzw. unter eine andere Kategorie subsumiert. Diese Konsistenzprüfung und ständige Anpassung in der Kodierungsphase gleicht der von Schreier (2012, S. 146) vorgeschlagenen „trial and error phase". Im Hauptkodierungsprozess wurden danach relevante Teile der Erzählungen weiter verdichtet, wobei ständige Vergleiche zwischen den beiden Berufsgruppen gezogen wurden (ebd., S. 195). Die Forschenden reflektieren ihre eigene Rolle und Position während verschiedenen Phasen der Datenerhebung- und Analyse. Das Datenmaterial wurde unabhängig von zwei Forschenden kodiert und diskutiert.

Eine Eigenschaft dieser Analyse ist es, dass die Art der Datenerhebung (offene Frage in einem Online-Fragebogens) einen limitierten Einblick in die Einstellungen von pädagogischen und medizinischen Fachpersonen ermöglicht, wohingegen beispielsweise Tiefeninterviews oder teilnehmende Beobachtungen möglicherweise weitere, partiell weiterreichende oder tiefer gehende Einblicke ermöglicht hätten. Als weitere Limitation ist die Vereinheitlichung der sozialen Realität der unterschiedlichen pädagogischen Berufsbilder zu nennen. Eine differenzierte Analyse der einzelnen pädagogische Berufskategorien (z. B. schulische Sozialarbeit, Sonderpädagogik) würde in diesem Zusammenhang möglicherweise komplexere und voneinander abweichende Ergebnisse generieren (Dupanloup, 2004; Mauger, 2012), erschien hier aber angesichts der eingeschränkten Datenlage (kleine Untergruppen) nicht sinnvoll.

5 Resultate

Die offene Frage wurde von allen Lehrpersonen und von 64 % der Ärzt_innen (52 von 81), die an der Studie teilnahmen, beantwortet. Während die meisten Lehrer_innen mit recht ausführlichen Erzählungen und einer eher bildhaften Sprache antworteten, waren die Antworten der Ärzt_innen knapper. Dieser Unterschied in der Antwortrate und Reichweite könnte bereits ein Indiz für unterschiedliche Einstellungen oder Rollen der beiden Berufsgruppen, z. B. bezüglich des Umgangs mit der Diagnosestellung, sein.

5.1 Rivalisierende Ansprüche

Sowohl medizinische als auch pädagogische Fachpersonen nahmen eine Expert_innen-Rolle auf dem Feld der ADHS ein. Mitglieder beider Berufsgruppen gingen davon aus, über ein Spezialwissen oder zumindest über ein Wissen zu verfügen, welches sich von dem eines Laien (z. B. eines Elternteils) unterscheidet. Ihr Fachwissen stammt aus unterschiedlichen Wissensbereichen: Mediziner_innen betrachteten ADHS als medizinisches Problem und verwendeten zur Erklärung des Phänomens zahlreiche Begriffe aus dem Feld der Neurobiologie und Psychiatrie, wie etwa „*Entwicklungsstörung*" oder „*neurobiologische Erkrankung*". Dabei folgten sie grösstenteils, wenn auch nicht immer explizit benannt, den internationalen Klassifikationsnomenklaturen ICD und DSM, und betteten ADHS in den konzeptionellen Rahmen einer „*neurologischen Entwicklungsstörung*" ein. Im Gegensatz dazu fokussierten Pädagog_innen unterschiedliche Beschreibungen von „*Lernschwierigkeiten*", die im schulischen Umfeld virulent werden. Im Kontrast zu medizinischen Fachpersonen, die es aus ihrer beruflichen Sozialisierung heraus gewohnt sind, eine medizinische Diagnose zu stellen und eine entsprechende Behandlung zu empfehlen, sahen pädagogische Fachpersonen ihre Aufgabe eher darin, die ADHS in einem schulischen Umfeld zu erkennen und zu identifizieren. Aufgrund dieser pädagogischen Einbindung in den Beurteilungsrahmen eines Behandlungsprozess müssen Pädagog_innen verschiedene Faktoren, Erklärungen und mögliche Ursachen für ADHS-bezogene Symptome berücksichtigen und bringen dies auch zum Ausdruck (bspw. „*ADHS ist eine Herausforderung*", Aussage einer Sonderpädagogin).

Die Erzählungen der medizinischen und pädagogischen Fachpersonen vermitteln zudem unterschiedliche Wissensansprüche. In den Erzählungen beider Berufsgruppen war eine Bezugnahme auf die literarische Figur des Zappelphilipps zentral. Der Zappelphilipp, aus dem Werk Struwwelpeter von Heinrich Hoffmann (1845), ist ein von Bewegungsdrang geprägter Junge, der sich in einer – mittlerweile sehr populär gewordenen Szene – immer wieder der väterlichen Disziplin am Esstisch entzieht und am Ende sogar die ganze Tischdecke mitsamt Gedeck vom Tisch herunterreißt. Ursprünglich als pädagogische Lehrgeschichte angelegt, die auf moralisches Fehlverhalten hinweist, wurde der Zappelphilipp, dessen Autor selber Arzt war, als frühe Beschreibung der ADHS (Rothenberger & Neumärke, 2005) oder als Beispiel für die Medikalisierung von moralischen Normen (Karsch, 2018) interpretiert. Im vorliegenden Diskussionszusammenhang ist insbesondere bemerkenswert, dass es sowohl eine pädagogische als auch eine medizinische Lesart der Geschichte zu geben scheint und dass sowohl pädagogische als auch medizinische Fachpersonen auf den Zappelphilipp Bezug nahmen, dessen Symbolik aber unterschiedlich interpretierten. Während Pädagog_innen in diesem Kontext bei den Kindern auftauchende „*Lernschwierigkeiten*" ursächlich der elterlichen Erziehung zuschreiben, wobei das auffallende Verhalten des Kindes als Ausdruck mangelnden Gehorsam erscheint, medikalisierten Ärzt_innen im Gegensatz dazu den Zappelphilipp, indem sie von einem „*Zappelphilipp-Syndrom*" sprachen: Gleichzeitig positionierten sie sich damit gegen den Vorwurf, dass eine fehlende oder schlechte elterliche Erziehung die Ursache abweichenden kindlichen Verhaltens sein könnte. ADHS sei „*eine Charaktereigenschaft, die zu einer überdurchschnittlichen Ablenkbarkeit und einem außergewöhnlichen Konzentrationsmangel führt, ohne dass es ein elterliches Disziplinproblem gibt*" (Aussage eines Pädiaters).

Typisch in den medizinischen Erzählungen ist nicht nur die Abgrenzung gegenüber der Interpretation der pädagogischen Fachpersonen, sondern auch der Anspruch auf universelle Gültigkeit und Richtigkeit. Besonders deutlich wird dies in der folgenden Aussage eines Pädiaters, der das in der Diagnostik übliche Ausschlussverfahren gemäss ICD erwähnte: „*ADHS ist eine neurobiologische Störung (...) wenn alle anderen Störungen ausgeschlossen werden können*" (Aussage eines Kinderpsychiaters). Mediziner_innen treten also in ihrem Selbstbild, welches sie nach Aussen vermitteln, als legitimierte Interpret_innen von ADHS auf (bspw. indem sie andere Störungen von ADHS abgrenzen).

5.2 Pathologisierung und Rechtfertigung von (Kontroll-) Massnahmen

Wenn medizinische und pädagogische Fachpersonen einem Außenstehenden ADHS erklären sollen, beginnen sie ihre Erzählungen in der Regel damit, die Abkürzung auszubuchstabieren (z. B.: „*Die Abkürzung ADHS steht für Aufmerksamkeitsdefizit-Hyperaktivitätssyndrom*"), bevor sie ihre Beschreibungen in ihrer eigenen typischen Fachterminologie fortsetzen. Fachleute beider Gruppen gingen davon aus, dass sich ADHS typischerweise auf „*besondere Formen der Aufmerksamkeit*" bezieht, die sich von einem „*normalen Verhalten*" unterscheiden, wobei die Befragten damit sehr unterschiedliche Phänomene wie „*sehr aktives und unruhiges Verhalten*", „*verträumtes Verhalten*" und „*Ungehorsam*" beschrieben. Mitglieder beider Berufsgruppen qualifizierten dieses Verhalten im Kontext von ADHS-Patienten_innen als pathologisch und damit potenziell einer medizinischen oder psychologischen Behandlung würdig.

Die Schwierigkeit, Kinder mit ADHS überhaupt identifizieren zu können, war ein wiederkehrendes Thema: obwohl beide Berufsgruppen klare Vorstellungen über die Diagnose zum Ausdruck brachten, betonten sie gleichzeitig die Schwierigkeit der Erkennung und Identifizierung von Kindern, die entsprechend diagnostiziert werden könnten. Als Grund wurden sehr „*individuelle Manifestationen*" der Symptome genannt, die sich auf die Bedeutung sozialer (Lebens-)Probleme für betroffene Kinder und Familien bezogen. Damit relativierten selbst Mediziner_innen, die viel stärker als die Pädagog_innen in die Herstellung einer Diagnose involviert sind, partiell die Gültigkeit des medizinischen Diagnoseprozesses, ohne dabei allerdings den Mangel an Wissen über soziale Aspekte von ADHS zu ignorieren: *„Die Umwelt und das Milieu prägen den Beweis für die Bedeutung der Symptome (…), für uns ist es schwierig, auch den Alltag zu bewerten"* (Aussage einer Kinderpsychiaterin).

Hinweise auf Hoffmanns literarische Figur prägten dabei, wie bereits erwähnt, die Narrative beider Berufsgruppen, wobei ein typisches sogenanntes „ADHS-Kind" als jemand mit einem „*zappeligen*" und „*nervösen*" Verhalten bezeichnet wurde. Ein befragter Kinderarzt äusserte sich dazu stellvertretend wie folgt: *„Im herkömmlichen Sinne würde der Ausdruck Zappelphilipp am besten passen, um Kinder mit ADHS zu beschreiben"*. Die Bezugnahme auf die Figur des Zappelphilipps ging außerdem Hand in Hand mit der Vorstellung, dass es sich typischerweise um einen Jungen mit impulsivem Verhalten handelt, der, insbesondere im schulischen Setting Aufmerksamkeit erregt und dem es an Selbstkontrolle mangelt (*„er kann einfach nicht stillsitzen, für mich ist es schwierig, ihn in das Klassensetting zu integrieren"*, Aussage einer Klassenlehrerin). Die Bedeutung der Symptombeschreibungen der Hyperaktivität und der Impulsivität im Bewertungsrahmen der Psychiatrie als typisch extrovertierte Verhaltensweisen klassifiziert, war in den Beschreibungen, im Verhältnis zu introvertierten Charaktereigenschaften wie Unaufmerksamkeit, stärker präsent.

Auch wenn weder pädagogische noch medizinische Fachkräfte Mädchen in ihren Erzählungen explizit ausschliessen, fällt zudem auf, dass die Charakterisierung sogenannter „ADHS-Kinder" vordringlich über männliche Sprachmuster, Stereotypisierungen und Typisierungen („*Schüler*"; „*Träumer*") und selten über weibliche Sprachmuster („*Schülerin*", „*Träumerin*") konstruiert wird. Der typische „ADHS-ler" wird folglich als männlicher Unruhestifter dargestellt, der andere stört, Lehrpersonen unterbricht, als „*unruhiger*" Junge, der „*nicht lange stillsitzen*", kann, nicht zuhört, was der Lehrer sagt. Es entsteht also der Eindruck, als ob Fachpersonen beider Berufsgruppen Maßnahmen zur Durchsetzung gehorsamen Verhaltens rechtfertigen, indem sie sich auf einen männlichen Unruhestifter im Allgemeinen und auf den Zappelphilipp im Konkreten beziehen. Damit werden nicht nur Phänomene eines pathologischen oder abweichenden Verhaltens erfasst, sondern auch stereotype, männliche Geschlechternormen mit zudem tendenziell extrovertierten Verhaltensmustern konstruiert. Die Anwendung von Disziplinarmaßnahmen (z. B. Kind bestrafen, weil es den Unterricht stört) wird gleichzeitig von dem Schulpersonal auch in Frage gestellt: Pädagogische Fachpersonen scheinen zwischen einem „*Disziplinieren*" und „*Helfen-Wollen*" zu balancieren, indem sie einerseits schulinterne Massnahmen zur Regulierung auffallenden Verhaltens wie bspw. ein *„positives reinforcement"* beschreiben, andererseits aber ab einem gewissen Punkt (*„irgendwann ist ein Limit erreicht"*) medizinische Behandlungsmuster bevorzugen: *„wenn jemand die Klasse während zwei Monaten stört, weiss ich einfach nicht wie weiter, da helfen dann halt die Pillen, das ist einfach so"* (Aussage einer Sekundarlehrerin).

5.3 Unangefochtene medizinische Dominanz?

Während medizinische Fachpersonen ADHS hauptsächlich im konzeptionellen Rahmen einer neurobiologischen Entwicklungsstörung agierten, enthielten die Narrative der pädagogischen Fachpersonen (auch) zahlreiche Aussagen, die diese im medizinischen System vorherrschende Autorität einer medizinischen Diagnose in Frage stellten. Pädagogische Fachpersonen fokussierten die Bedeutung von Maßnahmen innerhalb des Schulsystems und die, aus ihrer Sicht, oft zu schnelle Medikalisierung von Kindern innerhalb des medizinischen Systems. Ihrer Meinung nach bräuchten Kinder mit ADHS-Symptomen eine *„besondere Lernumgebung"*, wie eine Sonderpädagogin beschrieb: *„Es ist für sie sehr wichtig, eine möglichst ruhige Umgebung mit klaren Strukturen zu haben und sie beim Lernen und Organisieren zu unterstützen"*. Eine andere Lehrperson meinte, die Kinder müssten *„so eng wie möglich unterstützt werden, damit sie besser lernen, sich zu kontrollieren"*. Diese beschriebenen schulischen Maßnahmen wurden dabei als ebenso wirksam oder sogar wirksamer als die medizinische Behandlung dargestellt: *„Eine geregelte und strukturierte, irritationsfreie Umgebung in der Schule kann die Orientierung für das ADHS-Kind enorm erleichtern"* (Aussage einer Sonderpädagogin).

Darüber hinaus wurden den betroffenen Kindern von vielen pädagogischen Fachpersonen Eigenschaften zugeschrieben, die im „kulturellen Feld" (Bourdieu, 1983) allgemein positiv konnotiert werden und über schulischen Anforderungen hinausgehen. Während beispielsweise nur ein einziger Arzt ADHS-Kinder als *„sensibel"* oder *„kreativ"* qualifizierte, scheint das Deutungsmuster ADHS als Ressource bei schulischen Akteur_innen umso bedeutungsvoller, wenn Sie feststellen, dass „ADHS-Kinder" auch *„intelligent"* und *„besonders kreativ"* seien. Ebenso seien sie *„gute Beobachter"*, mit *„einem guten Überblick"*, die *„in einer Gruppe Verantwortung übernehmen können"*. Die Betonung der Stärken von Kindern mit ADHS-Symptomen rückt die Kinder in ein anderes Licht. Hierbei sind beispielsweise Zuschreibungen über die Kategorie eines *„Andersseins"* aufgetaucht *(„er ist einfach anders und fällt auf in der Klasse")* wobei das Verhalten betroffener

Schüler_innen als von der gesellschaftlichen Norm abweichend und anders dargestellt wird. In diesem Zusammenhang ist auch die Ambivalenz der Pädagogik zwischen einer partiell defizitären Sichtweise (Störung) und einer ressourcenorientierten Sichtweise (kreative Potenziale) hervorzuheben, während in der Medizin vornehmlich die defizitäre Sicht, welche die Störung als Problem sieht, vertreten wird.

Ein weiteres zentrales Merkmal in den Erzählungen von Lehrerperson ist, dass sie ADHS konsequenterweise mit Schulversagen in Verbindung brachten: *„Lernschwierigkeiten"* äusserten sich darin, dass Schüler_innen nicht in der Lage waren, sich zu konzentrieren, um bestimmte Aufgaben zu erfüllen, insbesondere schriftliche Aufgaben oder Tests, wie ein Teilnehmer dieser Berufsgruppe angab: *„Das Aufmerksamkeitsdefizit hindert ihn daran, zu einer normalen Leistung zu gelangen (…) er ist nicht in der Lage, sein tatsächliches Potenzial zu erfüllen"* (Aussage eines Primarlehrers). Indem Pädagog_innen *„Lernschwierigkeiten"* als ein zentrales Element für das Verständnis von ADHS aus ihrer Weltsicht erwähnten, maßen sie dem medizinischen Urteil eine objektive Qualität bei. Es scheint, als ob ADHS eine Möglichkeit bieten würde, Schulversagen zu erklären – und zu rechtfertigen.

5.4 Rollenverständnis

Während Mediziner_innen in Zusammenhang der Diagnosestellung und Behandlung tendenziell ein eher defizitorientiertes Bild von ADHS-Kindern zeichneten, machten pädagogische Fachpersonen dies, indem sie Lernschwierigkeiten und Schulversagen betonten.

Wer aber welches Gewicht und welche Legitimität in der Konfiguration berufsspezifischer Wissensvorräte hat, zeigt sich insbesondere daran, wie diese beiden Expertengruppen ihr Verhältnis zu Laien definierten. Ärzt_innen tendierten dazu, ihre Distanz zu Laien hervorzuheben: *„ADHS ist ein Begriff, zu dem alle möglichen Leute glauben, ihre Meinung sagen zu müssen. Der Begriff ist voll von Vorurteilen, Dogmatismus und Polemik"* (Aussage eines Pädiaters). Die Ärzt_innen schienen also aus einer Expert_innen-Rolle heraus zu sprechen. Beispielsweise betonten sie (implizit), dass sie im Besitz des für die legitime Diagnose notwendigen Wissens sind. Den Mediziner_innen stehen beispielsweise die Informationen, die diskursive Legitimation und das Vertrauen (potenziell unwissender) Laien zur Verfügung, um häretische Meinungen über ADHS zu korrigieren. Dabei wird aber auch deutlich, dass Ärzt_innen zwischen dem Verständnis medizinischer und diagnostischer Kriterien einerseits und der Notwendigkeit, die täglichen und sozialen Lebensbedingungen zu integrieren und zu betonen andererseits, stets abwägen müssen:

„*Probleme mit der Impulskontrolle, daher oft soziale Probleme. Auffälligkeiten bei Aufmerksamkeit und Kurzzeitgedächtnis, daher Probleme in der Schule*" (Aussage eines Kinder/Jugendpsychiaters).

Lehrer_innen schienen dagegen eher geneigt, die Diagnose mit Metaphern und vereinfachenden Symbolen und bezogen auf das schulische System zu erklären (z. B. „*Im Gehirn werden Wahrnehmungen mit kleinen Schiffen zu den Zentren transportiert, die darauf reagieren. Jemand mit ADHS hat einfach nicht genug von diesen kleinen Schiffen zur Hand*", Aussage einer Primarlehrerin). Die Lehrer_innen agieren also auch in einer vermittelnden Rolle gegenüber den Laien, denen sie das Wissen über die Symptome näherbringen wollen, und orientieren sich dabei mehr an medizinischem Wissen als an einem Verständnis der Probleme im Sinne der Schulwirklichkeit. Gleichzeitig ordnen sich die Lehrkräfte dem medizinischen System auch unter. Obwohl sie durchaus vordringlich versuchten, schulische Maßnahmen anzuwenden (z. B. „*das Kind muss in der ersten Reihe sitzen*", Aussage einer Primarlehrerin) und es oft bevorzugen, die Situation innerhalb der schulischen Lebenswelt zu lösen (z. B. „*wenn die Schule das Problem entschärfen kann, fühle ich mich besser*", Aussage einer Sonderpädagogin).

6 Diskussion

Expert_innen beider befragten Berufsgruppen betonten, dass bei Kindern, auf die die Diagnose zutrifft, in der Regel die schulischen Leistungen besonders beeinträchtigt sind. Dies deckt sich mit anderen Untersuchungen, die zeigen, dass pädagogische Fachkräfte „ADHS-Kinder" mit Problemschüler_innen assoziieren (Rutter, 2018; Yawo, 2012) und – allgemeiner gesprochen – , dass abweichendes Verhalten und damit assoziierte Lernschwierigkeiten im Schulsystem (Liebsch, 2009) medikalisiert werden. Die Ergebnisse decken sich auch mit Studien, die zeigen, dass kulturelle Unterschiede zwischen der Schulkultur und der im Rahmen der familiären Sozialisation erworbenen Kultur pathologisiert werden (Fiechter, 2015; Liebsch, 2009). Damit knüpfen die Ergebnisse auch an die Diskussionen über die Rolle der Schule bei der Reproduktion sozialer Ungleichheiten an (Bourdieu & Passeron, 1964). Die wesentliche Rolle der Schulen bei der Reproduktion sozialer Ungleichheiten wird nun dadurch erweitert, dass die Beurteilungen der pädagogischen Fachkräfte eine Schlüsselrolle im Diagnoseprozess spielen. ADHS als medizinische Diagnose ist ein Beispiel für ein außerhalb des Schulsystems etabliertes Urteil, welches innerhalb des Schulsystems differenzierend wirkt (Kuntz et al., 2018), aber ebenso ein Beispiel dafür, dass soziale Differenzen medikalisiert werden.

Grundsätzlich erscheint es uns daher sinnvoll, den schulischen Umgang mit ADHS in Inklusionsprozesse einzuordnen, gerade auch weil ADHS als intersektionale Diagnose zwischen neurologischer Beeinträchtigung, abweichendem Verhalten und sozialen Ungleichheitsfaktoren in Erscheinung tritt. Gängige Diversitätsdimensionen wie zum Beispiel Alter, Geschlecht, Herkunft oder körperliche Konstitution sind keine rein deskriptiven Ableitungen, sondern folgen präexistenten Kategorisierungsmustern, die oft normativ bestimmt sind, d. h. sich erst anhand von gesellschaftlichen Entwicklungen, Trends und Notwendigkeiten ausdifferenzieren.

Gängige Kategorisierungen sind auch übliche Bestandteile der alltäglichen pädagogischen Handlungspraxis, insbesondere dann, wenn es im Zusammenhang mit Inklusionsbemühungen zur Reifizierung von Kategorien und damit verbundenen Vorurteilen kommt. Dies ist auch in Bezug auf ADHS sichtbar, wenn diagnostische Deutungen als Prozesse der Differenzzuordnung auf der Basis von Normabweichungen eine Kategorisierung herstellen oder verfestigen. Daneben lassen sich allerdings auch Prozesse der gezielten Entdifferenzierung und Transdifferenz beobachten. Transdifferenz bezeichnet nach Lösch (2005, S. 7): „all das Widerspenstige, das sich gegen die Einordnung in die Polarität binärer Differenzen sperrt, weil es gleichsam quer durch die gezogene Grenzlinie hindurch geht und die ursprünglich eingeschriebene Differenz ins Oszillieren bringt, ohne sie jedoch aufzulösen." Während das politische Vorhaben der Inklusion einer Idee von Diversität folgt, die sich auf der Basis von Merkmalsdifferenzierung entwirft, betont Transdifferenz die Hybridisierung und Auflösung von Ordnungskategorien. Daran anknüpfend kann das Phänomen ADHS wissenssoziologisch als eine transdifferente Kategorie verstanden werden, die zwischen unterschiedlichen professionellen Expertensystemen und Betroffenen verhandelt wird. Insofern kann ADHS tatsächlich als ein „Grenzobjekt" (Bowker & Star, 1999) oder ein „travelling object" (Harbusch, 2019) beschrieben werden, das gleichsam als Markierung den jeweiligen Hoheitsbereich der Profession mit absteckt.

Einzig: die Betroffenen Kinder, Jugendlichen und jungen Erwachsenen sind als eigenständige Interessensnehmer_innen und Akteur_innen in der Lage zwischen den sozialen Welten zu wechseln, da sie immer mehr sind als nur Objekt des medizinischen oder pädagogischen Zugriffs. Sie sind in diesem Sinne *travelling subjects*. Als Akteur_innen können sie sich Zuschreibungen entziehen oder sich diese aktiv aneignen. Wir gehen davon aus, dass die zwar uneindeutigen, aber durchaus wirkmächtigen Anrufungen der professionellen Akteur_innen auf ganz unterschiedliche Weisen adaptiert werden und, dass die Selbstkontextualisierung (Karsch, 2011; Schulz, 2001) einen entscheidenden Handlungsmodus darstellt, mit dem Betroffene auf externe Deutungsangebote reagieren. Selbstkontextualisierung bedeutet dann, situative Anpassungsleistungen hervorzubringen, die im jeweiligen Setting (Familie, Schule, Arztpraxis) anschlussfähig sind. Möglicherweise sind neurodiverse Identitätsentwürfe, und in diesem Zusammenhang hoch individualisierte Lebensformen- und Stile, ein weiteres Resultat dieser fluiden Anpassungsleistungen. Von Neurodiversität wird dann gesprochen, wenn Subjekte die neurologische Abweichung von der Norm zwar grundsätzlich anerkennen, dies aber vor allem, da sie eine breitere Anerkennung dieser Vielfalt einfordern, ohne die Pathologisierung der Abweichung notwendig ebenfalls anzuerkennen (Karsch, 2019; Milton, 2019). Die Rolle der pädagogischen und medizinischen Expert_innen wird damit (zumindest teilweise) auf Gatekeeperfunktionen reduziert, wenn etwa situativ Nachteilsausgleiche oder die (vermeintliche) medikamentöse Leistungssteigerung gezielt zum eigenen Vorteil denn zur Kompensation eines Defizits (im Sinne einer Therapie oder einer sozialen Anpassungsleistung) genutzt werden. Damit könnten sich neurodiverse Subjektivierungsweisen formieren, die als Resultat der uneindeutigen professionellen Zuschreibung Subjekte hervorbringt, die als „travelling subjects" weder eindeutig krank noch eindeutig gesund sind. Dies ist möglicherweise das Resultat der doppelten Kontingenz der oben benannten rivalisierenden Expert_innen-Ansprüche. Die medizinischen Expert_innen sind auf die Deutungsleistungen der Akteure in den schulischen Settings angewiesen und können das Krankheitsbild nur aus der Wahrnehmung eines abweichenden Verhaltens heraus rekonstruieren, während die Deutung des Verhaltens als abweichend bereits im Kontext eines dominanten medizinischen Deutungsangebots vollzogen wird und neue Formen der Kontrolle ermöglicht. Die pädagogische Deutung wiederum liefert die Rechtfertigung für die medizinische Deutung und umgekehrt. Die stattfindende Medikalisierung von Lernschwierigkeiten verfestigt sich in diesem wechselseitigen Verhältnis, in dem Abweichungen der pädagogischen Normalitätserwartung immer schon als potenziell pathologisch erscheinen.

Doch obschon das medizinisch-pathologische Deutungsmuster im interprofessionellen Diskurs dominant erscheint, scheint es den Subjekten doch möglich zu sein, sich der Zuschreibung gesund/krank zumindest in der Selbstdeutung zu entziehen. Eine Möglichkeit, die sich in der pädagogischen Fremdbeurteilung (abweichend/angepasst) kaum ergibt. So findet die mutmaßliche Verschiebung im Professionellen-Laien-Verhältnis denn auch eher im therapeutisch-medizinischen Kontext statt, also zwischen den Subjekten als Patient_innen und den behandelnden Mediziner_innen als zwischen Subjekt und Pädagog_innen. Die angesprochene Vermittlerrolle trägt möglicherweise dazu bei, dass Pädagog_innen den Laien das medizinische Deutungsmuster der ADHS in lebensweltliche Relevanz übersetzen müssen. Im vorgestellten empirischen Datenmaterial war dies beispielsweise daran sichtbar, dass Teilnehmende beider Berufsgruppen, insbesondere aber die Lehrkräfte, zwischen Schuldzuweisung und Medikalisierung, zwischen Disziplinierung, Hilfeleistung, oder der Belohnung von „gutem Verhalten" balancierten. Beide Berufsgruppen scheinen diesem „Balanceact" (Hansen & Hansen, 2006) unterworfen zu sein, indem sie die erwünschten und unerwünschten Auswirkungen der Diagnose auf das Kind und sein Umfeld, abwägen müssen.

Literatur

American Psychiatric Association (1980). Diagnostic and statistical manual of mental disorders (3rd Edition) (DSM-III). American Psychiatric Association.
American Psychiatric Association (1987). Diagnostic and statistical manual of mental disorders (3rd Edition, revised) (DSM-III-R). American Psychiatric Association.
Arbeitsgemeinschaft Wissenschaftlich Medizinischer Fachgesellschaften AWMF. (2017). *(S3-)Leitlinie „Aufmerksamkeitsdefizit-/Hyperaktivitätsstörung (ADHS) im Kindes-, Jugend und Erwachsenenalter".* https://register.awmf.org/de/leitlinien/detail/028-045. Zugegriffen am 24.12.2022.
Bailey, S. (2010). The DSM and the dangerous school child. *International Journal of Inclusive Education, 14*(6), 581–592. https://doi.org/10.1080/13603110802527961
Barkley, R. A. (2015). *Attention – deficit hyperactivity disorder: A handbook for diagnosis and treatment.* The Guilford Press.
Becker, N. (2007). Der Stellenwert biologischer Erklärungsmuster in der Debatte über ADHS. Eine Analyse pädagogischer Zeitschriften. In U. Mietzner, H.-E. Tenorth, & N. Welter (Hrsg.), *Pädagogische Anthropologie – Mechanismus einer Praxis* (S. 186–201). Beltz.
Becker, N. (2014). *Schwierig oder Krank. ADHS zwischen Pädagogik und Psychiatrie.* Julius Klinkhardt.
Bergey, M. R., Filipe, A., Conrad, P., & Singh, I. (2018). *Global perspectives on ADHD. Social dimensions of diagnosis and treatment in sixteen countries.* Johns Hopkins University Press.
Bourdieu, P. (1983). *Ökonomisches Kapital, kulturelles Kapital, soziales Kapital.* Schwartz.
Bourdieu, P., & Passeron, J.-C. (1964). *Les Héritiers. Les étudiants et leur culture.* Editions de Minuit.
Bowker, G. C., & Star, S. L. (1999). *Sorting things out. Classification and its consequences.* The MIT Press.
Cohen, B. (2016). *Psychiatric hegemony: A Marxist theory of mental illness.* Palgrave Macmillan.
Conrad, P. (1975). The discovery of hyperkinesis: Notes on the medicalization of deviant behavior. *Social Problems, 23*(1), 12–21.
Conrad, P. (2007). *The medicalization of society: On the transformation of human conditions into treatable disorders.* Johns Hopkins University Press.
Conrad, P., & Barker, K. (2010). The social construction of illness: Key insights and policy implications. *Journal of Health and Social Behavior, 51*(Suppl), 67–79. https://doi.org/10.1177/0022146510383495

Conrad, P., & Bergey, M. R. (2014). The impending globalization of ADHD: Notes on the expansion and growth of a medicalized disorder. *Social Science & Medicine, 122*, 31–43. https://doi.org/10.1016/j.socscimed.2014.10.019

Conrad, P., & Schneider, J. W. (1980). *Deviance and medicalization. From badness to sickness*. Temple University Press.

Curatolo, P., D'Agati, E., & Moavero, R. (2010). The neurobiological basis of ADHD. *Italian Journal of Pediatrics, 36*(79), 1–7. https://doi.org/10.1186/1824-7288-36-79

Dupanloup, A. (2004). *L'hyperactivité infantile: Analyse sociologique d'une controverse socio-médicale. Thèse de doctorat*. Université de Neuchâtel.

El-Faddagh, M., Laucht, M., Maras, A., Vohringer, L., & Schmidt, M. H. (2004). Association of dopamine D4 receptor (DRD4) gene with attention-deficit/hyperactivity disorder (ADHD) in a high-risk community sample: A longitudinal study from birth to 11 years of age. *Journal of Neural Transmission (Vienna), 111*(7), 883–889. https://doi.org/10.1007/s00702-003-0054-2

Faraone, S. V., & Larsson, H. (2019). Genetics of attention deficit hyperactivity disorder. *Molecular Psychiatry, 24*(4), 562–575. https://doi.org/10.1038/s41380-018-0070-0

Fiechter, U. (2015). *Eltern – Schule – Ungleichheit. Eine qualitative Untersuchung zur Perspektive der Eltern auf die Schule ihrer Kinder in einem von Zuwanderung geprägten Stadtteil*. Tuprints.

Foucault, M. (2007). *Die Anormalen. Vorlesungen am Collège de France 1974–1975*. Suhrkamp.

Frigerio, A., Montali, L., & Fine, M. (2013). Attention deficit/hyperactivity disorder blame game: A study on the positioning of professionals, teachers and parents. *Interdisciplinary Journal for the Social Study of Health, Illness and Medicine, 17*(6), 584–604. https://doi.org/10.1177/1363459312472083

Germov, J. (2019). Imagining health problems as social issues. In J. Germov (Hrsg.), *Second opinion: An introduction to health sociology* (S. 2–23). Oxford University Press.

Göbel, K., Baumgarten, F., Kuntz, B., Hölling, H., & Schlack, R. (2018). ADHS bei Kindern und Jugendlichen in Deutschland – Querschnittergebnisse aus KiGGS Welle 2 und Trends. *Journal of Health Monitoring, 3*(3), 47–53. https://doi.org/10.17886/RKI-GBE-2018-078

Grobe, T., Bitzer, E., & Schwartz, F. (2013). *BARMER GEK Arztreport 2013*. Asgard.

Hansen, D. L., & Hansen, E. H. (2006). Caught in a balancing act: Parents' dilemmas regarding their ADHD child's treatment with stimulant medication. *Qualitative Health Research, 16*(9), 1267–1285. https://doi.org/10.1177/1049732306292543

Harbusch, M. (2019). Psychiatrische Krankheitskategorien als traveling objects. *Soziale Passagen, 11*, 387–391. https://doi.org/10.1007/s12592-019-00324-2

Hoffmann, H. (1845). *Der Struwwelpeter: Lustige Geschichten und drollige Bilder*. Esslinger Verlag.

Karsch, F. (2011). Die Prozessierung biomedizinischen Wissens am Beispiel der ADHS. In R. Keller & M. Meuser (Hrsg.), *Körperwissen* (S. 271–288). Springer VS.

Karsch, F. (2012). Enhancement als Problem der soziologischen Medikalisierungsforschung. In S. Dickel, M. Franzen, & C. Kehl (Hrsg.), *Biomedizin – Gesellschaftliche Deutung und soziale Praxis*. transcript.

Karsch, F. (2018). The medicalization of Fidgety Phil: ADHD in Germany. In M. R. Bergey, A. M. Filipe, P. Conrad, & I. Singh (Hrsg.), *Global perspectives on ADHD. Social dimen-*

sions of diagnosis and treatment in sixteen countries (S. 77–97). John Hopkins University Press.

Karsch, F. (2019). Zwischen ADHS-Diagnose und Neurodiversität: Die Ko-Konstruktion medizinischer Problemgruppen. In I. D. Negnal (Hrsg.), *Die Problematisierung sozialer Gruppen in Staat und Gesellschaft* (S. 85–104). Springer VS.

Kuntz, B., Rattay, P., Poethko-Müller, C., Thamm, R., Hölling, H., & Lampert, T. (2018). Soziale Unterschiede im Gesundheitszustand von Kindern und Jugendlichen in Deutschland – Querschnittergebnisse aus KiGGS Welle 2. *Journal of Health Monitoring, 3*(3), 19–36. https://doi.org/10.17886/RKI-GBE-2018-076

Lawson, G. M., Nissley-Tsiopinis, J., Nahmias, A., McConaughy, S. H., & Eiraldi, R. (2017). Do parent and teacher report of ADHD symptoms in children differ by SES and racial status? *Journal of Psychopathology and Behavioral Assessment, 39*(3), 426–440. https://doi.org/10.1007/s10862-017-9591-0

Liebsch, K. (2009). Zwischen Enhancement und Stigmatisierung: Medikalisierung kindlichen Verhaltens als (neue) Umgangsform mit sozialer Selektion und Exklusion. *Diskurs Kindheits- und Jugendforschung, 4*(4), 499–511.

Lösch, K. (2005). Begriff und Phänomen der Transdifferenz: Zur Infragestellung binärer Differenzkonstrukte. In L. Allolio-Näcke, B. Kalscheuer, & A. Manzeschke (Hrsg.), *Differenzen anders denken. Bausteine zu einer Kulturtheorie der Transdifferenz* (S. 26–49). Campus.

Malacrida, C. (2004). Medicalization, ambivalence and social control: Mothers' descriptions of educators and ADD/ADHD. *Health (London), 8*(1), 61–80. https://doi.org/10.1177/1363459304038795

Marshall, M. N. (1996). Sampling for qualitative research. *Family Practice, 13*(6), 522–525. https://doi.org/10.1093/fampra/13.6.522

Mauger, G. (2012). Postface. In J.-F. Gaspar (Hrsg.), *Tenir! Les raisons d'être des travailleurs sociaux*. La Découverte.

Milton, D. (2019). Disagreeing over neurodiversity. *Psychologistc, 32*, 8.

Morel, S. (2014). *La médicalisation de l'échec scolaire*. La Dispute.

Müller, A., Candrian, G., & Kropotov, J. (2011). *ADHS-Neurodiagnostik in der Praxis*. Springer.

Polanczyk, G., de Lima, M., Horta, B., Biederman, J., & Rohde, L. (2007). The worldwide prevalence of ADHD: a systematic review and metaregression analysis. *American Journal of Psychiatry, 164*(6), 942–948. https://doi.org/10.1176/ajp.2007.164.6.942

Polanczyk, G., Willcutt, E., Salum, G., Kieling, C., & Rohde, L. (2014). ADHD prevalence estimates across three decades: An updated systematic review and meta-regression analysis. *International Journal of Epidemiology, 43*(2), 434–442. https://doi.org/10.1093/ije/dyt261

Prosser, B. (2014). Attention deficit hyperactivity disorder in Australia: Perspectives from the sociology of deviance. *Journal of Sociology, 51*(3), 596–612. https://doi.org/10.1177/1440783313514643

Rafalovich, A. (2013). Attention deficit-hyperactivity disorder as the medicalization of childhood: Challenges from and for sociology. *Sociology Compass, 7*(5), 343–354. https://doi.org/10.1111/soc4.12034

Richter, M., & Hurrelmann, K. (2016). *Soziologie von Gesundheit und Krankheit*. Springer VS.

Robin, D., Gemperle, M., Hotz, S., Von Rhein, M., & Wieber, F. (2022). The making of ADHD: A comparative content analysis of teachers' and doctor's worldviews. *Swiss Journal of Sociology, 2*(48), 317–334. https://doi.org/10.2478/sjs-2022-0014

Romanos, M., & Jans, T. (2014). ADHS – An der Nahtstelle zwischen Medizin und Pädagogik. *Lernen und Lernstörungen, 3*, 117–132. https://doi.org/10.1024/2235-0977/a000060

Rose, N. (2016). Neuroscience and the future for mental health? *Epidemiology and Psychiatric Sciences, 25*, 95–100. https://doi.org/10.1017/S2045796015000621

Rothenberger, A., & Neumärke, K. J. (2005). *Wissenschaftsgeschichte der ADHS: Kramer-Pollnow im Spiegel der Zeit*. Steinkopff.

Rutter, S. (2018). *Sozioanalyse in der pädagogischen Arbeit. Ansätze und Möglichkeiten zur Bearbeitung von Bildungsungleichheit am Beispiel von Grundschullehrkräften*. Dissertation, Universität Bielefeld.

Schlack, R., Mauz, E., Hebebrand, J., & Hölling, H. (2014). Hat die Häufigkeit elternberichteter Diagnosen einer Aufmerksamkeitsdefizit-/Hyperaktivitätsstörung (ADHS) in Deutschland zwischen 2003–2006 und 2009–2012 zugenommen? *Bundesgesundheitsblatt-Gesundheitsforschung-Gesundheitsschutz, 57*(7), 820–829.

Schreier, M. (2012). *Qualitative content analysis in practice*. SAGE Publications.

Schulz, T. (2001). *Orientierungswandel bei Gesundheit und Krankheit. Prozesse der Selbstkontextualisierung im Gesundheitssystem*. Wirtschaftsverlag NW.

Singh, I. (2002). Biology in context: Social and cultural perspectives on ADHD. *Children & Society, 16*, 360–367. https://doi.org/10.1002/chi.746

Singh, I. (2005). Will the „real boy" please behave: Dosing dilemmas for parents of boys with ADHD. *American Journal of Bioethics, 5*(3), 34–47. https://doi.org/10.1080/15265160590945129

Still, G. F. (1902). Some abnormal psychical conditions in children. *Lancet, 1*, 1008–1012.

Thomas, R., Sanders, S., Doust, J., Beller, E., & Glasziou, P. (2015). Prevalence of attention-deficit/hyperactivity disorder: A systematic review and meta-analysis. *Pediatrics, 135*(4), e994–e1001. https://doi.org/10.1542/peds.2014-3482

Yawo, B. (2012). Modernity theories and mental illness: A comparative study of selected sociological theorists. *International Journal of Humanities and Social Science, 2*(17), 31–38.

Teil V

Psychiatrie und Soziologie: Forschungsperspektiven, Reflexionsangebote, Ausblick und Herausforderungen

In diesem abschließenden Kapitel versuchen wir als Herausgeber unsere These von einer „Gesellschaft der verletzten und verletzlichen Seelen" vor dem Hintergrund der gesamten Beiträge in unserem Band zu reflektieren. Wir sehen darin eine Art sozio-kulturellen Mentalitätswandel, der (seelischen) „Gesundheit" einen im historischen Vergleich bislang unbekannt hohen Stellenwert zuschreibt. Aus der Psychiatrie stammende Konzepte durchdringen und beeinflussen die gesellschaftlichen Diskurse über psychische Gesundheit und Krankheit tiefgreifend und folgenreich. Mit der Diffusion psychiatrischer Konzepte in den Alltag verschieben sich nicht nur Vorstellungen und Grenzen eines „normalen" und „gesunden" Lebens, sondern auch normative Rahmungen und Grenzmarkierungen, die die gesellschaftliche Selbstwahrnehmung prägen und Herausforderungen für Wissenschaft, Politik und Praxis sowie nicht zuletzt für die Einzelnen selbst darstellen. In dezidiert soziologischer Perspektive zeigen wir, dass und wie diese Entwicklungen sich im Rahmen von Prozessen sozialer Ko-Konstruktionsprozesse und wissenschaftlich konsentierter Rahmensetzungen entstanden sind. Dies zeigen wir anhand von Analysen des Wandels psychiatrischen Wissensordnung und ihrer Einschreibung in gesellschaftliche Deutungsmuster. Während psychiatrische Diagnosen längst auch eine Vielzahl sozialer und politischer Funktionen erfüllen, bleibt die Psychiatrie gegenüber dem gesamtgesellschaftlichen Kontext aus dem sie hervorgegangen ist und den sie selbst wiederum beeinflusst überwiegend blind. Vor diesem Hintergrund reflektieren wir Themen, die wir in unserem band nicht berücksichtigen konnten und geben einen Ausblick auf weitere soziologische Perspektiven, nicht zuletzt auch auf eine künftige Widerafnahme des Gesprächs zwischen Psychiatrie und Soziologie.

Psychiatrie und Soziologie: Forschungsperspektiven, Reflexionsangebote, Ausblick und Herausforderungen

Martin Harbusch, Dominik Robin und Ernst von Kardorff

1 Zur Gesellschaft der verletzten und verletzlichen Seelen

Mit unserer These einer „Gesellschaft der verletzten Seelen" beleuchten wir einen sozio-kulturellen Mentalitätswandel, der „Gesundheit" in einem umfassenden Verständnis (z. B. Fitness, Leistungs- und Belastungsfähigkeit, Resilienz) einen im historischen Vergleich bislang unbekannt hohen Stellenwert zuschreibt. Dabei erfahren in den letzten Jahrzehnten psychische Gesundheit und psychische Krankheit zunehmend mehr Aufmerksamkeit und damit verbunden auch aus der Psychiatrie stammende Vorstellungen und Konzepte, die vermehrt die einschlägigen gesellschaftlichen Diskurse beeinflussen. Unter anderem sehen wir dafür beschleunigte Individualisierungsprozesse und einen parallel dazu wirksamen An-

M. Harbusch (✉)
Universität Siegen, Siegen, Deutschland
E-Mail: martin.harbusch@uni-siegen.de

D. Robin
Gesundheit, Ecoplan, Bern, Schweiz
E-Mail: dominik.robin@ecoplan.ch

E. von Kardorff
Berliner Werkstatt für Sozialforschung (BWS UG), Berlin, Deutschland
E-Mail: kardorff@bws-institut.de

passungsdruck zum Funktionieren in einer wettbewerbsorientierten Wirtschaft und einer auf Selbstoptimierung gerichteten Positionskonkurrenz in einer Gesellschaft der Singularitäten als Einflussfaktoren. Im Verlauf dieser Entwicklungen werden die einzelnen Menschen mit ihrem ängstlich vergleichenden Blick auf propagierte Normwerte ihrer körperlichen Leistungsfähigkeit und die „Normalität" ihrer seelischen Gesundheit nicht nur immer mehr auf sich selbst zurückgeworfen, sondern auch psychisch verletzlicher. Mit der Erweiterung der Aufmerksamkeit von psychischer Krankheit auf seelische Gesundheit rückt das Individuum auch in seiner Verletzlichkeit und in seinem (letztlich vergeblichen) Bemühen der Norm einer scheinbar objektiv bestimmten seelischen Gesundheit gerecht zu werden, zunehmend in die Kreisläufe professioneller und medialer wie auch privater Diskurse und institutioneller wie individueller (Selbst)Thematisierungen. Wir alle kennen heute jemanden, der oder die die Angebote des psychiatrischen oder psychosozialen Systems wahrnimmt, haben hier selbst vielleicht schon Erfahrungen gesammelt, sind zunehmend, wenn nicht selbst „Gestörte" und „Kranke", so doch zumindest „besorgte Gesunde" (vgl. Frances, 2013), die ihren eigenen Körpern, Verhaltensweisen, Wahrnehmungen und Empfindungen ebenso wie denen der Mitmenschen beobachtend wie skeptisch gegenüberstehen und auf der Bühne idealisierter Ideen von Gesundheit oftmals den Alb einer drohenden Krankheit oder einer therapiebedürftigen Abweichung schon auf ihren Schultern sitzen sehen. Auch wenn diese seit geraumer Zeit beobachtbare Praxis einer kontinuierlichen Selbstüberprüfung und Selbstoptimierung heute vielen Menschen als normal erschienen mag, stellt sie im historischen Kontext ein neues Phänomen dar. Mit der gesellschaftlichen Entwicklung zunehmender Individualisierung und dem damit einhergehenden Erfolg von medikalisierenden, pathologisierenden und therapeutisierenden Deutungen sozialer Probleme und individueller Probleme bei der Lebensführung in den Unübersichtlichkeiten der Gegenwartsgesellschaft hat ein vielschichtiger Wandel in öffentlichen wie privaten Problemauffassungen und Selbstthematisierungen stattgefunden, der im vorliegenden Band mit dem Bild der „Gesellschaft der verletzten und der verletzlichen Seelen" auf den Punkt gebracht werden sollte.

Vor dem Hintergrund des Verschwindens gesellschaftlich klar identifizierbarer Großgruppen, deren von außen betrachtet weitgehend standardisierte Lebenswege als Schablone der Lebensführung ebenso wie als Orientierung zur Verortung des Selbst fungieren konnten, haben sich nicht nur die Möglichkeiten individueller Lebensgestaltungen vervielfältigt, sondern auch die Formen der Thematisierung sozialer und gesundheitlicher Problemlagen konstitutiv verändert. Statt aus sozialen Situationen, institutionellen Anforderungen, politischen Entscheidungen und/ oder historischen Strukturen erwachsend, wird die Verortung problematischer

Deutungen für psychosoziale Problemlagen durch soziale, pädagogische und beratende Berufe übernommen werden; dann verliert sich nicht nur deren komplexere sozial orientierte Erfahrung, sondern die übernommenen medizinischen Deutungen werden selbst unzulässig verkürzt, falsch verwendet oder für eigene Zwecke instrumentell genutzt; paradoxerweise entwickeln psychiatrisch/psychologische Deutungen auf diese Weise – dies können auch einige Studien dieses Bandes sehr dezidiert zeigen – ein Eigenleben und eine situationale Dominanz, die nicht einfach widerrufen werden kann. Dies stellt sich sowohl als Problem für eine Psychiatrie dar, die um die Genauigkeit und Einheitlichkeit ihrer Kategorien bemüht ist. Es ist aber ebenso als Schwierigkeit soziale orientierter Anwendungsdisziplinen zu verstehen, die in ihrem Alltag mit psychiatrischen Diagnosekategorien jonglieren (müssen), diese letztlich jedoch nicht in die eigene disziplinäre Begriffsapparatur einpassen können. Auf diese Weise entstehen lebensweltlich verworrene, eklektizistische Thematisierungen aus medizinischen, psychiatrischen, psychologischen, therapeutischen, pädagogischen und lebensweltlichen Versatzstücken, die keiner der Logiken und Möglichkeiten der Einzeldisziplinen nachkommen können.

Zweitens ging es um die Bedeutungsverschiebungen, die aus dem Vordringen und der Übernahme von Elementen aus der psychiatrischen Wissensordnung im öffentlichen Diskurs entstanden sind und um die *individuellen* Folgen für betroffene wie nicht-betroffene Menschen, die sich zusehends daran gewöhnen, Probleme vorrangig als individuelle Angelegenheiten zu erkennen, anzusprechen und auf individualisiert aktiv Lösungen voranzutreiben. Vor dem Hintergrund medikalisierender Diskurse und Angebote lernen sie, ihre Schwierigkeiten in und mit der sozialen Welt vorrangig als individuell und naturalistisch zu verstehen, sich für deren Lösungen an Institutionen zu wenden und damit zusammenhängend auch, nicht länger als Experte und Expertin für die Deutung eigener Schwierigkeiten zu gelten. Dies geschieht nicht nur im Hinblick auf psychiatrische Inhalte. Im Gegenteil: Der Erfolg psychiatrischer Wissensordnungen liegt auch darin begründet, dass in vielen Bereichen unseres Zusammenlebens medikalisierte Deutungen einen zentralen Platz einnehmen. Während frühe Kritiker (vgl. etwa Illich, 2021) in Prozessen der Medikalisierung eine Bemächtigung der Medizin von sozialen Kontexten sahen, sind sich zeitgenössische Autoren und Autorinnen darüber einig, dass Prozesse der Medikalisierung nicht eindimensional verantwortet werden können. Stattdessen handelt es sich um ein Zusammenwirken unterschiedlicher professioneller und lebensweltlicher Akteurinnen und Akteure, die in einer wechselseitigen Logik des „push and pull" – der aktiven Konstruktion und Entäußerung medikalisierender Deutungen auf der einen und der Bereitschaft zur Annahme oder der aktiven Einforderung auf der anderen Seite – Medikalisierungsprozesse vorantreiben (vgl. etwa Schübel & Friele, 2023). Professionen und Institutionen des (pscho-)sozialen Systems und nicht zuletzt die Pharmaindustrie befördern aktiv medizinische Deutungen, bieten Lösungsversprechen an und treffen dabei in der Sozialwelt auf eine interessierte Öffentlichkeit, die in ihrem Bemühen nach Selbstgestaltung und Selbst-Optimierung und ihrer Suche nach einer (vermeintlichen) Verbesserung der Lebensqualität und des Wohlbefindens medizinische Argumentationsweisen reproduziert; dies dürfte auch im Glauben daran geschehen, dass das dort vorgefundene Wissen wissenschaftlich abgesichert sei. Im Bereich der zunehmenden Pathologisierung von Lebensbereichen erfüllen Medikalisierungen wichtige Funktionen für die Betroffenen. Sie werden als hilfreich und entlastend empfunden, indem sie Spannungen und Unsicherheiten mit der Außenwelt adressieren und persönlichen Irritationen einen konzeptionellen Ort zu geben vermögen. Lösungs- und Behandlungsmöglichkeiten können in ihrem Licht im Netzwerk des psychosozialen Systems formuliert werden und auch dort stattfinden. Gleichzeitig lösen sich vor dem Hintergrund der Medikalisierung auch Fragen nach sozialen wie individuellen Ursachen und Verantwortlichkeiten für die Entstehung der jeweiligen Probleme auf. Die für die Psy-Professionen zentrale Idee des „Leidensdrucks", die als Rechtfertigung oft am Anfang professioneller Intervention steht, interpretiert soziale Irritationen als innere Bedürfnisse der Hilfesuchenden, damit zusammenhängend institutionelle Akteure und Akteurinnen als Helfende und die Angebote pathologisierender und/oder psychologisierender Ansätze als notwendigen Schritt für eine Besserung. Auf diese Weise werden nicht nur die Störungen, sondern auch die Motivation zur Suche nach Hilfe individualisiert. In der „Gesellschaft der verletzten Seelen" werden Menschen direkt und indirekt dazu gezwungen, ihren eigenen Wahrnehmungen, Emotionen und Verhaltensweisen jederzeit beobachtend, misstrauisch, kritisch und interventionsbereit gegenüberzustehen. Medikalisierung verinnerlicht soziale Konflikte, das Verhältnis von Normalität und Abweichung ebenso wie die Mechanismen sozialer Kontrolle und schafft eine „Tyrannei der Öffentlichkeit" (Harbusch, 2019) für Menschen, die nun zu Agenten und Agentinnen gegen die eigene Innerlichkeit avancieren. Dies führt zu einer Vereinheitlichung, Technisierung und Medikalisierung des Menschen, die in einem gewissen Wiederspruch steht zu gleichzeitigen öffentlichen Forderung nach Vielfalt, Diversität und Selbstbestimmung. Die gesellschaftlichen Entwicklungen der Individualisierung und Medikalisierung liegen auf diese Weise eng beieinander, könnten jedoch – paradoxerweise – auch nicht weiter voneinander entfernt sein.

Drittens ging es – konzeptionell – um das Verhältnis individueller und sozial orientierter Zugänge zur Konstruktion sozialer Wirklichkeit; konkret, um das Verhältnis von soziologischen und psychiatrischen Deutungsweisen sozialer Probleme, das sich im Laufe der vergangenen Jahrzehnte mehrfach geändert hat. Während das Verhältnis von Soziologie und Psychiatrie an der Schwelle vom 19. zum

20. Jahrhundert noch durch Kooperationen bei der Beschreibung und Analyse sozialer Abweichungen gekennzeichnet war, und sich diese Kooperation auch noch in Form gemeinsamer konzeptioneller Bezugspunkte in den ersten psychiatrischen Diagnosekatalogen immer noch zeigte, verhärteten sich spätestens seit dem Aufkommen des DSM III im Jahre 1980 die Fronten. Während sich die Mainstream-Psychiatrie in der Formulierung von Krankheitsbildern einer medizinischen Darstellungslogik zu nähern versuchte, ohne jedoch bis heute klare medizinische Ergebnisse ihrer Diagnosen anführen zu können und während sich die Sozialpsychiatrie von einseitigen naturalistischen Deutungen abwandte, um mit ihrem Fokus auf soziale Beziehungen und gesellschaftliche Kontexte eine Position zwischen psychiatrischen und soziologischen Deutungen einzunehmen, zog sich die Soziologie zusehends in die Rolle der Kritikerin zurück. Innerhalb der Psychiatrie sind Soziologinnen und Soziologen gleichwohl präsent; dort werden sie u. a. mit Analysen des Versorgungssystems, der Organisation und Qualitätssicherung psychiatrischer Einrichtungen, der Evaluation von Modellprojekten, der methodischen Unterstützung sozialepidemiologischer Studien, der Beantwortung aus der psychiatrischen Praxis entstandener Spezialfragen beauftragt oder unterstützen als „klinische Soziologinnen und Soziologen" die Fallarbeit und das Fallmanagement. Damit ist die Soziologie als vor allem methodische Dienstleisterin in der Psychiatrie präsent, allerdings halbiert um ihre analytisch-kritische Dimension einer im Wechselspiel von Innensicht und soziologischer Außenperspektive gewonnenen Reflexivität, die die Psychiatrie und ihren „Gegenstand" in den Prozessen sozialen Wandels in ihrem gesellschaftlichen Einfluss, ihren manifesten wie latenten Funktionen und in ihrer Rolle bei der Formierung der Subjekte verortet.

3 Soziologie und Psychiatrie: Macht, Diagnostik und Wandel

Die im Kern immer auch machttheoretische Sichtweise der Soziologie hat sich über die vergangenen Jahrzehnte hinweg weiter ausdifferenziert und damit die Beschreibung und Analyse auch aktueller Entwicklungen der Psychiatrie und ihres gesellschaftlichen Einflusses vertiefen können. Die psychiatrische Wissensordnung hat sich sowohl paradigmatisch als auch inhaltlich bis heute mehrfach deutlich gewandelt. Dies zeigt sich nicht zuletzt an den verschiedenen Versionen des zentralen US-amerikanischen Diagnosekataloges DSM von seinem ersten Erscheinen 1952 bis zum DSM-V im Jahre 2013. Gerade an dieser Schnittstelle der Transformation sozial auffälliger Verhaltensweisen in medizinische Krankheitsbilder werden Bedeutung und Berechtigung des oben im zweiten Abschnitt ausgeführten soziologischen Arguments besonders sinnfällig. Nachdem die soziologische Auseinandersetzung mit der Psychiatrie und ihrer Wissensordnung nach einer intensiveren – heute als klassisch geltenden – Debatte eher abgeebbt ist, nachdem sich die US-amerikanische Psychiatrie von sozial orientierten Deutungen seit dem DSM III (1980) komplett abgewandt hat und nachdem es (nicht nur) in Deutschland mit dem Aufkommen der Sozialen Psychiatrie zu Zersplitterungen und Ausdifferenzierungen innerhalb der Psychiatrie selbst kam, findet seit dem Erscheinen der fünften Auflage des DSM im Jahre 2013 auch in Deutschland wieder eine breitere und sich auch langsam weiter ausdifferenzierende soziologische Debatte statt (z. B. Groenemeyer, 2008; Dellwing & Harbusch, 2013, 2019). Neue Analysen wurzeln auch weiterhin in klassischen Perspektiven der soziologischen Psychiatriekritik, treten aber darüber hinaus mit einem weiterreichenden gesellschaftsanalytischen Anspruch an, indem sie z. B. darauf verweisen, dass psychiatrische Deutungen inzwischen in der Mitte der Gesellschaft angekommen sind. So haben Konzepte der psychiatrischen Wissensordnung in den letzten Jahrzehnten eine bemerkenswerte Erfolgsgeschichte erlebt und der Psychiatrie eine große mediale und politische Aufmerksamkeit beschert. Der eher „klassische" Teil neuer Beiträge aus der Soziologie bemerkt erstens auf der Bühne machttheoretisch orientierter Psychiatriekritik, dass auch die Neuauflage des DSM-V Verhaltensweisen und deren Ausprägungsgrade als Symptome einer Krankheitslehre rahmt und damit eine medizinische Struktur imitiert, ohne dafür evidenzbasierte medizinische Belege angeben zu können. Mit der Auflistung von verdächtigen, auf die dahinterliegende Störung hindeutenden Verhaltensweisen wird in den Diagnosekatalogen seit dem DSM III (1980) eine auf Verhalten basierende Systematisierung angeboten. Diese beruht jedoch nicht auf medizinischen Ergebnissen und die Diagnosen können auch mit Labortests oder Hirnscans nicht nachgewiesen werden. Stattdessen ist die Psychodiagnostik auf Interpretationen der in Frage stehenden Verhaltensweisen durch die psychiatrische, neurologische und psychologische Praxis angewiesen, die sie im Alltag situations- und personengerecht zur Diagnosestellung heranziehen müssen. Diese disziplinäre Schwierigkeit wird auch von der Psychiatrie nicht abgestritten (vgl. etwa Frances, 2013). Zweitens beobachten soziologische Analysen, dass seit 1952 eine beständige Ausdifferenzierung und Ausweitung des Spektrums potenziell krankheitswertiger Störungen in den Diagnosekatalogen zu verzeichnen ist, die auf diese Weise immer mehr Menschen in die Arme der Psychiatrie treiben und sich damit der Korridor alltäglich akzeptierter Normalität mit dem DSM-V noch weiter verengt. Mit der steigenden Zahl psychiatrischer Störungsbilder und den geringeren Schwellenwerten für Behandlungsbedürftigkeit wird nicht nur der von der Psychiatrie gewünschte somatische Nachweis für immer ausdifferenziertere Störungsbilder immer komplexer.

Auch die Zahl der Menschen, die sich mit diesen Störungsbildern adressieren lassen, wächst ebenso wie die öffentliche Bereitschaft, immer weitere Verhaltensweisen als problematische, pathologisierbare Ereignisse zu rahmen. Diese Entwicklungen wirken auf die Fremd- und Selbstbeobachtung der Gesellschaftsmitglieder zurück und bereiten damit den Boden für eine dadurch verstärkte medial befeuerte Verletzlichkeit bzw- Vulnerabilität, weshalb wir auch von einer Gesellschaft der verletzlichen Seelen sprechen.

Eine weitere Linie aktueller Auseinandersetzungen mit der psychiatrischen Wissensordnung weist über die Psychiatrie als Disziplin und Versorgungsstruktur hinaus, bewegt sich aber innerhalb einer „Gesellschaft der verletzten Seelen". Aktuelle Analysen zeigen, dass sich die psychiatrische Wissensordnung mittlerweile derart verselbstständigt und verlebensweltlicht hat, sodass sich ihre Reproduktion in wichtigen Teilen außerhalb psychiatrischer Einrichtungen und auch außerhalb des psychiatrischen Diskurses vollzieht und damit zusammenhängend auch jenseits psychiatrischer Kontrolle stattfindet. Wenn etwa soziale Institutionen, Schul- und Bildungs- und Beratungseinrichtungen die sozialen Probleme ihrer Klientel mit Hilfe psychiatrischer Deutungen öffentlichkeitsgerecht problematisieren, wenn Selbstdarstellungen in sozialen Medien über das Format von Krankheitsdiagnosen organisiert, aufrechterhalten und verteidigt werden, wenn irritierende Verhaltensweisen im Alltag auch von Laienpersonen psychiatrisch gedeutet werden oder wenn psychische Störungen mittlerweile derart verbreitet erscheinen, dass wahrgenommene Abweichungen zur alltäglichen Normalität avancieren, werden soziale Kontexte der Verwendung offensichtlich, die nicht länger psychiatrischen sondern lebensweltlichen „Logiken" folgen. Neuere soziologische Kritiken erkennen an dieser Stelle, dass sich heute der Diagnosen offerierende Besen des psychiatrischen Zauberlehrlings längst aus der Kammer des Meisters davongestohlen hat und seine Angebote ganz direkt, lebensweltlich und vor allem ohne das direkte Zutun des Meisters in die Welt bringt. Die soziologischen Kritiken halten daran fest, dass es sich bei psychischen Störungen nach wie vor grundlegend um „Ordnungsstörungen" handelt, da sie nicht nur die alltäglichen Erwartungen stören und irritieren und damit die gesamte Interaktionsordnung und die Selbstbilder aller am Prozess Beteiligten in Frage stellen. Sie gehen jedoch auch davon aus, dass psychiatrische Konzepte nicht nur die medizinische Praxis, sondern auch gesellschaftliche Vorstellungen eines sogenannten „normalen" und gesunden Verhaltens beeinflussen. Eine individuelle wie gesellschaftliche Bedeutung, die die Psychiatrie zu keinem Zeitpunkt ihrer Entwicklung in den vergangenen Jahrhunderten innehatte. Paradoxerweise (vgl. Harbusch, 2022) entwickeln psychiatrische Deutungsmuster ihren gesellschaftlichen Einfluss in sozialen Kontexten heute durch beständig steigende Grenzverschiebungen des „Normalen", durch eine

Verwässerung und Abschwächung ihrer Konzepte in nicht-psychiatrischen Verwendungszusammenhängen sowie durch eine situationale Anpassung ihrer Konzepte. Parallel dazu eignen sich Außenstehende, Alltagshandelnde wie auch (sozial-)pädagogische Professionen psychiatrische Begrifflichkeiten und Konzepte entsprechend der Bedarfe in ihren eigenen Handlungsfeldern – oft ganz strategisch – an. Nicht nur die Vokabulare der Psychiatrie haben sich über die Jahrzehnte verändert und wurden von der Psychiatrie den zeitgenössischen Umständen angepasst, sondern auch die Orte des Aufkommens und Verhandelns psychiatrischer Kategorien haben sich verschoben und zunehmend in nicht-psychiatrische Institutionen verlagert. Damit sind psychiatrische Kategorien im Alltag angekommen und dort in von der Psychiatrie nur noch sehr bedingt erreich- und kontrollierbar. Der sich davonstehlende Besen – bleibt man in diesem Bild – sorgt für eine Vervielfältigung, aber auch für eine Verfremdung der psychiatrischen und klinisch-psychologischen Deutungsangebote. So ist er für den Meister einerseits von Nutzen. Andererseits kann es diesem aber nicht daran liegen, die Verantwortung für seine Arbeit und die Formen des Umgangs mit seinen Ergebnissen einem abtrünnigen, selbstgefälligen Besen zu überlassen.

Die Gesellschaft der verletzten und der in diesen Diskursen auch zunehmend verletzlichen Seelen steht vor neuen vielfältigen und multidimensionalen Herausforderungen für die Definition und Bearbeitung sozialer und sozial erzeugter individueller Probleme. Für eine kritische Soziologie sind die Auswirkungen und Reibungen eines sozialen Wandels mit eingelebten kollektiven und individuellen Vorstellungen und Selbstverständnissen und den dafür öffentlich angebotenen und wahrgenommenen Konzeptionen, Lösungen, Strategien oder Umgebungen seit jeher ein zentrales Untersuchungsfeld. Für die Psychiatrie und deren Verwendungsdisziplinen, die zunächst als Gewinnerinnen individualisierter Problemkonstitutionen gelten konnten, ergibt sich durch eine Verselbstständigung psychiatrischer Kategorien eine Situation, die auf längere Sicht aus soziologischer Perspektive zu durchaus unerwünschten Entwicklungen führen kann.

4 Reflexionsangebote für zukünftige Entwicklungen und Analysen

Ein zentrales Anliegen dieses Bandes war u. a. ein Plädoyer für eine Zusammenfassung, Revitalisierung und Erweiterung einer kritischen soziologischen Analyse der Psychiatrie in einer zeitaktuellen historischen Konstellation, die für die Psychiatrie und die Disziplinen, die sich aus dem Spektrum ihrer Wissensordnung schöpfen, neue Herausforderungen mit sich bringt. Aufgrund gesellschaftlicher als auch innerdisziplinärer Entwicklungen und deren teilweise kontraintentionalen Folgen schien uns der Anlauf zu einer erneuten kritischen Auseinandersetzung aus einer dezidiert soziologischen Perspektive notwendig. Dies ist für die Klärung kontroverser (psychiatrischer) Perspektiven in einer Gesellschaft, in der immer mehr Menschen von einem seelischem Leiden betroffenen sind, hilfreich. Die in unserem Band vorgelegten Analysen haben verdeutlicht, auf welchen Resonanzboden Deutungsmuster der Psychiatrie in der Gesellschaft treffen, wie sie aufgenommen und angeeignet werden, wie sie funktionieren und wie sehr Elemente der psychiatrischen Wissensordnung inzwischen in die Gesellschaft hineindiffundiert sind, um hier zwischen ganz unterschiedlich verorteten professionellen wie lebensweltlichen Polen hin und herzuschwingen und in der Logik etwa von institutionellen, medialen, ökonomischen und politischen Feldern ein Eigenleben zu entwickeln. Diese „Transformation" hin zu einer „Gesellschaft der verletzten und verletzlichen Seelen" und die Medikalisierung und Psychiatrisierung sozialer Probleme gewinnt im öffentlichen Diskurs einen immer größeren Einfluss. Sie führt zu neuen sozialen Herausforderungen, die in diesem Band in ihrer Vielfalt nur angedeutet werden konnten und die hier nun am Ende dieses Bandes noch einmal – und sicher auch nur unvollständig und exemplarisch – kurz angesprochen werden sollen.

Einer dieser Herausforderungen betrifft die komplexe und wirkmächtige Rolle der sozialen Medien bei der zunehmenden (Selbst-)Pathologisierung der Gesellschaft. Dieses Phänomen wurde in einzelnen Beiträgen eher am Rande erwähnt, müsste aber unseres Erachtens in weiteren Studien eingehender analysiert werden. Denn die sozialen Medien beeinflussen nicht nur die Art und Weise, wie Gesundheit und Krankheit in der Gesellschaft wahrgenommen und diskutiert werden, sondern formen (gesundheitliche) Verhaltensweisen ganz zentral und in einer bis dahin nie dagewesenen Quantität, wenn man sich bspw. die Zahl an Followern selbst ernannter „Gesundheits-Influencerinnen und Influencer" ansieht. Soziale Medien sind heute weit mehr als lediglich Verbreitungskanäle von Gesundheitsinformationen. Sie beeinflussen vielmehr unser Gesundheitsverhalten in indirekter und direkter Weise und setzten neue Trends auch im Bereich psychischer Gesundheit und Krankheit (vgl. Weiss & Copelton, 2023). In den sozialen Medien finden sich einerseits Tendenzen einer unkritischen Reproduktion der psychiatrischen Wissensordnung, andererseits hat in den letzten Jahren aber auch die Zahl neuer kritischer, aus der Bevölkerung bzw. von Userinnen und Usern selbst stammender Stimmen zugenommen.; Von einer Kritik an internationalen kapitalistischen Strukturen und deren sozialen Folgen für nationale wie internationale Entwicklungen (nicht nur) im Gesundheitswesen ausgehend, sehen sie in der Individualisierung und Pathologisierung von Verhaltensweisen eine institutionell interessierte und aktiv vorangetriebene Umdeutung und Maskierung deutlich weitreichenderer sozialer Entwicklungen und Probleme, die für die individuellen Irritationen verantwortlich sind.

Die hier nur angedeutete Diffusion von Elementen der psychiatrischen Wissensordnung durch die sozialen Medien zeigt sich auch in den dort präsentierten ubiquitären Beratungsangeboten, in denen es beispielsweise um Formen einer „seelische Selbstoptimierung", um die Gewinnung und Aufrechterhaltung seelischen Gleichgewichts oder um eine zur Person passende Identität geht. Um dies noch zu konkretisieren: Es gibt immer mehr Influencerinnen und Influencer, die sich ganz selbstverständlich psychiatrische Störungen attestieren und die „positiven Seiten" dieser Verhaltensauffälligkeit betonen (und damit an ihre Follower verbreiten), spezifische Verhaltensweisen propagieren, die wiederum in den „Echokammern" und „bubbles" der sozialen Medien und darüber hinaus nach außen getragen werden und damit das gesellschaftliche Gesundheitsverhalten beeinflussen. Man könnte in diesem Zusammenhang von einer Dialektik im Sinne von Berger und Luckmann (1966) sprechen, die Gesellschaft als ständige Produktion internalisierender und externalisierender Prozesse verstehen. In dieser Perspektive erstaunt es auch nicht, dass es im gleichen Zug immer mehr staatlich finanzierte Gesundheits- und Sensibilisierungskampagnen im Bereich der psychischen Gesundheit sowie Bemühungen der sogenannten „Mental Health-Literacy Bewegung" (Jorm, 2019, 2020; Thornicroft et al., 2022) gibt, um gezielt bestimmte Bevölkerungsgruppen anzusprechen und um potenziell gesundheitsgefährdendes Verhalten und die Verbreitung von Falschinformation zu stoppen. Zuweilen können diese Bemühungen als ein Ding der Unmöglichkeit erscheinen, da sich der Besen, um in der oben verwandten Metapher des Zauberlehrlings und seines abtrünnigen Besens zu bleiben, bereits verselbstständigt hat. Eine neue Herausforderung für den Bereich der sozialen Medien liegt grundsätzlich auch darin, dass pathologisierende Konzepte und Selbst-Diagnosen von Alltagshandelnden zur Identitätsbildung und strategischen Selbstpositionierung übernommen werden. Diese Aneignung führt einerseits zu Missverständnissen und einer potenziellen Fehlinterpretation eigener Befindlichkeiten. Andererseits zeigt sich ein ambivalenter Prozess, bei dem psychiatrische Konzepte auch als Werkzeuge der Selbsthilfe und Unterstützung dienen können, was sowohl zur Selbsttherapeutisierung als auch zur Entwicklung hybrider Bewältigungsstrategien führt. Diese Entwicklungen werfen Fragen über die korrekte Verwendung psychiatrischer Diagnosen und ihre Auswirkungen auf individuelle Identitätskonstruktionen und gesellschaftliche Deutungsmuster auf. Diese Entwicklungen zeigen die Verwicklungen, die aus dem Zusammentreffen psychiatrischer Diagnosen auf der einen Seite mit deren populärwissenschaftlichen und alltagweltlichen Umdeutungen und Aneignungsprozessen verbunden sind. Was aus psychiatrischer Perspektive korrekt erschiene, wird alltagsweltlich umgeformt, sodass neue gesellschaftlich wirksame Hybride entstehen. Als Bezugspunkte aus einer kritischen soziologischen Perspektive drängt sich immer wieder das Thema der Veränderungen der normalistischen und normativen Normalitätsdefinitionen in den Vordergrund, die den Status „normal" jeweils definieren.

Auch auf politischer Ebene stellt die zunehmende (Ent-)Medikalisierung, Selbstdiagnostizierung und Individualisierung sozialer Probleme eine besondere Herausforderung dar, da der Fokus weg von strukturellen und gesellschaftlichen Ursachen hin zu individuellen Diagnosen verlagert wird. Denkbar wäre etwa die Tendenz der Verringerung politischer Bemühungen, soziale Ungleichheiten, prekäre Arbeitsverhältnisse oder mangelhafte soziale Sicherungssysteme politisch zu adressieren, da mit einer wachsenden Pathologisierung der Gesellschaft Probleme wie Armut, Stress, Burnout, soziale Isolation primär als persönliche Defizite interpretierbar werden. Dabei ist es wenig überraschend, dass die Psychiatrie dies innerhalb ihres Bezugsrahmens auch so sieht. In einem „Consensus-Statement" von Thornicroft et al. (2022) an dem über 50 Medizinerinnen und Mediziner sowie Psychiaterinnen und Psychiater mitgearbeitet haben, heisst es dann: „It is time to end all forms of stigma and discrimination against people with mental health conditions" (ebd.). Die Autorenschaft ist alarmiert und möchte die betroffenen Individuen entlasten. Damit greift die Psychiatrie ein von der Soziologie schon seit langer Zeit – spätestens seit Erving Goffmans „Stigma" (1963) – bis heute umfassend und detailliert untersuchtes Thema auf; und es hat den Anschein, als wolle sie sich nun das von ihr über die Jahre eher verdrängte Problem der Stigmatisierung zurückholen, an deren Genese sie selbst nicht unmaßgeblich beteiligt war. Auch hier hat sich die stigmatisierende Pathologisierung gegenüber der Psychiatrie in der Gesellschaft verselbstständigt.

Die zunehmende Diffusion von Bestandteilen der psychiatrischen Wissensordnung in nicht psychiatrische Disziplinen stellt als institutionelle Herausforderung konzeptionell das Verhältnis nicht-psychiatrischer Professionen, die sich psychiatrischer Konzepte bedienen, zur Psychiatrie in Frage. Dabei zeigt sich, dass es in der Praxis bisher an innerdisziplinären Leitfäden für den Umgang mit fachfremden, „einreisendem" Wissen (Harbusch, 2024) fehlt; jenseits pragmatischer und opportunistischer Verwendungsweisen stellt sich auf einer grundsätzlichen Ebene die Frage, wie das aus einem anderen paradigmatischen Kontext heraus angeeignete Wissen in die Verwendungszusammenhänge der jeweils eigenen Disziplin einreist und welche Konfliktlinien dadurch etwa zischen medizinscher Logik und z. B. sozialpädagogischer Wissensgenerierung entstehen. Interdisziplinäre Debatten müssen daher in der Sozialen Arbeit, in der Pädagogik, im Personalmanagement, im Coaching und in anderen Anwendungen konzeptionell geführt werden, um den Stellenwert psychiatrischer Konstrukte im eigenen Feld und ihrer Beziehung zu der eigenen Disziplin und ihren sozialen Handlungskontexten zu klären. Eine unreflektierte Verbreitung führt zu einer Veralltäglichung des psychiatrischen Vokabulars und damit beinahe zwangsläufig zu Vereinfachungen, Bedeutungsverlusten und zu Missverständnissen. Gleichzeitig entsteht ein Konkurrenzkampf zwischen verschiedenen Professionen, da Psychologen, Sozialarbeiter und andere Fachkräfte psychiatrische Konzepte für ihre eigenen Zwecke anpassen und sich so in das Feld der Psychiatrie einmischen, ggf. um die Zuständigkeit für die an Einzelnen sichtbar werdenden sozialen Probleme konkurrieren. Mit Blick auf die Kontrolle über die Diffusion der eigenen Konzepte ergibt sich hier auch für die Psychiatrie selbst eine Herausforderung: wird sie Sozialarbeit und/oder Psychotherapie mit adjuvanter Medikation oder bleibt sie die dominant ärztliche Profession mit einem auf Pathologie, Genetik, Neurologie und Pharmakologie gegründeten Selbstverständnis, die den „sozialen Rest" an andere Professionen delegiert.

Weitere Herausforderungen ergeben sich im Bereich der Wissenschaft und Forschung, denn die zunehmende Dominanz medikalisierender, biologistischer Ansätze, insbesondere in der Psychiatrie und Psychologie, drängen sozialwissenschaftliche und anthropologische Perspektiven in den Hintergrund. Soziale und gesellschaftliche sowie insbesondere multi-kausale Perspektiven werden dabei viel zu selten betont oder verbleiben in Allgemeinplätzen. Die fehlenden multikausalen Perspektiven äußern sich u. a. auch im (bislang uneingelösten) Versprechen der Psychiatrie, spezifische Biomarker für die diagnostisch beschriebenen Störungen zu identifizieren, obschon es bisher keine ursächlichen Beweise gibt und kein einziger Biomarker gefunden wurde (Rose, 2016). Die Psychiatrie und im erweiterten Sinn auch die Public Health-Bewegung drängen auf Objektivität, Messbarkeit und andere naturalistische Phänomene und eignen sich Begrifflichkeiten an, die ursprünglich in der phänomenologischen Lebenswelt zu Hause sind. Diese und andere Entwicklungen haben aber – wie bereits erwähnt – zur Folge, dass Erklärungsmodelle unterkomplex und einseitig (primär biologistisch) erscheinen und die sozialen Kontexte ihres Aufkommens einfach verschweigen. Ob hier zukünftig eine Zusammenarbeit zwischen Soziologie und Psychiatrie oder zwischen Sozialwissenschaften und Medizin sinnvoll und möglich ist, hängt sicher auch davon ab, ob die Akteure und Akteurinnen der Psychiatrie sowie psychiatrienahe Verwenderdisziplinen bereit sind, sich der Frage nach sozialen Ursachen für Verhaltensauffälligkeiten und – weiter noch – auch der Frage nach der kontextuellen Interessiertheit sozialer Akteure und Akteurinnen an der Gestaltung sozialer Situationen mit Hilfe auch nicht-pathologisierender Deutungen nachzugehen. Eine Zusammenarbeit zwischen Soziologie und Psychiatrie würde beidseitig eine kritische Reflexion über unterschiedliche Deutungsrahmen erfordern; eine Anforderung, zu der die Soziologie mit ihrem Luxus der Handlungsbefreitheit sicher deutlich einfacher und schneller bereit wäre. Während sich Bruce Cohen im Band für eine Trennung von Soziologie und Psychiatrie ausspricht, ist auch eine erneute Annäherung denkbar. Eine gesellschafts- und psychiatriekritische Soziologie kann der Psychiatrie an dieser Stelle eine Reflexionsfolie bieten. Ob sich diese dann in Zeiten ihres umfassenden gesellschaftlichen Erfolgs tatsächlich einer solchen Folie zu einer Selbstkritik auf Basis einer externen, soziologischen Perspektive bedienen würde, ist eine andere Frage. Sie würde letztlich davon profitieren können, weil psychische Störungen sich nicht zuletzt auch als Ergebnis von Problemen nicht gelingender Lebensbewältigung und gescheiterter biografischer Entwürfe in strukturierten und situierten sozialen Kontexten darstellen und nicht immer und nicht vorrangig – auch wenn dies nicht immer gänzlich ausgeschlossen werden kann – aufgrund einer letztlich organisch bedingten Störung.

Insgesamt führt die unreflektierte Verbreitung pathologisierender Deutungen und deren Diffusion in die Gesellschaft der verletzen Seelen zu einer mehrschichtigen intersektionalen Blindheit, die auch und besonders auf Kosten ohnehin benachteiligter Bevölkerungsgruppen geht. Kulturelle sowie alters- und geschlechtsspezifische Unterschiede menschlichen Verhaltens ebenso wie die Kontextbedingtheit von Zuschreibungen sozialer Abweichung werden in psychiatrischen Deutungen nivelliert. Zudem sind es – in Anlehnung an das DSM und seinem europäischen Pendant ICD – westliche Abweichungsvorstellungen, die in die Welt entäußert werden und in ihrer individualisierten Ausrichtung in internationalen Kontexten zuweilen gegen die lokalen Perspektiven, Interpretationsweisen und Deutungsgewohnheiten stehen. Wenn etwa in vielen Teilen der Welt die Familie als Kern jedweder Selbstwahrnehmung, als Lösungsstrategie für soziale Probleme und/oder als protektionistischer Ort gegen die Unwägbarkeiten der Außenwelt im Zentrum des sozialen Lebens steht, ist die individualisierende Pathologisierung sozialer Probleme noch deutlicher als Akt der Kolonisierung zu verstehen, als dies in den Gesellschaften des Westens der Fall ist.

Literatur

Beck, U., & Bonß, W. (Hrsg.). (1989). *Weder Sozialtechnologie noch Aufklärung? Analysen zur Verwendung sozialwissenschaftlichen Wissens*. Suhrkamp.
Berger, P., & Luckmann, T. (1966). *The social construction of reality*. Simon & Schuster.

Dellwing, M., & Harbusch, M. (2013). *Krankheitskonstruktionen und Krankheitstreiberei. Die Renaissance der soziologischen Psychiatriekritik.* Springer.
Dellwing, M., & Harbusch, M. (Hrsg.). (2019). *Pathologisierte Gesellschaft?12. Beiheft Kriminologisches Journal.* Beltz/Juventa.
Frances, A. (2013). *Normal. Gegen die Inflation psychiatrischer Diagnosen.* DuMont.
Goffman, E. (1963). *Stigma.* Penguin.
Groenemeyer, A. (2008). Eine schwierige Beziehung – Psychische Störungen als Thema soziologischer Analysen. *Soziale Probleme, 19*(2), 113–135.
Harbusch, M. (2019). Eine Tyrannei der Öffentlichkeit. Drei Schritte der subjektiven Aneignung therapeutischer Narrative. *Kriminologisches Journal, 51*(2), 107–125.
Harbusch, M. (Hrsg.). (2022). *Troubled persons industries. The expansion of psychiatric categories beyond psychiatry.* Palgrave Macmillan.
Harbusch, M. (Hrsg.). (2024). *Reisendes Wissen. Travelling Concepts als soziologische Kategorie.* Springer VS.
Illich, I. (2021). *Die Nemesis der Medizin. Die Kritik der Medikalisierung des Lebens* (6. Aufl.). C.H.Beck.
Jorm, A. F. (2019). The concept of mental health literacy. In O. Okan, U. Bauer, D. Levin-Zamir, P. Pinheiro, & K. Sørensen (Hrsg.), *International handbook of health literacy* (S. 53–66). Policy Press. https://doi.org/10.51952/9781447344520.ch004
Jorm, A. F. (2020). We need to move from 'mental health literacy' to 'mental health action'. *Mental Health & Prevention, 18*, 200179. https://doi.org/10.1016/j.mhp.2020.200179
Rose, N. (2016). Neuroscience and the future for mental health? *Epidemiology and Psychiatric Sciences, 25*, 95–100. https://doi.org/10.1017/S2045796015000621
Schübel, T., & Friele, B. (Hrsg.). (2023). *Medikalisierung und Soziale Arbeit.* Springer VS.
Thornicroft, G., Sunkel, C., Alikhon Aliev, A., Baker, S., Brohan, E., El Chammay, R., Davies, K., Demissie, M., Duncan, J., Fekadu, W., Gronholm, P. C., Guerrero, Z., Gurung, D., Habtamu, K., Hanlon, C., Heim, E., Henderson, C., Hijazi, Z., Hoffman, C., et al. (2022). The Lancet Commission on ending stigma and discrimination in mental health. *The Lancet, 400*(10361), 1438–1480. https://doi.org/10.1016/S0140-6736(22)01470-2
Weiss, G., & Copelton, D. (2023). *The sociology of health, healing, and illness.* Routledge. https://doi.org/10.4324/9781003359838
Wippermann, C., Arnold, N., Möller-Slawinski, H., Borchard, M., & Marx, P. (2011). *Chancengerechtigkeit im Gesundheitssystem.* VS Verlag für Sozialwissenschaften.

Made in the USA
Monee, IL
03 May 2026

49438567R00203